如何解答刑法题

HOW TO SOLVE COMPLEX CRIMINAL LAW PROBLEM

主 编 周光权　　副主编 柏浪涛 杨绪峰

图书在版编目(CIP)数据

如何解答刑法题 / 周光权主编. —北京：北京大学出版社，2021.10
ISBN 978-7-301-32478-3

Ⅰ.①如… Ⅱ.①周… Ⅲ.①刑法—中国—资格考试—自学参考资料 Ⅳ.①D924

中国版本图书馆 CIP 数据核字(2021)第 178610 号

书　　　名	如何解答刑法题 RUHE JIEDA XINGFA TI
著作责任者	周光权　主编
责 任 编 辑	杨玉洁　靳振国
标 准 书 号	ISBN 978-7-301-32478-3
出 版 发 行	北京大学出版社
地　　　址	北京市海淀区成府路 205 号　100871
网　　　址	http://www.pup.cn　http://www.yandayuanzhao.com
电 子 邮 箱	编辑部 yandayuanzhao@ pup.cn　总编室 zpup@ pup.cn
新 浪 微 博	@北京大学出版社　@北大出版社燕大元照法律图书
电　　　话	邮购部 010-62752015　发行部 010-62750672　编辑部 010-62117788
印 刷 者	天津中印联印务有限公司
经 销 者	新华书店
	730 毫米×980 毫米　16 开　30 印张　488 千字 2021 年 10 月第 1 版　2024 年 1 月第 4 次印刷
定　　　价	88.00 元

未经许可，不得以任何方式复制或抄袭本书之部分或全部内容。
版权所有，侵权必究
举报电话：010-62752024　电子邮箱：fd@ pup.cn
图书如有印装质量问题，请与出版部联系，电话：010-62756370

编 委 会

主　编　周光权
副主编　柏浪涛　杨绪峰
撰稿人（以姓氏音序排列）
　　　　柏浪涛　陈文涛　段　蓓　方　军
　　　　孟红艳　杨绪峰　周光权

目 录

序 ·· 001

刑法总论题

第 1 题　罪刑法定原则与刑法解释 ·· 003
第 2 题　阶层犯罪论及其运用 ·· 012
第 3 题　作为义务的判断 ·· 021
第 4 题　不作为犯与结果加重犯 ··· 029
第 5 题　因果关系与客观归责论 ··· 038
第 6 题　因果关系中的介入因素 ··· 046
第 7 题　累积的因果关系 ·· 057
第 8 题　过失犯中的客观归责 ·· 066
第 9 题　结果加重犯中的因果关系 ·· 074
第 10 题　结果加重犯中的直接性要件 ·· 082
第 11 题　间接故意与过于自信过失的界限 ·································· 089
第 12 题　狭义的因果关系错误 ··· 098
第 13 题　结果的推迟发生与间接正犯 ·· 109
第 14 题　结果的提前发生与因果关系 ·· 120
第 15 题　结果的提前发生与着手的判断 ····································· 128
第 16 题　假想防卫 ··· 137
第 17 题　事实认识错误与违法性认识错误 ·································· 147
第 18 题　犯罪未遂与既遂的竞合 ·· 156
第 19 题　正犯与共犯的区分 ·· 166
第 20 题　间接正犯 ··· 176
第 21 题　承继的共犯 ·· 185

第22题　共犯与认识错误 …………………………………… 193
第23题　共犯与实行过限 …………………………………… 203
第24题　共犯关系的脱离 …………………………………… 211
第25题　想象竞合犯 ………………………………………… 221
第26题　追诉时效与时间效力 ……………………………… 231

刑法各论题

第27题　过失致人死亡罪与故意伤害（致死）罪的界限 … 243
第28题　故意伤害罪与特殊体质 …………………………… 252
第29题　事后抢劫与正当防卫 ……………………………… 260
第30题　事后抢劫与犯罪形态 ……………………………… 269
第31题　盗窃罪中的占有 …………………………………… 280
第32题　盗窃罪的占有关系与犯罪形态 …………………… 291
第33题　针对财产性利益的盗窃与诈骗 …………………… 299
第34题　诈骗罪的直接性要件 ……………………………… 307
第35题　诈骗罪、抢夺罪与事后抢劫 ……………………… 316
第36题　侵占罪的保护法益 ………………………………… 324
第37题　重大责任事故罪 …………………………………… 332
第38题　交通肇事罪与预见可能性 ………………………… 339
第39题　交通肇事罪与客观归责 …………………………… 348
第40题　危险驾驶罪 ………………………………………… 356
第41题　生产、销售伪劣产品罪 …………………………… 366
第42题　保险诈骗罪 ………………………………………… 373
第43题　损害商业信誉、商品声誉罪 ……………………… 382
第44题　伪造身份证件罪 …………………………………… 391
第45题　招摇撞骗罪 ………………………………………… 403
第46题　破坏计算机信息系统罪 …………………………… 413
第47题　虚假诉讼罪 ………………………………………… 419
第48题　非法行医罪 ………………………………………… 428
第49题　贪污罪的共犯 ……………………………………… 438
第50题　受贿罪的认定与量刑 ……………………………… 448
第51题　帮助犯罪分子逃避处罚罪 ………………………… 457

序

在最近20多年的刑法学教学过程中,我感触很深的一件事情是:大学里的刑法学教学对体系性的理论讲得比较多,无论是本科生、刑法学硕士研究生还是博士研究生,在学习过程中都自觉或不自觉地将学理论作为首要任务。这样做当然是有道理的,否则,就无法形成"体系的思考"。但是,学习刑法还不能仅仅停留于此。关注司法的态度,审视法官如何思考,对司法实务中的认识偏差进行梳理,培养解决实务难题的能力,注重"问题的思考",在理论和实践的结合点上学习刑法,从而寻找刑法学发展的契机,其重要性也是不言而喻的。

我经常对学生讲,学刑法就必须去看法院的判决,或者多看一些案例书,这是很重要的方法训练,这样才能充分了解实务,才有可能把刑法真正地学懂弄通。但是,也不得不说,目前绝大多数判决在说理这一点上不尽如人意,有特别大的提升空间;很多案例分析书似乎比较强调结论的唯一正确性,对争议观点的列举虽多,但对分析过程的展示不够充分,也很难看出分析者的刑法方法论。这样说来,阅读判决书或市面上流行的案例分析书的局限性也是客观存在的,通过阅读这些材料系统训练学生的刑法思维,让其找到学习刑法的"感觉",似乎难度也很大。此外,有的同学参加法律职业资格考试,也苦于无法准确解答刑法主观题,目前的案例分析书籍很难为他们复习迎考提供精准的指导。因此,编写一本如何思考刑法问题、如何解答刑法难题的书就是有必要的。对这一点,蒋浩副总编和我有高度共识,本书在很大程度上也是他多次提议、催促的产物。

根据上述定位,我组织编写的本书就不是一本简单的案例分析书,不是单纯地将案件处理结论告诉读者,而是希望通过清晰梳理面对刑法难题时的思考方法、分析过程,来培养说理的能力。本书对解题方法的探讨,涉及刑法总论和各论,对于本科生、研究生学习刑法,以及实务工作者提高其刑事案件处理能力、水平,应该都会有所帮助。

关于本书的编写,有以下问题需要特别作出交代。

一、关于案例的选择和使用

本书所选取的案例都是司法实务中真实发生的,原则上不涉及教学案例,以确保所讨论的问题无限贴近司法实践。案例来源有:(1)连续出版物《刑事审判参考》中的指导案例;(2)最高人民法院、最高人民检察院的指导性案例;(3)《最高人民法院公报》刊载的案例;(4)地方各级法院判决的部分疑难案例;(5)由于涉及被告人隐私等原因并未公开,但有关报刊、书籍刊载了大致案情的案例。出于在写作中展示问题意识及分析重点的需要,对有的案件的案情进行了适度改编、加工;在每一题的开篇都用脚注标明了案例来源,且对改编过的案例予以特别说明。每一题所讨论的案例都不相同,对刑法知识点的分析也尽可能避免重复。

当然,即便这样,不同章节所涉及的重要知识点仍有可能有重叠或交叉,例如,未遂犯的认定在实践中至关重要,与此有关的案例就可能有多个,不过其侧重点有所不同。全书各题对案情的交代都尽量简洁,仅基于必要性的考虑把主要的焦点展示出来(当然,对于部分经济犯罪的案情交代文字可能会多一些)。

另外,各题作者出于写作需要,对案例交代的繁简程度不同:有的案情略作交代就能够确保后续分析顺利进行,介绍案情的文字就很少;有的问题,如正当防卫的认定、认识错误的处理等,如果不将案件发生的时间、地点、行为手段等交代清楚,后续分析要想得出明确的结论就比较困难,介绍案情的文字就会多一些。此外,有的分析为了对刑法疑难问题发掘得更深,可能对实际案例加工和修改的幅度就大一些;有的涉及多个知识点的刑法题可能由多个实务中发生的案例组合而成。对于读者而言,最为关键的是通过阅读本书提高解答刑法题的能力,而不必过于在意案例的真实与否以及细节详略。

二、关于犯罪论体系

本书在分析具体犯罪问题时,按照阶层论的逻辑和理念进行,尤其重视构成要件该当性的判断,以凸显体系性审查思维方法的优点。

在具体写作时,多数情形下并未使用构成要件该当性、违法性、有责性的术语,但写作者的思考逻辑是阶层性的。在讨论被告人是否构成某一具体罪名或分则的具体问题时,基本采用了"客观构成要件—主观构成要件—犯罪排除事由"的分析进路。犯罪排除事由部分包括违法性阻却事由和责任阻却事由,遇到需要具体分析阻却事由时,直接在正当防卫、紧急避险、责任年龄等概念之下展开写作。因此,本书的写作运用了阶层犯罪论的逻辑,但没有照搬国外的三阶层论。

之所以明确写出客观构成要件—主观构成要件—犯罪排除事由的审查框架,主要是考虑到:本书对刑法问题的解答,既要使初学者在看完案例解析后了解具体的知识点,同时还能让他们在大脑里搭起分析解决案件的逻辑架构。

在很多情况下,被告人有无故意过失是非常清楚的,对于犯罪主观要件,在分析案例时就未作特别交代,有的用一两句话简单带过(如"被告人的行为符合主观构成要件,具有犯罪故意")。此外,在违法阻却事由和责任阻却事由都明显不存在的场合,就只交代客观构成要件、主观构成要件,仅在对犯罪排除事由存有争论时,才在相应标题下展开分析。

有的案例主要涉及刑法总论问题(如紧急避险是否成立),对此,本书的处理方式是:先交代被告人的行为是否符合客观和主观构成要件,然后再讨论作为违法阻却事由的紧急避险是否存在。在对未遂、共犯等其他刑法总论问题的分析中,由于客观未遂论、共犯从属性等问题成为讨论重点,因此,对构成要件及不法的一般性讨论就相应简化。

有的案件有三个或四个知识点,其中某一知识点特别重要(例如不作为、客观归责)的,就在阶层犯罪论体系的相应位置详细分析该知识点。

我的想法是,通过在具体分析案件时对犯罪论体系的运用,来培养读者在解答刑法问题时"既见树木、又见森林"的能力,形塑读者的现代刑法思维。

三、关于争论观点的处理

由于对多数案例的分析都不涉及"刑法学派之争"的问题,因此,绝大多数章节都按照目前刑法理论的多数说展开。

对于涉及学派论争的部分(如故意的体系性地位、未遂犯、不能犯、偶然防卫、打击错误等),我并没有预设立场,由各位作者根据其学术兴趣、立场等自行判断。当然,对某一问题立足于行为无价值二元论进行写作的,对相反观点(结果无价值论)也会略有交代。例如,关于偶然防卫的案例分析,本书基本采用了未遂犯说的主张,但在分析部分,也会简单提到结果无价值论者中还有学者赞成无罪的结论。有的问题争议很大,也可能采用了开放性结论,或仅表明作者的倾向性态度。

由于有多位作者参与写作,即便对同一知识点,在不同的案例分析中,不同的作者其观点也可能不尽相同(例如,在多个案例中都涉及对结果加重犯的理解问题,对其中的"直接性原理"的要求,不同的写作者分歧就很大),这在理论研究和司法实务中都是再正常不过的事情。法律人的技艺是论证和解释,"真理越辩越明",必要的论争对于推动刑法学发展、妥善处理刑法争议问题大有裨益。因此,本书并不强求观点的统一,以给读者提供更多思考的空间。

此外,对于检察机关和人民法院对某一案件处理结论不一致的,作者会在写作过程中表明自己的倾向性意见,并对自己的主张尽可能展开说理。比如,针对检察机关起诉故意杀人罪,法院判过失致人死亡罪的案件,在写作时,就会分别检验故意杀人罪、过失致人死亡罪的构成要件,并对当前案件与哪一个犯罪的构成要件更加符合进行论证。

本书的撰稿人分别为(以姓氏音序排列)：**柏浪涛**(华东师范大学法学院教授、博士生导师，撰写第12、13、15、17、18、22、26、33、34、36题)、**陈文涛**(中国民航大学法学院讲师、法学博士，撰写第14、29、31、41、42、47、49题)、**段蓓**(上海政法学院刑事司法学院讲师、法学博士，撰写第4、6—10、20题)、**方军**(中国社会科学院大学法学院副教授、法学博士，撰写第19、37、46题)、**孟红艳**(清华大学法学院博士研究生，撰写第24、25、30、35、44、45、48、51题)、**杨绪峰**(中国政法大学刑事司法学院讲师、法学博士，撰写第3、16、23、28、32、38、39、43题)、**周光权**(清华大学法学院教授、博士生导师，撰写第1、2、5、11、21、27、40、50题)。全书由我先后三次统改定稿，柏浪涛、杨绪峰协助我承担了一部分统稿工作。

本书的编写是一种尝试，错讹在所难免，我和其他几位作者都诚挚期待读者们不吝赐教！

周光权
2021年9月8日于清华园

HOW TO SOLVE
COMPLEX
CRIMINAL LAW
PROBLEM

刑法总论题

第1题　罪刑法定原则与刑法解释

（刑法解释、破坏生产经营罪、罪刑法定原则）

[案情简介]

被告人钟某为打压竞争对手经营的"浪莎薇拉菲"网店，通过QQ与梁某联系，谎称该店铺为其本人所有，雇佣梁某召集刷单人员恶意在被害人经营的网店刷单1 998单，造成被害人经营的网店直接经济损失4万余元，并使该店铺面临违规处罚、搜索降权、被封店的可能，给该店造成了较大的损失。①

问题：能否认定钟某构成破坏生产经营罪？

[分析思路]

一、对本案以破坏生产经营罪定罪的疑问

二、罪刑法定原则拒绝类推解释

三、刑法"软性解释"的实质是类推解释

（一）法条文义是解释起点

（二）刑法软性解释对于法的安定性有巨大冲击

四、结论

[具体解析]

一、对本案以破坏生产经营罪定罪的疑问

在司法实践中，对所谓"反向刷单"行为大多以破坏生产经营罪定罪处罚。对于本案，法院以破坏生产经营罪判处被告人钟某有期徒刑2年3个月。与此

---

① 参见浙江省金华市中级人民法院(2018)浙07刑终602号刑事裁定书。

类似的案件还有很多,例如,董某在网上经营论文相似度检测业务,为了打击竞争对手,雇佣并指使谢某多次以同一账号在竞争对手的网店恶意刷单1 500单,使对手被电商平台经营者作出"商品搜索降权"的处罚,其订单交易额损失10万余元,董某、谢某最终被法院认定为构成破坏生产经营罪。①

类似案件所提出的问题是,在没有使用物理上的有形力对机器设备或生产资料进行破坏时,是否还能构成破坏生产经营罪?归结起来讲,上述案件的定性都可能存在与罪刑法定原则相抵触的地方,即便不认为这些案件的处理是类推适用刑法,也至少可以认为其属于"软性解释"的情形。而刑法的"软性解释"是否有限度,是很值得研究的问题。

根据《刑法》第276条的规定,破坏生产经营罪是指由于泄愤报复或者其他个人目的,毁坏机器设备、残害耕畜或者以其他方法破坏生产经营的行为。这里的"其他方法",应当是与毁坏机器设备、残害耕畜相类似的行为,而不是泛指任何行为。应当认为,破坏生产经营罪与故意毁坏财物罪之间存在法条竞合关系,本罪是特别规定,即采用故意毁坏机器设备、残害耕畜等方法破坏生产经营。具体而言,在司法实务中,这里的"其他方法",主要表现为破坏电源、水源,制造停电、停水事故,破坏种子、秧苗,毁坏庄稼、果树,制造质量事故或者责任事故等。②而这些方法都是对生产资料的物理性破坏、毁坏。

特别需要强调的是,在解释破坏生产经营罪的客观构成要件时,明显有一个"同类解释规则"的运用问题。所谓同类解释规则,是指对于兜底条款的解释应当和并列的条款具有大体相当性。③从构成要件符合性的角度看,当《刑法》分则条文在某些明确列举的行为之后规定了"等"或者"其他"行为的,对"等"或者"其他"的解释就必须遵循同类解释规则,将其与之前明确列举的行为进行对照,使之在行为方式和侵害对象上保持一致:一方面,行为必须表现为毁坏、残害等毁损行为;另一方面,毁损的对象必须是机器设备、耕畜等生产工具、生产资料。④对于这种同类解释规则的运用,在刑法解释上应该存在共识。例如,对《日

---

① 参见南京市雨花台区人民法院(2015)雨刑二初字第29号刑事判决书;南京市中级人民法院(2016)苏01刑终33号刑事判决书。
② 参见周光权:《刑法各论》(第三版),中国人民大学出版社2016年版,第148页。
③ 参见张明楷:《注重体系解释 实现刑法正义》,载《法律适用》2005年第2期。
④ 参见张明楷:《刑法学》(第五版),法律出版社2016年版,第1027页。

本刑法典》第 125 条往来危险罪中规定的"损坏铁路或其标识,或者以其他方法实施",学者认为,法官只能根据列举或"例示"的"损坏"手段进行有限的解释,从而判断出什么行为才属于这里的"其他方法"。① 如果法官对其他方法的理解和立法者明确列举、例示的方式不一致,等于违背了立法者的指示,可能与罪刑法定原则相抵触。我国少数学者主张,在现代信息社会,破坏生产经营罪是妨害业务的犯罪,为了满足保护法益的需要,对破坏生产经营罪中"破坏"一词的解释不能停留在农耕时代或机器工业时代,不能将其限定为对生产资料的物理性破坏,只要造成他人的业务无法开展并由此导致整体财产损失即可。② 这一理解抽象地看似乎没有问题,但是,一方面,从法益出发软性解释构成要件的思考方法存在一定疑问。对此,松宫孝明教授指出,法益不过是解释构成要件时发现的立法理由而已,利用法益定义个别构成要件要素的情形,应当限于"因法条术语过于宽泛而需要进行'目的论缩小解释'时"③。为了法益保护的需要而不顾及构成要件行为的定型性的解释存在可疑之处。另一方面,只要结合《刑法》第 276 条的规定进行判断,就会发现将破坏行为几乎无限地进行扩大这一说法的说服力有限:对毁坏概念的理解如果不考虑行为人对物自身的作用,将对于所有权人确定的用途目的的任何挫败都视作"毁坏"或损坏,势必超越法条文义对扩张解释所划定的界限。④ 一旦立法上将"其他方法"与"毁坏"机器设备、残害耕畜并列,解释上就只能根据列举的手段展开,解释者对"其他方法"的理解就必须与立法者在同一语句中所明确列举的方式保持内在一致,否则就与立法者的指引相悖。因此,在现行立法之下,很难得出破坏生产经营罪的手段行为不受限制,可以是导致他人无法正常开展业务的一切行为的结论。由此出发,认为本罪的行为方式包括威力和诡计的主张还值得商榷。⑤

按照上述分析逻辑,本案被告人并未实施破坏生产资料、生产工具、机器设

---

① 参见〔日〕前田雅英:《刑法各论讲义》,东京大学出版会 2015 年版,第 341 页。
② 参见李世阳:《互联网时代破坏生产经营罪的新解释——以南京"反向炒信案"为素材》,载《华东政法大学学报》2018 年第 1 期。
③ 〔日〕松宫孝明:《结果反(无)价值论》,张小宁译,载《法学》2013 年第 7 期。
④ 也正是在这个意义上,德国刑法学的多数说一直认为,将他人饲养的鸟儿放飞的行为,仅构成一个不受刑法处罚的(纯粹的)使财物"脱离权利人占有"的行为,认为该行为构成故意毁坏财物的主张属于少数说。参见〔德〕约翰内斯·韦塞尔斯:《德国刑法总论》,李昌珂译,法律出版社 2008 年版,第 27 页。
⑤ 参见柏浪涛:《破坏生产经营罪问题辨析》,载《中国刑事法杂志》2010 年第 3 期。

备的行为,其实施的"反向刷单"行为不属于"以其他方法破坏生产经营",而仅可能涉嫌《刑法》第221条所规定的损害商业信誉、商品声誉罪。应当承认,反向刷单行为具有一定的社会危害性,但是,被告人的行为手段无法在破坏生产经营罪的现有客观构成要件规定之内解释,这是无法否认的客观事实。如果要认定前述两个案件构成破坏生产经营罪,就只能进行软性解释或类推解释,即将利用计算机信息系统妨害他人正常业务的行为类推为以有形力毁坏生产资料的破坏行为。对此,我国有学者指出:将刷单炒信行为定罪,是将立法没有犯罪化的行为通过个案处理的方式予以刑罚制裁,因而是一种司法犯罪化。然而,基于法条主义的视角,反向刷单炒信的行为并不构成破坏生产经营罪。刑法谦抑性原则要求,在充分运用非刑法手段之前不得率先动用刑法,能以特定罪名评价的行为不得任意选择其他罪名。①

二、罪刑法定原则拒绝类推解释

法治是规则之治。罪刑法定原则就是为了保障法治立场得到贯彻而在刑法上所作的制度设计。从形式上看,罪刑法定原则的基本要求是法定化、明确化等。但是,仅仅从形式上认识罪刑法定原则是不够的。罪刑法定原则的实质要求之一是禁止类推适用刑法。

类推适用,是指对于法律没有明文规定的行为,适用有类似规定的其他条文予以处罚。例如,将与现役军人的配偶"长期通奸"的行为解释为"同居",从而认定行为人构成破坏军婚罪,就有类推适用刑法的嫌疑。再比如,将编造、传播虚假的灾情、疫情信息的行为认定为编造、传播虚假恐怖信息罪,也是违反罪刑法定原则的类推适用。在德国,理论上认为,如果对那些为取得财物而将金属片塞入自动售货机的行为定为诈骗罪,就属于类推适用。立法上为了回应这种质疑,专门在《德国刑法典》第265条a中规定骗取给付罪。由于类推适用在实体上违反成文法主义和禁止溯及既往原则,在程序上违反正当程序的要求,实际上是对事先在法律上没有预告要处罚的行为进行处罚,动摇了罪刑法定原则的晓谕功能,使司法权不当地侵入立法的领地,属于司法恣意地对国民的行动自由进

---

① 参见叶良芳:《刷单炒信行为的规范分析及其治理路径》,载《法学》2018年第3期。

行压制,所以不被允许。

大陆法系国家禁止类推适用,但允许扩张解释。扩张解释,是指适度扩大刑法条文用语的通常含义(核心意义),赋予条文用语比通常含义更广的意思,但又将其限定在条文用语可能的意义范围内的解释方法。之所以允许扩张解释,是因为扩张解释以后,解释结论仍然在法律语言可能包括的意思范围内,一般国民在认识到该用语时,能够客观地进行预测。例如,行为人所携带的是钢笔,因为钢笔多少具有用以致人死伤的工具性,所以,其可以被解释为携带凶器盗窃中的"凶器"。如此解释,其结论还是在"凶器"这一文字可能涵摄的范围内,属于扩张解释。又如,将枪支被抢的情形解释为丢失枪支,就是对"丢失"一词的扩张解释,不会让国民感觉意外。

类推适用与扩张解释的区别有时很难认定,但是,它们的区别仍然是不可否认的:对"条文上的词义"作扩张解释以后,其与日常用语的含义虽有一定距离,但国民从该用语中仍然能够预测行为的妥当与否的,是扩张解释。例如,将动物解释为财物,并将故意打开他人家中的狗笼,把他人豢养的价值极高的观赏狗放走的行为解释为故意毁坏财物行为,就是在功能性毁坏意义上的扩张解释(但从物理性、实体性毁坏的意义上,该解释可能是类推适用)。如果解释突破日常用语的含义,解释结论在一般民众看来极其意外和难以接受,国民难以由此预测自己行为的,则该解释是类推适用。例如,将倒卖车票、船票罪中的车票、船票解释为包括飞机票在内,就是类推适用而非扩张解释。区分类推适用和扩张解释,要综合刑法条文的规范目的、某一犯罪与其他犯罪之间构成要件的异同,确保刑法解释协调。

三、刑法"软性解释"的实质是类推解释

(一) 法条文义是解释起点

对于刑法的软性解释,我国有学者持肯定态度:"在信息时代,应当对破坏生产经营罪进行客观和扩张解释:破坏不等于毁坏,妨害也是一种破坏;生产经营不仅包括生产活动,还包括组织管理活动,生产经营可以包括业务。因此,破坏生产经营罪可以包容妨害业务罪。"[①]按照这种分析进路,对于本案,当然可以被

---

① 高艳东:《破坏生产经营罪包括妨害业务行为——批量恶意注册账号的处理》,载《预防青少年犯罪研究》2016 年第 2 期。

认定为破坏生产经营罪。

但是,从文义解释的角度看,对破坏生产经营罪的构成要件作这种软性解释是存在疑问的。如果不考虑刑法客观解释的限度,破坏生产经营罪势必会沦为"口袋罪"。① 反向刷单客观上会造成竞争对手的损失,但被告人的行为手段是损害他人的商业信誉和商品声誉,而不是故意毁坏他人的生产资料,换言之,反向刷单的手段行为并不符合破坏生产经营罪的客观构成要件。

如果不对破坏生产经营罪的行为手段和行为对象进行限制,刑法解释方法上坚守的同类解释规则等底线就会被瓦解,从而带来解释结论上的不确定性。例如,《刑法》第114条规定,放火、决水、爆炸、投放危险物质或者以其他危险方法危害公共安全的,应当定罪处罚。对于这里的"其他危险方法",学界的共识是不能过度扩大解释。因为"以其他危险方法危害公共安全"仅仅是《刑法》第114条、第115条的"兜底"条款或堵截性规定,而不是整个危害公共安全罪或者整个《刑法》中惩治公共危险行为的兜底条款,否则就与罪刑法定原则相悖。因此,对"其他危险方法"就必须理解为与放火、决水、爆炸、投放危险物质的行为方式及社会危害性相当,且《刑法》第114条、第115条没有明确列举的危险方法,在实践中常见的情形有:在繁华地段故意驾车任意冲撞,私设电网,破坏矿井通风设备,行为人醉酒后驾车在发生第一次肇事后果后继续驾车冲撞造成重大伤亡的,等等。② 如果说不要求"其他危险方法"与放火、决水、爆炸、投放危险物质的行为方式相当,仅考虑危害后果,在实践中难免出现极端案件。例如,对甲编造乙在外地的父亲出车祸的虚假事实,故意刺激长期患有抑郁症的乙,导致乙情绪激动冲到车水马龙的街道上,由此引发多车追尾甚至死伤事故的,如果不考虑"以危险方法危害公共安全"的行为定型性,不要求"其他危险方法"与放火、决水、爆炸、投放危险物质的同类性,软性地解释"其他危险方法",就完全可以得出甲构成以危险方法危害公共安全罪的结论。这样的思考方式,和不注重同类解释在破坏生产经营罪中的运用,将物理性破坏手段虚化是相同的逻辑,显然是不可取的。如果说在《刑法》第114条中同类解释原则必须坚持,那么,为什么这

---

① 参见刘艳红:《网络时代刑法客观解释新塑造:"主观的客观解释论"》,载《法律科学(西北政法大学学报)》2017年第3期。

② 参见高铭暄、马克昌主编:《刑法学》(第五版),北京大学出版社、高等教育出版社2011年版,第343页。

一解释原则到了破坏生产经营罪这里就可以抛弃？

(二)刑法软性解释对于法的安定性有巨大冲击

确实,为了应对非典型案例与规范供给不足之间的紧张关系,解释论的能动主义甚至功能主义倾向是解决问题的出路之一。① 在刑法解释中,体现解释论功能主义特色的软性解释在所难免。问题的关键是软性解释一定要有限度,否则遇到"难办案件"或"临界案件"时,就会产生"涟漪效应",冲击罪刑法定原则。

必须承认,软性解释有时很可能比扩张解释走得更远。刑法并不禁止扩张解释,在作扩张解释时,需要考虑解释对象的开放性,对法条用语的含义进行一定程度的拓展,对处罚冲动进行必要的限缩(法条用语的通常含义和边缘含义之间的反向制约)。② 扩张解释是对法条用语的核心含义进行扩展,但又必须将其限定在条文用语可能的含义范围内,因此,单纯从学理的角度看,扩张解释和软性解释、类推解释的界限应当是客观存在的。但是,在实务中,软性解释有时再向前迈进一步就是类推解释,就可能使得解释结论超越规范自身内容,实质上由司法者制定出了立法上原来没有预想到的新规范。因此,即便需要使用软性解释,在实务中也需要注意防止软性解释滑向类推解释。

因此,与民法学名正言顺地接纳类推解释不同,刑法解释应当绝对禁止使用类推解释来填补法律漏洞、进行规范"续造",从而发挥其对于刑事司法领域的人权保障所起的至关重要的作用,使之真正成为现代法治国家刑事司法中不可动摇的"铁则"。

软性解释一旦沦为类推解释,其最大危险就是：与"法的安定性"要求相悖。"法的安定性"的含义包括：(1)可知性。公民可以通过成文的法律获取关于自身法律地位的相关认识。(2)可靠性。公民可以依赖法律所传递出来的正确信息来采取行动。(3)可预测性。公民可以预测官员依据法律作出决定、判决的可能性,从而决定自己是否要实施某种行为。(4)可约束性。官员以事前确定的实在法作出裁判,防止恣意而为。法的可知性、可靠性依赖于官员的行为;而约束官员的裁量权也是为了提升法律的可预测性,从而指引国民的行动。在前述

---

① 参见劳东燕：《能动司法与功能主义的刑法解释论》,载《法学家》2016 年第 6 期。
② 参见冯军：《论刑法解释的边界和路径——以扩张解释与类推适用的区分为中心》,载《法学家》2012 年第 1 期。

四点中,最为重要的是可预测性。① 为了确保国民对自己的行为效果作出预测,以保障国民的行动自由,对于刑法文本的解释就不能超出刑法用语可能具有的含义范围,这是罪刑法定原则的当然要求。以此为标尺,本案中被告人没有实施毁坏、破坏行为,且行为对象不是机器设备等生产资料、生产工具,其行为客观上并不符合破坏生产经营罪的构成要件。还值得注意的是,由于作为传统犯罪的破坏生产经营罪将行为手段限定为毁坏机器设备、残害耕畜或者其他方法,对行为样态的描述具体、明确,解释论上的回旋余地极小,因此,在以往的刑事司法中,除前述与信息技术有关的案件之外,也出现了不少对发生在现实空间的破坏行为作出判决,使罪刑法定原则被动摇的情形。例如,有的法院将被告人躺在施工地点阻碍施工,导致生产单位一车水泥报废的情形,或者用大货车堵住工厂大门,阻止工人进出、货物出库的行为,均认定为破坏生产经营罪。但是,从行为手段上看,上述行为虽然使用了一定的有形力或威力,但都不属于与毁坏机器设备、残害耕畜"同类"的行为,将其以破坏生产经营罪论有软性解释甚至类推解释的嫌疑。

在现代转型社会、信息技术社会,面对大量新类型案件,司法人员进行带有类推解释性质的软性解释可能触碰罪刑法定原则的底线。为解决这一难题,立法者应当及时作出反应,增设处罚相对较轻的新罪(如妨害业务罪),以确保罪刑法定作为"铁则"在实践中不被动摇。

四、结论

破坏生产经营罪的客观行为是毁坏机器设备、残害耕畜或者"其他方法"。这里的"其他方法",应当是与毁坏机器设备、残害耕畜相类似的行为,而不是泛指任何行为。被告人实施"反向刷单"的行为,其并未实施破坏生产资料、生产工具、机器设备的行为,不属于"以其他方法破坏生产经营",而仅可能涉嫌《刑法》第221条所规定的损害商业信誉、商品声誉罪。将"反向刷单"行为解释为破坏生产经营罪,属于软性解释或类推解释,并不妥当。

---

① 参见雷磊:《法教义学与法治:法教义学的治理意义》,载《法学研究》2018年第5期。

[规则提炼]

1. 为了贯彻罪刑法定原则,必须拒绝类推解释。

2. 所谓类推解释,是指对于立法者在条文中根本就不想处罚的行为,司法上也要借用其他规定来处罚。刑法解释并不禁止类比推理的方法,但禁止使用类推适用来填补法律漏洞,进行规范的"续造"。

3. 类推解释在民法领域有存在空间[①],但是,在刑法解释上,类推解释以及处罚漏洞的填补都是绝对不能接受的。这是基于罪刑法定原则以及保障人权的考虑。在刑法立法中,存在一些立法者有意留下的空白,这和中国传统山水画创作中的"留白"是完全相同的道理,即立法者总是有意对某些行为予以放过,对其或交由行政法律去惩罚,或由当事人承担民事上的侵权或违约责任,但不进行刑事处罚,这样的情形随处可见。所以,实践中有些行为貌似严重,但刑法上也必须予以容忍。对于某些危害性较为严重的行为,只能依靠立法上增设新罪进行惩罚。

---

① 在民法学上,类推作为填补漏洞的方法,具有弥补法律规定的不足、创设个案适用的裁判规则、发展和完善法律的一系列功能。参见王利明:《法律解释学导论——以民法为视角》(第二版),法律出版社 2017 年版,第 592 页。

第 2 题　阶层犯罪论及其运用

（阶层犯罪论、正当防卫、期待可能性）

[案情简介]

于欢的母亲苏某在山东省冠县工业园区经营山东源大工贸有限公司。2014年7月28日，苏某及其丈夫于某一向吴某、赵某一借款100万余元，后者多次组织多人前来催债。2016年4月14日16时许，赵某一纠集郭某一、郭某二、苗某、张某三到苏某所在公司讨债。赵某一等人先后在办公楼前呼喊，在财务室内、餐厅外盯守，在办公楼门厅外烧烤、饮酒，催促苏某还款。其间，赵某一、苗某离开。20时许，杜某二、杜某七赶到源大公司，与李某三等人一起饮酒。20时48分，苏某按郭某一要求到办公楼一楼接待室，于欢及公司员工张某一、马某陪同。21时53分，杜某二等人进入接待室讨债，将苏某、于欢的手机收走放在办公桌上。杜某二用污秽语言辱骂苏某、于欢及其家人，将烟头弹到苏某胸前衣服上，将裤子褪至大腿处裸露下体，朝坐在沙发上的苏某等人左右转动身体。在马某、李某三劝阻下，杜某二穿好裤子，又脱下于欢的鞋让苏某闻，被苏某打掉。杜某二还用手拍打于欢面颊，其他讨债人员实施了揪抓于欢头发或按压于欢肩部不准其起身等行为。22时07分，公司员工刘某打电话报警。22时17分，民警朱某带领辅警宋某、郭某三到达源大公司接待室了解情况，苏某和于欢指认杜某二殴打于欢，杜某二等人否认并称系讨债。22时22分，朱某警告双方不能打架，然后带领辅警到院内寻找报警人，并给值班民警徐某打电话通报警情。于欢、苏某欲随民警离开接待室，杜某二等人阻拦，并强迫于欢坐下，于欢拒绝。杜某二等人卡住于欢颈部，将于欢推拉至接待室东南角。于欢持刃长15.3厘米的单刃尖刀，警告杜某二等人不要靠近。杜某二出言挑衅并逼近于欢，于欢遂捅刺杜某二腹部一刀，又捅刺围逼在其身边的程某胸部、严某腹部、郭某一背部各一刀。22时26分，辅警闻声返回接待室。经辅警连续责令，于欢交出尖刀。次日2时18分，杜某二经抢救无效,因腹部损伤造成肝固有动脉裂伤及肝右叶创伤导致失血性休克死亡。严某、郭某一的损伤均构成重伤二级,程某的损伤构成轻伤二级。①

问题:对于于欢的行为应当如何处理?

[分析思路]

一、阶层犯罪论的合理性

(一)对四要件说的疑问

(二)阶层论的优点

二、运用阶层犯罪论分析于欢案

(一)构成要件该当性

(二)违法性

(三)有责性

三、结论

[具体解析]

一、阶层犯罪论的合理性

犯罪成立理论是犯罪论体系的核心。在分析案例时,始终无法绕开的问题是:究竟是应该采用阶层论还是犯罪构成要件"四要件说"?

(一)对四要件说的疑问

有不少人认为,犯罪客体要件、犯罪客观要件、犯罪主体要件、犯罪主观要件的"四要件说"在判断上简便易行,且长期被我国司法人员接受,没有改弦更张的必要;阶层论和四要件说在处理案件时几乎没有差别,运用阶层论可以定罪的案件,按照四要件说也可以得出有罪结论;根据阶层论得出无罪结论的案件,按照四要件说通常也不能定罪;阶层论在理论构造上叠床架屋,过于复杂,不易被初学者理解和掌握,将其引入实践中会引起混乱。

但是,这种主张值得置疑:

---

① 参见山东省高级人民法院(2017)鲁刑终151号刑事附带民事判决书。

第一,四要件说将犯罪成立条件与阻却违法、阻却责任的事由割裂开来,或者孤立地思考共犯问题,明显和刑法学的现代发展进程不合拍。随着我国刑法学理论的不断发展,深入思考犯罪论体系建构,一体解决犯罪成立条件与共犯论、违法阻却事由、责任阻却事由等关系的必要性逐步浮现出来。

第二,四要件说隐含着先主观判断后客观判断的危险,与保障人权、防止错案的现实需要不协调。而阶层论能够确保违法判断在前,有助于实现刑法客观主义。

第三,四要件说认为阶层论过于复杂的判断并不准确,对阶层论的本能排斥只不过是表明了学者的"理论惰性",对阶层论的司法便利性需要认真评估或重新认识。其实,阶层论的核心就是要把不法和责任清晰分开,其内在逻辑清晰,基本思路并不复杂。

第四,四要件说明显夸大了阶层论和司法实践之间的距离。阶层论符合司法逻辑,对其进行适度改造就完全可以用于指导我国的司法实践,因此,实务上采用阶层论具有必要性和可行性,阶层体系具有广阔的司法前景。

(二)阶层论的优点

与四要件说的平面组合结构不同,阶层论将不法和责任分开,不仅是进行刑法理论思考时最应该具备的思维能力,而且也能够对司法实务提供体系性支撑。在实务上处理案件时,要把事情做错了、干坏了(不法)和被告人是否能够被谴责、法官能否送被告人去坐牢(责任)清楚地分开,从而完成体系性思考,确保案件处理结论的妥当性。

二、运用阶层犯罪论分析于欢案

由于被害人杜某二是送医后死亡而非当场被捅死,其他被害人分别有重伤、轻伤的后果,于欢的杀人故意难以确定,因此,考虑其行为是否构成故意伤害罪。

(一)构成要件该当性

判断构成要件该当性,必须找准并对照具体的《刑法》分则条文。

实务中,公诉人能否按照起诉内容准确指控罪犯,法官能否毫无疑问地下判,首先要确定案件事实与被告人所触犯的法条是否符合,从而解决被告人"该当何罪"的构成要件该当性问题。

由于被告人所触犯的法条就是《刑法》分则具体罪名的相应条款,因此,首要的就是寻找与被告人的行为最为对应的法条,确定可能适用的罪名。这一环节的审查内容主要表现为对被告人的行为是否实质地符合、该当《刑法》分则特定法条所规定的客观构成要件作出评价,确定被告人的行为与特定构成要件所要求的实行行为、特定对象、危害结果、因果关系及客观归责、违法身份、作为违法要素的非法占有目的等要素相一致,再结合主观构成要件去描述、归纳案件事实,从而确定客观违法性存在与否。之后,将被告人的行为事实和《刑法》分则法条的构成要件进行比对,以具体罪名的构成要件要求作为准绳,来论证特定案件中客观构成要件、主观构成要件是否充足。①

构成要件该当性的判断是完成阶层论思考的第一步,舍此,之后的违法评价和罪责评价都无从谈起。在此阶段,司法人员在按照阶层理论的逻辑汇报或讨论案件时,绝对不能先从主观要件切入,其首要任务是客观地、不带感情色彩地叙述犯罪事实经过,然后再分析行为人对客观事实的认知状况,做到主客观相统一,同时确保用相应的证据来证明客观构成要件、主观构成要件齐备,并对主客观要件进行适度的规范判断和价值评价。

在本案中,于欢捅刺杜某二腹部一刀,又捅刺围逼在其身边的程某胸部、严某腹部、郭某一背部各一刀。22时26分,辅警闻声返回接待室。经辅警连续责令,于欢交出尖刀。次日2时18分,杜某二经抢救无效,因腹部损伤造成肝固有动脉裂伤及肝右叶创伤导致失血性休克死亡。严某、郭某一的损伤均构成重伤二级,程某的损伤构成轻伤二级,其行为该当《刑法》第234条故意伤害罪的构成要件。

(二)违法性

违法性判断是例外地思考有无违法阻却事由。

行为符合客观构成要件、主观构成要件的,通常具有违法性,也就基本能够得出行为人的行为构成犯罪的结论。但是,在少数案件中,需要考虑被告人是否可以例外地主张行为的正当性。这一判断过程,就是对违法阻却事由的特别考量。

在本案中,于欢的行为造成多人死伤,如果仅仅从事实判断的角度,可以认

---

① 对构成要件该当性的判断,并不是仅仅考察客观的外在表现,对主观构成要件的分析也应包括在内。"今天,德国刑法学已经普遍认可了主观方面不法元素的存在。"参见〔德〕约翰内斯·韦塞尔斯:《德国刑法总论》,李昌珂译,法律出版社2008年版,第81页。

为其防卫过当,不属于正当防卫。但是,违法阻却事由的判断不是单纯的事实判断,需要从规范的角度分清是非曲直,防卫结果在规范判断的意义上责任究竟应该归属于谁,由谁去"背锅",还需要仔细分析。

在本案中,由于存在持续侵害,侵害人对于局面向恶性发展大多并非有意控制,只要持续一定的时间,一般性质的不法侵害也极有可能提升到行凶的程度,从而符合《刑法》第20条第3款规定的特殊防卫的条件;防卫人要摆脱不法侵害,逃离被长时间控制的现场,实施强度较高的防卫行为(例如,用随手取得的刀具或其他器械乱舞)可能是唯一有效的反击方法,此时,如果不法侵害人还故意"向前扑"或"迎上去",试图进一步挑衅或重新建立对被害人的压制状态,势必会加重现场气氛的紧张程度,等于是侵害人用自己的行为进一步提升了其先前所制造的风险,基于客观归责中自我答责的法理,由此造成的防卫后果也应当由主动上前"自取灭亡"的侵害人负责。"由于受害人的自我答责已经切断了将引发结果的举止客观地归属于他人的链条,因此,他人到底是故意地还是过失地做这些事情,都是根本不重要的。"① 如果将客观归责的理念贯彻到本案中,宣告被告人于欢成立正当防卫也是有可能的。

对于本案,二审法院认定防卫过当的主要理由在于:"杜某二一方虽然人数较多,但其实施不法侵害的意图是给苏某夫妇施加压力以催讨债务,在催债过程中未携带、使用任何器械;在民警朱某等进入接待室前,杜某二一方对于欢母子实施的是非法拘禁、侮辱和对于欢拍打面颊、揪抓头发等行为,其目的仍是逼迫苏某夫妇尽快还款;在民警进入接待室时,双方没有发生激烈对峙和肢体冲突,当民警警告不能打架后,杜某二一方并无相关言行;在民警走出接待室寻找报警人期间,于欢和讨债人员均可透过接待室玻璃清晰看见停在院内的警车警灯闪烁,应当知道民警并未离开;在于欢持刀警告不要逼过来时,杜某二等人虽有出言挑衅并向于欢围逼的行为,但并未实施强烈的攻击行为。即使四人被于欢捅刺后,杜某二一方也没有人对于欢实施暴力还击行为……因此,于欢面临的不法侵害并不紧迫和严重,而其却持利刃连续捅刺四人,致一人死亡、二人重伤、一人轻伤,且其中一人即郭某一系被从背后捅伤,应当认定于欢的防卫行为明显

---

① 〔德〕乌尔斯·金德霍伊泽尔:《刑法总论教科书(第六版)》,蔡桂生译,北京大学出版社2015年版,第102页。

超过必要限度造成重大损害。故对出庭检察员及于欢所提本案属于防卫过当的意见,本院予以采纳;对辩护人所提于欢的防卫行为未超过必要限度的意见,本院不予采纳。"①

但是,对于这一判决结论还可以讨论:对那些外观上似乎较为平和的非法拘禁等持续侵害,如果防卫人造成对方死伤的,在评价防卫行为的性质时不能仅仅看防卫行为实施的那一刻,不法侵害人是否实施了达到相当程度的暴力行为,而必须对持续侵害的危险进行"累积升高"评价;在危险"累积升高"状态下,防卫人突然实施防卫强度较高的行为,造成不法侵害者死伤时,也有可能成立正当防卫;在相当长时间内的围殴等不法侵害形态发生时,防卫人使用类似"挥刀乱捅"的防卫手段时,不能一概否认正当防卫的成立。在本案中,于欢在要摆脱不法侵害,逃离被长时间拘禁的场所,在警察客观上没有对其进行解救的情况下,其用随手取得的刀具或其他器械乱舞应该被认为是唯一有效的反击方法。本案死伤结果的发生,在很大程度上是不法侵害人故意"向前扑"或"迎上去",试图进一步挑衅或重新建立对被害人的压制状态,人为加重了原本就持续紧张的现场气氛所导致的,等于是不法侵害人(本案死者等)用自己的行为进一步提升了其先前所制造的风险,基于客观归责中自我答责的法理,由此造成的防卫后果应当归属于主动上前"自取灭亡"的不法侵害人。即便是郭某一被从背后捅伤这一情节,也不能成为认定于欢防卫过当的理由:从客观上看,郭某就是共同实施不法侵害行为这一群体的一员;从结果归属上看,于欢被"逼到墙角"的行为是持续侵害累积造成的,死伤结果原本就应该归属于故意"向前扑"或"迎上去",并试图重新建立对被害人的压制状态的人身上,从规范判断的角度看,郭某一被从背后捅伤的结果也应该归属于那些侵害者而非防卫人于欢。②

(三)有责性

如果符合构成要件的行为,其违法性被阻却的,就不需要继续往下检验有责

---

① 参见山东省高级人民法院(2017)鲁刑终151号刑事附带民事判决书。
② 有必要进一步指出,在本案中,即便如同二审法院那样认为于欢的行为客观上构成防卫过当,具有违法性,其实也还可以在责任层面进行分析:在非法拘禁并伴随暴力侵害,不法侵害的危险性累积升高、于欢母子受尽欺辱的情况下,于欢属于基于愤怒、惊恐、绝望心态实施了防卫行为(对于这一点,二审法院的判决也予以认可,只是将其作为从轻处罚情节而非足以阻却责任的情形看待),从而适用期待可能性的法理排除其责任,进而得出无罪结论。

性。在我国刑法中明确规定的违法阻却事由是正当防卫和紧急避险。

在本案中,法院认为于欢的行为属于防卫过当,因此,就需要进一步检验其行为是否可能阻却责任。

有责性判断,以存在主观构成要件要素为前提,但有时也要超越这种主观要素,例如,对期待可能性、违法性认识的评价,就与被告人主观上对事实的认知无关,属于责任评价的内容。

对有责性的判断,其实是例外地考虑责任阻却事由是否存在,即考虑行为虽然客观上、实质上对社会有害,但对被告人是否可以进行责任减免,从而对其实施强制医疗等保安处分措施。

在本案中,二审法院查明:吴某等人为索取债务,"在吴某、赵某一指使下,杜某二等人除在案发当日对于欢、苏某实施非法拘禁、侮辱及对于欢间有推搡、拍打、卡颈部等肢体行为,此前也实施过侮辱苏某、干扰源大公司生产经营等逼债行为。于欢及其母亲苏某连日来多次遭受催逼、骚扰、侮辱,导致于欢实施防卫行为时难免带有恐惧、愤怒等因素",上述情节应当作为对于欢有利的量刑情节进行考虑。①

显而易见,法院并不认为在本案中存在阻却责任的事由,于欢具有有责性,因此,其行为构成犯罪,只不过在量刑时应当对其适度从宽。应当说,二审判决认为于欢实施防卫行为时的恐惧、愤怒等情绪会影响量刑,其说理已经算得上比较充分了。

但是,如果按照阶层论,在本案中,在认定于欢的伤害行为具备构成要件该当性且具有违法性(仅成立防卫过当)之后,其实还需要重点分析判断有责性的有无:在于欢对被害人进行捅刺时,其惊恐、愤怒、紧张的情绪是否会使得司法上得出其没有责任的结论?如果能够认定在当时的情况下,任何人在遭受连续拘禁、侮辱、挤压之后,发现脱离险境变得很困难时,都会做出和于欢相同的举动的,要求被告人实施其他行为就没有期待可能性,由此也可能得出于欢的行为虽具有构成要件该当性、违法性,但不符合有责性要件因而最终无罪的结论。

法院对该案的二审判决,仅仅审查了四要件说的主客观构成要件和排除违法事由,没有再对排除责任事由(期待可能性)进行审慎判断,把可能成为无罪的

---

① 参见山东省高级人民法院(2017)鲁刑终151号刑事附带民事判决书。

情形认定为犯罪,而仅仅在量刑上予以考虑。由此可见,适用阶层理论对于从不同侧面反复检验犯罪是否成立具有重要意义,其定罪范围可能比四要件说要小一些,相对适度。

当然,法院在审理本案时没有继续审查排除责任事由,也与四要件说所提供的理论支撑不足有关。前述在有责性判断阶层的分析,按照四要件说很难完成。只有阶层论才要求法官在认定行为具有构成要件该当性、违法性之后,需要再在有责性阶段考虑能否按照期待可能性理论否定于欢的责任。

在四要件说中,由于没有不法和责任的区分,不可能提供期待可能性理论的栖身之所,因为期待可能性既不是犯罪主观方面的问题,不能与犯罪主体概念等同,也不是典型的犯罪客观方面的问题,而是一个法律上对于责任归属与责任大小的规范判断问题。

例如,行为人明知自己有配偶而与他人结婚的,其行为完全符合重婚罪的构成要件,具有违法性。但是,无论是司法解释还是审判实务上都认可,被告人在特殊情况之下重婚(诸如夫妻一方因不堪虐待外逃重婚,因遭受灾害或逃荒而与他人重婚,因被拐卖而流落外地重婚,为逃避包办婚姻而流落外地重婚)的,即便行为人有犯罪故意,也可以认为其欠缺期待可能性,从而得出无罪的结论。

以上分析充分说明,虽然在大量案件中,不需要特别考虑阻却责任事由,但是,对于一些案发时间、地点、具体情境特殊的案件,在审判实务中需要特别留心有责性的检验问题,以防止司法偏差。

三、结论

按照阶层犯罪论,对于于欢的伤害行为应当依次进行构成要件该当性、违法性和有责性的检验。

在行为符合构成要件的情形下,于欢的行为是否因为成立正当防卫而阻却违法,需要进行仔细研究。如果认定其行为符合构成要件,且属于防卫过当,还需要重点分析判断有责性的有无。如果认为于欢是出于惊恐、愤怒、紧张的情绪而对被害人进行捅刺的,也可能得出其没有责任的结论:任何人在遭受连续拘禁、侮辱、挡压之后,发现脱离险境变得很困难时,都会做出和于欢相同的举动。这样,要求被告人实施其他行为就没有期待可能性,由此也可能得出于欢的行为虽具有构成要件该当性、违法性,但不符合有责性要件,因而最终可以宣告其无罪。

[规则提炼]

1. 按照构成要件该当性、违法性、有责性进路分析案例,能够确保思路清晰,所有法律上重要的要件都能够被没有遗漏地检验,通过抽丝剥茧的分析完成思维过程。

2. 对于某些具有一定特殊性的案件,按照阶层论进行分析,得出合理的无罪结论的可能性大于四要件说。

3. 对于阶层论的使用,也可以考虑采用"犯罪客观要件—犯罪主观要件—犯罪排除事由"的分析思路。

这种思考方法,虽未使用三阶层的话语系统,但也完全可以和"构成要件该当性—违法性—有责性"的构造相对应:犯罪客观要件和犯罪主观要件属于犯罪的一般要件,符合这两个要件的行为,原则上就具有违法性,成立犯罪。但是,在具备违法排除事由和责任排除事由的场合,例外地阻却犯罪的成立。

这样分析案例的优点在于:用目前我国司法人员较为熟悉的术语来简化阶层论,以提高其被接受的可能性,有助于"降低改革成本"。坚持四要件说的学者通常会在其论证中凸显判断标准的实用性,认为四要件说在操作上简洁明快,四个要件之间对应工整、界限清晰,具有鲜明的可操作性。但是,如果把人们视为"畏途"的阶层犯罪论体系进行话语转换,将其解读为"先客观(违法)后主观(责任)、先原则后例外"的司法逻辑或实务判断方法,在阶层论意义上准确理解主客观相统一原则的真正含义,势必也能够大大降低操作难度。

如果认为让实务人员接受这一体系可能存在过大的思维转型,接受四要件说和赞成三阶层论的学者之间交流起来会存在困难,那么,采用比构成要件符合性、违法性、有责性体系更为简洁、更易于被人们接受、更为人们所熟悉的概念和理论构造,就是可以考虑的。也就是说,采用"犯罪客观要件—犯罪主观要件—犯罪排除事由"的理论构造,能够最大限度地促成四要件说的主张者和阶层犯罪论的赞成者"坐在一起"讨论问题,让不同立场的人达成最大共识。

第3题　作为义务的判断

（不纯正不作为犯的成立条件、作为义务来源、支配领域性说）

[案情简介]

被告人李慧子、曹天仪系情侣关系，二人共同承租北京市海淀区某群租房。该群租房使用面积107平方米，被隔断成10间分别出租，共住10余人。隔断房空间狭窄，水源有限且水流较小。2013年12月28日凌晨2时许，李慧子与曹天仪因琐事发生争吵，曹天仪对李慧子动了手，李慧子觉得委屈，为吓唬对方和发泄愤怒，第一次用打火机点燃被褥，被曹天仪制止。随后二人继续争吵，李慧子第二次用打火机点燃床单一角，曹天仪未及时制止。几分钟后，火势变大，二人使用矿泉水以及水盆接水进行扑救，但受制于群租房特殊的环境，未能控制火势。其他隔断房租户纷纷逃离并报警，但住在靠里面的租户岳某和伊某未能及时逃离，被困在卫生间，因一氧化碳中毒当场死亡。后法院经审理宣判：李慧子犯放火罪，判处死刑，缓期二年执行；曹天仪犯失火罪，判处有期徒刑6年。①

问题：

1. 在李慧子第二次用打火机点燃床单一角时，被告人曹天仪是否有救火义务？如果有，该义务来源是什么？
2. 李慧子构成放火罪并无疑问，但其男友曹天仪是否成立不作为犯？
3. 被告人曹天仪主观方面究竟应认定为故意还是过失？

[分析思路]

一、不纯正不作为犯的成立条件
二、被告人曹天仪的作为义务来源分析

---

① 参见北京市高级人民法院(2015)高刑终字第105号刑事裁定书。

（一）形式说无法为本案提供作为义务来源
（二）实质说中"机能的二分说"解释作为义务来源仍属牵强
（三）实质说中"支配领域性说"与作为义务来源

三、被告人曹天仪成立不纯正不作为犯
四、结论

[具体解析]

一、不纯正不作为犯的成立条件

本案中，对李慧子构成放火罪并无疑问，关键是判断被告人曹天仪是否同样构成犯罪。分析这样的案例，脑海里一定要有一个基本的体系。这个案例涉及不作为犯的问题，要先在"刑法地图"上定位至不作为犯这一位置，然后思考不作为犯通常是怎样去判断的。不作为犯的基本结构：有作为义务→能够作为/作为可能性→不作为。

联想到上述结构，基本上就能够搭建出不作为犯的成立要件：(1)作为义务；(2)作为可能性；(3)不作为。另外，不作为犯的讨论还有一个等价性要件。考虑了这些，还要想到结果犯的判断中，因果关系的判断肯定也少不了，那么整个不作为犯的构成体系就出来了。细心的读者可能会发现，德国、日本和我国判断不作为犯的成立要件时，各个要件未必完全相同。比如日本较常见的观点是：(1)作为义务的存在；(2)作为的可能性、容易性；(3)等价性要件。而德国较常见的观点是：(1)先前考察：作为与不作为的区分；(2)客观构成要件该当性：①该犯罪类型的所有成文要素均被实现(例如符合构成要件的结果)，②未从事被期待的行为(不作为)，③防止不法事实发生的现实可能性(作为可能性)，④其他的不成文要素(结果犯要审查因果关系)，⑤保证人地位，⑥不作为与作为的等价性；(3)主观构成要件。而在我国学者的教科书中，不作为犯的成立要件通常是：(1)作为义务；(2)作为可能性；(3)未履行特定作为义务，造成或可能造成危害结果。

有的读者可能会无所适从，不知道选择哪个体系。其实仔细看它们的核心要素，会发现差异不大。有的学者不考虑作为可能性，其实是把作为可能性包容

在作为义务的判断中了,即没有作为可能性就不产生作为义务。而关于等价性要件,明确要求不作为与通过作为实现的构成要件相当时,才成立不纯正不作为犯,其意义实际上非常有限。在纯粹的结果犯中(例如故意杀人、故意伤害罪等),由于法律本身就不关心实现构成要件的方式,等价性要件没有多大实际意义。这些情况下,基本都是默认相当。只有法律规定必须通过特定行为方式实现的构成要件中,等价性要件才可能起到进一步限定不纯正不作为犯成立范围的作用。德国学者一般认为等价性要件没有多大意义;相反,日本学者则比较看重等价性要件,基本上很多结果无价值论者的教科书中都写了这个要件。颇有意思的是:由于等价性要件强调不作为要与作为的实现构成要件的方式相当,关注的重心显然在行为本身,而德国通说是行为无价值二元论,却不太重视等价性要件,日本的通说是结果无价值论,反而十分重视这一要件。

经过上述思考,可以明确:本案的焦点其实是作为义务的判断。如果认为被告人曹天仪成立不作为犯,那么不作为犯的成立要件肯定要依次审查一遍,包括讨论作为义务、作为可能性等问题。如果进一步审查等价性要件,当然也非常好,同时不能遗漏不作为犯因果关系的判断,本案是否有结果回避可能性其实也是有讨论余地的。如果认为被告人曹天仪无罪,论证到没有作为义务这一步时,基本上就到位了,此时就没有必要讨论其他要件了。

二、被告人曹天仪的作为义务来源分析

在本案中,若想论证被告人曹天仪成立不作为犯,必须明确曹天仪作为义务的来源。

(一)形式说无法为本案提供作为义务来源

作为义务来源的形式说,是指对于作为义务采用列举的方法进行形式上的分类。我国较早的教科书中采取了"形式三分说",但是近来的通说采取了"形式四分说"。具体而言,"形式四分说"的作为义务包括:(1)法律、法规规定的义务,即由广义的法律、法令、法规规定并由刑法加以认可的义务;(2)职务或者业务所要求的义务,即基于特定主体担任某项职务或者从事某种业务而依法要求其履行的一定作为义务;(3)法律行为产生的作为义务,即在法律上能够设定权利、义务行为所引起的义务,主要包括合同行为与事务管理行为;(4)先行行为所

引起的义务,即行为人因自己的行为造成一定危害结果的危险,而产生的采取积极行动防止危害结果现实发生的义务。结合本案,逐一考察上述义务可知:形式说无法为本案提供作为义务来源。

第一,曹天仪不具有法律、法规规定的救火义务。其与李慧子之间是同居情侣关系,而情侣关系并非法律、法规规定的义务来源,并不能产生救火的作为义务。

第二,曹天仪不具有职务或者业务所要求的救火义务,其作为一个普通的承租人,并无及时灭火的职务义务。曹天仪与李慧子虽然是情侣关系,但男朋友不是一个职业,也不可能从职业或者义务上寻求作为义务的来源。

第三,曹天仪不具有因法律行为产生的救火义务。曹天仪虽然是房屋承租人,房屋租赁合同具体设定的是其与房东之间的一些权利义务,例如对所居住房屋具有合理使用的义务等,但其中并不包含在本案情形下的救火义务,仅凭房屋租赁合同也不能认定曹天仪具有作为义务。

第四,曹天仪不具有先行行为所引起的救火义务。此处涉及的争议点是,吵架行为能否认定为先行行为?先行行为是指行为人因自己的行为造成一定危害结果的危险,对此,行为人负有作为义务控制或者消灭危险。但被告人曹天仪与李慧子的吵架行为并没有引起放火结果的危险,只能归为普通的日常生活行为。因此,本案中的吵架行为不能认定为先行行为。

由此可见,运用形式说难以确定被告人曹天仪的作为义务来源。

(二)实质说中"机能的二分说"解释作为义务来源仍属牵强

形式的作为义务说以列举的方法阐明作为义务的来源,尽管在外在形式上具有相对确定性和明确性,但是,并未从实质上说明为什么这些人必须保证特定结果不发生,从而不能合理说明处罚不纯正不作为犯的实质根据,导致处罚范围不明确。鉴于此,刑法学界开始对作为义务的来源进行实质化探讨。关于实质的作为义务理论,在我国较有影响力的是"机能的二分说"。机能的二分说,又称为功能说,由德国学者考夫曼教授提出。根据该说,作为义务来源被分为两类:(1)对特定法益的保护义务,主要包括依照法律规定保护特定法益的义务、事实上承担的法益保护义务以及危险共同体关系;(2)对危险源的监督义务,主要包括危险源监控者的义务、危险前行为说。

在本案中,运用"机能的二分说"解释曹天仪的作为义务来源仍属牵强,原因如下:

首先,被告人曹天仪与李慧子是情侣关系,法律法规并没有明文规定情侣的一方具有保护另一方的义务,社会的一般规范和期待也不会要求情侣之间互相去制止对方的不法行为。李慧子已是成年人,曹天仪并不能因为情侣关系而对李慧子的放火行为负有对特定法益的保护义务。

其次,两人并不形成危险共同体的关系。有观点可能试图通过危险共同体理论说明曹天仪负有保护义务,但危险共同体的概念还是过于含糊,一般还是应当限定在登山或其他探险活动这样的特殊场合,此时成员之间有相互照顾、救助的义务。本案中,被告人曹天仪与李慧子之间并没有形成这种特殊关系,采用该理论来论证作为义务来源并不妥当。

再次,被告人曹天仪也不负有对危险源的监督义务。有观点可能采用危险源监督义务作为论证理由,即认为本案的群租房场所本身就属于危险源,曹天仪对此应负有监督义务。这种观点有一些道理,群租房由于租客密集、水源有限,确实存在一定的安全隐患,尤其是火灾隐患。然而,在一般情况下,如果没有发生这样的放火事件,人们还是照常居住生活,将其作为刑法意义上的"危险源"似乎讲不通。如果群租房属于"危险源",那这些租客岂不是一直生活在水深火热的危险场所?

最后,被告人曹天仪对打火机的合理使用负有监督义务也难言妥当。有观点可能认为,打火机是曹天仪的,他对打火机的合理使用就负有监督义务。这种观点看似有道理,但同样经不起推敲。如果行为人买了一把菜刀,那他岂不是时刻都要盯着这把菜刀,以防止他人拿去杀人?曹天仪虽然是打火机的主人,但是李慧子拿去放火,他并不负有时刻监督并及时制止的义务。

由此可见,试图通过实质说中"机能的二分说"解释作为义务来源仍存在一定不足之处。

(三)实质说中"支配领域性说"与作为义务来源

由于"机能的二分说"也较难说明被告人曹天仪存在作为义务,本案的焦点最终落到:是否承认"支配领域性说"能够成为作为义务的来源。如果承认,据此当然可以认为曹天仪有作为义务;如果不承认,曹天仪就应作无罪处理。因此,本案最终归结到对"支配领域性说"的承认与否。如果分析到这一步,无论最后对"支配领域性说"持肯定或否定观点,这个案例都已经分析得相当好了。

日本的"支配领域性说"和张明楷教授在教科书中提及的"支配领域性说"存在一定差异,张明楷教授在"机能的二分说"之外,又单独添加了"支配领域性说"的观点,即基于对法益的危险发生领域的支配产生的阻止义务。按照这种观点,法益的危险如果发生在行为人支配的领域,行为人就具有实质的法义务。这意味着,如果一个垂死之人突然闯进别人家里面,这家主人就负有救助的义务。但这一认定范围显然过于宽泛,会给该领域的管理者造成沉重的负担。为此,张明楷教授添加了一个限定要件,即只有该领域的支配者可以排除危险时(具有排他性),才能要求该领域的支配者履行义务。① 如果仔细看其教科书关于该部分的论述,可以发现该"支配领域性说"其实偏向于领域或场所的排他性支配,这种观点和日本的"支配领域性说"存在一定区别。详言之,张明楷教授似乎更看重具体的领域或场所,将"支配领域性"理解为某一个具体的空间。所以,卖淫女在嫖客的住宅与嫖客发生关系,发现嫖客心肌梗死而离开的,不成立不作为犯;但如果嫖客是在卖淫女的住宅与其发生关系,嫖客心肌梗死的,因为住宅是卖淫女的,她就具有救助义务。一旦将"支配领域性说"理解为领域或场所的支配领域性,可能会得出一些不合理的结论。日本主张"支配领域性说"的观点侧重的是"因果支配",即对到达结果的因果进程设定排他性支配。基于因果的支配这一视角,房子是谁的不重要,重要的是卖淫女是不是排他地支配这一因果进程。

本案中,如果支持张明楷教授所主张的"支配领域性说",可以认定李慧子的放火行为发生于被告人曹天仪所支配的隔断房间内,且被告人曹天仪作为该领域的支配者可以排除危险,具有排他性支配,由此认为曹天仪有救火的作为义务。如果支持"因果支配"的观点,可以认为被告人曹天仪对放火行为引起火灾的这一因果进程具有排他性支配,进而具有救火的作为义务。

三、被告人曹天仪成立不纯正不作为犯

被告人要成立不作为犯,不仅要求具有作为义务,还要求存在作为可能

---

① 参见张明楷:《刑法学》(第五版),法律出版社2016年版,第158—159页。

性,且不作为与结果之间存在因果关系。

首先,被告人曹天仪具有作为可能性。本案中,按照法庭调查以及当事人陈述,李慧子第二次点火以后,火势刚开始并不大,桌上也有矿泉水可以迅速浇灭火苗。曹天仪如果及时救火,是可以用非常简单的方式扑灭火苗的,因此具有排除危险发生的作为可能性。

其次,曹天仪未履行作为义务,造成了侵害结果的发生,未履行义务与结果之间具有因果关系。且如果当时履行了救火义务,火势是完全可控的,也就不会发生租户岳某、伊某因一氧化碳中毒死亡的事故,可以说死亡结果完全是具有回避可能性的。

再次,被告人曹天仪的不作为的失火行为和作为的失火行为是具有等价性的。曹天仪在本可以轻易扑灭火苗的情况下未及时扑灭火苗,而是放任火势变大,这与积极的实施失火行为具有等价性。

最后,关于被告人主观方面究竟应认定为故意还是过失,其实是存在疑问的。从理论上讲,李慧子实施放火行为,被告人曹天仪具有救火的作为义务,而未履行作为义务,主观上具有放任的心态,在逻辑上认定为不作为的放火罪,其实也具有合理性,笔者也倾向于这种观点。当然,在实务中,由于在作为义务认定上尚有一些疑虑,办案机关可能出于某些考量,认为定失火罪更为合适。失火罪的量刑恰好介于放火罪与无罪之间,这一结论似乎还是存在妥协的成分。不过,案例分析本就不应执着于某一具体的结论,读者在进行分析时,应当注重案件的分析思路和论证步骤,以养成逻辑自洽性和体系贯通性的思维。

四、结论

由于李慧子的放火行为发生在被告人曹天仪所支配的隔断房间内,且被告人曹天仪作为该领域的支配者可以排除危险,具有排他性支配,因此,应当认为曹天仪有救火的作为义务,且其有履行义务的可能性,因此,成立不作为的放火罪。

[规则提炼]

1. 情侣关系并非法律、法规规定的义务来源,并不能成为不作为犯的作为义务根据。先行行为要求行为人因自己的行为造成一定危害结果的危险,日常生活中的吵架行为一般不是刑法意义上的"先行行为",难以成为不作为犯的作为义务来源。

2. 形式的作为义务说以列举的方法阐明作为义务的来源,但并未从实质上说明,为什么这些人必须保证特定结果不发生,因此面临着处罚范围不明确的疑问。相较而言,实质的作为义务说应得到提倡。

3. 危险共同体的概念过于含糊,根据这种关系所产生的作为义务来认定犯罪,刑法处罚范围过大,刑法也可能变得危险,故对危险共同体所产生的作为义务之判断,必须慎之又慎。

4. 运用"支配领域性说"可以解决"机能的二分说"在作为义务认定上的不足,但如果过于侧重具体的领域或场所,将"支配领域性"理解为某一个具体的空间,可能会得出一些不合理的结论。如果将"支配领域性说"的重点放在"因果支配"上,即对到达结果的因果进程设定排他性支配,相关的解释结论更为妥当。

第4题 不作为犯与结果加重犯

(因果关系、作为义务、结果加重犯、占有)

[案情简介]

2011年6月26日晚,被告人韦某驾驶摩托车外出。当晚10时40分许,在江苏省无锡市崇安区广勤中学附近看到被害人李某(女,殁年17岁)独行,即上前搭讪,后将李某强行带至无锡市通江大道安福桥南岸桥洞下斜坡处,并采用语言威胁、拳打、卡喉咙等暴力手段欲对李某实施强奸,因遭到李某反抗而未果。李某在逃离过程中滑落河中。韦某看到李某在水中挣扎,明知李某处于危险状态而不实施救助,并逃离现场,后李某溺水死亡。事后查明,韦某在逃离现场前,将李某散落在草地上的背包拿走,包内有价值2 000元的手机一部以及价值5 000元的笔记本电脑一台。①

问题:

1. 犯罪行为是否可以成为不作为犯罪中的先行行为?

2. 本案中行为人未救助被害人导致被害人死亡的行为,成立相应的不作为犯罪,还是成立结果加重犯?

3. 如何评价韦某拿走被害人散落在草丛中的背包的行为,其成立盗窃罪还是侵占罪?

[分析思路]

一、韦某实施强奸行为的定性

(一)客观构成要件

(二)主观构成要件

---

① 根据《刑事审判参考》第834号指导案例改编。

(三)犯罪形态

二、韦某对落水被害人未予救助行为的定性

(一)韦某是否成立不作为的故意杀人罪

(二)韦某是否成立强奸罪的结果加重犯

三、韦某拿走被害人财物行为的定性

四、结论

[具体解析]

依据行为人实施的构成要件行为数,可将本案划分为三个环节:(1)韦某对李某实施强奸行为;(2)被害人逃离途中滑落河边,韦某未予救助;(3)韦某拿走被害人散落在草坪上的财物。接下来对这三个环节中被告人的行为依次进行分析。

一、韦某实施强奸行为的定性

强奸罪,是指违背妇女意志,使用暴力、胁迫或者其他手段,强行对妇女进行奸淫,或者与不满14周岁的幼女发生性关系的行为。

(一)客观构成要件

韦某违背被害人的意志,以暴力手段强行与被害人性交,符合强奸罪的客观构成要件。

(二)主观构成要件

韦某明知违背被害人的意愿,仍然以暴力手段意图与被害人性交,具有强奸的故意。

(三)犯罪形态

由于韦某遭到被害人的反抗而使其强奸行为未果,因此涉及犯罪未遂的判断。

犯罪未遂,是指行为人着手实施犯罪行为后,由于意志以外的客观原因未得逞的犯罪形态。本案中,行为人韦某在实施强奸行为时,遭到被害人的强烈反抗而未果,属于因意志以外的客观原因未得逞的情形,因此成立犯罪未遂。

综合以上分析,韦某的行为成立强奸罪基本犯的未遂。

二、韦某对落水被害人未予救助行为的定性

这里的核心问题在于:当韦某发现被害人逃跑途中落水,且发现被害人不会游泳却仍然未予救助导致被害人死亡时,应基于其先前实施的暴力强奸行为而对该不救助成立不作为的故意杀人罪,还是成立强奸致人死亡的结果加重犯。

(一)韦某是否成立不作为的故意杀人罪

不作为是相对于作为而言的,是指行为人负有实施某种积极行为的特定义务,并且能够履行但拒不履行的行为。因而,不作为犯罪的实质在于行为人未实施法律期待其所实施的某种行为。

不作为犯分为真正的不作为犯和不真正的不作为犯两种类型。其中,真正的不作为犯是指构成要件规定只能以不作为方式实施的犯罪,例如遗弃罪,不解救被拐卖、绑架妇女、儿童罪等;不真正不作为犯是指行为人以不作为的方式实施了通常由作为方式实施的犯罪,例如,故意杀人罪是典型的以作为犯为原型设置的罪名,但对于母亲将新生婴儿丢弃在深山丛林、导致婴儿死亡的情形,就能够评价为不作为的故意杀人罪。同样,就本案中韦某对落水被害人未予施救的行为而言,可能成立不真正的不作为犯。

1. 客观构成要件

同作为犯相比,不作为表现为消极意义上的不阻止法益侵害结果的发生,因而其在认定时往往呈现为一种规范意义上的考量。一般而言,不作为犯的成立需满足以下三方面的要求:

第一,行为人具有保证人地位(作为义务)。不作为可以认为是对某种命令性规范的违反,正是由于行为人对某种特定的作为义务的不履行,其不作为才获得刑法的消极评价。如果在某一案件中,该种作为义务本身就不成立,那么行为人未实施某种行为就不可能被认为是刑法中的行为。

第二,作为可能性。作为可能,是指负有作为义务的人具有履行义务的可能性。虽然行为人具有保证人地位,但客观上只有其具有遵守规范、能够履行该项作为义务而未履行时,其不履行行为才可能被评价为刑法意义上的不作为。例如,甲发现其儿子落水时,作为儿子的监护人其负有救助义务,但甲本身并不会

游泳,因此并不具有救助可能性。那么在该案中,即使甲未实施救助行为,也不可能成立不作为犯(当然,甲如果可以通过呼救或借助其他工具加以救助的话,则应当肯定其具有作为可能性)。

第三,结果回避可能性。只有当行为人履行义务的行为能够避免结果发生时,其不作为才成立相应的犯罪。例如,甲违反交通管理法规致乙重伤后,未将乙送往医院救治而是逃离现场。但事后医院证明,即便乙被及时送往医院,也不可能得到救治。在这一案件中,尽管甲未履行对乙的救助义务,但由于即使其履行义务,乙的死亡结果也不可避免,因而甲不成立相应的不作为犯罪。

根据以上不作为犯罪的成立要件,可以对本案中韦某的行为是否成立不作为的故意杀人罪进行检讨。

首先要判断的是,李某对于被害人是否存在救助义务(是否具有保证人地位)。我国传统理论对作为义务的判断采取"形式四分说",具体包括:法律明文规定的作为义务、职务或业务上要求履行的作为义务、法律行为的义务、先行行为所引起的义务。① 然而,这种形式义务来源说虽然直接指明了不作为义务来源,但却未说明这些不作为义务来源的实质依据。此外,由于先行行为与其他三类义务来源相比,本身并不存在明确的内涵和外延,其自身也无法提供相关的判断标准,因而在认定过程中就更为困难。有鉴于此,形式的作为义务来源说近年来已逐渐式微,尽管学界和司法实务在相应表述中仍会采用形式义务来源说中的分类,但其论证过程已经逐渐在向实质义务来源说靠拢。

实质作为义务来源说根据作为义务内容和功能的不同,将作为义务分为对特定法益的保护义务(保护保证人义务)和对危险源的监督义务(监管保证人义务)。前者是指行为人基于与被保护者所特有的联系而承担的实施一定作为而保证其法益不受侵害的作为义务,主要包括基于法律规定的家庭成员之间的作为义务、来自共同生活体或危险共同体之间的义务,以及自愿承担的保护义务。后者是指行为人对于特定的危险源具有监管该危险源不对他人造成侵害的义务,主要包括对先行行为造成危险之消除义务、对在自己领域内的危险源的监管义务、对自己监管职责范围内的被监管人对他人造成损害的阻止义务。在这一意义上,先行行为人之所以具有保证人地位,是因为其先行行为对他人造成了

---

① 参见陈兴良:《本体刑法学》,中国人民大学出版社2001年版,第209页。

危险,为防止该危险进一步扩大,因而要求先行行为人履行相应的作为义务。

具体到本案,需要判断的是,韦某先前所实施的强奸行为是否使其对于被害人落水这一危险状态负有救助义务,或者说是否使其具有保证人地位。这里要讨论的问题有二:其一,犯罪行为是否能够成为不作为犯罪中的先行行为;其二,本案中韦某实施的强奸行为是否成立不作为犯罪中的先行行为,从而使其具有保证人地位。

就犯罪行为能否成为不作为犯罪中先行行为的问题而言,应当作出肯定回答。全盘否定犯罪行为可以成为作为义务来源的观点并不可取:先行行为的性质从根本上来讲,是引起法益受到侵害危险的行为,而犯罪行为作为引起法益受到侵害危险的行为,本身就符合不作为犯中先行行为的成立要求。此外,在否定犯罪行为可以成为先行行为的论据中,最主要的论据就是认为这涉及对一个行为进行重复评价的问题。然而,当某一犯罪行为可以成为另一不作为犯罪中的先行行为时,刑法会先对该犯罪行为及其引起的法益侵害后果加以评价,只有当该行为所引发的后果有严重化或侵害其他法益的可能时,由于此时对行为人而言产生了一个防止后果严重化或是防止危害其他法益的作为义务,刑法才会对行为人的不作为进行评价。由此可见,在犯罪行为成为不作为犯中的先行行为时,刑法评价的是两个行为和两个结果,并不存在对禁止重复性评价原则的违反。

在肯定犯罪行为可以成立先行行为的前提下,进一步要解决的问题便是何种情形下犯罪行为能够成立不作为犯罪中的先行行为,即先行行为成立的判断标准问题。尽管这一判断标准目前仍然存在争议,但大体上可以认为,犯罪行为能否成为先行行为的判断要点在于,其所创设的全部风险是否能够为该犯罪行为本身所完全评价。[①] 若先行行为本身涉及的犯罪构成能够完整评价法益所受到的危险,那么就无须对之后的不作为再次进行评价,否则就可能成立相应的不作为犯罪。因此,在这一意义上,犯罪行为可以成立先行行为的情况主要表现为:行为人实施的犯罪行为所引起的危害后果无法被先行行为所处的犯罪构成完整涵摄,这一情形往往是因为后续危害后果所侵害的法益严重程度要远远重于前犯罪行为所侵害的法益。例如,行为人过失导致他人重伤后,明知不予救助

---

① 参见王莹:《论犯罪行为人的先行行为保证人地位》,载《法学家》2013年第2期。

可能出现被害人死亡的结果，但其依然逃离现场，后被害人死亡。在该案例中，如果仅对行为人以过失致人死亡罪进行评价，显然难言合理，而且行为人对被害人死亡这一结果所持的心态完全可以评价为间接故意，甚至可能成立直接故意。因而，只有对行为人以过失致人重伤罪以及不作为的故意杀人罪（间接故意/直接故意）进行评价，才能使得行为人的危害行为得到准确、全面的认定，这也符合罪责刑相适应原则的要求。

在解决了犯罪行为能否成为不作为犯罪中的先行行为，以及具体的判断标准问题后，可以根据这一判断标准，对本案中韦某对被害人李某是否具有保证人地位这一问题进行判断。

首先，由于被害人李某的人身安全以及性自主权遭受了来自行为人韦某的不法侵害，并且综合本案发生的时间（晚间10点）以及地点（河边某一桥洞）来看，被害人本身处于极为危险的境地中，因此其选择逃离不法侵害的举动是一般人在当时情况下都会作出的选择。其次，由于犯罪嫌疑人选择的作案地为河边，在对周围地形不熟悉的情况下，被害人在逃跑过程中极有可能出现摔倒、跌落河中的情形。因此，应当认为，行为人先前实施的暴力、威胁等行为使得其对被害人的生命安全具有保障义务，同时被害人在落水前后其人身安全一直处于行为人的控制范围内，因此当被害人李某逃跑过程中因失足落水而具有生命危险时，行为人韦某基于其先行行为对李某负有救助义务。

在肯定韦某具有保证人地位后，需要判断的是韦某对于防止被害人法益受损是否具有作为可能性以及被害人死亡结果是否具有避免可能性。根据事后查明的事实，韦某自身具有救助能力且及时施救的话，被害人的死亡结果可以避免，因此符合不作为犯罪成立要件中作为可能性和结果回避可能性的要求。

综合以上分析，韦某对于李某的不救助符合不作为故意杀人罪中客观构成要件的成立要求。

2. 主观构成要件

行为人韦某看到被害人在水中挣扎不会游泳，明知自己离开现场不予救助的行为可能发生被害人死亡的结果，但却仍然放任该结果的发生，因此成立间接故意。

(二)韦某是否成立强奸罪的结果加重犯

1. 客观构成要件

结果加重犯的判断重点在于认定加重结果和基本行为之间是否存在规范意义上的关联。目前获得大多数学者支持的判断标准是"直接性理论"。根据该理论,判断加重结果能否归属于基本行为,应当考量基本行为与加重结果之间是否存在直接的风险关联性。在这一直接性理论内部,又分为"致命性理论"和"行为基准说"两种观点。

致命性理论主张,加重结果的发生必须源自故意基本犯罪的基本结果,或是当行为具有足以导致加重结果出现的危险时才符合直接关联性。

行为基准说(行为固有危险说)主张,应以基本行为中所蕴含的类型性危险作为判断是否符合直接性关联的依据,即只要在基本行为中存在能够推断致死结果产生的特定风险就足以肯定直接性关联。

就本案的情形而言,根据致命性理论的观点,由于被害人死亡结果并不属于基本结果扩大的产物,也不属于强奸罪中暴力行为所导致的危险,因此将否定被害人死亡结果和强奸基本行为之间的关联。而依照行为基准说,若被害人挣脱行为人的暴力控制逃跑后,行为人依然追赶被害人的话,则应当认为被害人失足落水所可能引起的危险能够被评价为是行为人暴力行为的延伸,能够成立结果加重犯。但如果被害人挣脱行为人的暴力控制逃跑后,行为人并未继续追赶被害人,那么被害人失足落水死亡的风险是否能评价为基本行为的固有危险,还值得推敲。

2. 主观构成要件

根据前述分析,就韦某对于被害人失足落水死亡这一结果而言,其主观心态应当认定为间接故意。这里还需指出的是,对于结果加重犯的行为结构而言,大多数学者肯定"故意犯+过失犯"的模式,而否定"故意犯+故意犯"或是"过失犯+故意犯"以及"过失犯+过失犯"的模式,但也有学者肯定这几种模式均属于结果加重犯的行为结构。由于本案中行为人对被害人落水这一死亡结果的心态不可能评价为过失,因此对结果加重犯行为结构这一问题的理解不同,也会影响行为人是否成立结果加重犯的判断。

综合以上分析,首先可以肯定的是,行为人成立不作为的故意杀人罪。其次,在本案中,对行为人能否成立结果加重犯,依据不同的判断标准可能会有不同的结论,目前仍然存在争议。最后,由于结果加重犯的法定刑设置和强奸罪未遂的基本犯加不作为的故意杀人罪的法定刑不会有太大出入,因此一旦肯定结果加重犯的成立,似乎就可以认为没有必要再讨论随后的不作为行为,但这一点目前在理论界也仍然存在争议。

三、韦某拿走被害人财物行为的定性

由于行为人是在暴力行为实施结束后,才另起犯意拿走被害人散落在草地上的财物,因而可以排除抢劫罪的成立。那么,此处的核心问题就在于应如何对被害人散落在草地上的财物进行定性:如果认为该财物仍然处于落水的被害人的支配范围内,那么行为人成立盗窃罪;而如果认为该财物已经脱离被害人的支配范围,那么行为人成立侵占罪。

1. 客观构成要件

盗窃罪是指将被害人占有的财物以平和手段转移给自己或第三人占有的行为。而侵占罪是侵占代为保管的委托物、他人的遗忘物和遗失物的行为。两罪最主要的区别在于其侵害的法益不同,盗窃罪侵犯的法益是他人的占有,而侵占罪侵犯的法益是他人的所有。因此,判断重点在于财物是否仍处于被害人的占有范围内。

就本案的情形而言,行为人在看到被害人落水未予施救后,随即拿走被害人散落在草地上的财物时,可以肯定被害人正处于在水中挣扎的状态,因而此处不适用有关死者占有的判断规则。需要判断的是,此时在水中挣扎的被害人是否仍占有其散落在草地上的财物?这里涉及刑法意义上如何确定占有的问题。

刑法意义上的占有,通常是指事实上的占有,一般要求主体对财物存在事实上的、现实的支配,这一对财物事实上的支配表明主体在通常情况下对财物支配没有障碍。但这一事实上的占有不是绝对可感知的、物理意义上的判断,需要结合社会一般观念进行判断。因此,虽然从物理意义上来看,本案中被害人李某正处于在水中挣扎的状态,但依据社会的一般观念,其仍然为散落在草地上的财物的占有者。因此本案中行为人拿走被害人李某草地上财物的行为,符合盗窃罪中客观构成要件的要求。

2. 主观构成要件

韦某明知该背包及背包内的财物属于被害人占有,仍然将其转移为自己占有的行为,成立盗窃罪的故意。韦某也具有非法占有目的。

综合以上分析,李某在被害人落水后,将被害人散落在草地上的财物拿走的行为成立盗窃罪。

四、结论

韦某成立强奸罪的未遂、不作为的故意杀人罪,或是可能成立强奸罪基本犯未遂的结果加重犯(一旦评价为结果加重犯,则不再对其之后的不救助行为予以评价),其还成立盗窃罪的既遂,应当数罪并罚。

[规则提炼]

1. 犯罪行为能够成为先行行为的来源。
2. 犯罪行为能否成为先行行为的判断要点在于,其所创设的全部风险是否能够为该犯罪行为本身所完全评价。
3. 在被害人逃跑过程中,若其尚未脱离行为人的控制范围,行为人因其先前犯罪行为而对被害人的人身安全具有保证人地位。
4. 被害人虽然对财物客观上不具有物理性的支配,但根据一般观念能够认为其属于财物的占有者时,该种占有也属于刑法意义上的占有。

第 5 题 因果关系与客观归责论

（条件说、客观归责论、故意杀人罪）

[案情简介]

1997年6月30日上午，上诉人杨政锋驾驶解放牌"151"型大卡车到陕西省礼泉县县城缴纳养路费并购买汽车配件，因钱未带够，于中午12时左右从县城返回。在返回途中，为逃避缴纳过桥费，便绕县城西环路行驶，至北环路十字路口时，遇见县交通局路政大队执勤人员示意停车，杨政锋驾车强行冲过。执勤人员陈浩明、刘惊雷、刘劲松、邹兵建遂乘一辆三轮摩托车追赶。上诉人杨政锋便沿路曲线行驶，阻挡摩托车超越其驾驶的卡车，至泔河丁字路口时，摩托车从卡车左侧超车，杨政锋左打方向盘，占道逼车，至摩托车翻下路基熄火，杨政锋继续驾车逃跑。此时，适逢礼泉县交警大队干警韩瑞勇驾驶一辆北方牌小汽车路过，见状随即停车。刘惊雷、刘劲松说明情况后，即乘坐韩瑞勇驾驶的小汽车继续追赶。追至礼泉县赵镇李村路段时，韩瑞勇连续鸣笛并打左转向灯，示意超车，当韩瑞勇所驾小车行至大卡车左侧与大卡车车厢前部齐平时，被告人杨政锋又左打方向盘占道逼车，致韩瑞勇所驾驶的汽车与路旁树木相撞，韩瑞勇当场死亡，刘惊雷、刘劲松受轻伤，北方牌小汽车严重损坏。案发后，被告人杨政锋潜逃，后被抓获归案。①

问题：被告人构成故意杀人罪、破坏交通工具罪还是交通肇事罪？

[分析思路]

一、因果关系论与客观归责论的差异

（一）关于因果关系的条件说

---

① 参见《刑事审判参考》第50号指导案例。

(二)客观归责论的意义
二、被告人的行为不构成故意杀人罪、破坏交通工具罪
三、客观归责论的方法论意义
四、结论

[具体解析]

一、因果关系论与客观归责论的差异

(一)关于因果关系的条件说

我国刑法学最近十年来逐步认同客观归责论,这是教义学研究的重大成果。传统的刑法理论在因果关系问题上通常采用条件说。

条件说认为,在行为与结果之间,如果存在"无 A 即无 B"的关系,则存在刑法上的因果关系。条件说求助于一种思维上的"排除法",即设想在该条件不存在时,结果是否同样发生:如果答案是否定的,该事实就是结果的必要条件;如果所得结论相反,就可将该事实排除于原因之外。这种观点实际认为只要行为与结果之间有逻辑上的条件关系,即存在原因关系。条件说认为,给结果以影响的所有条件都具有同等价值。

但是,条件说的判断是事实判断、经验判断,根据条件说,因果关系的成立范围过宽。此外,条件说在运作机理上还存在先天不足。学者指出:"条件理论的真正缺陷不在于它扩大了原因的范围,而是深藏于其运作机制的本身:运用'思维排除法'的前提,是人们必须事先就已经知道究竟条件具备何等的原因力,即知道这些条件如何作为原因(之一)而发挥作用,否则,条件理论就根本无法运作。例如,某甲在服了某乙给他的一种尚处于实验阶段的药,然后因心脏病发作而死亡。如果不查明实验药的药性,显然不能仅仅根据'思维排除法',就将某甲的死亡归咎于某乙的行为。"[①]为弥补条件说的不足,相当因果关系说应运而生。但其仍然存在规范判断程度不高的弊端,为此,在理论上不得不承认客观归责论。

---

① [意]杜里奥·帕多瓦尼:《意大利刑法学原理》(注评版),陈忠林译,中国人民大学出版社 2004 年版,第 118 页。

(二) 客观归责论的含义

客观归责论主张,当行为制造了法所禁止的危险,符合构成要件的结果被实现,且该结果在构成要件效力范围之内,由一定行为所造成的结果才能在客观上进行归责。从正向思考的角度看,客观归责理论建立了三个递进式的、相对完善的判断规则:第一层次,制造风险——考察行为是否制造不被容许的危险。"在具体的结果上,基于一个构成要件相当性的因果流程,所实现的必须恰恰是行为人举止的'违反义务性',易言之,即所实现的法律上所反对的那个危险,该危险是因为行为人对谨慎义务的违反而被造成或者提高,依照相关规范的保护目的该危险之产生正是应该注意避免的。"[①] 第二层次,实现风险——判断危险行为实现不被允许的危险(导致结果发生),即危险行为与结果的发生是否存在常态关联,结果对于最初的实行行为而言是否是通常的,行为是否明显升高了风险。第三层次,构成要件的效力范围——判断事件是否在构成要件的效力范围之内,需要思考参与他人故意的危险行为是否可以归责,同意他人造成危险时,由被害人自我答责还是应当将结果归责于行为人,属于专业人员独立负责的领域,应该如何进行归责。

客观归责论是实质的规范判断,与传统因果关系理论明显不同。因果关系是一个事实之有无问题,它所要解决的是行为与结果之间的客观联系,因而因果关系是一种形式的、事实的评价。客观归责是在因果关系得以证成的前提下的归责判断,是一种实质的、规范的判断。用客观归责论进行价值判断,可以有效限制处罚范围,即在确定了某一行为是造成某一结果的原因后,再进一步按照规范的观点来检验结果是否要归责于此一行为。因此,它是有关结果发生的"账"能否算到被告人头上的判断。

实践中,有大量案件从事实的角度看,行为似乎很好认定,条件关系也都存在,如果仅仅从条件关系的角度思考定罪问题,显得相对比较容易。

二、被告人的行为不构成故意杀人罪、破坏交通工具罪

对于本案,检察机关以故意杀人罪起诉。一审法院认为,被告人驾车强行冲

---

① 〔德〕约翰内斯·韦塞尔斯:《德国刑法总论》,李昌珂译,法律出版社 2008 年版,第 396 页。

过执勤工作人员的拦挡,后又曲线占道行驶,逼挡乘车追赶的执勤交警超车,致使摩托车翻下路基,北方牌小汽车与路边树木相撞,造成一人死亡,两人轻伤,车辆严重损坏,情节恶劣,后果严重。但起诉书指控被告人杨政锋犯故意杀人罪不当。被告人杨政锋虽有逼挡超车的行为,但并未直接碰撞车辆。其致车辆损毁的行为,构成破坏交通工具罪,判处其无期徒刑。陕西省高级人民法院二审认为,上诉人作为经过正规培训取得驾驶执照的司机,明知自己所从事的是高度危险性作业,在驾车高速曲线行驶、占道逼车可能对追赶他的车辆产生危害后果,却先后两次故意左打方向盘,限制追赶车辆的前进路线,致摩托车翻下路基,北方牌小汽车撞树,车毁人亡,显然对危害结果的发生持放任态度,故其行为已构成故意杀人罪,判处其无期徒刑,剥夺政治权利终身。①

对于本案,无论是一审所认定的破坏交通工具罪,还是二审认定的故意杀人罪,如果结合客观归责论进行分析,其判决结论的妥当性都值得商榷。

根据《刑法》第232条的规定,故意杀人罪客观上要求被告人实施了杀害行为,主观上具备杀人故意。根据《刑法》第119条的规定,破坏交通工具罪要求行为人客观上针对汽车等交通工具实施了破坏行为,主观上具有故意。但是,本案被告人的行为并不符合这两个罪名的主客观要件。

本案从客观上看,被告人只是将被害人的车辆逼向路边,使之与树木相撞,但不是两车相撞。如果对被告人定故意杀人罪,杀害的客观行为在哪里,因为被告人对被害人的人身没有实施暴力。如果被告人直接把他人的车辆撞到树上,定故意杀人罪应该没有问题,但本案不属于这种情形。从主观上看,在开赌气车的场合,被害人和被告人各自驾驶一辆汽车,仅因赌气而不停车,双方客观上都明显带有"追逐竞驶"的意味,如果要认定被告人希望或者放任被害人死亡是存在一定难度的,因为被告人自己驾驶的车辆虽然是大货车,抗撞击的能力可能强一些,但是,大货车的操控性、制动性都比较差,掌控不好撞向路边导致自己死亡的危险性也是存在的。因此,在相互赌气后驾车行驶的场合,论证被告人存在杀人故意(无论是直接故意还是间接故意)都存在很大难度,除非在足以证明被告人自己也不想活的场合,才可以推论他"此时"也希望或者放任对方死亡,所

---

① 参见陈兴良等主编:《人民法院刑事指导案例裁判要旨通纂》(上卷·第二版),北京大学出版社2018年版,第609页。

以"拼死"与对方较劲。但是,在本案中,无法证实被告人杨政锋有不想活的意思,要推导出其希望或者放任被害人死亡就存在一定障碍。

更为复杂的是,从规范判断的角度看,结果究竟怎么归属,需要仔细讨论。如果说卡车司机知道行为人的危险性,那么,开车追赶并试图去逼停杨政锋的韩瑞勇不知道相关行为的危险性?如果认为被告人把被害人逼到路边最后致使其撞树,也需要先承认被告人没有针对被害人的人身有身体接触意义上的暴力杀害行为,最多算是"以暴力相威胁"。但被害人因为被威胁而死亡,明显就介入了一个被害人试图主动去逼停被告人的行为,此时要求被告人对死亡结果承担故意杀人或者破坏交通工作罪的刑事责任明显不合理。对于被害人自愿和负完全责任的行为导致后果的,不能对被告人进行客观归责,在这种情况下所导致的所有后果,需要由被害人自己承担,这就是被害人自我答责的法理。

被害人韩瑞勇试图去逼停被告人的车辆,这是被害人基于其自由意思参与了一项危险活动。此时,如果被害人的自我危害行为未违背其真实意思,就不应限制其自由或自我决定权,参与人的行为就不在构成要件的效力范围内,结果就不应被归责于参与人。例如,甲、乙相约去"飙车",甲车侧翻,甲由此死亡的,该死亡结果不能归责于乙;甲给长期吸毒的乙提供毒品,乙注射后死亡的,该死亡结果由乙自行负责;甲对乙家放火,已经逃出火海的乙为抢拿存折返回家中被烧死的,该结果也不能归责于甲;甲决心自杀而要乙购买毒药的,甲死亡的结果不需要乙负责。

在本案中,被害人执法原本有很多更为温和的方式,比如,把车牌记下来,通知前方拦截;或保持合理车距再跟一会儿。执法者对自己实施的高度危险行为,有关注风险的义务,当然就有对危险的接受和被害人自我答责的问题。

被害人对于结果的发生有多大的支配作用,要负多大的责任,进行这样的思考就是在作规范判断、政策考量。如果单纯从事实判断角度进行形式审查,可能就会认为,既然刑法中规定了故意杀人罪,这个案件有人员死亡,死亡与被告人的行为存在一定关联,因此其理应成立故意杀人罪。法官很可能就是这种思考方式。在故意杀人罪的认定中,"死者为大"的观念深入办案人员内心,但是,规范判断首先要求司法人员分清是非曲直,确定杀害的实行行为性,以及谁应该对结果负责。鲁莽的、明显不当的执法方式,在很大程度上需要对结果负责。一个人参与一个特别危险的行为时,是否要对自己可能造成的危险负责,谁应该"背锅",这些都是绕不开的问题,与客观归责论之下的被害人自我答责、危险接受紧密相关,这些原理背后涉及刑事政策的考量。如果考虑到这一点,在本案中,就难以认为被害人是被杨政锋所"杀害"的,其死亡与危险交通行为的自我参与有关,即便认为对其不能完全适用被害人自陷风险、自我答责的法理,也不能将死亡结果全部归咎于被告人杨政锋。

因此,如果考虑到被告人的行为发生在交通运输过程中,其因为违反交通运输管理法规而造成损害,应当构成交通肇事罪。同时,考虑到被害人试图主动去逼停杨政锋的车辆,其对结果的发生也有一定程度的"贡献",本案最多属于被告人杨政锋负主要责任的交通肇事罪,而非不法性更强的破坏交通工具罪或故意杀人罪。最高人民法院《关于审理交通肇事刑事案件具体应用法律若干问题的解释》(2000年)第2条规定,交通肇事具有下列情形之一的,处3年以下有期徒刑或者拘役:(1)死亡1人或者重伤3人以上,负事故全部或者主要责任的;(2)死亡3人以上,负事故同等责任的。在本案中,杨政锋和被害人之间事实上是在进行追逐竞驶,如果没有一方违法驾驶逼停另一方的情形,车辆发生碰撞后导致死伤的,可以认为双方负同等责任。但是,本案的具体情形是,在双方追逐竞驶过程中,杨政锋试图主动去逼停对方,从而引发事故,因此,从规范判断的角度至少可以认为其对事故负主要责任,对方驾驶人员承担次要责任。如此一来,认定杨政锋构成交通肇事罪就是合理的。

前述对于本案的分析充分表明,从规范判断的角度看,如果难以将结果归属于被告人,就不能肯定客观的构成要件的符合性。

与此相关的情形是,在实践中,对于造成一定后果,但行为明显降低法益风险的场合,无论是从条件说还是从相当因果关系说出发,都能够得出因果关系存在的结论。但是,从客观归责的角度看,该行为并未制造法和社会所不允许的风险,即便有结果发生,从规范判断的角度看,也不能归责于行为人,不具备构成要件该当性。这样说来,客观归责论的规范判断色彩是非常浓厚的。对刑法思维方法上必须进行实质的规范判断这一点,在分析案例时必须加以考虑。

三、客观归责论的方法论意义

目前,我国越来越多的学者已经认识到,因果关联性的判断仅仅是一个事实问题的说法是不准确的。在所有案件中,对因果关系的事实判断背后同时有一个规范判断。规范的思考就是法的思考,客观归责论所思考的其实就是"法律因果关系"。"法律家一般来说掌握了法的思考方法,人们平时所说的'法律头脑'就是指这个。"①这样说来,法律人不能仅仅认同"眼见为实",还要进行规范思考,其与法律"门外汉"的差别才能显现出来。规范维度是刑法学上规范思考和规范解释的核心内容。通过规范思考,划定个人自由的范围;规范思考与行为规范、制裁规范有关,无论是行为无价值论还是结果无价值论,都必须承认规范思考。

　　放到我国语境下需要明确的是:客观归责论对于案件处理确有实益。这大致体现在:(1)在有的案件中,从形式上看有危害结果,但实际上将"账"算到被告人头上,让其"背锅"很不合理,这个时候运用客观归责论来判断结果归属,就是必要的。比如,甲发现乙骑摩托车抢劫,即驾车追赶。乙在逃跑过程中,摩托车撞向高速路护栏,弹回来后撞在甲的汽车上,然后摔到地上死亡的,不能认为甲构成过失致人死亡罪。再如,甲欲跳楼自杀,围观者乙大喊"怎么还不跳",甲后来跳楼而亡的,不能认为乙构成故意杀人罪。又如,甲女拒绝乙的求爱,乙说"如不答应,我就跳河自杀"。甲女明知乙可能跳河,仍不同意,乙跳河后,甲女未呼救,乙溺亡的,也不能认为甲女构成故意杀人罪。还比如,甲与他人在繁华路段飙车后冲进面包店,在旁边散步的老妇乙因受到惊吓致心脏病发作死亡的,不能认定甲构成过失致人死亡罪。(2)最高人民法院《关于审理交通肇事刑事案件具体应用法律若干问题的解释》中有关肇事者必须负主要责任或同等责任才能构成犯罪的规定,实际上也承认客观归责论的内在逻辑。(3)客观归责论在过失犯论中有特殊价值,这主要是因为过失犯没有类型化的行为,这里的类型化行为也就是团藤重光教授讲的"定型化的构成要件行为",其仅仅在故意犯中存在,在过失犯中恰恰缺少这个东西。因此,在过失犯论中借用客观归责论可以有效限定处罚范围。

　　目前,客观归责论在我国司法实务中已经逐步得到认可,在事实的因果关系之外,进行结果归属判断的方法论或者潜意识是存在的,即便司法判决没有使用通常所说的制造法所禁止的危险、实现法所禁止的危险、构成要件的效力范围等用语。在很多情况下,我国司法实务的特色是将归责的规范判断和条件关系的

---

① 〔日〕西原春夫:《刑法的根基与哲学》(增补版),顾肖荣等译,中国法制出版社2017年版,第191页。

事实判断融合在一起考虑,而不是像德国法院那样相对明确地在对结果原因进行经验判断之后,再进行结果归属的规范判断。尤其是最近一两年来,我国个别基层法院明确采用客观归责论来进行说理的判决也开始出现。①

所以,未来我国刑法学在对客观归责论进行研究时,可以对其下位规则、适用范围等有不同看法,但是,一定要看到其所指明的刑法规范判断方向是完全没有问题的,至于是否非得使用"客观归责"这一术语倒是无关紧要。现代刑法教义学注重体系思考和问题思考的结合,将目的性思考、政策性判断、价值选择融入刑法解释和刑法理论体系中②,所以,我国刑法教义学在未来的发展进程中不应当排斥客观归责论的规范判断方法论。

四、结论

对于没有身体接触的侵害情形,要认定为故意杀人罪必须特别慎重。如果考虑到被告人杨政锋的行为发生在交通运输过程中,其因为违反交通运输管理法规而造成损害,应当构成交通肇事罪。同时,考虑到被害人试图主动去逼停杨政锋的车辆,其行为具有自陷风险的性质,对结果的发生也有一定程度的"贡献"。因此,本案最多属于被告人杨政锋需要负主要责任的交通肇事罪,难以成立危害程度更高的破坏交通工具罪或故意杀人罪。

[规则提炼]

1. 对于因果关系的判断,是事实的判断;对于客观归责的判断,是法律视角的规范判断。

2. 对于某些案件而言,行为虽然造成了一定后果,但明显降低了法益风险,从条件说出发,似乎能够得出因果关系存在的结论。但是,从客观归责的角度看,该行为并未制造法和社会所不允许的风险,即便有结果发生,基于规范判断的方法论,也不能将结果归属于行为人,不具备构成要件该当性。

---

① 参见北京市海淀区人民法院(2018)京 0108 刑初 1789 号刑事判决书。对此判决的进一步解读,参见孙运梁:《客观归责论在我国的本土化:立场选择与规则适用》,载《法学》2019 年第 5 期。

② 参见〔德〕克劳斯·罗克辛:《刑事政策与刑法体系(第二版)》,蔡桂生译,中国人民大学出版社 2011 年版,第 15 页以下。

第6题　因果关系中的介入因素

（因果关系、故意杀人罪、投放危险物质罪）

[案情简介]

被告人陈某因泄愤，将甲胺磷农药用注射器注入与之发生口角的邻居陆某家户外种植的多条丝瓜内。次日晚，被害人陆某及其外孙女黄金花食用了用该丝瓜做的汤后，均出现中毒症状。两人被及时送往医院，其中，黄金花经抢救后脱险；陆某在被送往医院抢救后，因甲胺磷农药中毒引发糖尿病高渗性昏迷低钾血症，但医院对此诊断不当，仅以糖尿病和高血压症进行救治，后陆某因抢救无效于次日早晨死亡。①

问题：
1. 被害人陆某自身的糖尿病是否中断因果关系？
2. 医院存在的误诊是否中断因果关系？
3. 陈某是否构成故意杀人罪？

[分析思路]

一、陈某的行为是否构成投放危险物质罪
（一）陈某的行为是否构成投放危险物质罪的基本犯
（二）陈某的行为是否构成投放危险物质罪的加重犯
二、陈某的行为是否构成故意杀人罪
（一）客观构成要件
（二）主观构成要件
（三）罪数形态

---

① 参见江苏省高级人民法院（2003）苏刑复字第025号刑事裁定书。

三、医生误诊行为是否构成医疗事故罪

（一）客观构成要件

（二）主观构成要件

（三）罪数形态

四、结论

[具体解析]

按照可能涉及的构成要件行为数，可以将本案划分为两个部分：(1)陈某投放危险物质、被害人死亡的事实；(2)医生误诊的事实。以下将对这两个事实分别进行分析。

一、陈某的行为是否构成投放危险物质罪

投放危险物质罪，是指故意投放毒害性、放射性、传染病病原体等物质，危害公共安全的行为，本罪侵害的法益是公共安全。作为刑法所规定的具体危险犯，投放危险物质罪的客观构成要件表现为：(1)实施了投放危险物质的行为；(2)该投放危险物质的行为具有危害公共安全的具体危险。

（一）陈某是否构成投放危险物质罪的基本犯

1. 客观构成要件

在本案中，陈某投放的甲胺磷农药属于具有毒害性的物质，符合实施投放危险物质的行为要件，因此本案的判断重心将落在该行为是否对公共安全产生了具体危险之上。

如何界定公共安全，一直以来都存在争议。我国通说认为，公共安全是指"不特定且多数人"的生命、身体或者财产安全。但这一观点可能存在对法益保护的不周延性，例如在行为人的行为仅危害到特定的多数人的生命、健康等安全，或者只是危害了不特定人的生命、健康等安全时，将其排除出危害公共安全罪的范围显然难言合理。司法实践中对于这一类只危害到特定多数人或是不特定人的生命、健康等安全的行为，也几乎没有争议地都认定为危害公共安全类的犯罪。因而目前学界的主流观点认为，公共安全的内涵应界定为"不特定或者多数人"的生命、身体或财产的安全，这一公共安全的内涵也得到了

实务领域的支持。

回到本案,就陈某向被害人门前种植的多条丝瓜注射甲胺磷农药的行为而言,虽然其投放地点仅限于被害人家门前的丝瓜,但本案的案发地点为乡村,居民自种的瓜果蔬菜既可能用于招待客人、馈赠亲友,也可能作为农副产品在市集上出售,甚至由于住宅外所种植的瓜果蔬菜处于开放式的环境中,也不排除被他人摘食的可能,因而从客观上来看,行为人向多条丝瓜注射农药的行为具有危害不特定人生命健康安全的具体危险,符合投放危险物质罪中危害公共安全法益的构成要件。

2. 主观构成要件

首先,本案中的行为人陈某作为农村集体经济组织的一员,对于甲胺磷农药的毒性应当具有一定程度的认识。此外,陈某应当预见到将甲胺磷农药注射到被害人陆某户外种植的多条丝瓜内的行为,可能会危害到不特定公众的生命健康安全,但依然对此持放任态度,因此成立投放危险物质罪的间接故意。

综合以上分析,行为人陈某成立投放危险物质罪的基本犯。

(二)陈某是否构成投放危险物质罪的加重犯

《刑法》第115条规定,投放毒害性、放射性、传染性病原体,致人重伤、死亡或者使公私财产遭受重大损失的,处10年以上有期徒刑、无期徒刑或者死刑。在成立《刑法》第114条规定的投放危险物质罪的基础上,要成立《刑法》第115条所规定的投放危险物质罪,还需要具备如下两个要件:其一,加重结果的出现,即致人重伤、死亡或者使公私财产遭受重大损失的结果;其二,该加重结果与行为人投放危险物质行为之间具有刑法意义上的因果关系。

就本案而言,由于出现了被害人陆某的死亡结果,因此符合《刑法》第115条所规定的结果要件,故判断重点在于对加重结果和陈某投放危险物质这一基本行为之间是否存在刑法上的因果关系的考察。尽管当前刑法主流理论认为,因果关系的判断应在"归因—归责"二分的框架下进行,但我国传统刑法理论在因果关系的判断中却并未区分事实因果和规范归责,而是统一涵摄在因果关系的大类中。以下将以我国因果关系理论发展脉络中的主要观点为依托,在对本案案情进行分析的同时,对新老学说也进行一定的检讨。

1. 必然/偶然因果关系说

因果关系讨论的是危害行为与法益侵害结果之间的联系。我国传统刑法理论在因果关系的判断上采用的是"必然/偶然因果关系说",这也是早期实务中较为普遍的做法。

其中,必然因果关系说认为,如果行为中包含危害结果所产生的根据,并且合乎规律地产生了危害结果时,行为与危害结果之间就是必然因果关系。只有这种必然因果关系,才是刑法意义上的因果关系。首先,必然因果关系要求行为中合乎规律地包含结果产生的根据,但对于人们尚未掌握的规律而言,该理论显得力不从心,例如疫学因果关系(如污染环境罪中的问题)的判断。其次,该理论有不当缩小处罚范围的嫌疑。例如行为人制造条件,再通过与其他条件耦合而产生结果的情形中,按照必然因果关系就难以将行为认定为结果发生的原因。最后,在存在多个因素的复杂因果流程中,判断其中某一因素是否包含结果产生的根据并非易事。例如,在本案中,由于存在被害人自身的特殊体质,以及医生的误诊行为,能否认为该投放危险物质行为包含被害人死亡结果的产生依据,显然并不明朗。

为克服必然因果关系说的弊端,偶然因果关系说应运而生。偶然因果关系说认为,如果危害行为本身并不包含产生危害结果的根据,但在其发展过程中偶然介入其他因素,由该介入因素合乎规律地引起危害结果时,危害行为与危害结果之间就是偶然因果关系,介入因素与危害结果之间是必然因果关系。

必然/偶然因果关系都是刑法上的因果关系。但从事后回溯的角度来看,任何事情的发生都是必然的;既然认为偶然因果关系和必然因果关系都是刑法中的因果关系,那么就无区分偶然与必然的必要。

此外,必然因果关系和偶然因果关系基本上均属于事实判断,没有进行价值衡量和规范判断。

2. 条件说及其中断理论/合法则的条件说

"条件说"的目的在于判断某一因素是否为引起结果发生的必要条件。其判断规则为"非 p 则非 q"(若无前者,则无后者),这一判断规则源于"排除思维"的模式,即:假定其中某一因素不存在,观察结果是否同样会出现。具体而言,若某一因素 p 不存在,结果 q 就不可能出现,则认为 p 是 q 产生的原因;反之,若某一因素 p 不存在,结果 q 依然会出现,那么就认为 p 不是 q 产生的原因。

对条件说的批判主要有四点:其一,根据条件说,因果关系的范围将可能被无限追溯,因而会不当扩大刑事责任的范围。其二,条件说只能被适用于被人们所掌握的因果法则或是已经被查明的因果关系之中,它本身对于因果关系的查明并不能发挥作用。其三,条件说也可能会不当限缩刑事责任的成立范围。这一点主要表现为在假定因果关系以及择一因果关系的场合,按照条件说的判断规则,行为人的行为和结果之间将不符合条件公式的要求,但在事实上又不可否定行为与结果之间的因果联系。其四,条件说难以处理涉及介入因素的情况。

就第一点质疑而言,由于当下刑法因果关系已经由"归因—归责"两个层面的判断内容所组成,因而条件说可能不当扩大刑事责任的疑问在归责层面就可以得到有效限制。就第二点质疑而言,确实是条件说的软肋,若某一因果链之中结果的发生机理并不为人所掌握,那么即便采用"非 p 则非 q"的判断公式,也无从得知排除某一因素后,结果是否依然会发生,这在当下涉及疫学因果关系的情形中尤为常见。就第三点质疑中涉及的假定因果关系而言,条件说认为不能使用假定因果关系排除真实发生的因果流程,即假定因果关系不影响归因;而在择一竞合的场合,条件说则进行了修正,即将竞合的因素整体排除后,判断结果是否仍然会发生。对于涉及介入因素的问题,条件说提出了"中断理论"予以回应。中断理论认为,如果介入了第三人、被害人的行为或是某种自然事实导致了结果的发生,那么前行为与结果之间的因果关系中断。但由于条件说先是肯定了某一因素是结果发生的必要条件,紧接着又认为因果关系中断,不免有自相矛盾之嫌。

为克服条件说的困境和不足,合法则的条件说在此基础上应运而生。根据合法则的条件说,因果关系的判断应当依据人类已经掌握的经验知识和因果法则,判断某一行为或因素是否确实会导致结果的产生。显然,不同于条件理论的反向思维模式,合法则的条件说所采取的是一种正向的判断和思维模式。但应当认为,条件说和合法则的条件说在具体判断上不会有太大的差异。

3. 相当因果关系说

相当因果关系说本身也是为了克服条件说无限追溯的弊端和弥补介入因素的不足而产生的。该理论最初建立在可能性理论之上,即若某一事件以一种并非无足轻重的方式一般性地提高了某一结果出现的客观可能性,那么就认为该事件是结果的相当条件。不难发现,这一理论最初是对实行行为的探讨,即某种行为是否具有提高法益侵害结果发生的可能性,而无意解决因果进程的问题。但该理论在之后的变迁中则将重心转移到了因果进程的判断上,认为只要某一因果进程在经验法则上是异常的,就不具有相当性,从而应否定因果关系。因而该理论的核心在于判断行为和结果之间是否存在一般社会生活经验上的"相当性",或是一般情形下该行为是否会导致同一结果的发生。其限定方法为"社会经验法则",即通常情况下某种事件发生的可能性,也即盖然性的高低。

但所谓的相当性或盖然性,其实就是在一定的判断资料范围内,判断主体根据事实上总结出来的经验判断某种行为发生时,结果出现的概率大小。若可以认为是高概率事件,则认为符合相当性;若结果出现的概率较小或在极偶然的情况下才出现,则认为不符合相当性。因此,相当性理论更多的是一种基于对事件之间的观察所得出的事实关联,而作为其判断标准的经验法则往往表现为一种"物理法则",故该理论具有较为浓厚的存在论色彩。

对于常态性事实关联的处理,相当性理论其实是一种较为贴切的处理方式。如甲在悬崖边对乙实施暴力致乙重伤昏迷,乙醒来时由于无法控制自己的行为摔下山崖身亡。但在涉及介入因素导致因果流程出现偏离的场合,相当性理论的可靠性往往是受到质疑的。本案中涉及的情形就是如此,由于存在医院的误诊行为,以及被害人自身身体存在的疾病,如何判断被害人死亡结果与行为人投放危险物质之间是否具有相当性,并不明朗。

4. "归因—归责"二分判断模式

有鉴于此,目前不少学者认为,刑法上因果关系的判断应采取"归因—归责"二分的判断模式。其中,归因旨在从存在论层面解决行为与结果之间的必要条件关联性,是关于事实性因果关系的判断,而规范归责则是在事实归因的基础上,衡量、评判结果能否被归责于行为人,是一种规范性、价值性的考量。事实上的归因被认为不涉及价值判断,只是对存在论意义上纯粹的事实性的探寻,是归责判断的事实基础。就事实归因而言,可采取"条件说"或是"合法则的条件说",而就规范意义上的归责而言,可依据客观归责理论进行判断。

第一,事实因果关系的认定。投放危险物质罪的基本犯是《刑法》分则中规定的具体危险犯,因而就本案而言,被害人陆某的死亡结果对陈某投放危险物质行为的定性并不产生影响,但该法益侵害结果能否评价为是行为人行为的产物,涉及本罪的加重构成问题。

本案判决理由中指出："被害人系因有机磷中毒诱发高渗性昏迷,在两种因素共同作用下致亡,没有被告人的投毒行为在前,就不会有被害人死亡结果的发生,因而行为人应对被害人的死亡结果负责。"这一裁判要旨所援引的其实正是条件说的逻辑,但本案的事实因果链却要比裁判要旨中所描述的稍加复杂,除存在被害人自身特殊体质这一因素外,还存在医生的误诊行为。因而,本案的事实因果链可以表述如下:行为人投放危险物质的行为—因中毒引发的被害人糖尿病高渗性昏迷低钾血症—医生误诊行为—被害人死亡。在陈某投放农药和被害人发生死亡结果之间存在两个介入因素:一是医生的误诊行为,二是被害人自身的特殊体质(患有高血压)。因此,本案是"多因一果"的典型情形,具体而言属于"多因一果"中累积因果关系的典型情形。

就本案而言,不论是依据条件理论,还是依据合法则的条件理论,均能够认定行为人投放危险物质的行为是被害人死亡结果产生的原因,即介入因素并不会影响事实因果关系的判断。

第二,结果归属的认定。依据客观归责理论,首先要判断的是,行为人实施的行为是否升高了法益受侵害的风险。这里涉及的主要问题是被害人自身的特殊体质是否会影响行为人的归责。其次需要判断的是,该投放农药的行为风险是否在构成要件中得以实现。这里涉及的主要问题是,医生的误诊行为是否会影响对行为人的归责。

被害人自身患有糖尿病、高血压等疾病,不应该影响对行为人的结果归属。主要理由是:

首先,由于甲胺磷农药本身属于毒性极强的农药,人体摄入后,会造成神经生理功能的紊乱,根据摄入量的大小和个体机能的差异,可能出现呕吐、腹痛、甚至昏迷、呼吸麻痹等中毒症状,并伴随心、肝、肾功能的损害,严重者甚至可能会发生迟发性猝死,因此投放该种危险物质自然是对人的生命健康有着极高危险性的行为。虽然一般得到及时救治的话,大部分患者是能够治愈的,但这并不影响投放该种危险物质的危险性。本案中陈某所实施的该种行为对于任何人的生命健康都是具有法益侵害危险性的,被害人自身特殊体质的介入与否并不会影响该行为的危险性。

其次,假使行为人投放的是毒性不强的农药,但与被害人自身存在的疾病相结合后导致被害人死亡,是否应当肯定行为具有引起法益侵害后果的危险呢?

一般认为,由于被害人特殊体质是行为人行为时所存在的客观因素,该因素并不会影响结果归属的成立。

综合以上分析,被害人自身存在的高血压及糖尿病并不影响陈某行为的危险性,因而该层面不能排除对陈某的归责。

至于医生误诊,也不应当直接否定对行为人的归责。这里涉及的主要问题是第三人介入行为对原行为人归责的影响。根据自我答责的基本原理,在涉及第三人介入的情况下,只有当结果完全处于他人责任范围时,方可排除前行为人的归责,但结果是否完全处于他人责任范围的判断并非易事,目前学界对此的通行判断标准是,若行为人的行为风险延伸到第三人责任领域,则根据第三人的过错程度决定是否影响对行为人的归责。

据此,在本案医生对被害人陆某病因存在误诊而导致被害人死亡的情形下,需要根据当时通行的医疗准则,判断医生违反注意义务规范的过错程度。如果被害人所表现出来的症状在当时的医疗条件和医疗认知下,通常都有被误判的可能,那么医务人员判断失误这一介入因素就不能否定行为人对被害人死亡结果的答责;反之,如果医务人员的过错程度较为严重,就能够否定前行为人对被害人死亡结果的答责。

二、陈某的行为是否构成故意杀人罪

故意杀人罪,是指故意非法剥夺他人生命的行为。

(一)客观构成要件

陈某在陆某家户外种植的丝瓜内注射甲胺磷农药的行为,对被害人的生命健康产生了危险,能够评价为故意杀人罪构成要件中的实行行为。此外还要判断的是,陆某死亡结果能否评价为陈某投放危险物质行为的产物,由于这里的判断路径和上述对投放危险物质罪中结果归属的检验是一样的,对此不再赘述。

(二)主观构成要件

陈某明知甲胺磷农药属于毒性极强的农药,仍然将该农药投放于被害人可能会食用的丝瓜内,并对该行为可能产生的致被害人死亡的结果至少持放任态度,因而符合故意杀人罪的主观构成要件。

综上所述,行为人陈某的行为符合故意杀人罪的构成要件。

(三)罪数形态

我国刑法学界多数说认为,若行为人以放火、爆炸、投放危险物质等危害公共安全的方法故意杀人的,不再构成故意杀人罪,而只认定为放火罪、爆炸罪等危害公共安全的犯罪(本案的判决也证实了这一点)。但根据罪数理论,行为人以放火、爆炸、投放危险物质等危害公共安全的方法故意杀人的,属于一行为符合多个构成要件的情形,是典型的想象竞合犯。按照想象竞合犯"从一重罪论处"的处断原则,因故意杀人罪的法定刑设置要比危害公共安全罪更重,因此对该种行为认定为故意杀人罪更为合适,从而能够确保罪刑之均衡。①

三、医生误诊行为是否构成医疗事故罪

医疗事故罪,是指医务人员由于严重不负责任,造成就诊人员死亡或者严重损害就诊人身体健康的行为。

(一)客观构成要件

医疗事故罪是典型的业务过失的情形,其客观构成要件的判断遵循的依然是"归因—归责"的判断路径。由于事实因果的判断一般不会有问题,因此重点和难点依然是归责层面的判断。依据客观归责理论,本案中可以通过以下两个层面判断被害人陆某死亡的结果能否评价为医生误诊行为的产物:

1. 制造风险层面

医生是否存在违反医疗法规中的注意规范的行为,该行为是否提高了被害人死亡的危险。由于本案并未对医生的误诊情况作详细交代,因此难以进行具体的分析。大体上该层面的分析思路为,医生接到就诊患者时,是否有依照相应的医疗行为规范对患者进行检查,确定病因。如果医生已经依照医疗规范对被害人进行了检查,就意味着医生的误诊客观上没有提高被害人的死亡风险,从而排除对医生的归责,也不再进入下一层面的判断。

2. 风险实现层面

被害人死亡结果是否是医生违反注意义务风险的实现。这里主要是对义务

---

① 参见张明楷:《论以危险方法杀人案件的性质》,载《中国法学》1999年第6期。

违反关联性的考察,主要包含对结果回避可能性以及规范保护目的的判断,只有当危害结果具有避免可能性并且处于注意规范的保护目的范围内时,才能肯定对行为人的归责。结合本案的情况,就前者的判断而言,如果依照当时的医疗水平,即使医生作了相应的检测也无法发现被害人中毒这一原因的话,那么就应当认为在行为时注意规范无助于保护法益,法益侵害结果不具有避免可能性,因而否定被害人死亡结果和医生义务违反之间的关联;就后者的判断而言,由于要求医生按照医疗规范进行检测的目的就是为了确认患者的病因,因而在本案中应当不存在规范保护目的不合致的情况。于是,重点在于对结果回避可能性的判断。

(二)主观构成要件

医疗事故罪主观方面的内容为过失,即要求医务人员对于就诊人的死亡结果存在预见可能性。就本案而言,如果医生违反注意义务,则需要按照该领域一般人的水平,判断被害人死亡这一结果能否被预见。如果能得出肯定结论的话,则能够肯定该医生存在过失。

(三)罪数形态

由于医疗事故罪是典型的业务过失行为,因此与过失致人死亡罪是法条竞合关系,根据法条竞合"特别法条优先"的处断原则,只需判断医生是否成立医疗事故罪即可。

四、结论

陈某将农药注射入被害人门前丝瓜内的行为符合投放危险物质罪、故意杀人罪的构成要件,属于想象竞合犯的典型情形,根据想象竞合犯"从一重罪论处"的规则,应认为陈某构成故意杀人罪更为合理。此外,陈某是否成立投放危险物质罪的加重犯,以及是否成立故意杀人罪的既遂,则需要判断医生的误诊行为是否可以排除陈某对被害人死亡结果的答责。对于医生的误诊行为而言,若能够肯定本案中的结果回避可能性以及预见可能性,则医生成立医疗事故罪。

[规则提炼]

1. 危害公共安全类的犯罪中,"公共安全"指的是不特定或多数人的人身及财产安全。

2. 传统的必然/偶然因果关系学说难以真正解决复杂的因果流程问题。

3. 刑法意义上因果关系的判断包含归因层面事实因果关系的判断和归责层面价值判断两部分内容。

4. 目前事实因果关系的判断一般依据"条件说"或"合法则的条件说"进行判断,介入因素一般不影响事实因果关系的成立。

5. 被害人的特殊体质不影响客观归责的成立,但会影响主观构成要件中故意或过失的成立。

第 7 题　累积的因果关系

（滥用职权罪、因果关系、结果归属、敲诈勒索罪）

[案情简介]

郑某因怀疑自己的妻子普某与陈某有不正当关系，遂找到民警李某，请其调取普某与他人开房的视频资料。当晚，李某与郑某两人驾车至某酒店，李某在明知自己在非工作时间使用人民警察证是违反相关规定的情况下，仍使用其警察证帮助郑某从酒店监控系统中调取到普某和陈某入住该酒店的监控视频，并同郑某一起用手机对视频资料进行了翻录。随后，郑某利用该视频资料威胁陈某限期向其交付 20 万元，遭到陈某拒绝后，郑某多次打电话威胁陈某，告知其到期仍不支付就每天增加 5 万元，否则就会找陈某全家的麻烦，并让陈某"见识"自己的手段。陈某因承受不了郑某的一再威胁，某日手持百草枯农药找到郑某，告知其不要再威胁自己，否则就喝农药自杀，遂即拧开瓶盖，郑某料想陈某只是吓唬自己，于是并未阻止，陈某见郑某并未允诺，遂喝下百草枯农药，后经医院抢救无效死亡。①

问题：

1. 被害人陈某的死亡结果与李某滥用职权调取监控的行为之间是否存在刑法意义上的因果关系？

2. 郑某是否对陈某喝农药负有阻止义务？对陈某的死亡结果是否成立不作为的故意杀人罪？

[分析思路]

一、李某违规调取监控录像的行为性质

（一）李某是否成立滥用职权罪

---

① 根据云南省昆明市呈贡区人民法院(2016)云 0114 刑初 503 号刑事判决书改编。

(二)郑某是否成立滥用职权罪的教唆犯
二、郑某敲诈勒索的行为性质
(一)郑某是否成立敲诈勒索罪
(二)郑某的行为能否评价为敲诈勒索罪中的"严重情节"
三、郑某未阻止陈某服毒的行为性质
(一)客观构成要件
(二)主观构成要件
四、结论

[具体解析]

按照本案中先后涉及的构成要件行为数,可将本案划分为两个事实:①李某违规使用警察证件,帮助郑某调取监控录像;②郑某敲诈勒索陈某,后陈某自杀。下文将分别对这两个事实中行为主体的责任进行分析。

一、李某违规调取监控录像的行为性质

这部分事实涉及的行为主体为李某和郑某,判断重点为李某是否构成滥用职权罪,郑某是否成立滥用职权罪的教唆犯。

(一)李某是否成立滥用职权罪

滥用职权罪,是指国家机关工作人员超越职权,违法决定、处理其无权决定、处理的事项,或者违反规定处理公务,致使公共财产、国家和人民利益遭受重大损失的行为。本罪的法益具有双重性,一方面是国家法益,即职务行为的正当性和公众对权力行使的信赖感;另一方面是个人法益,即公民的人身或财产权利。

1.客观构成要件

本罪客观构成要件包括四方面的要素:

(1)行为主体要素:国家机关工作人员。本罪是真正身份犯,即只有具备国家机关工作人员身份的人才能够构成本罪。根据全国人大常委会2002年12月28日《关于〈中华人民共和国刑法〉第九章渎职罪主体适用问题的解释》,国家机关工作人员是指,在依照法律、法规规定行使国家行政管理职权的组织中从事公务的人员,或者在受国家机关委托代表国家机关行使职权的组织中从事公务的人员,或者虽未列入国家机关人员编制但在国家机关中从事公务的人员。

就本案中所涉及的行为主体而言,李某是公安机关的民警,因此属于国家机关工作人员的范畴。

(2)行为要素:存在滥用职权的行为。滥用职权,是指不法行使职务上的权限的行为,即就属于国家机关工作人员一般职务权限的事项,以行使职权的外观,实施实质的、具体的违法、不当的行为。在实践中,滥用职权的行为主要表现为以下几种情形:①超越职权,违法决定、擅自决定或处理没有具体决定、处理权限的事项;②玩弄职权,随心所欲地对事项作出决定或者处理;③故意不履行应当履行的职责;④以权谋私、假公济私,不正确地履行职责。

本案中,李某在下班期间,违规使用其人民警察证调取他人在酒店的视频的行为,属于典型的不当行使职权的行为。符合本罪客观构成要件中的行为要素。

(3)结果要素:致使公共财产、国家和人民利益遭受重大损失。这一结果要素虽然是构成要件要素,但只是为了限制滥用职权罪的处罚范围。根据2012年12月7日最高人民法院、最高人民检察院《关于办理渎职刑事案件适用法律若干问题的解释(一)》的规定,国家机关工作人员滥用职权,具有下列情形之一的,应当认定为《刑法》第397条规定的"致使公共财产、国家和人民利益遭受重大损失":造成死亡1人以上,或者重伤3人以上,或者轻伤9人以上,或者重伤2人、轻伤3人以上,或者重伤1人、轻伤6人以上的;造成经济损失30万元以上的;造成恶劣社会影响的;其他致使公共财产、国家和人民利益遭受重大损失的情形。本案中存在1名被害人死亡的情形,因此符合滥用职权罪中所要求的结果要素。

(4)因果关系要素:滥用职权行为和被害人死亡结果之间存在刑法意义上的因果关系。目前主流观点认为,刑法中因果关系的判断应包含归因(事实层面的因果关系)、归责(规范上的结果归属)两个层面的内容。其中归因层面旨在判断行为人的行为是否为引起结果发生的必要条件,是存在论意义上的判断,而结果归属的判断则是规范意义上的价值考量。

事实层面因果关系的判断多依据条件说进行。条件说的判断规则为"若无前者,则无后者",这一判断规则源于"排除思维"的模式,即假定其中某一因素不存在,观察结果是否同样会出现。具体而言,若某一因素不存在,结果就不可能出现的话,认为该因素是结果产生的原因;反之,若某一因素不存在,结果依然会出现的话,那么就认为该因素不是结果产生的原因。

本案中，在李某滥用职权调取监控和被害人死亡结果之间存在郑某敲诈勒索这一介入因素，因而本案属于典型的累积因果关系的情形。所谓累积因果关系，是指两个以上相互独立的行为，单独并不能导致结果的发生，但在没有意思联络的情况下，合并在一起导致了结果的发生。依据条件说的判断规则，本案中，如果没有李某滥用职权调取他人隐私视频并泄露的行为，就不会有被害人因遭到郑某敲诈勒索而不堪压力自杀的死亡后果，因此应当肯定李某滥用职权的行为和被害人死亡结果之间的事实因果关系。

就规范意义上的结果归属而言，其多借鉴客观归责理论加以判断。但客观归责理论是典型的限制结果归责的规范性评价理论，其所包含的三重检验步骤（行为是否升高了法益受损害的风险—该风险是否在具体结果中实现—是否在构成要件效力范围内）是对行为人责任的层层过滤和排除，只有这三项要求全部满足时，才能肯定对行为人的归责。

诚然，这一理论在绝大多数结果犯结果归属的判断中，都是极为必要的。然而，对于一些特殊类型的轻罪（立法本身将某一类严重的危害结果作为犯罪成立的基本要素，但却设置了极为轻缓的法定刑）而言，要求出现严重后果很大程度上是为了限制处罚范围，因而如果对该类犯罪中的结果归属要求作严格限制的话，那么这一类犯罪的成立空间就极其狭窄，不符合立法的意图。例如丢失枪支不报罪中，丢失枪支被他人使用造成人员伤亡时，属于造成严重后果的情形，此时丢失枪支不报的人员要对此结果负责。显然，按照客观归责的理论，这是第三人负责的领域，本不应当由行为人负责，但立法却将该结果归属于行为人。

同样，滥用职权罪也是这一类犯罪中的典型代表，即要求出现严重后果是犯罪成立的必要条件，但法定刑又极为轻缓，因此对于该严重后果和行为人滥用职权之间结果归属的要求就不能过高，否则该罪几乎就没有成立的空间。

由于本案涉及被害人自杀的情形，因此这里以被害人自杀为例对滥用职权罪中的结果归属加以说明并得出如下结论：鉴于客观归责理论对结果归属的要求程度极高，在滥用职权罪中应当慎重使用客观归责理论，而采取对结果归属容忍度较高的相当性理论进行判断所得出的结论更具有合理性。

根据客观归责理论，在被害人自我答责的场合，不能将侵害结果归责于行为人。其中最为典型的情形即为被害人的自杀行为，由于自杀属于被害人对于自我法益的危害，应当由其自身对该结果负责。因此，一旦能够认定被害人的死亡结果为自杀,就不会将该自杀结果归属于行为人。在本案中,被害人陈某由于不堪心理重压,自主决定了自己的死亡,属于刑法意义上的自杀,因而如果按照客观归责理论加以判断的话,就要否定将陈某的自杀结果归属于李某滥用职权调取监控的行为,进而否定本案中李某成立滥用职权罪。

但是,如前所述,滥用职权罪是极为特殊的一类犯罪,其虽然要求造成一定的严重后果是本罪成立的结果要素,但又规定了极为轻缓的法定刑。同时,司法解释和司法实践对于此类案件的处理也多将被害人的自杀、自伤认为是滥用职权罪中的严重结果。那么这里的疑问就是,行为人滥用职权引起被害人自杀结果中的"引起",是否只要求"条件关系"的成立就足够了,是否还有进行结果归属判断的必要呢?

应当肯定的是,结果归属作为一种规范性评价,在将结果作为构成要件要素的犯罪中是有其存在的必要的,只有在价值衡量上,能够将结果归属于行为人,才能肯定行为与结果之间具有刑法意义上的因果关系。因此,有学者指出,这种相当宽泛的立法体例属于我国一种"缓和的结果归属"现象,其在一定程度上有根植于我国国情的必然性。该学者基于此将滥用职权罪中所要求的严重结果解释为一种客观超过要素,并认为该种客观超过要素的作用在于限制处罚范围。①

这一解释有可取之处,但由于客观超过要素这一概念本身尚未取得多数学者的承认,因而目前关于滥用职权罪规范意义上结果归属的判断,仍然采取对介入因素导致最终结果的发生是否具有通常性的判断来进行考量。这种介入因素是否具有通常性的判断,本身来源于相当因果关系说中的相当性,即判断行为和结果之间是否存在一般社会生活经验上的相当性。

虽然应当指出,在一般的结果归属的判断中(如故意杀人罪),由于相当性理论所依赖的社会经验法则本身具有较强的存在论色彩,因而根据这一判断标准往往会导致处罚圈扩大,故逐渐有被客观归责理论取代的趋势,但也正是由于相当性本身相较于条件说具有一定程度的价值评判功能,以及其对结果归属表现出较为宽松的判断标准,因而对于滥用职权罪这一类要求严重结果,但量刑又极为轻缓的犯罪来说,根据相当性说就恰好能实现其缓和结果归属的要求。因而

---

① 参见张明楷:《论缓和的结果归属》,载《中国法学》2019年第3期。

应当认为,通说和实务中在这一类案件中借鉴相当性理论,判断介入因素的出现是否具有通常性的模式是可取的。按照这一判断模式,本案就可以作出如下分析:李某作为民警,对于社会上常发的利用他人隐私进行要挟、威胁或施加恶害的案件应当具有相当程度的认知。因此李某对于自己滥用职权调取他人隐私视频并交给郑某后,对郑某可能使用该视频威胁陈某的情况具有认识可能,故对于李某而言,郑某利用该视频敲诈勒索陈某并导致陈某死亡这一介入因素不应认定为是不相当的、异常的。

综合以上分析,对于渎职类犯罪的案件而言,其结果归属具有自身的特点,即要求缓和的结果归属,或者说结果归属要求要比一般的结果犯要低,而相当性理论恰恰因其容易放宽结果归属标准而符合渎职类等犯罪中缓和结果归属的要求。就本案而言,根据相当性理论,能够肯定陈某死亡的法益侵害结果可以评价为是李某滥用职权的产物。

2. 主观构成要件

滥用职权罪要求行为人对其所实施的行为对侵害国家机关公务的合法、公正、有效执行以及国民对此的信赖有认识与希望、放任,而不要求对为了限制处罚范围所规定的有形的侵害结果有认识与希望、放任,因此其责任形式为故意(包括直接故意与间接故意)。而行为人是为了自己的利益滥用职权,还是为了他人利益滥用职权,不影响本罪的成立。

从主观上看,李某明知其不具备调取陈某和普某在酒店视频的正当性,但仍然放任其行使公务的合法、公正、有效性及国民对此的信赖被侵害,因此,李某利用其警察证件调取视频的行为能够成立滥用职权罪中所要求的故意。

(二)郑某是否成立滥用职权罪的教唆犯

这里的主要问题在于,无身份的人唆使有身份的人实施犯罪行为的,能否与有身份的人一并成立特殊身份类的犯罪。我国《刑法》第29条第1款前段规定:"教唆他人犯罪的,应当按照他在共同犯罪中所起的作用处罚。"其中的共同犯罪当然包括以特殊身份作为构成要件要素的故意犯罪,因此,无身份者教唆有身份者实施犯罪的,成立相应身份犯罪的教唆犯。此种情况下,分析思路是先判断正犯的行为是否符合构成要件,再以正犯为中心判断教唆行为与帮助行为。由于本案中正犯李某构成滥用职权罪,因此,接下来只需判断郑某是否存在客观方面的教唆行为及主观方面的教唆故意即可。

1. 教唆行为

本案中，郑某利用和李某之间的朋友关系，唆使李某利用其警察身份非法调取他人视频，并且引起了李某实施该犯罪行为的意思，因而属于唆使他人实行犯罪的教唆行为。

2. 教唆故意

郑某明知自己的教唆行为可能引起李某实施滥用职权行为的故意，仍然教唆李某，因此符合教唆犯中的教唆故意。

综合以上分析，郑某成立滥用职权罪的教唆犯。

二、郑某敲诈勒索的行为性质

敲诈勒索罪，是指以非法占有为目的，对财物所有人、占有人实施威胁、恐吓，索取数额较大的公私财物，或者多次敲诈勒索的行为。敲诈勒索罪的既遂逻辑可以理解为：对他人实行威胁、恐吓→相对方产生恐惧心理→相对方基于恐惧心理处分财产→行为人或他人取得财产→被害人遭受财产损失。

(一) 郑某是否成立敲诈勒索罪

1. 客观构成要件

就本案而言，郑某多次打电话威胁陈某，若其不支付 20 万元赔偿费，就会对陈某及其家人施加恶害。应当认为，该种威胁方式已经足以使相对方产生恐惧心理，并可能基于该种恐惧心理而交付财物，因此符合敲诈勒索罪的实行行为的构成要件。

2. 主观构成要件

本案中，郑某以非法占有他人财物的目的，恐吓威胁他人，具有敲诈勒索的故意。

3. 犯罪形态

虽然行为人郑某实施了威胁、恐吓的行为，该行为也使得被害人陈某陷入了恐惧心理，但出于各种原因被害人并未向郑某交付财物，因而郑某实施的威胁行为只是停留在具体危险层面，而没有转换为对被害人财物的侵害。因此，只成立敲诈勒索罪的未遂。

(二)郑某的行为能否评价为敲诈勒索罪中的"严重情节"

这里涉及的主要问题是,郑某多次威胁陈某致其不堪重压自杀的事实能否评价为敲诈勒索罪法定刑升格要件中的"严重情节"。

如前所述,郑某的敲诈勒索行为和陈某的死亡结果之间存在条件上的因果关系,没郑某多次实施的威胁行为,陈某便不会不堪心理重荷而选择自杀。此外,由于郑某和陈某同属一个集体经济组织,考虑郑某随时可能对陈某及其家属采取非常手段,无疑加强了被害人的恐惧心理,因此应当将郑某敲诈勒索行为引起的陈某的死亡结果评价为敲诈勒索罪升格刑中的"严重情节"。

三、郑某未阻止陈某服毒的行为性质

这里涉及的主要问题是,郑某是否对陈某喝农药负有阻止义务,是否需对陈某的死亡结果成立相应的不作为的故意杀人罪。

(一)客观构成要件

不作为是相对于作为而言的,是指行为人负有实施某种积极行为的特定义务,并且能够履行但拒不履行的行为。一般而言,不作为犯的成立需具备以下三方面的要求:①行为人具有保证人地位(作为义务)。②作为可能性。是指负有作为义务的人具有履行义务的可能性。③结果回避可能性。只有当行为人履行义务能够避免结果的发生时,其不作为才成立相应的犯罪。

据此,可以对本案中郑某是否成立不作为的故意杀人罪讨论如下:

首先要讨论的是,郑某是否负有阻止陈某自杀的义务。这里涉及的主要问题是,郑某此前实施的敲诈勒索这一先行行为,是否使得其成立阻止陈某自杀的保证人地位。判断能否成立先行行为保证人地位的重点在于,行为人先前实施的行为是否使被害人的法益有遭受进一步扩大或是受到更为严重损害的风险。在本案中,没有郑某多次实施的威胁行为,陈某便不会不堪心理重荷而选择自杀,两者之间确实存在事实意义上的因果关系。

但从规范评价上来看,如果要求郑某对陈某的生命安全成立保证人地位,就要求郑某此前的行为使陈某的生命安全陷入了极高的危险境地。但就本案的情况而言,郑某的敲诈勒索和威胁并没有使陈某的生命安全陷入极为危险的境地,而是陈某自身将自己的生命陷入了危险境地。因此,陈某生命安全受到威胁

与郑某敲诈勒索之间应当认为只具有条件关系,而不具备规范上使得郑某对其人身安全成立保证人地位的可能。

综合以上分析,郑某对于陈某人身安全所处于的危险境地并不成立保证人地位,不负有阻止陈某自杀的义务。由于其作为义务被否定,因此也无须再讨论不作为犯成立条件中的作为可能性和结果回避可能性。

(二)主观构成要件

由于在不作为犯罪客观构成要件中已经排除了郑某成立犯罪的可能,因此不必再讨论郑某的主观心态。

四、结论

李某和郑某成立滥用职权罪的共同犯罪,其中,李某成立滥用职权罪的正犯,郑某成立滥用职权罪的教唆犯。同时,郑某还成立敲诈勒索罪,且属于敲诈勒索罪中"严重情节"的法定刑升格情形,应当数罪并罚。

[规则提炼]

1. 累积因果关系的情形中,第三人的介入行为并不影响事实因果关系的成立。

2. 渎职类犯罪中的结果归属判断应当适当放宽,是"缓和的结果归属",由于该类犯罪中多存在介入因素引起严重后果的情形,可依据介入因素的出现是否具有通常性加以判断。

3. 只要敲诈勒索行为本身并没有引起被害人的人身安全处于极高的风险境地,那么被害人不堪忍受行为人的敲诈勒索而选择自杀时,行为人不负有阻止义务,不成立相应的不作为犯罪。

第8题　过失犯中的客观归责

（结果回避可能性、累积因果关系、客观归责）

[案情简介]

被告人赵某于2004年8月27日18时许，驾驶桑塔纳2000型小客车由北向南行至某一路口南20米处时，因超速（该路段限速60千米/小时，赵某的车辆当时的行驶速度高于77千米/小时）采取措施不及，其所驾车辆轧到散放于路面上的雨水井盖后失控，冲过隔离带进入辅路，与正常行驶的杨某所驾驶的富康车和骑自行车正常行驶的刘某、相某、张某、薛某相撞，造成刘某、相某当场死亡，张某经抢救无效于当日死亡，杨某、薛某受伤。①

问题：

被告人驾车轧到本不应该出现的、散放在路面上的井盖，是否会影响对行为人的归责？

[分析思路]

一、过失犯认定模式的选择

（一）传统认定模式在本案中的疑问

（二）过失犯判断重心应从主观不法向客观不法转移

二、赵某的行为是否符合交通肇事罪的客观构成要件

（一）事实因果关系的判断

（二）结果归属的判断

三、赵某是否符合交通肇事罪的主观构成要件

四、结论

---

① 参见北京市第一中级人民法院(2005)一中刑终字第3697号刑事附带民事裁定书。

[具体解析]

一、过失犯认定模式的选择

(一) 传统判断模式在本案中的疑问

对于过失犯罪的认定而言,传统理论往往采取的判断路径为:客观层面的事实因果关系(条件说)+主观层面预见可能性有无的判断。由于条件说基本难以限制犯罪的成立范围,因而在传统的判断路径下,过失犯认定的核心就在于对行为人能否预见到自己的行为会造成严重后果的考察。但这一判断路径存在以下三个疑问:(1)结果预见义务的确定本身取决于对预见内容范围的"剪裁",因而本身判断结论就具有不确定性;(2)由于该"剪裁"方式不存在相应的标准,因此如果将预见内容的范围放宽,那么结果预见义务的肯定就并非难事,因而容易扩大犯罪成立范围;(3)预见可能性本身是一种经验性的判断,因此在处理较为复杂的因果流程问题时,往往容易沦为一种直觉的判断,其结论往往具有随机性、偶然性和不确定性,故难以承担合理限定处罚范围的机能。这一传统分析路径的弊端在作为过失犯典型的交通肇事罪中自然也同样存在。

根据该判断路径,在本案中,由于存在"散落在路面上的井盖"这一特殊介入因素,对于行为人是否应当预见到自己的超速行为会引起法益侵害结果发生的判断,很大程度上取决于对预见义务内容的界定。若只要求行为人认识到超速行为可能引起致他人伤亡的后果,那么几乎在所有超速类的案件中,都可以肯定行为人的预见可能性。但如果要求行为人对具体的因果进程有预见,那么在存在介入因素的案件中,预见可能性则往往又难以成立。在本案中,要求赵某应当预见到自己的超速行为会碾轧到井盖并导致车辆失控,从而进一步引起他人生命健康受损结果出现的因果流程,显然并非易事。正是基于此,一般而言,在预见可能性的判断中,只要求行为人对大致的因果流程有所预见即可,但即便是这一"大致因果流程"的界定,也不存在一个可资衡量的标准。因而,预见可能性或者说结果预见义务在限制过失犯结果归属中能发挥的作用是极为有限的。

(二) 过失犯判断重心应从主观不法向客观不法转移

不难发现,在传统理论对过失类犯罪的分析进路中,对于客观层面因果流程的规范性判断一直是缺位的。可能有学者会指出,传统过失犯的判断结构中,客观层面可以依据相当性理论进行判断,但一则相当性理论本身的规范属性是受到质疑的;二则相当性理论所依赖的"一般生活经验"的本质和预见可能性理论所依赖的经验法则是一致的,因此相当于进行了两次"预见可能性"的判断。

有鉴于此,目前学界的主流观点认为,过失犯的判断重心应当从主观不法方面的"预见可能性"向客观不法层面的"规范归责"转变。而在这一理论转型的过程中,客观归责理论凭借其所构建的清晰的、递进式的三阶判断规则①,以及各规则下面细致的子规则,在众多理论中脱颖而出,成为备受瞩目的焦点。

据此,这里将遵循客观层面"归因—归责"的检验路径,借鉴客观归责理论对本案中行为人赵某的规范违反行为进行检验,再进行主观层面预见可能性的检验。

二、赵某行为是否符合交通肇事罪的客观构成要件

交通肇事罪的客观方面表现为:(1)行为人存在违反交通运输管理法规的行为;(2)出现致人重伤、死亡或者使公私财产遭受重大损失的结果;(3)行为人注意义务违反行为和结果之间存在因果关系。

本案中,赵某在限速60千米/小时的路段上以77千米/小时的速度超速行驶,属于违反交通运输管理法规所设定的注意义务的行为。同时,本案中出现了3名被害人死亡、2名被害人受伤的结果,符合交通肇事罪中所要求的结果要件。因此,本案的判断要点在于考量该注意义务违反行为和结果之间是否存在刑法意义上的因果关系。

(一)事实因果关系的判断

就归因层面事实因果关系的判断而言,一般采取条件说或合法则的条件说进行判断。本案属于典型的累积因果关系的情形,根据条件说中"若无前者,则无后者"的判断模式,若不存在行为人赵某超速驾驶的行为,那么就不可能发生3名被害人死亡、2名被害人受伤的结果。因此可以肯定行为人赵某规范违反行为(超速行驶)和3名被害人死亡、2名被害人受伤这一法益侵害结果之间存在事

---

① 参见周光权:《刑法总论》(第四版),中国人民大学出版社2021年版,第139页。

实上的因果关系,即赵某超速行驶是该法益侵害结果发生的原因。

本案一审法院认为,被告人赵某违章超速驾驶车辆,且未尽到注意义务,在其发现散放在路面上的雨水井盖时,采取措施不及,是导致事故发生的原因,因此符合交通肇事罪中违反交通管理法规导致法益侵害结果发生的构成要件。不难发现,一审法院对于被告人超速行驶和法益侵害结果之间的判断仅停留在事实性的因果判断的层面,而没有讨论行为人注意义务违反和法益侵害结果之间的规范上的关联。

但归因层面的判断只是之后结果归属判断的事实基础,在完成该层面的判断后,仍需要借鉴相应的结果归属理论判断该法益侵害结果是否在规范上能够评价为行为人注意义务违反的产物。

(二)结果归属的判断

客观归责理论本质上提供的是继事实性因果关系(归因)之后的对因果关系的规范性判断,这一规范性判断也正是传统理论在过失犯领域判断中所缺失的部分。客观归责理论包含"风险创设"和"风险实现"两个环节的判断内容,而这两个环节的判断内容又可具体化为以下三个递进式的判断要求:(1)行为人的行为对于法益制造(升高)了不被法所容许的风险;(2)该风险在具体结果中被实现在法律上不被允许;(3)所实现的具体结果处于构成要件的效力范围之内。

其中,第一层面是对"行为风险"的检视,这类似于对实行行为的判断。按照该层面的要求,只有对法益内容制造不被法所容许的风险的行为,才是为法所禁止的,因而,若行为人的行为未制造不被法所容许的风险,或是降低了法所不容许的风险,抑或是制造的是被法所容许的风险,则认为行为人的行为并没有制造(升高)法益受到侵害的危险,进而否定对行为人的结果归属。例如,甲想要乙死亡,于是建议其搭乘飞机到某一地方旅游,并希望乙所搭乘的飞机失事,后来飞机果然失事。在该案件中,确实出现了乙的死亡结果,甲在主观上也希望被害人死亡,但是客观上甲劝乙搭乘飞机的行为并没有提高一般性的生活风险,因此甲的行为并没有制造法律上所不允许的危险。

根据该层面的判断内容,在本案中所需要判断的,就是行为人赵某超速驾驶的行为是否对法益内容制造(升高)了法所不容许的风险。应当肯定的是,基于行为人的超速行为,其在遇到突发情况时,所需要的制动距离会加长,反应时间会缩短,因而确实升高了对法益结果的危险。

第二层面判断的是行为人所制造的不被容许的风险是否在结果中得到实现,若结果的实现并非是基于该风险的效力,只是偶然地与这个风险有所关联,那么行为人所制造的风险就没有实现。这里主要要解决的问题有:(1)传统因果流程偏离中所处理的情形。例如行为人违反交通管理法规撞到被害人,被害人在医院治疗时因发生火灾而死亡。此时行为人所制造的风险就并没有实现。(2)所实现的结果必须是行为人所制造的不被法所容许的风险所引起的,如果所实现的结果是因法所容许的风险所引起,同样不能归责于行为人。

关于风险实现,主要涉及的是行为人义务违反行为和结果之间是否存在义务违反关联的判断。涉及的判断规则有两方面。

一方面,是对结果是否具有避免可能性的判断。如果结果在合法行为下亦不具有避免可能性,那么意味着此时注意规范的遵守并不能提高法益受保护的机会,因而不能将法益侵害结果归属于行为人。此处判断结果是否具有回避可能性的方式通常是对规范违反行为作合义务的替代,即假设行为人遵守规范的情况下,判断法益侵害结果是否仍然会出现,如果法益侵害结果仍然会发生,则表明注意规范的遵守在此时无效,结果不能归责于行为人;反之,在注意规范得到遵守的情况下,如果法益侵害能够被避免,则结果能够归责于行为人。例如,行为人在限速60千米/小时的公路上以90千米/小时的车速行驶导致被害人死亡。但事后证明,即便行为人以60千米/小时的速度行驶,依然会同被害人发生碰撞,就意味着在该案中注意规范无法防止法益侵害结果的发生,因而结果与行为人违反规范之间不存在关联,不能归责于行为人。

多数学者认为,这里的结果回避可能性要求达到几近确定的程度(结果避免理论),即在注意规范得到遵守的情况下,结果几近确定能够避免才能够肯定对行为人的归责,否则应当否定对行为人的归责。按照该理论,本案中由于存在"散放于地面上的雨水井盖"这一介入因素(根据本案描述,这一井盖是"横空出现的"、是本不应该出现在该路面上的),因此在结果回避可能性的判断中,在对行为人赵某的行为作合义务替代时(假设赵某在限速标准60千米/小时的速度行驶),其他因素(路面上散放的井盖、车辆依然会轧到该井盖)均应保持不变。以此为前提,判断法益侵害结果是否仍然会发生,若该结果还是很大可能发生的话,结果就不能归属于行为人赵某。

但由于实践中,结果几近可能避免的确定在证明上极为困难,因而有不少学者开始主张"危险升高理论",即只要能证明合注意义务的行为能够提高结果避免的可能性,那么就意味着该加之于行为人的义务是有效的义务,进而肯定对行为人的归责。按照该理论,本案中只要证明行为人赵某在限速标准内行驶能够提高结果回避可能性的话,就肯定义务违反行为和结果之间存在危险关联。这里值得一提的是本案二审判决中的分析进路,二审法院指出,"赵某所驾驶的车辆确实轧在散放在道路上的雨水井盖,但轧上井盖是否必然导致该案的发生,缺乏证据证明。而现有证据却能证明赵某在肇事时车速已超过该路段的限速标准,因赵某违章超速,故遇井盖后已无法控制车速,导致采取措施不及,是造成此次肇事的一个原因"。不难发现,二审法院的判决其实某种程度上直接将危险升高理论作为肯定结果归属的依据。但由于危险升高理论本身存在"存疑有利于被告人"以及将结果犯转变成危险犯的疑问,因而其适用的正当性和合理性一直存疑,也正是基于此,该理论目前仍然只得到了少部分学者的支持。

另一方面,需要考察行为人所创设的风险进程是否处于注意规范的保护目的范围之内。一般认为,规范保护目的的判断以结果具有避免可能性为前提,因此如果在结果回避可能性的判断中否定了对行为人的归责,则不再进入该项规则的判断。这一判断规则的目的在于将形式上违反注意规范,但本身不处于规范所欲保护的范围内的因果进程排除出去。尽管在该类型的案件中,行为人符合注意义务的行为可以避免法益侵害结果的发生,但由于结果不在规范所欲防止的范围内,因而结果不能归属于行为人。例如,行为人驾驶已经到达使用年限的汽车上路,途中因轮胎本身存在出厂缺陷而导致车辆失去控制,造成行人死亡。在这一案件中,由于设立禁止超过使用年限车辆上路这一注意规范的原因在于避免车辆内部机件的自然老化而带来的隐患,而非防止车辆出厂时本身存在的缺陷,因此即使行为人遵守注意规范的行为能够避免法益侵害结果的发生,但该因果流程也因不在行为人所违反的注意规范保护目的范围内而排除对行为人的归责。

具体到本案,如果援引结果避免理论,则不再进行规范保护目的的判断。而如果根据危险升高理论的判断模式,则进入规范保护目的的判断,即判断超速行为所引起的与井盖相撞导致他人死亡的因果流程是否在限速规范的保护范围内。一般而言,限速规范的目的在于保障驾驶员在遇到紧急情况时有足够的反应时间来采取相应的制动措施,因此在本案中即便介入了井盖这一不应出现在路面上的因素,但赵某超速行驶的行为也会使其在遇到这一突发情况时反应时长变短从而可能出现反应不及的情况,因而应当认为本案的因果流程在规范保护目的的范围内。

最后,第三层面的判断内容主要考量的是是否存在被害人的自我答责,或是第三人责任领域内的情形。由于本案中不存在此类情况,故不作赘述。

三、赵某是否符合交通肇事罪的主观构成要件

过失犯罪中,有关行为人主观不法的考察,重心一般落在预见可能性有无的判断之上,即行为人在实施注意义务违反行为之时,是否能够预见到法益侵害结果的发生。然而,也正是由于预见可能性判断的不确定性,当过失犯的判断重心由主观不法向客观不法转变后,过失犯主观构成要件层面的判断也逐渐被弱化。一般认为,在主观层面,只要行为人能够预见到大致的因果流程即可肯定其预见可能性的存在,进而肯定存在过失。

但在本案中,依据"结果避免理论"和"危险升高理论"将可能在客观层面得出不同的归责结论,因此是否需要进入主观层面结果预见义务的判断也取决于客观结果归属中的结论。

四、结论

赵某的超速行为和法益侵害后果之间存在事实上的因果关系,但该法益侵害后果在规范上能否评价为赵某注意义务违反行为的产物,则需要进行结果归属的考量。在结果归属的判断中,本案涉及的核心问题是结果回避可能性的判断,依据结果避免理论,如果法益侵害结果在赵某合义务的情况下仍然几近可能发生,那么就意味着行为当时规范并不能防止该法益侵害结果的发生,因而该结果与义务违反行为之间就不存在关联性。但依据危险升高理论,这一关联性的内容则较容易被肯定,但危险升高理论目前仍是少数说,其适用的正当性和合理性仍然存在疑问。

[规则提炼]

1. 就过失犯罪的认定进路而言,传统理论及实践中所采取的以主观层面预见可能性的判断为核心的判断模式值得商榷。

2. 过失犯罪的认定重心应当由主观层面的预见可能性的判断向客观不法中的规范归责转变。

3. 关于交通肇事罪客观构成要件的认定,除了判断事实因果关系外,还应当对结果回避可能性的有无(义务违反关联性)进行谨慎判断。

4. 风险升高理论在交通肇事罪的判断中应当谨慎适用。

第 9 题　结果加重犯中的因果关系

（抢劫罪、结果加重犯、交通肇事罪）

[案情简介]

被告人徐某事先购置了水果刀和墨镜，以打车为名选中了抢劫目标，于 2011 年 4 月 29 日晚 7 时 30 分许乘坐女司机朱某驾驶的出租轿车，至沪宁高速公路河阳段由东向西约 220 千米处时，被告人徐某让被害人朱某在应急道上停车，随即在车内手握水果刀对住朱某胸部，对其实施抢劫，期间致被害人朱某右侧肩部被刺伤，创腔深达骨质。被告人徐某当场劫得钱包一个，内有人民币 700 余元。被害人朱某情急之下，打开车门下车逃跑并呼救，被王某超速驾驶的轿车撞倒。被告人徐某趁被害人朱某慌乱逃生之机，攀爬护栏逃离抢劫现场。被害人朱某经抢救无效于当日死亡。事后查明，即便王某在限速范围内，也难以避免被害人朱某死亡结果的发生。①

问题：

1. 徐某抢劫出租车司机的行为是否成立在公共交通工具上抢劫？

2. 如何评价被害人下车呼救时被过往车辆碾轧致死这一法益侵害结果？是否应归属于徐某的抢劫行为？

3. 后续车辆肇事行为是否排除徐某对被害人死亡结果的归责？

[分析思路]

一、徐某抢劫出租车司机构成何罪

（一）徐某是否成立抢劫罪的基本犯

（二）徐某是否成立抢劫罪的加重犯

---

① 根据《刑事审判参考》第 818 号指导案例改编。

二、王某超速行驶致人死亡是否成立交通肇事罪
(一)客观构成要件
(二)主观构成要件
三、结论

[具体解析]
按照本案中先后涉及的构成要件行为数,可将本案案情划分为两部分事实:(1)徐某抢劫出租车司机、被害人下车呼救之后死亡;(2)王某超速驾驶与下车呼救的被害人相撞。下文将分别对这两部分事实进行分析。

一、徐某抢劫出租车司机构成何罪

(一)徐某是否成立抢劫罪的基本犯

1. 客观构成要件

抢劫罪,是指以非法占有为目的,使用暴力、胁迫或者其他方法,强行劫取公私财物的行为。通常认为,抢劫罪侵害的法益具有复杂性,这一特征主要表现为抢劫罪虽然是侵犯财产的犯罪,但同时也侵犯了被害人的生命、身体、自由和生活平稳。抢劫罪客观方面表现为行为人当场使用暴力、胁迫或者其他方法强取财物的行为,其逻辑构造可以表示为:行为人当场使用暴力、胁迫或者其他方法→压制被害人的反抗→转移财物占有。

徐某实施的行为符合抢劫罪基本犯客观构成要件的要求:首先,徐某持水果刀对被害人朱某施加恶害,并导致朱某右侧肩部被刺伤的行为,完全可以评价为抢劫罪中的暴力行为。其次,该暴力行为足以压制被害人的反抗。最后,徐某通过该暴力行为将被害人的钱包据为己有,符合转移他人财物占有的要件。

2. 主观构成要件

行为人徐某明知自己的暴力行为会侵害被害人朱某的人身和财产安全,并且希望该种结果的发生,因此具有抢劫的故意。

综合以上分析,徐某成立抢劫罪的基本犯。

（二）徐某是否成立抢劫罪的加重犯

1. 客观构成要件

（1）徐某在出租车内抢劫的行为是否属于在公共交通工具上抢劫。作为抢劫罪的加重形态之一，在公共交通工具上抢劫属于抢劫罪的情节加重犯。因此，对公共交通工具范围的理解，会直接影响这一加重形态的成立范围。

根据2000年11月22日最高人民法院发布的《关于审理抢劫案件具体应用法律若干问题的解释》的规定，在"公共交通工具上抢劫"，既包括在从事旅客运输的各种公共汽车、大、中型出租车、火车、船只、飞机等正在运营中的机动公共交通工具上对旅客、司售、乘务人员实施的抢劫，也包括对运行途中的机动公共交通工具加以拦截后对公共交通工具上的人员实施的抢劫。根据这一解释，在小型出租车上抢劫财物的，不属于"在公共交通工具上抢劫"的情形。

这一解释应当被肯定，将在公共交通工具上实施的抢劫行为作为抢劫罪的加重情节，其背后依据在于：公共交通工具上一般乘客较多，因而在公共交通工具上实施的抢劫行为，具有针对不特定多数人的特征，其行为的危险性更高，所导致的法益侵害结果相比于一般针对特定人的抢劫行为往往也更为严重，因此有必要对该种行为给予更为严重的处罚。

这一理解可能面临的质疑是，从日常生活用语来讲，作为公众出行时的一种乘车选择，小型出租车无疑具有公众性的特征，因此不应当将其排除出公共交通工具的范围。但这一质疑并不能成立，小型出租车所具有的这一公众性能否被理解为抢劫罪加重形态中所要求的"公共性"，需要结合抢劫罪加重犯所保护的法益进行理解。小型出租车作为便利公众生活的交通工具之一，虽然所载的乘客往往是不确定的，但其数额却是特定的少数人或是单个人，因而从这一角度来看，小型出租车所表现出的公众性就难以与抢劫罪加重形态中所要求的"公共性"相当。同样，抢劫出租车司机财物的情形，其危害性也不同于在公共汽车等交通工具上实施的抢劫，因而不属于在公共交通工具上抢劫的情形。

据此，本案中徐某在小型出租车上抢劫司机的行为，不能被评价为在"公共交通工具上抢劫"。

（2）对于被害人死亡的结果，徐某是否成立抢劫致人死亡。《刑法》第263条规定，抢劫致人重伤、死亡的，处10年以上有期徒刑、无期徒刑或者死刑，并处罚金或者没收财产。这是我国立法上规定的典型的结果加重犯的形态。因此在本案中，被害人下车呼救时被其他车辆撞死这一危害结果，能否被评价为徐某抢劫行为的产物，并适用"抢劫致人死亡"的规定，这一问题的回答涉及结果加重犯判断规则的问题。

结果加重犯，是指行为人实施了符合某一基本犯罪构成要件中的危害行为，却发生了超过该要件之外的加重结果，对于该加重结果，刑法规定了相应加重法定刑的一种犯罪类型。

刑法理论早期对于结果加重犯的认定，往往只考察行为人基本行为和加重结果之间的事实因果关系，这是将加重结果本身作为加重处罚事由的判断模式。例如，甲出于劫取钱财的故意，对乙实施暴力殴打并劫取乙银行卡中的全部存款后，乙不堪内心痛苦选择自杀。按照早期的处断模式，甲就会被评价为抢劫罪的结果加重犯，但这一结论显然难言合理。由于这一思维模式属于典型的"结果责任"模式，欠缺对行为和加重结果间的规范考量，因而已经为学界和实务界所放弃。

有鉴于此，当下学界和实务界均主张，对于结果加重犯的判断，同样应遵循"归因—归责"二分模式的判断。就事实因果关系而言，本案属于典型的累积因果关系的情形，即在徐某实施的抢劫行为和被害人死亡结果之间，存在两个介入因素，一为被害人的介入——被害人下车呼救的行为；二为第三人的介入行为——路过车辆的肇事行为。对这一累积因果关系的判断，不论是根据条件说，还是合法则的条件说，均能够肯定本案中行为人的抢劫行为是被害人死亡结果发生的必要条件，能够肯定二者之间的事实因果关系。因此，难点在于对两者间规范性的评价，即加重结果和基本行为之间的规范性关联的考察。

此前我国学界认为，这一规范性关联的判断规则往往表现为对相当性因果关系的考察，即判断加重结果和基本行为之间是否存在一般生活经验上的相当性。但由于相当因果关系本身的"规范属性"存在疑问以及其判断规则所表现出的模糊性，不少学者认为相当因果关系无法完成限制结果加重犯成立范围的使命，因而将目光转向了"直接性理论"。下文将结合本案情况分别对这两种理论进行说明。

其一，相当性因果关系的考察。依据相当性因果关系的判断规则，可以对本案作出如下分析：尽管行为人对被害人存在持刀威胁和伤害的暴力行径，但考虑到本案的案发地点为高速公路应急车道附近，由于高速公路属于全封闭式的环境，过往车辆的车速都极快，因而可以认为，被害人在高速公路上下车呼救的行为属于风险极高的行为，故这一介入行为不具有一般生活经验上的相当性。据此，应当否定被害人下车呼救时死亡与行为人抢劫行为之间的相当性。

但同样依据相当性理论也可能作出如下分析：尽管被害人在高速公路上下车呼救的行为具有极高的危险性，属于根据一般生活经验不应做出的行为，但由于徐某此前持刀伤害并威胁朱某，导致朱某本身处于一种高度危险的处境和极为恐惧的状态中，因而为脱离这一危险处境，被害人朱某选择下车呼救的行为就能够被评价为是符合一般生活经验的。

不难发现，在界定某种情形是否具备相当性时，"一般生活经验"这一判断规则并不明确，且依此所得出的结论往往都具有相对性。因而相当性本身就是一个极为模糊的概念，是对生活经验的观察和总结，是一种事实性关联下的产物，尤其在涉及介入因素这一较为复杂的因果流程时，将其作为规范性评判准则往往捉襟见肘。

其二，直接性理论的考察。鉴于相当性理论存在的疑问，目前在结果加重犯因果关系判断中受到青睐的是"直接性理论"。根据该理论，判断加重结果能否归属于基本行为，应当考量基本行为与加重结果之间是否存在直接的风险关联性，或者说基本行为中是否蕴涵着引起加重结果的"特有/内在风险"，只有当加重结果本身处于基本行为所包含的风险之中时，才能够将加重结果评价为基本行为的产物。这一直接性理论内部，又分为"致命性理论"和"行为基准说"两种观点。

致命性理论主张，只有当加重结果直接来源于基本犯罪结果，或是当基本犯罪中的行为具有足以导致加重结果出现的危险时才符合直接关联性。这一理论虽然提供了相当明确的判断规则，却也极大程度地限缩了结果加重犯的成立范围。例如，按照该种理解，在故意伤害致人死亡罪中，只有当死亡结果本身是伤害结果进一步发展的产物才能够认定为结果加重犯；在非法拘禁罪中，只有因行为人的拘禁行为导致被害人血液不畅而死亡，或是因其被拘禁而无法求救进一步导致被冻死、饿死等情况时，才可以认为最终结果是行为人捆绑行为的致命性的实现。由于这一判断规则表现出了极强的物理性法则的特征，因而其是否属于规范性的评价标准受到了不少学者的质疑。按照该标准，由于本案中介入了被害人下车呼救的行为,就不能将被害人的死亡结果认为是行为人抢劫行为致命性的表现,因此行为人不成立结果加重犯。但这一结论值得商榷。

行为基准说(行为固有危险说)主张以基本行为中所蕴含的类型性危险作为判断直接性关联的依据,即当基本行为中蕴涵了引起加重结果产生的类型化危险,并且该危险在因果进程中也直接实现了相应的加重结果时,就能够肯定加重结果与基本行为之间存在直接性关联。根据该判断标准,只要在基本行为中存在能够推断致死结果产生的特定风险就足以肯定直接性关联。

按照行为基准说,可以对本案作出如下分析:行为人将被害人骗到高速公路应急车道后,以水果刀刺伤并威胁被害人的行为,本身就是对被害人生命法益有着极高危险性的行为。此外,考虑到双方力量间的悬殊,以及所处的时间(晚7点半之后)和地点(高速公路应急车道),处在该种情形下的被害人(女)无疑会陷入极为不安、恐惧的心理状态,其必然会想办法努力逃离该种危险处境。因此,综合上述客观情况中的时间、地点、被害人所处的危险状态,就能够认为行为人的抢劫行为中涵盖了被害人因逃生可能产生的被过往车辆撞死的风险。因此,被害人被过往车辆撞倒死亡的结果应当被认为是行为人实施的抢劫行为的产物。

此外,由于存在王某的肇事行为,这里还需要回答的问题是,该肇事行为是否会影响对行为人的归责?

依据刑法中自我答责的基本原理,当某一法益侵害结果完全处于他人的责任范围之内时,应当否定对其他人的归责。例如,某一交通事故发生后,交警大队赶赴现场并作出了相关部署,但由于某一工作人员在安置指示标志中出现失误,造成后续车辆因无法准确判断前路情况而出现了再次肇事的情况。该种情形下,虽然前行为人违反注意义务的行为引起了交通肇事,但当该事故后续处理转交由交警大队负责后,对于事故现场的保护责任和风险管辖就全部移交给了交警大队一方,因交警大队工作人员的疏忽导致事故现场再次发生肇事情况时,相应的结果就不能再归属于此前的行为人,而应认为处于第三人即交警大队的答责领域内。

据此,如果王某的肇事行为足以影响徐某答责的话,就意味着被害人朱某所处的风险需完全移交到王某的管辖范围内,否则就不能因王某的责任而否定行为人徐某的答责。诚然,为保障道路参与者的人身、财产安全,车辆的驾驶者在行驶途中应遵循道路安全法则中所规定的注意义务。本案中虽然王某存在超速行驶这一违反注意规范的行为，但行为人徐某所实施的抢劫行为的风险并没有转移给王某，因而即便王某本身应对被害人的死亡结果成立交通肇事罪，也不会因此而否定徐某对被害人死亡结果负责。

2. 主观构成要件

对于被害人死亡这一加重结果而言，行为人所选择的作案手段、作案时间、作案地点都表明被害人的逃生存在极大的危险性，因此应当认为，行为人对于被害人的死亡结果，存在预见可能性。

综合以上分析，应当认定徐某成立抢劫致人死亡的结果加重犯。

二、王某超速行驶致人死亡是否成立交通肇事罪

交通肇事罪，是指行为人违反交通运输管理法规，因而发生重大事故，致人重伤、死亡或者使公私财产遭受重大损失的行为。

(一) 客观构成要件

交通肇事罪的客观方面表现为：(1)行为人存在违反交通运输管理法规的行为；(2)出现致人重伤、死亡或者使公私财产遭受重大损失的结果；(3)行为人注意义务违反行为和结果之间存在因果关系。本案中，王某在高速公路上以140千米/小时的车速超速行驶的行为，属于违反注意义务的行为，同时，本案中出现了被害人死亡的结果，符合交通肇事罪中所要求的结果要件。因此，这一事实单元的判断要点在于考量该注意义务违反行为和加重结果之间是否存在刑法意义上的因果关系。

按照目前所达成的共识，这一因果关系应当在"事实归因"和"规范归责"两个层面内进行考察。

对于事实因果关系的考察而言，依据"条件说"中"非 p 则非 q"的判断规则，在本案中，若不存在行为人王某的超速驾驶行为，被害人的死亡结果就不会发生，因此可以肯定王某超速行驶和被害人死亡结果之间的事实因果关系。

对于归责层面的考量而言，依据客观归责理论，本案应分别在"风险制造"和"风险实现"两个层面对结果归属进行检视。就风险制造层面而言，需要判断的是，王某超速行驶的行为是否升高了被害人法益受侵害的危险。由于超速行驶

将导致行为人在遇到紧急情况时反应时间变短,同时制动距离变长,因而容易出现驾驶员反应不及造成他人生命健康受损的可能,因此行为人超速行驶的行为确实升高了被害人法益受侵害的危险。而在风险实现层面,则要判断的是行为人超速行驶的风险是否在交通肇事罪的构成要件范围内得以实现。这里需要判断的内容有三:其一,结果回避可能性;其二,规范保护目的;其三,是否属于被害人自我答责的范围。由于事后查明,即便行为人保持120千米/小时的速度,也无法避免被害人死亡结果的发生,因此在结果回避可能性的判断中就能够排除对行为人王某的归责,而无需再进行规范保护目的以及是否属于被害人自我答责范围的判断。

(二)主观构成要件

由于高速公路全封闭式的特性,在高速公路上,一般不可能出现行人,但由于应急车道本身属于车辆在遇到特殊情况时的临时停靠点,在该停靠点附近就有可能出现驾驶员或是乘客下车以应对突发情况的可能,因此作为驾驶员,对于该附近出现行人应当具有预见可能。但本案中,由于在客观层面已经排出了对王某的归责,因此就无需再进行主观层面预见可能性有无的判断。

综合以上分析,王某不成立交通肇事罪。

三、结论

徐某成立抢劫致人死亡的结果加重犯;王某不成立交通肇事罪。

[规则提炼]

1. 在小型出租车内抢劫的,不属于"在公共交通工具上抢劫"的加重形态。
2. 在高速公路上以对被害人人身安全具有极高危险性的手段实施抢劫,被害人为逃离该处境而下车呼救被过往车辆撞倒而死亡的,应当肯定该加重结果与行为人抢劫行为之间的关联。
3. 高速公路上发生的交通肇事案件,不能因为高速公路属于全封闭式的环境,就一律排除驾驶员的责任。

第10题 结果加重犯中的直接性要件

(盗窃罪、因果关系、结果加重犯)

[案情简介]

2005年5月13日凌晨3时许,被告人王某钻窗潜入北京市西城区某胡同某号楼被害人李某(女,时年39岁)家中,从客厅窃走李某人民币100余元及手机1部。后王某又进入大卧室,见到熟睡的李某,遂起意奸淫。王某对李某进行威胁、捆绑,强行将其奸淫,后即钻窗逃离现场。被害人李某到阳台呼救时因双手被捆,坠楼身亡。①

问题:存在因介入被害人自身行为而引起加重结果的情形时,如何判断该加重结果的结果归属?

[分析思路]

一、王某的行为是否构成盗窃罪

(一)客观构成要件

(二)主观构成要件

二、王某的行为是否构成强奸罪

(一)王某的行为是否符合强奸罪基本犯的构成要件

(二)王某的行为是否构成强奸罪的结果加重犯

三、结论

---

① 参见北京市高级人民法院(2006)高刑终字第451号刑事判决书。

[具体解析]

根据行为人所实施的行为数,可将本案划分为两个环节:(1)王某潜入李某家实施盗窃行为;(2)王某对李某实施强奸行为,被害人呼救时死亡。下文将对这两个环节中王某的刑事责任加以分析。

一、王某的行为是否构成盗窃罪

(一)客观构成要件

盗窃罪的客观方面表现为违背财物占有人的意思,以平和的手段将财物转移给自己或者第三人占有的行为。本罪的客观逻辑构造可以表示为:实施窃取行为→破坏原占有人的占有→建立新的占有关系。其中,窃取的行为手段包括以下五个方面:(1)盗窃公私财物,数额较大。这里需要注意的是,盗窃行为若没有后面的四种特殊情形,行为人的盗窃行为必须达到数额较大时,才构成犯罪。(2)多次盗窃。根据最高人民法院、最高人民检察院《关于办理盗窃刑事案件适用法律若干问题的解释》,2年内盗窃3次以上,应当认定为多次盗窃。(3)入户盗窃。这里的重心在于"户"的判断,"户"仅指私人住所,其具有供他人家庭生活和与外界相对隔离的特征。(4)携带凶器盗窃。(5)扒窃。是指在公共场所或者公共交通工具上盗窃他人随身携带的财物。

在本案中,王某盗走人民币100余元及手机1部,由于案件中并未明示手机的价值,因而无法对其盗窃行为是否符合数额较大作出判断,但由于王某是潜入被害人家中实施的盗窃,故符合入户盗窃这一行为样态的要求。

(二)主观构成要件

王某明知自己的窃取行为会转移被害人对财物的占有,并且希望该结果的发生,因此王某具有盗窃的故意。

综合以上分析,王某入户窃取被害人财物的行为构成盗窃罪。此外,需要注意的是,尽管行为人在实施盗窃行为后,未立即离开被害人的家中,但由于被害人的财物事实上已经发生了占有转移,故王某盗窃罪的既遂时点为其取得李某财物之时,而非其离开李某家中之时。

二、王某的行为是否构成强奸罪

(一)王某的行为是否符合强奸罪基本犯的构成要件

强奸罪,是指违背妇女意志,使用暴力、胁迫或者其他手段,强行对妇女进行奸淫,或者与不满14周岁的幼女发生性关系的行为。

1.客观构成要件

王某违背被害人的意志,以暴力手段强行与被害人性交,因此符合强奸罪的客观构成要件。

2.主观构成要件

王某明知违背被害人的意愿,仍然以暴力手段与被害人性交,因此具有强奸的故意。

综合以上分析,王某的行为成立强奸罪的基本犯。

(二)王某是否构成强奸罪的结果加重犯

这里涉及的主要问题是,应如何评价被害人李某死亡这一加重结果,即该结果是否应归责于王某?这一问题涉及结果加重犯的判断规则。

1.客观构成要件

结果加重犯,是指行为人实施了符合某一基本犯罪构成要件中的危害行为,却发生了超过该要件之外的加重结果,对于该加重结果,刑法规定了相应的加重法定刑的一种犯罪类型。一般认为,成立结果加重犯需要具备三个条件:(1)行为人实施了基本犯罪行为,但造成了加重结果;(2)对基本犯罪持故意心理,对加重结果至少有过失心理;(3)刑法就加重结果规定了相应的加重法定刑。

结果加重犯通常表现为故意的基本犯和过失的加重犯的复合形态,但其法定刑却远远高于基本犯的法定刑与过失犯的法定刑之和。以强奸罪的结果加重犯为例,强奸罪基本犯的法定刑为3年以上10年以下有期徒刑,过失致人死亡罪的最高法定刑为7年有期徒刑,而强奸致人死亡的法定刑为10年以上有期徒刑、无期徒刑或者死刑。尽管对结果加重犯加重处罚依据进行探讨的著述颇多,但迄今为止仍然没有学说能够圆满地解决这一法定刑过重的问题,因而结果加重犯的法定刑一直被认为是结果责任的残余。① 基于此,如何限制结果加重犯的成立范围可以说一直是世界范围内的命题。而就其限定方法而言,一般认为应从加重结果与基本行为之间的关联性的角度进行考察。

传统理论认为,判断加重结果是否应归责于行为人时,应当根据相当性理论对基本行为和加重结果之间的因果关系进行限定,即根据一般的社会生活经验,判断该基本行为是否通常可能导致加重结果的发生。但由于这一理论在规范属性层面存在的疑问,越来越多的学者开始将目光转向"直接性理论"。下文将分别对这两种判断方式进行分析。

(1)相当因果关系的考察。通常情形下,借助于相当性理论中一般社会生活经验的判断法则,能够对行为人答责与否进行较为明确的认定,但在涉及介入因素的场合,由于因果流程较为复杂,借助于该判断法则所得出的结论往往具有模糊性和不确定性。

在本案中,根据相当性理论,有可能认为本案的案发地点为被害人家中,属于被害人极为熟悉的环境,因此即使存在双手被捆绑的事实,一般情况下也不可能出现被害人对地形判断失误而坠楼身亡的情形。因此应当否定该加重结果和行为人所实施的基本行为之间的相当性。

但同样根据相当性理论,也可能作出如下分析:由于案发时点为凌晨3时,行为人虽然已经结束了对被害人的侵犯行为,但一则由于被害人双手被绑缚的现状使其无法通过手机等途径与外界联系;二则由于被害人处于一种极为恐慌的心理状态,其到阳台向外部邻居呼救的行为就能够认为是符合一般生活经验的行为;三则由于被害人双手被捆绑导致其上肢失去着力点,在呼救过程中不慎坠楼就难以认为该因果流程不具有相当性。

不难发现,对于相当性中是否具有"一般生活经验"的判断,其实更多取决于对案件事实的"剪裁"以及思考方式。在同一案件中,对案件事实"剪裁"以及思考方式的不同就完全可能得出截然不同的结论。因而相当性的判断本身是极为模糊的,这是由其所具有的归因属性所决定的。因此,相当性理论本身难以承担结果归属这一规范性评价的重担,尤其是在涉及介入因素的因果流程中,这一弊端更为明显。

---

① 即不法行为人需要对其不法行为所产生的一切结果承担责任。

（2）直接性理论的考察。当前较为主流、也得到较多学者支持的是"直接性理论"。根据这一理论,对加重结果能否归属于行为人基本行为的判断,应当着重考量基本行为与加重结果之间是否存在直接的风险关联性,或者说基本行为中是否蕴含着引起加重结果的"特有/内在风险",只有当加重结果本身处于基本行为所包含的风险之中时,才能够将加重结果评价为基本行为的产物。这一直接性理论内部,又演化为"致命性理论"和"行为基准说"两种观点。

致命性理论主张,加重结果的发生必须源自于故意基本犯罪所引发的基本结果,或是当行为具有足以导致加重结果出现的危险时才符合直接关联性。此处以非法拘禁致人死亡为例加以说明,甲用绳子将乙捆绑并置于车辆后备箱内,后乙死亡。依据致命性理论,只有当乙的死亡结果是由于因遭到捆绑而窒息,或是长时间处于缺氧环境导致身体机能出现损害等情形时,才能认为死亡结果与甲的拘禁行为之间存在直接关联性。但如果乙是由于车辆尾部遭受后续车辆撞击而身亡,那么按照致命性理论就难以将该死亡结果评价为甲拘禁行为的"作品"。但由于这一判断标准所侧重是一种物理意义上的判断,因而不免有脱离规范主义的嫌疑,其在涉及介入因素的情况下,所得出的结论的合理性也值得商榷。

行为基准说（行为固有危险说）主张以基本行为中所蕴含的类型性危险作为判断直接性关联的依据,即当基本行为中蕴含了引起加重结果产生的类型化危险,并且该危险在因果进程中也直接实现了相应的加重结果时,就能够肯定加重结果与基本行为之间存在直接性关联。因而只要在基本行为中存在能够推断致死结果产生的可能性就已足够。这一理论强调的是加重结果发生的危险应存在于基本行为的固有危险性之中,即必须是基本犯罪的特定风险决定性地引起了加重结果。这里以故意伤害致人死亡的情形加以说明,甲以伤害的故意对乙实施暴力行为,乙为躲避甲的殴打,在逃跑过程中不慎失足落水死亡。依据行为基准说,在这一案例中尽管介入了被害人失足落水死亡的行为,但被害人逃跑是为了躲避行为人的暴力殴打,由于躲避不法侵害是一般理性人在该种情况下都会作出的选择,因而应当认为被害人躲避过程中失足落水的结果属于行为人所实施的伤害行为固有内在危险的实现,行为人需对该加重结果进行负责。

回到本案,被害人死亡的结果能否评价为行为人基本行为的作品,需遵循"归因—归责"下两步走的判断模式。首先判断被害人死亡这一加重结果同行为人基本行为之间是否存在事实上的因果关系。其次,判断规范意义上该法益侵害结果能否归属于行为人。

就事实因果关系而言,本案属于典型的累积因果关系的情形,即在王某实施的强奸行为和被害人死亡结果之间,存在被害人呼救行为这一介入因素。就这一累积因果关系而言,依据条件说"若无前者,则无后者"的判断法则,可以认为,如果行为人在实施强奸的暴力行为时,未将被害人的双手加以捆绑,就不会出现被害人到阳台呼救时因难以控制身体平衡而坠楼死亡的结果,因此能够肯定被害人死亡这一加重结果和行为人基本行为之间事实上的因果关系。

需要进一步判断的是,被害人死亡的法益侵害结果是否与行为人实施的强奸行为之间存在直接性关联。

根据致命性理论的观点,本案中由于介入了被害人的行为,因而被害人死亡结果并不是来源于基本犯罪行为的结果,或是基本犯罪行为中的手段行为,因此否定对行为人成立结果加重犯。

而按照行为基准说的观点,由于行为人所实施的基本犯罪行为中的手段行为(捆绑被害人的双手)限制了被害人的人身自由,在被害人到阳台进行呼救时,正是由于其行动不自由而导致重心不稳、难以控制平衡而跌落致死,因此该死亡结果可以认为是行为人所实施的基本行为中手段行为风险的实现,对行为人成立结果加重犯。本案判决指出:行为人通过威胁、捆绑的方式对被害人实施强奸行为后,在被害人到阳台呼救时,尽管被告人已完成强奸的实行行为并且已经离开被害人的居所,但在其离开时,被害人的双手依然处于被捆绑状态。当被害人到阳台上呼救时,无法确定被告人的侵害是否已经结束,而被告人双手被绑缚的情况也意味着行为人的暴力行为依旧在持续地对被害人发生作用。因此,应当认为,被害人到阳台呼救的行为是其反抗被告人侵害行为的表现。被告人为实施强奸行为捆绑被害人的双手,但也正是这一行为直接导致被害人在到阳台呼救时因难以控制身体平衡而导致坠楼身亡。该判决中的论证理由其实本质上就是行为基准说的观点。

2. 主观构成要件

结果加重犯的成立要求行为人对加重结果至少存在过失,这一点几乎已被各国刑法理论所肯定。然而需要说明的一点是,由于结果加重犯的成立均以立法的形式所规定,同时由于对结果加重犯的判断通常为基本行为包含了导致加重结果出现的危险性,实施基本行为的行为人通常都被认为应当能够预见到加重结果的发生,因而具有过失,本案中也不例外。

三、结论

对本案的最终处理结论是:王某成立盗窃罪的既遂、强奸罪基本犯的既遂,应当数罪并罚。是否成立强奸罪的结果加重犯,根据分析者立场的不同,结论上会有差异。根据直接性理论中的致命性理论,由于本案中被害人李某死亡的结果并不是直接由行为人所实施的强奸行为的基本结果所引起,因而会否定王某成立强奸罪的结果加重犯。但根据直接性理论中的行为基准说,当王某离开李某家时,李某双手依然被绑缚的状况表明王某先前的暴力行为依旧在持续地对李某发生作用,李某呼救时因该状况导致其难以控制身体平衡而坠楼身亡的危险就能够评价为王某先前暴力行为中所蕴含的危险,因此,能够肯定王某成立强奸罪的结果加重犯。

[规则提炼]

1. 盗窃罪的既遂时点为财物占有转移之时,与行为人是否离开被害人所处的空间并没有关系。

2. 结果加重犯的判断不能仅依据基本行为与加重结果之间事实上的条件关系予以认定。

3. 结果加重犯判断的核心在于规范意义上如何评价加重结果和基本行为之间的关系,目前得到较多学者支持的观点是通过判断两者间是否存在"直接风险关联性"来认定是否成立结果加重犯。

第11题　间接故意与过于自信过失的界限

（犯罪主观要件、间接故意、过于自信过失）

[案情简介]

2008年12月4日14时许，被告人杨春驾驶一辆轻型货车至无锡市某小区车库吴某经营的杂货店送桶装净水，杨春将水卸在吴某店门口，吴某要求杨春将桶装水搬入店内，遭后者拒绝。随后，杨春驾驶车辆欲离开，吴某遂用右手抓住汽车的副驾驶室车门、左手抓住车厢挡板，阻止杨春离开。杨春见状仍驾车向前低速行驶数米并右转弯，致吴某跌地后遭汽车右后轮碾轧。吴某因腹部遭重力碾轧造成左肾破裂、多发骨折致失血性休克，经送医院抢救无效于当日死亡。①

问题：对于被告人杨春应当如何处理？

[分析思路]

一、犯罪过失的认定

（一）疏忽大意过失

（二）过于自信过失

二、犯罪过失与间接故意的界限

（一）判断客观危险

（二）行为人对于危害结果的态度

三、被告人的行为应当构成过失致人死亡罪

四、结论

---

① 参见《刑事审判参考》第635号指导案例。

[具体解析]

一、犯罪过失的认定

(一)疏忽大意过失

1. 疏忽大意过失的具体判断规则

疏忽大意的过失,是指应当预见自己的行为可能发生危害结果,因为疏忽大意而没有预见,以致发生危害结果。其结构是:应当预见→疏忽大意→没有预见→发生危害结果。应当预见是前提,疏忽大意是原因,没有预见是事实。刑法处罚疏忽大意的过失,是因为行为人违反了结果预见义务。也即,行为人本应该预见结果可能发生,因为疏忽大意而没有预见。

就过失致人死亡罪而言,在判断结果预见可能性时,需要注意以下问题:

(1)预见对象的限定。应当预见的结果,不是泛指一切可能的危害结果,而是具体过失犯罪中的作为构成要件的危害结果。刑法分则规定的每一个具体过失犯罪,其成立都要求造成一个具体特定的危害结果。应当预见的结果就是成立该过失犯罪所要求的具体特定的危害结果。就过失致人死亡罪而言,如果是疏忽大意过失,则应当预见的危害结果是指致人死亡的结果,而不是指致人重伤的结果,更不包括其他危害结果。

(2)判断资料。判断资料包括主客观两方面,一是主观预见能力,二是客观环境条件。不能仅考虑行为人的预见能力和认识水平,也不能仅考虑客观状况,应将二者结合起来。例如,张某和赵某是工地工友,长期一起赌博。某日两人在工地发生争执,张某推了赵某一把,赵某倒地后后脑勺正好磕到石头上,导致颅脑损伤,经抢救无效死亡。结合张某的认识能力和工地环境,张某对结果具有预见可能性。

(3)判断基准。判断基准应以具体的行为人为准,同时将一般人作为参考资料。具体而言,应先将具体的行为人进行类型化考虑,假如行为人是一名医生,就以医生这个职业群体来考虑,看像行为人这样的医生职业群体能否预见类似结果的发生。这个职业群体对类似结果具有预见能力,而行为人的认知能力并不低于这个职业群体的平均水准,如果行为人没有预见,则可以认为行为人存在过失。如果这个职业群体对类似结果没有预见能力,而行为人却具有这种预见能力,但没有预见,也可以认为行为人存在过失。但是,此时需要十分慎重,必须有足够证据证明行为人具有这种预见能力。例如,驾驶机动车的人只要认识到前方道路会经过一所中学门前,就应当预见可能会有学生冲到道路上。又如,某电器制造商只要认识到该电器在设计上存在缺陷,可能漏电,就应当预见可能会造成消费者伤亡。

2. 疏忽大意过失致人死亡与意外事件致人死亡的区分

二者相同之处在于客观上都造成了他人死亡的结果;主观上都没能预见他人死亡的结果。二者区别在于:行为人在当时的情况下是否应当预见自己的行为可能导致他人死亡的结果发生。也即,二者的行为人都有预见义务,但是,在疏忽大意中,行为人具有预见可能性,在意外事件中,行为人没有预见可能性。

实务中在判断行为人对死亡结果有无预见可能性时,存在许多不妥当的做法,应当警惕。

(1) 不能从结果倒推行为人的预见可能性。有些实务人员的做法是,一旦发生被害人死亡的结果,就从结果倒推认为,行为人对死亡结果有预见可能性。这里面暗含的思维是,危害结果越严重,行为人的预见可能性就越高。然而这个结论并不完全成立。有时,行为人对自己行为的严重性有很清楚的认识,但是并没有发生危害结果;有时,行为人的行为很轻微,行为人也认为很轻微,但却发生了严重后果。所以,不能根据结果的严重性来倒推行为人的预见可能性。当然,结果可以作为参考资料,但不能作为决定性因素。过度倚重结果来判断行为人的预见可能性,是结果责任的残余,违反责任主义原则。正确的做法是,从分析行为入手,根据行为本身的危险程度、行为时的客观环境以及行为人的认知能力,判断行为人在当时情形下能否预见结果的发生。

(2) 行为人即使实施了不法行为,但并不意味着对被害人的死亡结果就一定有预见可能性。有些实务人员的做法是,只要行为人实施了不道德行为、违法行为或其他犯罪行为,就认为行为人对被害人的死亡结果有预见可能性。这种做法也是不妥当的。行为人对自己行为的危险性的认识大致局限于行为本身所蕴含的类型化的风险。如果危害结果不是行为所创设的类型化的危险的实现,而是介入因素所导致的,则行为人对该危害结果并不一定具有预见可能性。

(3) 不能将"没有预见"当作"没有预见可能性"。"没有预见"不等于"没有预见可能性"。例如,陈某与李某之间有深仇大恨,早就想杀了李某,但李某对于陈某的恨意毫不知情。某天晚上，陈某为上山打猎在院子里擦枪，这时，李某偶然路过，和陈某闲聊。陈某毫无耐心地听着，继续擦枪，不慎触动扳机，打中李某腿部，李某失血过多死亡。虽然陈某没有预见会打死李某，但是，并不意味着没有预见可能性。结合陈某的认知水平和当时情景，陈某具有预见可能性，属于疏忽大意过失。

（4）不能将"应当预见"当作"已经预见"。"应当预见"是应然要求，"已经预见"是实然事实。例如，某位护士因为厌烦婴儿啼哭，便将婴儿翻过来，让其俯卧，然后蒙上被子，去值班室休息。半小时后想起此事，赶来查看，发现婴儿已经窒息死亡。该护士具有护理知识水平，具有预见能力，应当预见，但不能依此直接认为该护士已经预见自己的行为可能会发生死亡结果。是否已经预见无法从预见能力推导出，只能依靠当时的事实来判断，例如，看护士有没有采取避免措施，如果采取了避免措施就表明其已经预见危险。该护士并没有采取任何避免措施，并没有预见自己的行为可能会发生死亡结果，没有预见的原因是疏忽大意。该护士属于疏忽大意过失，而非过于自信过失。

（二）过于自信过失

过于自信的过失，是指已经预见自己的行为可能发生危害结果，但轻信能够避免，以致发生危害结果。其结构是：已经预见→轻信能够避免→发生危害结果。刑法处罚过于自信的过失，是因为行为人违反了结果回避义务。也即，行为人本能够避免结果发生，因为过于自信而没有避免。

结果回避义务的来源根据在于，行为人的行为对法益创设了实质危险，并且行为人也预见了行为的危险性，那么行为人便有消除危险、阻止结果发生的义务。但是，现代社会要正常运行，必须容忍许多危险行为。所以，行为人是否具有结果回避义务，须考虑危险的分配。例如，驾驶汽车的人撞倒行人，致其重伤，就这一事故判断有关人员的过失时，要考虑驾驶者与行人各自负有怎样的注意义务：要求驾驶者的义务多，要求行人的义务就少；相反，要求行人的义务多，要求驾驶者的义务就少。我国司法实务也考虑了危险分配的原理。例如，2000年11月15日最高人民法院《关于审理交通肇事刑事案件具体应用法律若干问题的解释》中，考虑了被害人的责任对行为人责任的影响。如果被害人负担全部危险，例如，在高速公路上溜冰，则驾驶者不会承担过失责任。但是也不能将结论推至极端,认为驾驶者看到有行人闯红灯、故意驾车撞死行人的行为也不负刑事责任。设置红绿灯只是为了维持交通秩序,而人的生命价值高于交通秩序,不可能以牺牲人的生命来维护交通规则的权威。

行为人有结果回避义务,还须考察有无结果回避可能性。对此需要注意结合行为人的回避能力和客观环境条件。过于自信过失致人死亡与不可抗力致人死亡的相同点是,二者都预见可能会发生死亡结果,区别在于有无结果回避可能性,过于自信过失中存在结果回避可能性,而不可抗力中不存在结果回避可能性。

二、犯罪过失与间接故意的界限

犯罪过失与间接故意有时难以区分,尤其是在引起被害人死亡的场合,过于自信过失致人死亡与间接故意杀人的区分往往较为困难。

二者的相同点是行为人都预见可能会发生死亡结果;区别在于意志因素,过于自信过失中死亡结果的发生违背行为人的意志,在间接故意杀人中死亡结果的发生没有违背行为人的意志,行为人对死亡结果持放任态度。

(一)判断客观危险

间接故意中行为人对危险的认识和相信程度,会决定其能否形成反对动机。客观危险是认识因素判断过程中要考虑的重要指标。

间接故意等于有高度危险意识,认真地计算,然后容忍结果的发生;过于自信过失是不认真地计算或者相信可以避免。过于自信过失的行为人虽然认识到危险,但他要么不认真对待这种危险,行为人因为违反注意义务而否定对行为客体的具体危险;要么认真对待危险,但仍然违背义务,相信危害结果可以避免。

放任是否存在,与行为人认识到结果发生的盖然性高低有关。判断盖然性高低,与行为的风险性大小有关。行为风险的大小,又取决于法益重要性。生命法益属于最重要的法益,如果行为人毫不在意而低估其重要性,则不能排除间接故意。当然,可能引起日常性危险的行为不能评价为间接故意。例如,交通肇事行为是一种不被允许的危险,它由每日必须进行的交通行为所引起。基于维持必要社会生活的需要,使用交通工具所带来的危险必须被人们忍受,人们在日常生活中已学会如何避免、应对这些危险。这种危险在生活领域不是必须被避免的,行为人的行为如果是这些与日常风险有关的,例如醉酒驾车、超速行驶、为赌气超越他人车辆而有意不保持安全距离行驶,即使行为人对自己行为的违法性质有明确认识,也不能认为其容认死亡结果的发生,不能评价为间接故意杀人。①

(二)行为人对于危害结果的态度

间接故意的行为人对死亡结果抱无所谓态度,而过于自信过失的特点是轻纵。对结果产生抱无所谓态度和相信结果能够避免,是具有互补性的概念,即二者彼此相连、互为补充:谁相信结果可以避免,并本着该认识行动的,就不是放任;谁放任结果的产生,就不会相信结果可以避免。是否能认定为放任,而不是轻率,"弗兰克公式"可以作为试金石:行为人自己已经发现结果可能这样,也可能那样,但发生这样的结果也好,发生那样的结果也好,无论如何他都要"干到底"。

所以,在区别间接故意和过于自信过失时,需要特别注意:行为人除其意识上对于结果的发生可能性有认识之外,还需要对结果的发生有特别的评价。当行为人严肃地认为结果可能发生并进而行动,在行为决定中已然包含对结果的预料,这种对结果的预见已经具有目的支配性。而当行为人对结果的预见和应受负面评价的结果在作出行为决定时结合在一起,就表现出行为人个人不法的特质。相反,如果行为人并不认真地认为结果会发生,就等于不认为结果有发生可能性。因此,认真地认为结果有发生的可能性,进而行动,表示在行为决定之时就预定了结果。例如,在年会射击表演时,未受过专门训练的甲与人打赌,射击女演员头顶的酒杯而击中女演员,致其死亡。一方面,生命法益是最重要的法益,甲这样的举动对他人生命具有很高的危险性;另一方面,甲也认为死亡结果是有可能发生的,仍实施射击行为,表明甲对死亡结果持放任态度。甲的行为应属于间接故意杀人。

三、被告人的行为应当构成过失致人死亡罪

在本案中,被告人杨春辩称,其不知道被害人抓在车上,只是在感觉车子颠簸后,下车才发现被害人被车碾轧了。一审法院认为,被告人杨春因琐事与被害人吴某争吵后,为摆脱吴某的纠缠,欲驾车离开现场;在低速行驶中,杨春从驾驶室窗口处看到吴某抓在车上,已经预见自己继续驾驶的行为可能发生危害社会的结果,但因过于自信认为吴某会自动撒手,不会发生危害结果,最终导致汽车

---

① 参见周光权:《刑法总论》(第四版),中国人民大学出版社2021年版,第173页。

缓行转弯时,被害人吴某跌地,并遭汽车后轮碾轧致死。法院据此认定杨春的行为构成过失致人死亡罪,判处其有期徒刑4年。

一审宣判后,检察机关提出抗诉称:被告人杨春的行为构成故意伤害罪,因为其主观上具有伤害的间接故意,客观上实施了伤害他人身体的行为,最终产生致人死亡的结果。

江苏省无锡市中级人民法院经审理认为,被告人杨春明知被害人吴某悬吊在其行侧车窗外,已经预见其低速行驶可能致使吴某跌地受伤,但轻信吴某会自动放手而避免严重后果的发生,最终造成吴某死亡的严重后果,其行为构成过失致人死亡罪。杨春与吴某虽因琐事发生口角,但无明显的争执与怨恨;杨春关于案发当时急于脱身,且驾车低速行驶,认为吴某会自己松手,不可能造成严重后果以及未能及时意识到吴某倒地后可能会被右转过程中的车后轮碾轧的辩解符合情理;综合法医鉴定以及杨春在事发后能积极协助抢救被害人等行为,应当认定被害人吴某的死亡并非杨春的主观意愿,杨春主观上不具有伤害他人的故意,因此,对抗诉机关的抗诉理由和意见不予采纳,裁定驳回抗诉,维持原判。

需要探究的是,被告人杨春究竟有没有预见自己的行为可能会发生致人死亡的危害结果?杨春辩称,不知道被害人抓在车上,其是在感觉车子颠簸后,下车才发现被害人被车碾轧了。案发时,杨春驾驶车辆欲离开,吴某遂用右手抓住汽车的副驾驶室车门、左手抓住车厢挡板,阻止杨离开。杨春见状仍驾车向前低速行驶数米并右转弯。既然杨春看到了被害人吴某的阻止行为,仍然驾驶车辆前行,就表明杨春预见自己的行为对他人生命具有危险性。

在此前提下,需要判断杨春对被害人死亡结果持放任态度还是反对结果发生。

首先,杨春采取了一定的避免措施,这些措施足以表明,死亡结果的发生违背杨春的意愿。间接故意不反对、不排斥危害结果的发生,不会凭借条件或采取措施避免危害结果的发生,而过于自信过失的核心在于避免危害结果的发生,行为人综合考虑到了能够避免危害结果发生的有利因素,甚至往往能采取一定措施,或调整自己的行为方式,或采取一定的预防措施,设法避免危害结果发生。在危害结果发生后,行为人事后的态度也在一定程度上反映出行为时的心理态度,过于自信过失的行为人不希望危害结果发生,所以,一旦发生危害结果,行为人非常懊悔,往往采取各种补救措施,如防止危害的扩大、尽量减少损害等,而间接故意的行为人对危害结果的发生往往无动于衷,一般不采取任何补救措施。具体联系本案,杨春驾驶汽车时车速较慢,且没有实施加速行为,说明其采取了自认为能够避免危害结果发生的措施,相信自己稳速慢行,被害人会自动放手,不致对被害人造成什么伤害。被害人被碾轧时汽车仅行驶出数米远,杨春发现后车轮有不正常跳动后随即下车查看,事发后留在现场积极协助抢救被害人直至被抓获,并支付了即时发生的抢救费用,其采取的上述补救措施表明其内心懊悔,被害人死亡的结果完全违背其主观愿望,而非放任危害后果的发生。

其次,从案件的起因考察,被告人杨春没有放任伤害后果发生的现实动因。判断行为人对危害后果持怎样的态度,首先应当考察案件的起因,从被告人与被害人的关系,双方之间冲突的程度,是否存在足以使被告人放任危害后果发生的心理因素等方面进行判断。对于本案,可以从以下一些情况进行分析:被告人杨春与被害人吴某初次相识,二人不存在积怨;吴某要求杨春将卸在店门口的桶装水搬入店内,杨春明确表示拒绝,为此吴某产生不满,但二人之间并没有发生明显的争执,双方不曾恶言相向或实施过激行为;杨春为避免被害人纠缠,卸完水后随即离开,二人接触的时间很短,从见面到案发的时间间隔也较短,彼此不至于产生过大的仇恨。综合上述情况,被告人杨春驾车离开应该是急于脱身,试图逃避被害人要求的加重的劳动负担,没有放任被害人身体造成伤害的现实动因。

最后,被告人杨春虽然采取了避免措施,但是,对结果的发生存在过于自信的心理。间接故意不反对、不排斥危害结果的发生,是因为如果阻止其发生,将直接影响行为人所追求的目的结果的实现,所以,间接故意行为人不仅没有防止危害结果发生的打算,对有利于避免危害结果发生的因素也不予理睬。过于自信过失的行为人已经预见危害结果发生的可能性,还要坚持实施既定行为,是因为行为人根据一定条件相信自己可以避免危害结果的发生。行为人的这种自信不是毫无根据的,而是具有一定现实有利条件的,如果行为当时根本就不具备避免危害结果的客观条件,或者行为人没有认识到这些条件,或者行为人不想利用这些条件避免危害结果,则说明行为人对危害结果的发生持放任的态度,即间接故意。为此,需要通过对行为当时的条件和特点判断行为人是否认识到能够避免危害结果发生的客观条件,这些条件是否确实客观存在从而足以使行为人产生"轻信"。本案发生时,被告人杨春刚刚发车,车速较慢,加上车身不高,被害人完全能够双脚着地，这些情况充分表明杨春是在试图摆脱被害人的纠缠，希望自己稳速慢行的过程中被害人能自动放手。基于社会一般人的认识标准，被害人应当知道行驶中的车辆严禁攀爬、悬吊及此行为可能导致的后果，杨春据此认为，被害人会主动放弃这种违反交通法规、妨碍交通安全的行为，采取适当措施避免自己遭受伤害，并估计汽车在缓慢行驶过程中被害人放手着地不会造成什么伤害后果。综合这些情况，应当认为，杨春认识到了行为时能够避免危害结果发生的一些条件，这些条件也确实客观存在，因此，杨春在主观上不具备间接故意的特征，至多具有过于自信的过失。

四、结论

被告人杨春的行为构成过失致人死亡罪，检察机关对被告人杨春以故意伤害罪提起抗诉，与事实和法律不符，本案一、二审法院的判决结论正确。

[规则提炼]

1. 过失犯的成立，要求行为人对结果有具体的预见可能性，在此基础上或由于疏忽大意，或由于过于自信而最终没有预见到结果发生，结果的发生违背行为人本意。

2. 间接故意的行为人不反对、不排斥危害结果的发生，不会凭借条件或采取措施避免危害结果的发生，对于结果的发生能够接受。

3. 过于自信过失的核心在于避免危害结果的发生，行为人综合考虑到了能够避免危害结果发生的有利因素，甚至往往能采取一定措施，或调整自己的行为方式，或采取一定的预防措施，设法避免危害结果发生。过于自信过失的行为人不希望、不接受危害结果的发生，一旦发生危害结果之后，行为人大多追悔莫及，尽力采取各种补救措施。

4. 对于间接故意和过失的界限，在实践中需要结合大量事实和证据进行认真梳理。

第 12 题　狭义的因果关系错误

（因果关系、狭义的因果关系错误、结果加重犯）

[案情简介]

甲、乙、丙三人是某工厂的同事。乙、丙经常合伙作弄甲。某晚，甲、乙在昏暗的仓库里值班，二人因琐事发生争吵。甲欲教训一下乙，情急之下顺手拿起旁边的一根木棍殴打乙，未料木棍顶部装有长长的铁钉，刺中乙头部，致其死亡。甲发现乙已经死亡，非常害怕，便逃离现场。路过一座桥时，甲与丙相遇。丙看到甲慌慌张张，质问甲怎么回事。甲不理睬丙。丙挡住甲，不让甲走。甲想摆脱丙，便拿起木棒朝丙打去，丙急忙后退闪躲，不慎跌落桥下，被河水淹死。①

问题：

1. 乙的死亡与甲的故意伤害行为是否存在因果关系？甲是否构成故意伤害罪致人死亡？

2. 因果关系是否为故意的认识内容？

3. 丙的死亡与甲的故意伤害行为是否存在因果关系？甲构成故意伤害罪（既遂）致人死亡还是故意伤害罪（未遂）致人死亡？

[分析思路]

一、甲针对乙的行为

二、甲针对丙的行为

（一）因果关系是第二层级的客观构成要件

（二）因果关系并非故意的知晓对象，而是故意的设想对象

（三）对因果关系的客观判断无法代替对其的主观判断

---

① 根据福建省漳州市诏安县人民法院（2014）诏刑初字第 190 号刑事附带民事判决书等改编。

三、结论

[具体解析]

一、甲针对乙的行为

甲对乙实施了故意伤害行为,但是乙的死亡与甲的故意伤害行为有无因果关系?若有因果关系,由于甲在主观上对死亡结果应是过失心理,因此甲应构成故意伤害罪致人死亡。若无因果关系,则甲不构成故意伤害罪致人死亡;甲同时触犯故意伤害罪和过失致人死亡罪,想象竞合,择一重罪论处。

传统理论认为,乙的死亡与甲的伤害行为有因果关系,因此甲构成故意伤害罪致人死亡。然而,这种观点值得商榷。虽然乙的死亡与甲的挥动木棒行为具有因果关系,但是应当明确,乙的死亡与甲的故意伤害行为没有因果关系,而与甲的过失行为有因果关系。

张明楷教授认为故意行为与过失行为对法益制造的危险没有区别,故意杀人行为与过失致人死亡行为对他人生命的危险是相同的。① 然而,这种观点可能值得进一步商榷。故意行为与过失行为存在区别,前者具有目的性,后者具有任意性。这也导致,行为人对故意行为的危险具有支配性,而对过失行为的危险缺乏支配性。这种区别会给故意行为与过失行为带来诸多差异。

第一,故意行为对危险的发展具有现实的支配性,而过失行为对危险的发展仅具有支配可能性。由于故意行为对危险具有现实的支配性,因此结果归属于故意行为的判断,相对比较明确。而过失行为对危险仅具有支配的可能性,因此结果归属于过失行为的判断,相对比较复杂。正因如此,内容庞杂的客观归属理论主要是为过失行为的归责服务的。

第二,故意行为制造的危险流具有方向性,而过失行为制造的危险流具有盲目性。故意行为中存在目的性思维活动,对危险流的发展具有目的性指引,因此危险流的发展具有方向性。相反,过失行为中不存在目的性思维活动,对危险流的发展没有目的性指引,此时的行为意志具有任意性,导致危险流的发展具有盲

---

① 参见张明楷:《行为无价值论与结果无价值论》,北京大学出版社 2012 年版,第 88、89 页。

目性。这种差异也导致二者的因果关系在确定性上存在差异。因果关系是危险流的现实化。由于故意行为的危险流具有方向性,所以其与结果之间的因果关系具有可预见性或确定性。而过失行为的危险流具有盲目性,所以其与结果之间的因果关系也具有盲目性。韦尔策尔(Welzel)对此举例说明,护士在不知情的情况下向病人注射了药性过强的吗啡针剂,导致病人死亡,尽管她实施了目的性的注射行为,但并未实施目的性的杀人行为。所以,该死亡结果不是危险目的性的实现,而仅仅是因果性的实现。①

第三,二者的结果回避可能性的高低度有差异。在违法阶层,故意行为与过失行为具有结果回避可能性这一共同基础。但是由于故意行为的危险具有目的性,避免结果发生的可能性程度较高,而过失行为的危险具有任意性,避免结果发生的可能性程度较低。二者在结果回避可能性上存在高低度关系或位阶关系。很显然,低位阶的过失行为不能被评价为高位阶的故意行为。

第四,故意行为制造的危险具有可重复性,而过失行为制造的危险不具有可重复性。故意行为危险具有目的性指引和操控,如果失败,可以再试一次,亦即如果未遂,可以重新再来。而过失行为危险具有盲目性,属于偶发事件,如果未造成实害结果,很难再"复制"一次。例如,丁向戊的胸口开枪,未击中,丁可以再次开枪。又如,猎人已在擦枪时,不慎触动扳机,子弹差点将附近的行人庚击中。对这种过失行为,已不可能再"复制"一次。

故意行为与过失行为的上述区别可以合理解释二者所受谴责的轻重不同。责任的轻重应由违法的轻重所决定。就违法程度而言,过失行为似乎比故意行为更严重。例如,故意行为制造的危险由于具有方向性和针对性,故对目标之外的对象不会有危险。而过失行为制造的危险由于具有任意性和盲目性,故危险的危及范围是不确定的,许多人都会遭受无妄之灾,且由于无法预料导致无法预防。又如,从总量上看,交通肇事罪导致的死亡人数远比故意杀人罪导致的死亡人数大。因此,仅就结果不法而言,无法解释故意行为的违法性大于过失行为的违法性。对此只有从行为不法来解释,并且必须考虑其中的主观不法。具体而言,故意行为制造的危险具有可重复性,因此对法规范的威胁和冲击程度高,国

---

① 参见〔德〕汉斯·韦尔策尔:《目的行为论导论:刑法理论的新图景(增补第4版)》,陈璇译,中国人民大学出版社2015年版,第4页。

民对法规范的有效性的疑虑会增加,认同感会动摇。过失行为制造的危险不具有可重复性,属于偶发事件,对法规范的威胁和冲击程度低,国民不会因此而动摇对法规范的认同。弗立施(Frisch)教授便指出,故意行为与过失行为的主要区别在于有无法敌对意思以及法敌对意思的强弱,很显然,故意行为具有更强的法敌对意思。① 也因此,对故意行为的预防必要性远大于对过失行为的预防必要性。

归纳言之,故意行为与过失行为对法益制造的危险存在以上种种差异,因此不能将二者等而视之。前田雅英教授也认为,虽然故意杀人罪与过失致死罪作为侵害人的生命的行为,在外观上具有共通性,但在成立相应的构成要件所预设的实行行为的危险性上存在差异。②

回到本案,甲的故意伤害行为是用木棒殴打乙,但是该行为制造的危险并没有现实化为死亡结果。导致乙死亡的原因是木棒上的铁钉。然而,甲没有认识到木棒上有铁钉,没有预见自己的行为会导致乙死亡。因此,导致乙死亡的行为是甲的过失行为。甲的过失行为制造的危险现实化为死亡结果。由于甲的故意伤害行为与过失行为存在本质区别,因此,死亡结果不能归属于甲的故意行为,只能归属于甲的过失行为。

不过,甲的行为数量是一个行为,只是从不同角度看,既是故意行为,也是过失行为,亦即甲的一个行为同时创设了故意行为的危险和过失行为的危险,属于想象竞合关系。最终,甲同时触犯故意伤害罪和过失致人死亡罪,想象竞合,择一重罪论处。甲不构成故意伤害罪致人死亡。这是因为,结果加重犯要求加重结果与基本犯的实行行为具有因果关系。成立故意伤害罪致人死亡,要求死亡结果与故意伤害行为有因果关系,而乙的死亡不能归属于甲的故意伤害行为,因此甲不构成故意伤害罪致人死亡。

二、甲针对丙的行为

在客观上,甲的故意伤害行为与丙的死亡具有因果关系。这是因为,当甲用木棒殴打丙时,丙的躲闪行为并不异常,是由甲的伤害行为引发的,因此丙的闪

---

① Vgl. Wolfgang Frisch, Vorsatz und Risiko, 1983, S. 33ff., 46ff., 102ff.
② 参见〔日〕前田雅英:《刑法总论讲义(第6版)》,曾文科译,北京大学出版社2017年版,第68页。

躲行为所导致的结果能够归属于甲的故意伤害行为。可以认为,甲的故意伤害行为对丙制造了危险,并且该危险现实化为死亡结果。在主观上,甲没有认识到自己的行为会导致丙死亡,亦即甲对导致丙死亡的因果关系没有认识到,在此存在因果关系的认识错误。不过,甲对此有认识的可能性,也即对死亡结果存在过失。因此,甲构成故意伤害罪致人死亡这一结果加重犯。

不过,需要进一步探讨的是,作为基本犯的故意伤害罪是既遂还是未遂。① 传统观点认为,丙的死亡结果可以包容评价为伤害结果。由于甲的伤害行为与丙的死亡结果有因果关系,故与丙的"伤害结果"也有因果关系,所以甲构成故意伤害罪既遂,属于故意伤害罪(既遂)致人死亡。这种观点认为,行为人对因果关系的认识错误不重要,不影响既遂的认定。因果关系只是犯罪行为与犯罪结果之间的联系,并不是犯罪的客观要件。② 既然如此就没必要将因果关系作为故意的独立的认识内容。③ 然而,这种观点(因果关系认识不要说)值得商榷。

(一)因果关系是第二层级的客观构成要件

构成要件结果是客观构成要件,但构成要件结果并非单纯、孤立的实害结果,应是指构成要件行为制造的实害结果。正如韦塞尔斯(Wessels)教授所言,只有行为与结果之间存在因果联系,该结果可归责于行为时,客观的不法构成要件才算实现。④ 这种因果性特征是构成要件结果的基本特征,否则便会将与构成要件行为毫无关系的偶然结果也纳入构成要件结果的范畴,这显然是不合适的。

在对客观构成要件进行归类时,在逻辑体系上存在不同层级。第一层级的客观构成要件包括行为主体、构成要件行为、构成要件结果等。第二层级的客观构成要件是指第一层级的客观构成要件自身内部的条件。例如,真正身份犯的行为主体要求具有特殊身份。从逻辑层级看,因果关系与构成要件行为、构成要件结果不能相并列,属于构成要件结果自身的限制性条件,是第二层级的客观构

---

① 实务中有种误解,认为结果加重犯中的基本犯均为既遂。其实,基本犯也可呈未遂形态。例如,甲欲强奸妇女,将妇女打成重伤,准备奸淫时,被赶到的警察抓捕。甲构成强奸罪致人重伤,基本犯(强奸罪)是未遂。

② 参见高铭暄、马克昌主编:《刑法学》(第四版),北京大学出版社、高等教育出版社 2010 年版,第 67 页。

③ 参见张明楷:《刑法学》(第五版),法律出版社 2016 年版,第 261 页。

④ Vgl. Wessels/Beulke/Satzger, Strafrecht Allgemeiner Teil, 43 Aufl.,C. F. Müller, 2013, S. 60.

成要件。上述主流学说的错误在于,仅根据第一层级来筛选客观构成要件,忽略了因果关系属于构成要件结果项下的第二层级客观构成要件的事实。若因果关系果真不是客观构成要件,那么在客观构成要件符合性判断中,便无须判断因果关系。但实际上,判断因果关系却是必需的步骤和不争的事实。

因此,基于客观构成要件的故意规制机能,作为第二层级客观构成要件的因果关系应是行为人故意认识的内容。正如山口厚教授所言:"与因果关系相割离的对于结果发生的认识、预见不过是没有根据的单纯的'愿望'等而已,其能否奠定故意的基础是有很大疑问的。"①库伦(Kuhlen)教授指出,故意的认识要素要求行为人认识到自己的行为会实现客观构成要件,就结果犯而言,要求认识到行为与结果之间的因果关系。②

(二) 因果关系并非故意的知晓对象,而是故意的设想对象

因果关系认识不要说的第二项理由是,虽然因果关系是客观构成要件,但是因果流程属于将来发生的事态;故意的认识对象只能是行为时存在的事实,而不能包括将来发生的事态,所以因果关系不是故意的认识对象。这是我国学者新近提出的理由。③ 然而,这项理由值得推敲。

一方面,既然承认因果关系属于客观构成要件,那么依据客观构成要件的故意规制机能,因果关系应属于故意的认识对象。客观构成要件的故意规制机能是指客观构成要件的范围决定了故意的认识范围。正因如此,这里的客观构成要件也被称为错误意义的构成要件(Irrtumstatbestand)。④ 如果承认因果关系是客观构成要件,同时又不要求行为人认识,则意味着因果关系成为一种客观的超过要素,这显然是不合理的。

另一方面,基于我国刑法规定,因果关系应属于故意的认识对象。根据我国《刑法》第14条第1款规定,构成要件故意的认识因素是指"明知自己的行为会发生危害社会的结果"。这里的"明知"包括两项内容。一是明知自己的行为,二是明知"会"发生危害结果。前者属于对现存的构成要件行为的认识,可称为

---

① 〔日〕山口厚:《刑法总论(第2版)》,付立庆译,中国人民大学出版社2011年版,第214页。
② Vgl. Günter Stratenwerth, Lothar Kuhlen, Strafrecht Allgemeiner Teil Ⅰ, 5 Aufl., Carl Heymanns, 2004, S. 115.
③ 参见陈璇:《论主客观归责间的界限与因果流程的偏离》,载《法学家》2014年第6期。
④ Vgl. Claus Roxin, Strafrecht Allgemeiner Teil, Bd. Ⅰ, 4 Aufl., Verlag C. H. Beck, 2006, S. 281.

"知晓"(Kenntnis),后者属于对危险能否实现为结果的认识,可称为"设想"(Vorstellung)。二者的认识对象有所不同。"知晓"的对象是存在的实体物,而"设想"的对象是尚不存在的想象物。前者属于认识当下,后者属于认识未来。传统理论对这两种认识活动未作辨别,由此导致在确定故意的认识对象时模糊不清。因此,需要对二者进行细致梳理。

第一,在对危险的认识上,对已创设的危险状态的认识属于"知晓",而对危险能否现实化为结果的认识属于"设想"。构成要件行为是指对法益创设了现实的类型性危险的行为。这种类型性危险的特征也称为实行行为性。因此,对构成要件行为的认识便是指对创设的现实的类型性危险的认识。很显然,这种认识属于"知晓"。然而,在结果犯中,由于行为与结果之间存在时空间隔,危险的存在并不等于危险的实现。危险的存在仅意味着构成要件行为的存在,而危险的实现则意味着构成要件结果(实害结果)的发生。而危险能否实现属于未来事态范畴,已经不是行为人知晓的内容,而应属于设想的内容。可以看出,"由于所有的(作为)犯罪行为都是对既存现状的改变,所以故意无可避免地具有'针对未来'的性质,这在结果犯的类型尤其明显"①。因果关系认识不要说的错误在于,从因果关系不属于"知晓内容"的前提,便得出因果关系不属于故意的认识内容的结论。

第二,"行为与故意同时存在"原则的贯彻不同。这里的行为包括行为举止和行为制造的危险流。这里的故意包括知晓和设想。知晓与行为举止同时存在,是指二者同时起步,同时结束。设想与行为的危险流同时存在,是指二者在未来同时持续。② 例如,妻子辛给丈夫壬投毒后,不忍目睹壬的死亡过程,出门在院子里等候,半小时后估计壬已死,回家查看壬还没死,又后悔便救活壬。其中,"知晓"存在于辛投毒的行为期间,当投毒行为终了后,"知晓"也随之结束。接着,辛的等待与估计等心理已不属于"知晓",而属于"设想"。如果认为故意的要素仅包括"知晓",不包括"设想",便意味着辛的杀人故意在投毒行为终了后便已经消除,犯罪便呈现终局性形态,那么辛此后的抢救行为便不能成立犯罪中止。这显然是不合理的。理论上往往认为,故意不需要维持到结果发生时,只

---

① 蔡圣伟:《重新检视因果历程偏离之难题》,载《东吴法律学报》第20卷第1期。
② 如果没有行为危险流的存在,所谓设想便是空想或幻想,形成迷信犯或不能犯。

需要在实施构成要件行为时存在就可以了。① 严格来讲,这里的"故意"只是仅就故意认识因素中的"知晓"而言的。认识因素中的"设想"则应当维持至结果发生时。

第三,主客观一致原则的表现不同。这里的"一致"既包括知晓上的一致,也包括设想上的一致。前者针对既存事实,是一种静态的一致;后者针对未来事态,是一种动态的一致。当主客观不一致时便会产生认识错误,主要有对象错误、打击错误、因果关系错误。由于行为对象属于既存事实,所以对象错误属于因"知晓"而产生的认识错误。由于因果关系是未来事态,所以因果关系错误属于因"设想"而产生的认识错误,具体而言,结果的推迟发生及提前实现属于对结果发生的未来时间点产生认识错误,狭义的因果关系错误属于对结果发生的样态方式产生认识错误。打击错误的特点是,危险流设定给甲对象,却偏离至乙对象。可见,打击错误也存在因果流的偏离,具有因果关系错误的特征。也因如此,德国许多刑法教科书将打击错误置于因果关系错误项下来论述。② 基于此,打击错误也属于因"设想"而产生的认识错误。如果否认因果关系错误的重要性,便会否认打击错误的重要性。这显然是不合理的。③ 我国传统理论的错误在于,将认识错误中的"认识"等同于"知晓",没有考虑到"设想"。

(三)对因果关系的客观判断无法代替对其的主观判断

因果关系认识不要说的第三项理由涉及对因果关系的客观判断与主观判断的关系。在早期古典及新古典犯罪论体系的背景下,对因果关系的客观判断主要依据条件关系,尚无客观归责理论,因果关系的认定范围被不当地扩大,然后在主观阶层通过排除故意来限制处罚范围。此时,对因果关系错误的主观判断标准是:偏离的因果流程是否处在一般生活经验可预见的范围内(相当性标准),如果是,则该因果偏离属于不重要或非本质(unwesentlich)的偏离,不阻却既

---

① Vgl. Ingeborg Puppe, Nomos Strafgesetzbuch Kommentar, 4 Aufl., 2013, §16, Rn. 82.
② Vgl. Claus Roxin, Strafrecht Allgemeiner Teil, Bd. I, 4 Aufl., Verlag C. H. Beck, 2006, S. 515. 也因如此,德国刑法学在论述因果关系错误时一般使用"Vorstellung"(设想),而非使用"Kenntnis"(知晓)。
③ 打击错误中的法定符合说便忽略其中的因果偏离。正因如此,法定符合说或等价值理论在德国已基本没有市场。

遂故意的成立。① 例如，A 杀害 B，致 B 轻伤。B 被他人送到医院治疗时，医院发生火灾致 B 死亡。依该理论分析，在客观上基于条件说，A 的行为与 B 的死亡具有因果关系。在主观上，由于实际的因果关系超出了一般生活经验可预见的范围，所以 A 对死亡结果没有故意，因此 A 不构成故意杀人罪既遂，而是未遂。

然而，当客观归责理论成为主流理论后，这种分析进路便出现问题。正如罗克辛(Roxin)教授所言，这是一个客观归责的问题，而不是一个认定故意的问题。在客观归责上，B 的死亡不能归责于 A 的行为。② 也即，在客观阶层便可以得出 A 构成故意杀人罪未遂的结论。同时，客观归责理论也给上述相当性判断标准带来冲击，因为相当性判断标准的理念与客观归责的理念是基本一致的，这种判断应当在客观归责阶层完成。依据客观归责理论，行为创设危险及实现危险应具有客观可预见性，结果应是行为创设的危险的相当性实现，一般人无法预见的偶然结果不能归责于构成要件行为。这种判断便代替了对因果关系的主观判断。在主观阶层仍进行相当性判断，纯属重复多余。因此，因果关系错误是一个没有意义的问题，因果偏离不是主观构成要件问题，而属于客观归责的判断问题。③ 这是当前因果关系认识不要说的有力论据。

虽然客观归责理论值得肯定，但认为依此可以代替对因果关系的主观判断则值得商榷。第一，客观归责的完成不仅为故意犯罪提供了结果归责的客观基础，而且也为过失犯罪提供了结果归责的客观基础。因此，完成客观归责判断后，还应在主观上判断行为人对结果持何种心理态度。例如，C 欲强奸妇女 D，对 D 使用暴力，D 挣脱后逃跑，C 紧追，D 逃上高速公路呼救，被车撞死。在客观上，D 的死亡应归责于 C 的行为，但在主观上仍须判断 C 对 D 的死亡持何种心理，是强奸(故意)致人死亡，还是强奸(过失)致人死亡。第二，对结果的客观归责的判断标准是客观的预见可能性。预见可能性是故意、过失的共同前提。而对结果具有故意不仅要求预见可能性，而且要求预见。预见可能性表达的是一种客观条件，属于客观范畴；而预见到则表达的是一种主观心理，属于主观范

---

① 该标准为韦尔策尔(Welzel)首倡。Vgl. Hans Welzel, Das Deutsche Strafrecht, 11 Aufl., Walter de Gruyter, 1969, S. 73.

② Vgl. Claus Roxin, Strafrecht Allgemeiner Teil, Bd. Ⅰ, 4 Aufl., Verlag C. H. Beck, 2006, S. 371.

③ Vgl. Wolter, Der Irrtum über den Kausalverlauf als Problem objektiver Erfolgszurechnung, ZStW 89 (1977), S. 702.

畴。二者显然存在差别。第三,客观归责中客观的预见可能性的判断基准是一般人①,而主观故意中"是否预见到"的判断基准是行为人本人。这是因为,客观归责旨在确定客观不法中的结果不法,而主观故意不仅为了确定主观不法,还承载了推定责任的机能,而责任必须是个人的。因此,二者在此也存在差别。第四,结果能否归责于构成要件行为的判断与结果能否归责于构成要件故意的判断,虽然均是为了排除偶然结果及结果责任,但二者所处的任务阶段不同。前者旨在排除行为与结果之间的偶然结合,后者旨在排除故意内容与已具有客观可归责性的结果之间的偶然一致。前者是因果发生机理问题,后者是主客观一致性问题(Kongruenz)。

回到本案,甲以伤害的故意用木棒打丙,这种行为创设的危险只有伤害的危险,而没有致命的危险。致命危险流是由初始危险流与被害人自身行为结合而成的。对于丙躲避不慎、跌落河中淹死,甲没有认识到。甲若认识到,仍然为之,则已经属于杀人的间接故意。不可否认,甲有认识到的可能性,但这不等于认识到。甲以为通过自己的棒打行为可以导致丙的身体伤害结果,实际上是跌落河里导致"死亡结果"。在这种因果关系错误中,甲没有认识到自己的行为会导致该实害结果,该实害结果不能归责于甲的构成要件故意。甲应构成故意伤害罪(未遂)致人死亡。② 正如金德霍伊泽尔(Kindhäuser)教授所言,本案中实际发生的因果历程,不是行为人故意创设的危险的现实化,行为人构成伤害未遂。③

三、结论

针对乙的死亡,甲的一个行为同时创设了故意行为的危险和过失行为的危险,其同时触犯故意伤害罪和过失致人死亡罪,属于想象竞合犯,应择一重罪论

---

① 虽然客观归责中存在行为人的特别认知问题,但这属于少数特殊情形(客观不法与主观不法一体化)。客观归责整体上仍以一般人为判断基准。行为人的特别认知的典型案例是:E(生物学博士)在饭馆打工,发现盘中的蘑菇有剧毒,这种毒性是 E 依靠其专业知识才发现的,一般人难以发现。E 仍将有毒蘑菇端给顾客。

② 可能有人认为,若依笔者观点,所有的故意伤害罪致人死亡,由于对死亡结果只能是过失,所以都只能是故意伤害罪(未遂)致人死亡。其实不然,例如,F 以伤害故意将 G 打成重伤昏迷,以为 G 死亡便离去。后 G 重伤流血不止而死亡。客观上,F 的伤害行为与 G 的重伤及死亡有因果关系。主观上,F 对 G 的重伤有故意,对 G 的死亡有过失。F 构成故意伤害罪(既遂)致人死亡。

③ Vgl. Kindhäuser, Strafrecht Allgemeiner Teil, 6 Aufl., Nomos, 2013, S. 222.

处。甲不构成故意伤害罪致人死亡,因为故意伤害罪作为结果加重犯,其要求加重结果与基本犯的实行行为具有因果关系,而乙的死亡不能归属于甲的故意伤害行为,因此,甲构成过失致人死亡罪。针对丙的死亡,甲的故意伤害行为与丙的死亡之间具有因果关系,因为丙的躲闪行为所导致的结果能够归属于甲的故意伤害行为,甲对因果关系的认识错误不影响过失的成立,甲构成故意伤害罪(未遂)致人死亡。最终,对甲应当数罪并罚。

[规则提炼]

1. 故意行为与过失行为存在区别,前者具有目的性,后者具有任意性。这也导致,行为人对故意行为的危险具有支配性,而对过失行为的危险缺乏支配性。故意行为制造的危险流具有方向性,而过失行为制造的危险流具有盲目性。

2. 由于故意行为制造的危险与过失行为制造的危险存在区别,因此将结果归属于某个行为时,需要明确是归属于故意行为还是过失行为。

3. 根据我国《刑法》第14条第1款的规定,故意的认识因素是指"明知自己的行为会发生危害社会的结果"。因此,因果关系是故意的认识内容。关于因果关系的认识错误会影响既遂故意的认定。

第13题　结果的推迟发生与间接正犯

（结果的推迟发生、间接正犯、帮助毁灭证据罪）

[案情简介]

梁某与王某（14周岁）发生矛盾。某日，梁某将王某约至野外，二人发生争执，梁某勒王某的颈部，致王某昏迷。梁某以为王某已经死亡，打电话叫来朋友张某，告诉张某："我杀了人，帮我处理尸体。"张某答应。二人驾车将尸体运往一座大型水库，准备抛尸。途中，张某发现王某还活着，但未告知梁某。二人一起将"尸体"抬到水库边。张某在王某身上绑上大石头，然后由梁某将"尸体"扔到了水库里。后经法医鉴定，王某系溺水死亡，但无法查明梁某导致王某昏迷时，王某是否遭受致命伤。①

问题：

1. 在客观上，死亡结果能否归责于梁某的故意杀人行为？
2. 在主观上，梁某对实际死亡结果有无故意？
3. 张某构成故意杀人罪的帮助犯还是间接正犯？

[分析思路]

一、结果的推迟发生

（一）客观构成要件

（二）主观构成要件

二、张某的行为构成故意杀人罪的帮助犯

三、结论

---

① 参见《刑事审判参考》第105号指导案例。

[具体解析]

一、结果的推迟发生

结果的推迟发生是因果关系认识错误的一种类型,是指行为人实施了两个行为,以为前一行为产生了预想结果,实际上是后一行为独立产生了该结果。例如本案中,梁某以为前一行为产生杀害结果,实际上是后一行为导致死亡结果。对于这种因果关系的认识错误,在分析路径上,应先分析在客观上,死亡结果能否归责于梁某的杀人行为,然后分析在主观上,死亡结果能否归责于梁某的杀人故意。如果能够得出肯定结论,则梁某的前一行为构成故意杀人罪既遂。

(一)客观构成要件

对于结果推迟发生的案件,论证死亡结果能否归责于前一行为时,主要论证理由集中在三个方面。其一,前一行为(杀人行为)对发生死亡结果的作用大小。其二,后一行为(抛"尸"行为)作为介入因素的异常性大小。其三,后一行为对发生死亡结果的作用大小。最终的论证主旨是,死亡结果究竟是前一行为危险的现实化,还是后一行为危险的现实化,抑或是两个行为危险共同发展的现实化。

1. 前一行为的作用评价

在结果推迟发生的案件中,前一行为的直接效果是导致被害人昏迷。这也是行为人误以为被害人死亡的前提条件。因此,需要仔细分析昏迷对发生死亡结果的危险性大小。本案中,无法查明梁某导致王某昏迷时,王某是否遭受致命伤。对此,根据存疑时有利于被告原则,应认定为王某遭受非致命伤。普珀(Puppe)教授认为,如果被害人没有昏迷,保持清醒,便具有反抗和自卫能力,便会阻止行为人的后一行为,便不会任人摆布。而被害人的昏迷正是由行为人的前一行为制造的。行为人的前一行为便提供了归责基础,因此也是最终死亡结果的原因。①

然而,这种看法值得商榷。昏迷本身仅是行为人实施后一行为的前提条件,也即没有被害人的昏迷,就不会有行为人误将活人当作尸体的认识错误,继

---

① Vgl. Ingeborg Puppe, Nomos Strafgesetzbuch Kommentar, 4 Aufl., 2013, §16 Rn. 81.

而不会有抛"尸"行为及死亡结果。可以看出,被害人的昏迷与其死亡之间仅有间接的条件关系。然而,条件关系的具备不足以成为将结果归责于构成要件行为的理由,已是理论界的共识。这是因为,一方面,条件关系说将所有必要条件进行等价值评价,既无远近之别,也无类型性与偶然性之分,未能真实反映各条件在因果历程中所起的实际作用①,例如,将结果推迟发生案件中致被害人昏迷的行为(前一行为)与直接致被害人死亡的行为(后一行为)等价值评价,抹杀了二者对结果贡献的区别。另一方面,"无 A 则无 B"这种条件公式在论证因果关系时仅能提供必要性,并不能提供充分性和相当性。例如,虽然行为人致被害人昏迷,但行为人也有可能不实施抛尸行为,而是直接离开现场。也即,前一行为的存在并不必然会导致后一行为的出现。正如耶赛克(Jescheck)教授所言,正确的做法,不是去问,假如没有某个行为,是否会发生某个结果,而是应考察,根据经验知识和因果法则,某个行为是否确实导致了该结果的发生,也即所谓合法则的条件公式。②

2. 介入因素的异常性

有观点主张,行为人的后一行为作为介入因素,并不异常,因为该行为属于掩盖罪行的行为。行为人在实施完犯罪之后,接着实施掩盖罪行的行为,具有通常性。③ 换言之,前一行为与死亡结果具有相当因果关系。虽然行为人存在因果关系认识错误,但不阻却既遂故意,所以构成故意杀人罪既遂。这是相当因果关系说所持的观点。④ 然而,这种观点值得商榷。

就普通的杀人案件而言,凶手藏匿尸体的行为显然是由杀人行为引发的,二者具有关联性,也即藏匿尸体作为介入因素并不异常,也正因如此,对藏匿尸体的行为不具有期待可能性,属于不可罚的事后行为。但是,结果推迟发生的案件有所不同,行为人藏匿的不是尸体,而是活人。虽然藏匿尸体本身作为介入因素不异常,但由此引发的"将活人当作尸体,扔进河里溺死"应属于异常性危险。这是因为,这种过失举动属于严重过失,而非轻微过失。这种事件在发生概率

---

① Vgl. Wessels/Beulke/Satzger, Strafrecht Allgemeiner Teil, 43 Aufl., C. F. Müller, 2013, S. 61.
② Vgl. Hans-Heinrich Jescheck, Thomas Weigend, Lehrbuch des Strafrechts, 5 Aufl., Duncker & Humblot, 1996, S. 283.
③ 参见张明楷:《刑法学》(第五版),法律出版社 2016 年版,第 276 页。
④ 参见〔日〕西田典之:《日本刑法总论》,刘明祥、王昭武译,中国人民大学出版社 2007 年版,第 180 页。

上,应属于小概率事件,而非通常事件。从事后裁判者的角度观察,依据一般人所掌握的经验法则来衡量,这种事件在生活经验法则上不具有通常性。① 因此,由通常的藏匿尸体引发的异常的"过失致人死亡",不应由行为人的前一行为承受,二者具有独立关系。可以看出,相当因果关系说在此混淆了藏匿真正尸体的通常性与"过失致人死亡"的异常性。

3. 后一行为的作用评价

后一行为危险与前一行为危险是独立并存关系。两个独立并存的危险向前发展,会出现哪种效果,需要分别讨论。

第一,后一行为危险对结果的发生没有起到实质作用,结果仍属于前一行为危险的现实化。例如,甲刺丙十刀,丙流血不止、奄奄一息,甲离去。与甲无共谋关系的乙来到现场,为了趁机报复丙,向丙的身上猛踹两脚,增加丙的疼痛,然后离去。丙失血过多死亡。由于乙的行为对丙的死亡没有实质贡献,几乎没有影响甲的行为危险的实现过程,所以丙的死亡仅归责于甲的行为。

第二,后一行为危险对结果的发生起到实质作用,前后两个危险实现叠加或加功效果,二者均对结果负责。例如,甲刺丙十刀,丙流血不止、奄奄一息,甲离去。与甲无共谋关系的乙来到现场看到丙的痛苦状,为了让丙"解脱痛苦",朝丙的胸口再补一刀。丙因伤势过重,很快死去。丙的死亡应归责于甲和乙的行为,属于"多因一果"。

第三,后一行为危险阻断并超越了前一行为危险,结果归责于后一行为。这种情形被称为阻断的因果关系(abgebrocheneKausalverläufe)或超越的因果关系(überholendeKausalverläufe)。② 由于后一行为危险与前一行为危险相互独立,后一行为危险完全有可能使前一行为危险丧失继续发生作用的条件,起到阻断其发展的效果。例如,甲刺丙十刀,丙流血不止、奄奄一息,甲离去。与甲无共谋关系的乙来到现场,用刀直接将丙斩首。丙的死亡应归责于乙的行为,而不能归责于甲的行为。

本案中,当梁某实施后一行为时,前一行为的危险仍在继续发生作用,也即

---

① 关于客观归责中危险的判断,参见陈璇:《论客观归责中危险的判断方法——"以行为时全体客观事实为基础的一般人预测"之提倡》,载《中国法学》2011年第3期。

② Vgl. Kindhäuser, Strafrecht Allgemeiner Teil, 6 Aufl., Nomos, 2013, S. 82.

王某仍处在昏迷中,此时后一行为危险阻断并超越了前一行为危险,王某的死亡应归责于梁某的后一行为而非前一行为。主要理由如下:

其一,在梁某制造的前一行为危险(非致命伤和昏迷)与后一行为危险(水中窒息)的并存发展中,二者的作用机理及发展速度有所不同。非致命伤和昏迷导致死亡所需的时间与水中窒息导致死亡所需的时间相比,后者历时更短,通常只需五至十分钟左右。换言之,后一行为的危险流的行进速度更快、更急促,在行进竞争中抢先一步,导致死亡。案件事实也证明王某系溺水身亡。当后一行为危险抢先实现死亡结果,便导致前一行为危险失去了发挥作用的"土壤",由此阻断了前一行为危险的发展。

其二,后一行为(将"尸体"扔进河里引发溺亡危险)在类型上是一种有效的致命手段,能够独立导致死亡结果。虽然王某的昏迷对溺死结果起到一定便利作用,但这种作用并非不可或缺的实质性贡献。当然,如果后一行为不具有致命性的类型性特征,则不能将死亡结果归责于后一行为。例如,日本刑法实务中经常讨论这样的案件:丁欲杀害戊,用麻绳勒戊的脖子,看到戊不动了,以为戊死了,为了掩盖罪行,将"尸体"扔到海边沙滩上离开。戊因为被勒住脖子和吸入沙粒窒息而死(抛尸沙滩案)。① 在此,丁的后一行为本身(将戊扔至沙滩)不具有致命性,不是有效的杀人手段,必须结合前一行为的效果也即戊的昏迷,才具有吸入沙粒、窒息致死的危险性。

(二)主观构成要件

我国《刑法》第 14 条第 1 款规定:"明知自己的行为会发生危害社会的结果,并且希望或者放任这种结果发生,因而构成犯罪的,是故意犯罪。"其中的"危害社会的结果"包含既遂结果。其中的"明知……会发生"表明,成立故意犯罪既遂,要求行为人认识到自己的行为会发生既遂结果。亦即,既遂结果必须能够归责于构成要件故意。对此该如何判断,理论上存在争议。

1. 故意的涵摄范围

根据客观构成要件的故意规制机能,故意的认识内容及其范围由客观构成要件决定。这也是主客观一致原则的应有之义。在结果推迟发生的案件中,导

---

① 参见[日]山口厚:《刑法总论(第 2 版)》,付立庆译,中国人民大学出版社 2011 年版,第 215 页。

致死亡结果发生的是后一行为,而后一行为是行为人的过失行为。该过失行为如何能纳入故意的涵摄范围,便是主张行为人构成故意杀人罪既遂的既遂说需要解决的问题。为此,既遂说提出概括故意(dolus generalis)的解决方案。这是冯·韦伯(von Weber)最早提倡的。他认为,概括故意所指的故意形态是,行为人意识到自己的行为对许多法益主体中的任意一个创设了危险,至于实际会伤害哪一个具体法益主体,对于行为人而言并不重要。① 他将这种概括故意概念用于结果推迟发生的案件,认为从行为人杀害被害人到将被害人扔进河里沉没,整个犯罪过程是一个统一的、整体性的行为,因此,相应的故意也应是一个统一的、整体性的故意,也即概括故意。对行为人应以故意杀人罪既遂论处。② 这种观点在我国当前刑法学仍据主流地位。③

然而,该学说的缺陷是很明显的。一方面,行为人存在概括故意的前提基础是行为人的行为是一个单一的整体行为。然而,由于前一行为是故意行为,后一行为是过失行为,二者在性质类型上存在明显差异,无法统一成一个独立的行为类型。在罪数上,二者属于行为复数,而非行为单数。基于此,从客观构成要件的故意规制机能来衡量,本案不存在概括故意对应的单一行为。另一方面,概括故意说也违反了行为与故意同时存在原则。行为人实施后一行为的前提是误以为被害人已经死亡。但当行为人误以为被害人已经死亡时,就不可能继续存在杀人的故意。将杀人故意覆盖至后一行为上,不符合案件事实。基于以上原因,用概括故意为既遂结论提供理由的做法早已被摈弃。

2. 前一行为对后一行为的主观支配

既遂说认为,虽然后一行为是过失行为,但行为人在实施前一行为时主观上能够支配后一行为的发生,这种情况与原因自由行为具有相似性。前一行为是原因行为,后一行为是结果行为,对前一行为的责任非难,为对后一行为的责任非难提供了根据,对不实施后一行为的期待,与对不实施前一行为的期待是相同

---

① Vgl. Kindhäuser, Strafrecht Allgemeiner Teil, 6 Aufl., Nomos, 2013, S. 135.
② Vgl. Manfred Maiwald, Der „dolus generalis" Ein Beitrag zur Lehre von der Zurechnung, ZStW 78 (1966), S. 31.
③ 参见高铭暄、马克昌主编:《刑法学》(第四版),北京大学出版社、高等教育出版社 2010 年版,第 135 页;冯军、肖中华主编:《刑法总论》,中国人民大学出版社 2008 年版,第 232 页。

的(宫本英修)。① 换言之,行为人在后一行为中无意识地使自己成为完成故意杀人罪的工具,这一点不阻却将结果归责于杀人故意。这种观点称为"原因自由行为类比说"。②

然而这种类比并未为既遂结论提供实质论据。一方面,结果推迟发生的案件与原因自由行为存在本质区别。原因自由行为中,原因行为与结果行为之间具有引起与被引起的因果关系,前者对后者具有支配可能性。然而,结果推迟发生的案件中,前一行为与后一行为之间并不具有引起与被引起的因果关系,前者对后者不具有支配可能性。例如,行为人杀人之后,并不必然会去藏匿尸体,而有可能当场离开,即使藏匿尸体,也不必然会出现"误将活人当作尸体而致人死亡"的结果。这是因为,原因自由行为中,原因行为会导致行为人丧失责任能力,行为人是在无责任能力的状态下实施结果行为的。而结果推迟发生的案件中,前一行为不可能导致行为人丧失责任能力,行为人是在具有责任能力的状态下实施后一行为的。另一方面,根据不法与责任的限制关系原理,不法的类型与程度决定了责任的类型与程度。前一行为是故意杀人行为,后一行为是过失致死行为,二者的不法类型和程度存在明显区别,相应的责任非难必然有所不同。对后一行为的责任非难不应被评价进对前一行为的责任非难中。

原因自由行为理论原本是为了解决如何不违反行为与故意同时存在原则的问题。这里的"原因自由行为类比说"的意图也是如此。但是,正如科尔(Kühl)教授所言,虽然该说法称得上是一个精巧的解释,但是说到底,还是未能合理解释违反行为与故意同时存在原则的问题。具体而言,在结果推迟发生的案件中,行为人的前一行为虽然存在杀人故意,但没有导致死亡结果发生,后一行为虽然导致死亡结果发生,但却不存在杀人故意。很显然,既遂的结论违反了行为与故意同时存在原则。③

3. 故意行为危险与过失行为危险的差别

既遂说认识到后一行为是过失行为,为了不违背行为与故意同时存在原则,便对这两个行为进行整体评价(A1+A2 = A),或者将后一行为评价进前一行

---

① 参见张明楷:《外国刑法纲要》(第二版),清华大学出版社2007年版,第227页。
② Vgl. Wessels/Beulke/Satzger, Strafrecht Allgemeiner Teil, 43 Aufl., C. F. Müller, 2013, S. 105.
③ Vgl. Kristian Kühl, Strafrecht Allgemeiner Teil, 6 Aufl., Franz Vahlen, 2008, S. 404.

为的框架内（A1+A2=A1）。例如，持既遂说的山口厚教授认为，后一行为是答责性很低的过失行为，不具重要性，整体上仍是前一行为支配了死亡结果。① 由此，概括故意便具备了适用"土壤"。我国目前概括故意方案仍占主流的主要原因之一也在于此。

可以看出，这种做法背后隐含的深层观念是，故意杀人行为与过失致人死亡行为在不法阶层可以一同评价，二者均是致人死亡的行为，所以可以整体评价或包括评价。然而，故意行为与过失行为在不法上具有明显区别。二者对法益制造的危险虽然均属于法不允许的危险，但仍存在显著差异。基于目的行为论，故意行为是一种目的性行为，具有方向性或目的性（Finalität）。② 而过失行为缺少目的性指引。由此导致二者在危险的发展方向上存区别，前者具有目的性，后者具有任意性。这也导致行为人对故意行为的危险具有支配性，而对过失行为的危险缺乏支配性。这种差别又会导致二者在因果关系上呈现不同特征。因果关系是危险流的现实化。由于故意行为的危险具有目的性，所以其与结果之间的因果关系具有可预见性或确定性。而过失行为的危险具有任意性，所以其与结果之间的因果关系具有盲目性。因此，不能将故意行为危险与过失行为危险相混淆。即使两个行为是同一个行为人连续实施的，也不能相混淆。可以看出，在结果推迟发生的案件中，既遂说的错误在于，将行为人的故意杀人的行为危险与过失致死的行为危险混为一谈，由此将前一行为的杀人故意覆盖至后一行为，最终得出杀人既遂的不当结论。

通过以上分析可知，王某的死亡结果不应归责于梁某的前一行为，前一行为应构成故意杀人罪未遂，后一行为应构成过失致人死亡罪，然后并罚。

二、张某的行为构成故意杀人罪的帮助犯

张某明知王某尚未死亡，不告知梁某，并在王某身上绑上大石头，然后由梁某将"尸体"扔到了水库里。张某的行为构成故意杀人罪的帮助犯还是间接正犯，在理论上争议颇大。

按照罗克辛教授的理论逻辑，张某构成故意杀人罪的间接正犯。其主要理

---

① 参见〔日〕山口厚：《刑法总论（第 2 版）》，付立庆译，中国人民大学出版社 2011 年版，第 215 页。
② Vgl. Hans Welzel, Das Deutsche Strafrecht, 11 Aufl., Walter de Gruyter, 1969, S. 33.

由是,一方面,张某利用了梁某的认识错误,对其形成意思支配;另一方面,梁某构成过失致人死亡罪,而帮助过失犯罪不能构成帮助犯,帮助犯的对象只能是故意犯罪。① 然而,张明楷教授认为,帮助犯的对象可以是过失犯罪。因此,张某构成故意杀人罪的帮助犯。②

首先,帮助犯的对象的确可以是过失犯罪。共同犯罪的本质是二人共同制造了客观违法事实,违法具有连带性。帮助犯的本质是故意促进他人制造违法事实。这个违法事实既可以是故意犯罪,也可以是过失犯罪。如果认为帮助犯的对象只能是他人实施故意犯罪,不包括过失犯罪,则会导致处罚漏洞。例如,咖啡馆老板庚欲杀害老顾客辛,将毒咖啡交给店员己保管,并告知真相,要求己在辛下次来时将毒咖啡交给自己。一月后辛到来,己将毒咖啡交给庚。但庚已经忘记要杀辛,不知是毒咖啡,冲给辛,致辛死亡。庚构成过失致人死亡罪。如果认为己对庚不构成帮助犯,则对己只能单独处理。由于己没有欺骗庚,没有想对庚形成支配力,没有成为间接正犯的故意,因此己不构成间接正犯。最终对己只能作无罪处理。这种结论显然是不妥当的。合理的分析是,己故意促进庚制造违法事实,因此己成立故意杀人罪的帮助犯。庚是故意杀人的实行犯,是客观构成要件中的实行犯。这是一种相对化的"实行犯"概念。

其次,帮助犯与间接正犯不是对立关系,可以形成位阶关系。例如(提供子弹案),B以为前方是野猪,准备开枪,枪里没有子弹。旁边的A看到前方是C,为了杀死C,故意给B提供子弹,隐瞒真相。B开枪打死了C。A故意促进B制造违法事实,至此,A成立帮助犯。A故意促进B制造过失的违法事实,是因为A欺骗B,维持利用B已有的认识错误,并且提供子弹的行为不仅促进了B的违法事实,而且具有一定支配性,对B形成支配力,因此A在帮助犯的基础上构成间接正犯。

最后,本案中,张某在王某身上绑上大石头,协助梁某抛"尸",故意促进梁某制造违法事实,构成帮助犯。关键是,在此基础上,张某对梁某制造违法事实是否具有支配力?若有,则张某在帮助犯的基础上构成间接正犯。对此需要具体

---

① 参见〔德〕克劳斯·罗克辛:《德国刑法学 总论(第2卷):犯罪行为的特别表现形式》,王世洲等译,法律出版社2013年版,第26页。

② 参见张明楷:《刑法学》(第五版),法律出版社2016年版,第404、419页。

分析。

第一，毫无疑问的是，如果帮助犯欺骗实行犯，导致其陷入认识错误，则帮助犯对实行犯形成意思支配。例如，D欺骗盲人E向前走，E照办，掉进坑里摔死。D对E具有支配力，因此构成故意杀人罪的间接正犯。

第二，如果实行犯自己产生认识错误，但帮助犯有告知真相义务却故意不告知，则其属于不作为的欺骗。这种不作为的欺骗能够形成支配力。例如，护士F拿错针剂，误将致命针剂当作正常针剂准备打给病人，负责监督F的医生G看到这一幕，为了杀死病人，故意不告知真相，也不阻止F。F给病人注射，病人死亡。G的这种不作为欺骗对F的行为形成支配力，因此构成不作为的间接正犯。

第三，如果实行犯自己产生认识错误，但帮助犯没有告知真相义务，只是单纯利用实行犯的行为，这种单纯利用本身不能形成支配力。例如，护士F拿错针剂，误将致命针剂当作正常针剂准备打给病人。负责其他病房的护士H看到这一幕，为了杀死病人，故意不告知真相。此时，F让H帮自己取一下酒精药棉，H递给F，F给病人皮肤擦拭后，便给病人注射了针剂，病人死亡。H没有告知真相的义务，不属于不作为的欺骗。H虽然帮助了F，但只是单纯利用F的行为，对F没有形成支配力，因此H不构成间接正犯。

但是，如果帮助犯实施了作为性质的欺骗，则有可能形成支配力。例如，F准备注射时，发现针剂可能有问题，询问H，H欺骗F："没问题，赶紧注射吧！"F相信了H的话，便注射。由于H通过作为的方式强化了F的认识错误，此时已经不属于单纯利用，由此形成了支配力，应构成间接正犯。

第四，如果实行犯自己产生认识错误，帮助犯没有告知真相义务并在利用实行犯的行为过程中提供了帮助作用，该作用若对因果流程具有一定支配性，则这种帮助行为能够形成支配力。例如，上述提供子弹案中，B误将C当作野猪，想射击，但没有子弹，A故意提供子弹，B用A的子弹射杀了C。A提供子弹的行为虽然是个帮助行为，但由于在当时情形下，有无子弹决定了因果流程的实现与否，因此对B的射杀行为具有一定支配性，由此A对B形成了支配力，可构成故意杀人罪的间接正犯。当然，如果B枪中有子弹，但B有点磨蹭，A催促B："动作快点吧！"则性质有所不同。由于B原本就有开枪故意，因此不能认为A的催促行为是教唆行为。A的行为属于心理性的帮助行为。而这种帮助行为只是促进了因果流程的实现，并没有左右因果流程的实现，因此没有形成支配力。A只构成帮助犯。

根据以上分析,联系到本案,首先,张某知道王某没有死亡,但张某对梁某没有告知真相义务,因此,张某的不告知不属于不作为的欺骗。其次,张某在王某身上绑上大石头,协助梁某抛"尸"。这种帮助行为只是促进了因果流程的实现,并没有左右因果流程的实现,也即对因果流程的发展不具有支配性。换言之,即使张某不实施绑石头的行为,梁某也会顺利将昏迷的王某扔进河里,并导致王某死亡。绑石头的作用主要是防止"尸体"很快浮上水面,被人发现。因此,张某对梁某的违法事实没有形成支配力,不构成故意杀人罪的间接正犯,仅构成帮助犯;乙是杀人的实行犯,是客观构成要件中的实行犯,这是一种相对化的"实行犯"概念。

三、结论

王某的死亡结果不应归责于梁某的前一行为,前一行为应构成故意杀人罪未遂,其后一行为应构成过失致人死亡罪,两罪并罚。张某明知王某尚未死亡,不告知梁某,并在王某身上绑上大石头,然后由梁某将"尸体"扔到了水库里,张某的行为构成故意杀人罪的帮助犯。

[规则提炼]

1. 当两个独立的危险流向前发展时,其中第二个危险流阻断了第一个危险流,并现实化为实害结果,则实害结果应归属于第二个危险流,而不能归属于第一个危险流。

2. 由于客观构成要件具有故意规制机能,因此,概括故意虽然涵盖数个可能的结果,但是只能针对单一行为。不能将数个行为的数个结果纳入概括故意的范围。

3. 故意行为制造的危险具有支配性,过失行为制造的危险具有盲目性。在结果的推迟发生案件中,不能将过失行为制造的危险与故意行为制造的危险混为一谈。

4. 利用他人已有错误,"帮助"他人,构成帮助犯还是间接正犯,关键看对他人制造的危险流有无支配力。

第14题　结果的提前发生与因果关系

(着手、结果的提前发生、共同犯罪)

[案情简介]

被告人杨某某因高某某与其断绝不正当男女关系,产生了报复高某某的想法,杨某某找到被告人杜某某,要求其去高某某家放火实施报复。杜某某驾驶一辆面包车拉着杨某某,经预谋踩点后于某日晚携带汽油、稻草、爆竹、盆子、打火机等放火工具到高某某家院墙外蹲守。当晚凌晨1时许,二被告人见高某某家东屋居住的人已熄灯入睡,杨某某在院墙外放风,杜某某携带汽油、稻草、爆竹、盆子、打火机等放火工具进入院内,先切断高某某家的电源,然后将汽油泼洒在东、西屋窗台及外屋门上,再用木棍击碎有人居住的东屋玻璃窗,向屋内泼洒汽油。东屋内居住的高某某的父母高某、卢某被惊醒后,使用警用手电照明开启电击功能击打出电火花,引发大火将高某、卢某烧伤,房屋烧坏。事后查实,卢某因大面积烧伤,导致休克、毒血症以及多脏器功能衰竭,经抢救无效死亡;高某损伤程度为重伤;高某某家被烧坏房屋的物品价值为4 672元人民币。①

问题:
1. 如何认定杜某某的刑事责任?
2. 如何认定杨某某的刑事责任?

[分析思路]

一、杜某某成立放火罪

(一)客观构成要件

(二)主观构成要件

---

① 参见《刑事审判参考》第1117号指导案例。

二、杨某某成立放火罪

（一）二人构成放火罪的共同犯罪

（二）杨某某是放火罪的正犯

三、结论

[具体解析]

一、杜某某成立放火罪

根据我国《刑法》第114条和第115条第1款的规定，故意实施放火行为，危及公共安全的，处3年以上10年以下有期徒刑；造成他人重伤、死亡或使公私财产遭受重大损失的，处10年以上有期徒刑、无期徒刑或者死刑。据此，行为人放火造成重大损害结果的，适用《刑法》第115条第1款的法定刑；没有造成重大损害结果，但造成危害公共安全的具体危险的，适用《刑法》第114条的法定刑。① 以下，将先检验杜某某的行为是否符合《刑法》第115条第1款的构成要件，若得出肯定的结论，就无须再检验其是否符合第114条的构成要件；若得出否定的结论，则需要再检验其是否符合第114条的构成要件。

（一）客观构成要件

在进行具体检验之前，首先应当指出本案涉及的问题所在。杜某某实施了泼洒汽油、截断电源等行为，本打算点燃汽油制造火灾，但在点火之前介入了被害人高某等人的行为，从而引发了火灾，造成了致人死伤及财产损害的重大损害结果。在本案中，行为人本来是想通过第一行为（泼洒汽油）和第二行为（点火）引起构成要件结果，但由于某种原因，在行为人开始实施第二行为之前，第一行为导致了构成要件结果的发生。这种较之行为人当初的预想更早地发生了既遂犯的构成要件结果的情形，在理论上被称为"构成要件的过早实现"或"结果的提前发生"。② 在结果的提前发生的场合，理论上认为符合一定条件，行为人仍

---

① 关于《刑法》第114条和115条第1款的关系，理论上存在激烈的争议。但该理论争议对本案的处理并不直接相关，故对此不再展开。

② 参见[日]山口厚：《从新判例看刑法（第3版）》，付立庆等译，中国人民大学出版社2019年版，第71—72页。

有成立犯罪既遂的可能。① 尽管对于究竟要符合何种条件,理论上仍未有一致的见解,但无论如何都应当围绕具体的犯罪构成要件展开。因此以下将先行检验杜某某的行为是否符合放火罪的客观要件,并在检验的过程中论及有关结果的提前实现的争议问题。

1. 放火行为

在结果的提前实现的场合,由于行为人只实施了第一行为,因此首要的问题是认定该第一行为是否属于具体犯罪的实行行为。这是因为,因果关系的判断起点是实行行为(构成要件行为),若不能认定第一行为属于实行行为,后续的因果关系或结果归责判断就并无必要,就行为人的故意罪责而言,其至多承担犯罪预备的刑事责任。比如妻子为了杀害丈夫,准备了有毒的咖啡后外出,打算在丈夫回家后递给丈夫喝,但在妻子回家之前,丈夫提前回家喝了毒咖啡身亡。在上述案件中,妻子准备毒咖啡的行为只是故意杀人罪的预备行为,不是判断故意杀人罪构成要件符合性的起点,因此妻子的行为不构成故意杀人罪既遂,只构成故意杀人罪的预备和过失致人死亡罪的想象竞合。

所以就本案而言,杜某某实施了的泼洒汽油、截断电源等行为,是否属于放火罪的实行行为,具有重大意义。我国刑法通说认为,第114条和第115条第1款规定的放火行为,是指使用各种引火物,点燃目的物,引起体现着公共安全的公私财物的燃烧,制造火灾的行为。② 按照上述定义,放火行为就是用引火物点燃目的物的行为,换言之,点火行为是放火罪实行行为的起点(着手)。但上述关于放火的实行行为或者放火罪着手的定义是在严格的形式意义上而言的(形式客观说),这种理解会导致未遂犯的成立时间过迟,因而形式的客观说的论者也会修正关于着手的基准,将着手的时点提前到直接引起构成要件结果的行为之前的阶段,形成与实质客观说同样的见解。③ 而按照实质客观说,侵害法益的危险性达到了紧迫的程度,即为实行的着手。④ 因此,无论是按照修正的形式客观

---

① 参见张明楷:《刑法学》(第五版),法律出版社2016年版,第276—277页;周光权:《刑法总论》(第三版),中国人民大学出版社2016年版,第182—183页。
② 参见高铭暄、马克昌主编:《刑法学》(第九版),北京大学出版社、高等教育出版社2019年版,第331页。
③ 参见[日]山口厚:《刑法总论(第3版)》,付立庆译,中国人民大学出版社2018年版,第280—281页。
④ 参见张明楷:《外国刑法纲要》(第三版),法律出版社2020年版,第234页。

说还是实质客观说,未必要等到行为人实施了点火行为才认为行为人已经着手实施放火行为。没有点火行为,但散布引火性极高的物质(例如汽油、煤气)的场合,即使未开始点火,也认为是放火行为的着手。① 在本案中,杜某某携带放火工具进入院内向屋内外泼洒汽油会使得屋内处于"一点即着"的状态,已经使法益面临现实、急迫、直接的危险,属于"着手犯罪";又因为该行为具有延烧至邻居的房屋从而危及不特定多数人安全的危险性(客观上也是如此),因此该行为属于放火罪的实行行为。

2. 重大损害结果

在本案中,高某的房屋发生了燃烧,导致卢某最终死亡、高某重伤以及房屋被烧毁的结果,符合《刑法》第115条第1款规定的构成要件中的重大损害结果这一要件。

3. 因果关系(客观归责)

在结果犯的客观构成要件判断中,肯定实行行为以及构成要件结果尚不足够,只有肯定构成要件结果与实行行为的因果关系或客观归责,才能使行为人对构成要件结果负责,从而承担犯罪既遂的责任。对于本案,要认定杜某某构成《刑法》第115条第1款规定的放火罪的既遂,就必须肯定杜某某的放火行为与重大损害结果之间的因果关系或客观归责。

在本案中,杜某某实施放火行为(实行行为)之后,并没有直接引发火灾,而是介入了高某"使用警用手电照明开启电击功能去击出电火花"后引发火灾,此时需要考虑该介入因素对结果归责的影响。在理论上,在实行行为与介入因素相互结合产生结果的场合,为了肯定因果关系,需要衡量以下要素:(1)实行行为本身危险性的大小;(2)行为后的介入因素的异常性;(3)实行行为与介入因素对最终结果的贡献程度。② 就本案而言,杜某某泼洒汽油等实行行为本身蕴藏着引起火灾、造成伤亡结果的重大危险;杜某某切断高某某家的电源,打碎窗户,在屋内外泼洒汽油,使得被害人卢某、高某被惊醒后无法开灯,从而不得不使用警用手电这一照明工具,可以说被害人的举动是由杜某某的实行行为所诱发,且这一诱发的情状在一般人看来具有通常性,因此这一介入因素并不异常。被害人

---

① 参见周光权:《刑法各论》(第四版),中国人民大学出版社2021年版,第179页。
② 参见〔日〕前田雅英:《刑法总论讲义》,曾文科译,北京大学出版社2017年版,第117—118页。

的行为虽然直接导致火灾,但也只是触发了杜某某已经制造的发生火灾的危险,其不能单独导致火灾的发生,因此可以认为相对于实行行为而言,介入因素对结果的作用较小,或者说介入因素并不能阻断实行行为的危险在结果中的实现。所以,综合上述判断,在实行行为的危险在结果中实现这一判断中,可以得出肯定的结论,从而应当肯定杜某某的放火行为与重大损害结果之间的因果关系。①

(二)主观构成要件

经过前述检验,可以肯定杜某某的放火行为符合《刑法》第115条第1款的客观要件。但要构成犯罪,还必须要求行为人对其实施的客观不法行为具有主观责任,因此接下来还必须检验杜某某等人行为是否符合放火罪的主观要件。

1. 对客观要件具有故意

放火罪是故意犯罪,要求行为人对客观要件具有认识。在本案中,杜某某对其泼洒汽油的危险性及其引发的重大损害结果具有认识,这一点没有疑问。但是,杜某某本来计划由点火行为引发火灾,但实际上在点火之前介入了被害人的行为导致结果提前发生,对实行行为与结果之间的因果关系存在认识错误,因此需要讨论这一认识错误是否会阻却故意的成立。

在结果犯的场合,要认定存在故意,需要对行为与结果之间的事实上的因果流程具有认识,但"由于这是一种预测,也就多半没有办法考虑到每个细节……所以,按照主流见解,如果事实上的事实发生大致和行为人的设想相符合,那么就可以成立故意。只有发生本质性的偏差,才可以导致故意的阻却"②。对于因果历程是否发生了本质性的偏差的问题,德国主流观点认为:"如果是保持在根

---

① 当然,在杜某某是否已经着手和介入因素是否异常的判断上可能存在不同观点(少数观点),对此进行排列组合可以得出不同的处理结论:(1)点火才是放火罪的着手时点,杜某某泼洒汽油的行为只是犯罪预备,在预备阶段因意志以外的原因导致放火未能完成,其行为只构成放火罪的预备;但杜某某泼洒汽油的行为具有引起火灾的可能性(过失行为),介入了被害人行为引发火灾,构成失火罪。杜某某最终成立放火罪预备和失火罪的想象竞合。(2)被害人使用警用手电照明开启电击功能触发电火花后引发火灾,由于使用警用手电并触发电火花属于比较异常的事实,可以阻断实行行为与结果的因果关系,因此无论杜某某的行为是否属于放火罪的着手,该严重结果与其行为均不具有因果关系。如果认为二人已经着手,而构成《刑法》第114条规定的放火罪(具体危险犯);如果认为放火行为未着手,则只构成放火罪的预备。

② 〔德〕乌尔斯·金德霍伊泽尔:《刑法总论教科书(第六版)》,蔡桂生译,北京大学出版社2015年版,第260页。

据普遍的生活经验可以预见的范围之内,也不构成对行为进行另外的价值评判提供理由的,所设想的和所实际发生的因果经过之间的不一致便属于'非本质性',对构成要件故意不为重要。"①根据上述观点,若行为人对因果流程存在大致的认识,就可以肯定故意的存在。在本案中,杜某某虽然对因果关系的具体经过发生了认识错误,但如前所述,被害人的举动由杜某某的行为诱发,且这一诱发的情状在一般人看来具有通常性,在根据普遍的生活经验可以预见的范围之内,因此不能认为这一认识错误会产生阻却犯罪故意的效果。

2.责任与行为同在原则

要认定行为人对客观不法具有主观责任,单纯地对客观要件具有认识还不够,根据责任主义原理,还必须要求行为人在实施(实行)行为的时点就具有相应的责任。在本案中,存在疑问是,杜某某本来打算通过点火行为来实现构成要件结果,但该行为还停留于内心而并未实施,因此只能从杜某某对第一行为(泼洒汽油)是否具有故意(准确地说,是造成既遂结果的故意)这一点来肯定行为人的责任。

对此,可以认为,由于泼洒汽油的行为本身就是构成要件行为,该行为与点火行为在杜某某的犯罪计划中,属于连续发生的行为,因此按照一般的社会评价能够被视为一个行为整体。基于上述理由,杜某某对属于整体的放火行为(第一行为+第二行为)具有造成既遂结果的故意,因此在实施泼洒汽油的行为时,也能够认定杜某某具有造成既遂结果的故意,这样来理解,还是能维持行为与责任的同在。

综上所述,杜某某的行为符合《刑法》第115条第1款规定的放火罪的客观要件和主观要件,且不存在犯罪排除事由,其行为成立放火罪,应当按照《刑法》第115条第1款的规定,适用10年以上有期徒刑、无期徒刑或者死刑这一幅度的法定刑。②

---

① 〔德〕约翰内斯·韦塞尔斯:《德国刑法总论》,李昌珂译,法律出版社2008年版,第149页。
② 当然,杜某某也同时符合故意杀人罪、故意伤害罪、故意毁坏财物罪的构成要件,因此存在与放火罪的竞合问题。但由于《刑法》第115条第1款的最高法定刑是死刑,而且本罪还体现着对公共安全这一法益侵害的评价,所以即使按想象竞合处理,对杜某某以放火罪定罪处罚也是合适的。

二、杨某某成立放火罪

(一) 二人构成放火罪的共同犯罪

在本案中,杜某某实施了放火行为,导致了重大损害结果的发生,经过前述检验,是放火罪的正犯(实行犯)。杨某某没有直接实施放火行为,对其行为的评价不能直接适用《刑法》第115条第1款的规定。但杨某某与杜某某具有共同的犯罪故意,在事中也参与了放风行为,因此结合我国刑法总则关于共同犯罪的规定,能够认定杨某某与杜某某构成共同犯罪,也应当以放火罪定罪处罚。

(二) 杨某某是放火罪的正犯

需要进一步明确的是,杨某某究竟是构成放火罪的正犯还是共犯。对此,若从客观上进行形式性地考察(形式的客观说),杨某某仅实施了不属于构成要件行为的放风行为,因此不能构成放火罪的正犯。然而,形式客观说未能从犯罪参与人对结果的实际贡献判断正犯与共犯,可能导致犯罪的"核心人物"反而只能成立共犯这样的局面,故应当以犯罪事实支配说为标准来区分正犯与共犯,在判断行为人究竟属于正犯还是共犯的判断中,应当考虑各个行为人客观行为贡献的方式与大小、主观上对于犯罪的期待和操纵、主导、驾驭程度。① 在本案中,杨某某虽然没有直接实施放火的行为,但其与实行犯杜某某事前具有通谋,且与杜某某共同实施事前制定的犯罪计划,对犯罪事实具有功能性的支配,是犯罪的"核心人物",也应当承担正犯的责任。

综上所述,对杨某某而言,其与杜某某构成共同犯罪,而且是放火罪的共同正犯,对其应按照《刑法》第25条和第115条第1款承担刑事责任。

三、结论

杜某某、杨某某均构成放火罪,且属于共同正犯。

[规则提炼]

1. 在"结果的提前发生"的场合,若行为人已经故意着手实施犯罪行为,且

---

① 参见周光权:《刑法总论》(第四版),中国人民大学出版社2021年版,第338页。

第一行为与第二行为可以被评价为一个整体,即使由第一行为造成了构成要件结果,行为人也应当承担的故意犯罪既遂的刑事责任。

2. 犯罪的着手,应当从实质上判断,只要行为对法益造成了紧迫的危险,即可认为行为人已经着手实行犯罪。在放火罪的认定中,没有点火行为,但散布引火性极高的物质(例如汽油、煤气)的场合,也可以认为是放火行为的着手。

3. 在实行行为与介入因素相互结合产生结果的场合,要肯定因果关系,需要衡量以下要素:(1)实行行为本身危险性的大小;(2)行为后的介入因素的异常性;(3)实行行为与介入因素对最终结果的贡献程度。经过上述衡量,若能够认定实行行为的危险性已经在结果中实现的,则应肯定实行行为与构成要件结果的因果关系或客观归责。

4. 以犯罪事实支配说为标准来区分正犯与共犯时,应当考虑各个行为人客观行为贡献的方式与大小、主观上对于犯罪的期待和操纵、主导、驾驭程度。只要能够认定行为人在犯罪的实施中属于"核心人物",对犯罪具有支配作用,就应将其作为正犯处理。

第 15 题　结果的提前发生与着手的判断

（结果的提前发生、着手行为、着手故意）

[案情简介]

甲女欲杀害丈夫乙，得知乙次日回家。在中午时分，甲在家里餐桌上放了一瓶毒酒，期待乙次日回家时看到毒酒会饮用。甲不想看到乙中毒身亡的场面，在放好毒酒后便出门度假。未料，当天晚上，乙提前回家，不知餐桌上的红酒是毒酒，饮用该酒，中毒死亡。

乙的弟弟丙感觉乙的死亡很蹊跷，便怀疑甲。甲便想杀死丙，计划给丙的水杯暗中投放安眠药，使其熟睡，然后用绳子勒死。待甲准备用绳子勒时，发现丙已经死亡。原来甲由于不慎，投放的安眠药过量，丙因服用过量安眠药而死。①

问题：

1. 如何判断犯罪的着手？

2. 甲放置毒酒的行为是否属于杀人着手？甲对乙是否构成故意杀人罪既遂？

3. 甲投放安眠药的行为是否属于杀人着手？甲对丙是否构成故意杀人罪既遂？

[分析思路]

一、放置毒酒的行为

（一）着手状态的判断

（二）着手故意的判断

---

① 根据河南省信阳市中级人民法院（2016）豫 15 刑初 1 号刑事判决书改编。

二、投放安眠药的行为
(一)客观危险标准
(二)客观行为一体化
(三)因果流程的偏离不重要
(四)着手故意的判断
三、结论

[具体解析]

结果的提前发生,是指结果的发生时间比行为人预想的有所提前。结果的提前发生属于因果关系认识错误的一种情形。本案中,甲实施了两个行为。第一个行为是放置毒酒行为,甲的计划中,放置毒酒是杀人的预备行为,但是提前导致了死亡结果。甲对乙是否构成故意杀人罪既遂?第二个行为是投放安眠药的行为,甲的计划中,投放安眠药是杀人的预备行为,但该行为提前导致了死亡结果。甲对丙是否构成故意杀人罪既遂?对这些问题需要仔细分析。

一、放置毒酒的行为

如果甲放置毒酒的行为已经是甲杀人的着手实行行为,则甲构成故意杀人罪既遂,否则构成犯罪预备。"着手"是预备阶段与实行阶段的划分点。死亡结果只有是着手之后的实行行为导致的,才属于既遂结果。由于犯罪未完成形态是就故意犯罪而言的,因此,"着手"是个主客观相统一的概念,由客观上的着手状态和主观上的着手故意构成。

(一)着手状态的判断

关于着手状态的判断,存在观点争议。第一种观点(主观说)认为,行为人犯意表现出来时就是着手。例如,为了入户盗窃而打破他人家窗户玻璃,就是盗窃罪的着手。又如,为了入户抢劫,携带凶器进入他人家院子,就是着手。这种观点导致着手被认定得过早。第二种观点(形式的客观说)认为,行为人开始实施刑法分则规定的构成要件行为时就是着手。例如,为了实施保险诈骗,制造保险事故,就是保险诈骗罪的着手。这种观点有形式化判断的倾向。第三种观点(实质的客观行为说)认为,行为人开始实施具有现实危险性的行为时,就是着手。

例如,丁为了杀戊,给戊寄出毒药时,就是着手。这种观点对着手的认定也过早。因此,目前的主流观点是实质的客观结果说,认为行为对法益造成现实、紧迫、直接的危险时,就是着手。例如,丁为了杀戊,向戊邮寄毒药,戊收到包裹,打开取出毒药时,才算丁的杀人着手。

可以看出,"着手"是指一种危险状态,是对法益产生现实、紧迫的危险状态。导致这种危险状态的情形有两种。一种是行为人的行为单方面导致这种危险状态。例如,举枪准备扣动扳机杀人。另一种是行为人的行为与被害人的行为共同促成这种危险状态。例如,丁向戊邮寄毒药,当丁寄出毒药后,丁的行为已经完成,但此时丁的杀人尚未达到"着手"状态,只有被害人戊收到包裹,打开取出毒药时,丁的杀人才达到"着手"状态。在这种情况,丁的行为与着手是相分离的,行为在前,着手在后。这种情形往往出现在隔离犯的场合。隔离犯是指行为与结果之间存在明显的时空间隔的犯罪。通过邮寄毒药杀人便是典型的隔离犯。

本案中,甲放置毒酒的行为尚未造成"着手"状态,只有被害人乙拿起来准备喝酒时,才促成"着手"状态。因此,当乙拿起酒杯准备喝酒时,乙的生命才受到紧迫的危险,此时甲的杀人行为在客观上进入了"着手"状态。

问题是,在甲计划中,乙是在第二天回家喝酒,而实际上乙提前回家喝酒。甲对这种"着手"状态的提前到来没有认识到。对此该如何处理,涉及着手故意的判断。

(二)着手故意的判断

关于着手故意,存在两种观点。争议焦点在于,故意的认识内容需要包括哪些内容?对行为的故意说认为,着手故意的认识内容仅包括着手行为本身。只要认识到着手行为,就认为有着手故意。这里的着手行为包括客观着手状态。对结果的故意说认为,着手故意的认识内容,不仅包括着手行为,还包括行为会导致的实害结果。只有认识到会发生实害结果,才认为有着手故意。

根据对行为的故意说,在本案中,甲对着手状态的提前到来,没有认识到,因此缺乏着手故意。基于此,甲的杀人尚未着手,仍处在预备阶段,因此不能构成故意杀人罪既遂,而应构成故意杀人罪犯罪预备,同时触犯过失致人死亡罪,想象竞合,择一重罪论处。

根据对结果的故意说,甲没有认识到着手状态的提前到来,更没有认识到乙在当天晚上就中毒死亡,因此缺乏着手故意。甲构成故意杀人罪犯罪预备,同时触犯过失致人死亡罪,想象竞合,择一重罪论处。

二、投放安眠药的行为

关于该行为,有意见认为,甲构成故意杀人罪既遂。① 然而,这种意见(肯定既遂说)的说理是否充分,需要细致论证。

(一)客观危险标准

肯定既遂说的第一项理由是,实害结果能否被认定为既遂结果,关键看行为是否着手,而关于着手的判断,应采取客观说,不需要考虑主观上有无实行的故意;客观说认为,行为对法益制造了现实、具体、紧迫的危险时,行为就已经着手;基于此,在投放过量安眠药案件中,甲投放过量安眠药,对丙的生命制造了现实、具体、紧迫的危险,表明甲的杀人行为已经着手,因此甲构成故意杀人罪既遂。②

然而,这种理由值得商榷。就我国刑法而言,应当重视未遂犯的故意要件,这在我国刑法中是有条文依据的。《刑法》第23条第1款规定:"已经着手实行犯罪,由于犯罪分子意志以外的原因而未得逞的,是犯罪未遂。"其中的"着手实行""未得逞"等词语本身便蕴含主观心理特征,是主观与客观的统一体。"着手实行"具有"计划""意图"等含义。"未得逞"是指"计划"或"追求"的结果没有实现。更重要的条文依据是《刑法》第14条中的"明知自己的行为会发生危害社会的结果,并且希望或者放任这种结果发生,因而构成犯罪的,是故意犯罪"。需要注意的是,该款是关于"故意犯罪"的规定,而非"犯罪故意"的规定。该款从逻辑上可以推导出两种情形:(1)明知自己的行为会发生危害社会的结果,并且希望或者放任这种结果发生,因而构成犯罪,并且发生了这种结果,是故意犯罪(既遂)。这表明,成立既遂犯,要求行为人对危害结果的发生具有故意心理。(2)明知自己的行为会发生危害社会的结果,并且希望或者放任这种结果发生,因而构成犯罪,但因意志以外原因没有发生这种结果,是故意犯罪(未遂)。

---

① 参见张明楷:《刑法学》(第五版),法律出版社2016年版,第277页。
② 参见钱叶六:《论刑法中的构成要件过早实现——以日本判例及其学说为中心》,载《政治与法律》2009年第10期。

这表明,成立未遂犯,也要求行为人对危害结果的发生具有故意心理,只是该结果在客观上未发生而已。

(二)客观行为一体化

肯定既遂说的第二项理由是,行为人设想的前后两个行为均具有结果避免发生可能性,均能引起实害结果,并且行为人对二者均具有故意,因此对这两个行为可以一体化理解,基于此,对相应的故意也可以一体化理解,因此行为人构成故意杀人罪既遂。①

不过,山口厚教授的这种理由值得推敲。第一,后行为(用绳勒死)并没有发生,因此不存在将前行为与后行为一体化的问题。即使行为人实施了后行为,由于被害人已经死亡,后行为也属于不可罚的不能犯,也没有与前行为一体化的必要。第二,后行为是设想的行为,从设想角度看,前行为与后行为也有重大区别。行为人实施前行为(投放安眠药)时,并没有创设紧迫危险的故意,紧迫危险的效果是过失所致。行为人设想实施后行为时,具有创设紧迫危险的故意。虽然过失行为与故意行为均具有结果回避可能性,但存在高低度差异。由于故意行为的危险具有目的性与支配性,避免结果发生的可能性程度较高,亦即较容易避免,而过失行为的危险具有任意性与盲目性,避免结果发生的可能性程度较低,亦即较难避免。正因如此,二者的违法性程度也不同,所以对二者不能等而视之。

(三)因果流程的偏离不重要

肯定既遂说的第三项理由是,因果关系认识错误不重要,这种认识错误不影响故意的成立②,行为人具有希望死亡结果发生的概括故意,死亡时间比预想早一点,这种因果关系的偏离不重要,因此行为人应构成故意杀人罪既遂。③ 对这些理由需要仔细分析。

上述理由中,黎宏教授认为,因果关系认识错误不重要,是因为因果关系不是故意的认识内容。④ 然而,这种看法可能值得商榷。第一,因果性特征是构成

---

① 参见〔日〕山口厚:《刑法总论(第3版)》,付立庆译,中国人民大学出版社2018年版,第232页。
② 参见黎宏:《刑法学总论》(第二版),法律出版社2016年版,第210页。
③ Vgl. Maurach und Zipf, Strafrecht Allgemeiner Teil, 8 Aufl., 1992, §23, Rn. 36.
④ 参见黎宏:《刑法学总论》(第二版),法律出版社2016年版,第185、210页。

要件结果的基本特征。既然构成要件结果是故意的认识内容,那么这种因果性特征也应是故意的认识内容。正如山口厚教授所言:"与因果关系相割离的对于结果发生的认识、预见不过是没有根据的单纯的'愿望'等而已,其能否奠定故意的基础是有很大疑问的。"①第二,是否要求认识因果关系与要求认识到何种程度,是不同性质的问题。正如弗立施(Frisch)教授所言,虽然行为人不需要认识到实际具体的自然主义的因果流(faktisch-naturalistischen Züge),但是需要认识到因果关系的条件制约性(Bedingtheit)。② 这两种认识不应被混为一谈。因此,不能根据无法认识到因果关系的具体样态,推导出不需要认识因果关系的结论。

上述理由中,毛拉赫(Maurach)教授认为只要对死亡结果有概括故意,那么死亡时间的早晚便不重要。然而,这种看法值得推敲。

第一,即使行为人对死亡结果有概括故意,也需遵守行为与故意同时存在原则。③ 例如,己欲杀害庚,驾车去庚家,意图在庚出门时,开车撞死庚。己在驾车去庚家路上,交通肇事,轧死一人,下车发现死者是庚。不能因为己对庚的死亡有概括故意,就认为己构成故意杀人罪既遂。己虽然对庚的死亡有概括故意,但驾车时尚无杀人的着手故意,行为尚处在预备阶段。己同时构成故意杀人罪(预备)与交通肇事罪,二者想象竞合,择一重罪论处。

第二,因果偏离不重要的前提是故意行为进入实行阶段,结果能够归属于故意行为。例如,某人向商场安装了炸弹,要引爆炸弹,需要先按第一个按钮,然后在十秒内按第二个按钮;当其按第一个按钮时,炸弹竟爆炸了。由于按第一个按钮时,故意行为的危险已经很紧迫,已经着手进入实行阶段,爆炸结果能够归属于故意行为的危险,因此,这种结果的提前实现不重要。但是,如果结果不能归属于故意行为的危险,只能归属于过失行为的危险,则因果偏离具有重要性。例如,辛驾驶汽车追赶驾驶汽车的壬,欲拦住壬,将壬劫持到地下室然后杀害;两车相距五百米,壬为了摆脱辛而闯红灯,与癸的车辆相撞,壬被撞死。辛对壬的生命创设了故意行为的危险,但是该危险尚未进入实行阶段,死亡结果不能归属于

---

① 〔日〕山口厚:《刑法总论(第3版)》,付立庆译,中国人民大学出版社2018年版,第228页。
② Vgl. Frisch, Tatbestandsmäßiges Verhalten und Zurechnung des Erfolgs, 1988, S. 572.
③ 参见林山田:《刑法通论》(上册)(增订十版),北京大学出版社2012年版,第185页。

该危险。辛的行为同时制造了法不允许的危险(过失行为的危险),死亡结果能够归属于该危险。这种因果偏离具有重要性,能够阻却结果归属。因此,辛同时构成故意杀人罪(预备)与过失致人死亡罪,二者想象竞合,择一重罪论处。

(四)着手故意的判断

在本案中,甲投放过量的安眠药能导致丙死亡,表明在客观上这种投放安眠药的行为产生了着手状态。关于着手故意的判断,根据对行为的故意说,甲对投放安眠药的行为存在认识,因此存在着手故意。基于此,甲的杀人已经着手,因此构成故意杀人罪既遂。然而,根据对结果的故意说,甲虽然对投放安眠药的行为有认识,但是没有认识到该行为能够导致丙死亡,因此缺乏着手故意。甲构成故意杀人罪犯罪预备,同时触犯过失致人死亡罪,想象竞合,择一重罪论处。

对结果的故意说更具合理性。这是因为,我国《刑法》第14条规定,"明知自己的行为会发生危害社会的结果,并且希望或者放任这种结果发生,因而构成犯罪的,是故意犯罪"。这表明,成立既遂犯,要求行为人对危害结果的发生具有故意心理。本案中,甲投放过量安眠药所制造的危险属于过失行为的危险,因为甲对过量安眠药没有认识,由此导致对该危险缺乏目的性指引和支配,该危险的创设具有盲目性。死亡结果是该危险导致的,这只是一种因果性事件,而非目的性事件。就此而言,甲构成过失致人死亡罪。不可否认,甲投放安眠药是一种故意行为,但该行为所创设的危险是一种预备行为的危险。虽然实际的危险很紧迫,但这是由投放安眠药过量导致的,而这一点不是甲的目的性指引的结果,而是一种盲目的结果。甲的投放行为同时构成过失致人死亡罪与故意杀人罪(预备),二者想象竞合,择一重罪论处。

基于以上分析,可以总结结果提前发生的案件的类型。

(1)行为人的故意行为创设了危险,并且具有着手故意,但实害结果不能归属于该危险。例如,A欲毒杀B,递给B一个有毒的大枣,B吞咽时卡在喉咙,窒息死亡。由于B的死亡结果不是A的故意行为的危险的现实化,因此A不构成故意杀人罪既遂,而是未遂。

(2)行为人的故意行为创设了紧迫危险,产生着手状态,并且具有着手故意,实害结果能够归属于该危险,但危险的实现方式与行为人的设想不一致。例如,C捆绑了D,挖一个深坑,欲活埋D,将D推下去,不料D摔断脖子死亡。C将被捆绑着的 D 推下深坑,这种故意行为本身就蕴含了致命的危险,并且 C 认识到这一点,对此具有着手故意。C 创设的这种致命危险中蕴涵了"摔死"这种实现方式。虽然这种实现方式与 C 的设想不一致,但 C 对此有概括认识,因此死亡结果属于该危险的现实化,C 构成故意杀人罪既遂。

(3)行为人的故意行为创设了危险,但尚无着手故意,同时制造了过失行为的危险,实害结果不能归属于故意行为危险,但可以归属于过失行为危险。例如本案中的第一个事实,甲在家里餐桌上放了一瓶毒酒,期待乙次日回家时看到毒酒会饮用。甲然后出门。未料,当天晚上,乙提前回家,饮用该酒,中毒死亡。甲在餐桌上放置毒酒,一方面创设了故意行为的危险,不过甲尚缺乏着手故意;另一方面制造了过失行为的危险,具体而言,在家里放置毒酒,给同居者制造了危险,这是一种法不允许的危险,该危险具有盲目性。乙的死亡不是故意行为危险的实现,而是过失行为危险的实现。因此,甲同时构成故意杀人罪(预备)和过失致人死亡罪,二者想象竞合,择一重罪论处。

(4)行为人创设了甲罪的故意行为的危险,但尚无着手故意,同时创设了乙罪的故意行为的危险,也制造了过失行为的危险,实害结果只能归属于过失行为的危险。例如,E 欲杀害 F,计划先用榔头打晕,然后将 F 扔到河里淹死。E 用榔头击打 F,看到 F 不动了,认为 F 昏迷了,实际上 F 已经死亡,E 将 F 扔到河里。E 的击打行为同时创设了故意杀人行为的危险、故意伤害行为的危险及过失行为的危险。E 的故意杀人缺乏着手故意,构成故意杀人罪(预备)。E 的故意伤害行为具有着手故意,进入实行阶段,该危险现实化为伤害结果,E 构成故意伤害罪(既遂)。E 的过失行为的危险现实化为死亡结果,E 构成过失致人死亡罪。后两项罪名形成结果加重犯(故意伤害罪致人死亡),与前罪想象竞合,最终以故意伤害罪致人死亡论处。

三、结论

针对乙的死亡,甲的杀人尚未着手,仍处在预备阶段,应构成故意杀人罪犯罪预备,同时触犯过失致人死亡罪,想象竞合,择一重罪论处。针对丙的死亡,甲投放安眠药的行为成立犯罪的着手。根据着手故意中的对结果的故意说,甲虽然对投放安眠药的行为有认识,但是没有认识到该行为能够导致丙死亡,因此缺乏着手故意,甲构成故意杀人罪犯罪预备,同时触犯过失致人死亡罪,想象竞合,择一重罪论处。最终对甲按照故意杀人罪预备和过失致人死亡罪的想象竞合犯处理。

[规则提炼]

1. "着手"是个主客观相统一的概念,由客观上的着手状态和主观上的着手故意构成。

2. 着手状态,是指对法益产生紧迫危险的状态。导致这种危险状态的情形有两种:一种是行为人的行为单方面导致这种危险状态;另一种是行为人的行为与被害人的行为共同促成这种危险状态。例如,通过邮寄毒药杀人。虽然寄出行为已经完成,但只有被害人收到包裹,准备食用毒药时,才形成"着手状态"。

3. 关于着手故意,对结果的故意说更合理。《刑法》第14条规定,"明知自己的行为会发生危害社会的结果,并且希望或者放任这种结果发生,因而构成犯罪的,是故意犯罪",这表明,成立既遂犯,要求行为人认识到行为会导致结果发生。

4. 在结果的提前发生的案件中,客观上产生着手状态,但是若行为人主观上没有认识到其行为会导致实害结果发生,则缺乏着手故意,不构成着手,因此不能认定为犯罪既遂。

第 16 题　假想防卫

（防卫意识的判断、假想防卫的法律效果、假想防卫过当）

[案情简介]

1999年4月16日晚，被告人王某一家三口入睡后，忽然听见外面有声响。王某起床到外屋查看，发现一人已将外屋窗户的塑料布扯掉一角，正从玻璃缺口处伸进手开门闩。王某当即用拳头击打那人的手，该人急抽回手并逃走。王某出门追赶未及，也未认出是何人，于是返回家中携带一把自制的木柄尖刀，在锁上门后（当时王某10岁的儿子仍在家睡觉），与妻子一起前往村书记吴某家告知此事，随后又电话报警。当王某与妻子报警后匆忙返家时，发现自家窗前处有俩人影，此二人是来王某家串门的本村村民何某某、齐某某，因见房门上锁正打算离去。王某未能认出何、齐二人，而误以为是刚才欲非法侵入其住宅的歹人，又见二人朝他走来，以为是要袭击他，随即用手中的尖刀刺向走在前面的齐某某的胸部，导致齐因气血胸、失血性休克当场死亡。何某某见状上前抱住王某，并说："我是何某某！"王某闻声停住，方知出错。①

问题：

1. 被告人王某能否成立假想防卫？什么样的情况下才算得上假想防卫？

2. 假想防卫属于正当化事由的事实前提错误，这种错误属于哪种类型的错误？假想防卫是作为故意犯、过失犯还是意外事件进行处理？在犯罪论体系上，应当如何达致这一法律效果？

3. 被告人王某的假想防卫行为是否过当？假想防卫过当的罪过形式应如何认定？王某应认定为故意伤害（致死）罪还是过失致人死亡罪，抑或是无罪？

---

① 参见《刑事审判参考》第124号指导案例。

[分析思路]

一、被告人的行为具有防卫性质

二、假想防卫的法律效果

（一）假想防卫的理论难点

（二）假想防卫的思考进路

（三）行为无价值二元论的解决方案

三、被告人成立假想防卫过当

（一）被告人假想防卫行为明显超过了必要限度

（二）被告人对不法侵害事实与过当事实均存在过失

四、结论

[具体解析]

一、被告人的行为具有防卫性质

本案中，被告人王某误以为存在不法侵害，而实施了防卫行为。分析时应首先审查被告人是否成立正当防卫，如果不成立，再进一步判断其行为属于哪种类型的防卫。

根据《刑法》第20条的规定，正当防卫是指为了国家、公共利益、本人或者他人的人身、财产和其他权利免受正在进行的不法侵害，而对不法侵害人所采取的必要而适度的制止其不法侵害的防卫行为。一般认为，正当防卫的成立要件包括：(1)起因条件，即存在由人所实施的不法侵害；(2)时间条件，即不法侵害正在进行，具有现实紧迫性；(3)防卫意识，即防卫人认识到不法侵害正在进行，为了保护国家、公共利益、本人或者他人的人身、财产等合法权利，而决意制止正在进行的不法侵害的心理状态；(4)对象条件，即只能针对不法侵害人本人实施，不能针对与不法侵害无关的第三人；(5)限度条件，即防卫行为应当在必要限度内进行，明显超过一定限度并造成重大损害的属于防卫过当。

由此可见，不法侵害是正当防卫的起因，没有不法侵害就没有正当防卫可言，不法侵害必须是客观存在，而不是防卫人主观想象和推测的。只有在不法侵害真实发生的情况下，才存在正当防卫的问题。本案中，在被告人实施防卫行为时,并不存在真实的不法侵害,被告人由于主观认识上的错误,而误以为存在,因此其行为不属于正当防卫。

考虑到被告人主观上具有防卫意识,以为不法侵害正在进行,出于防卫的意思实施行为,这就涉及假想防卫的判断。假想防卫通常是指客观上并无不法侵害,但行为人误以为存在不法侵害,因而进行所谓防卫的情形。假想防卫虽然不能按照正当防卫予以处理,但它与正当防卫密切关联,其概念在很大程度上依附正当防卫的判断。由于二者都要求有防卫意识,目的是为了保护合法的权益免受不法侵害,因此,防卫意识的甄别在假想防卫的判断上具有重要意义。若没有防卫意识,行为人击打行为的防卫性质无从谈起,更不可能成立假想防卫。

那么,防卫意识应怎样进行判断呢?以往的观点并未深入阐释这一问题,只是粗糙地指明,如果行为人认识到面临不法侵害,其在主观上就具有了防卫意识。但问题是,如果行为人只是单纯"感觉"可能面临不法侵害,或者只是半信半疑的状态,就一律肯定防卫意识的存在,那么行为人在实施击打行为时任何侥幸、轻率的想法,都有可能令其成立假想防卫。这种处理显然不合理,防卫意识的判断要求行为人内心确信正面临不法侵害。尽管不法侵害的认识是行为人主观上的,但这种主观认识绝不是脱离实际情况的任意想象,而是需要一定的客观根据。

在本案中,被告人王某住在农村,独门独户,当时又是深夜,考虑到之前确实有歹人欲非法侵入其住宅,在这种极为恐惧的心理下,携带尖刀以防不测也较为正常。在王某夫妇报案回来后,看到自家窗前两个人影,出于对独自在家的孩子的担心,在被害人未自报家门且看不清脸的情况下,难免陷入恐惧。加之对方是两人,在数量上占优势,当时正朝其走来,一旦是歹人的话恐怕难以对付。在这种心理下,认为被告人内心对不法侵害达到确信状态,合乎情理。因此,被告人王某在恐惧状态下实施击打行为,是具有防卫意识的。在尚未判断该反击行为是否超过防卫的必要性与相当性之前,大体上可以认为被告人的行为构成假想防卫或者假想防卫过当。

二、假想防卫的法律效果

通说认为,假想防卫不成立故意犯罪,视情况作为过失犯罪或意外事件处理,但怎样得到这一结论,理论上存在不同意见,包括事实错误说、独立错误说、严格责任说、限制责任说等。这些学说归根到底要解决一个问题:如何解决正当化事由的事实前提错误(或称为"容许构成要件错误")?这一解决方案将会影响假想防卫是作为故意犯、过失犯还是意外事件处理。

(一)假想防卫的理论难点

假想防卫问题之所以在理论上十分疑难,原因在于:

第一,假想防卫属于认识错误,按照错误论处理的话,究竟是应该归为事实错误还是法律错误?抑或是作为第三种类型的独立错误?不同的归类产生的法律效果不同,事实错误可以阻却故意,而法律错误只是在成立故意的前提下减免责任。

第二,事实错误一般讨论的都是构成要件错误,在构成要件错误之外是否还包括正当化事由的事实前提错误?对于二阶层犯罪论体系而言,假想防卫的处理可以一步到位,即通过事实错误否定不法层面的故意。但对于三阶层犯罪论体系而言,如果一开始就肯定了构成要件故意,那么在违法性阶层存在正当化事由的事实前提错误,而后掉转头去否定已经审查过的构成要件故意,比较容易造成"飞镖现象"。所谓"飞镖现象",是指在构成要件该当性阶层已经承认了构成要件故意的存在,在后续阶层又由于正当化事由的事实前提错误而肯定故意的阻却,从而重新返回原构成要件该当性阶层探讨是否存在构成要件过失的情形。① 如果在肯定构成要件故意的前提下,不掉转头予以否定,试图在责任阶层否定罪责故意来规避"飞镖现象",又会使过失犯最终演变成"'故意不法+过失罪责'的诡异混合结构"②。

第三,这一问题还事关究竟该怎样理解故意在犯罪论体系上的地位以及如何理解违法性的本质问题。结果无价值论认为,违法是客观的,故意只存在于责任层面,处理假想防卫就相对容易,可以直接从故意论出发一步到位得出假想防卫的罪过形态。但从行为无价值二元论来看,除构成要件故意之外,如果还考虑作为责任形式的故意,解决的方案就多种多样了,如何确保体系的自洽,不得不

---

① 参见〔日〕川端博:《刑法总论讲义》,成文堂2006年版,第380页。
② 蔡圣伟:《"误想防卫"与谈稿》,载刘明祥、张天虹主编:《故意与错误论研究》,北京大学出版社2016年版,第475页。

说是一个考验。

(二)假想防卫的思考进路

用于解决假想防卫问题的各类学说多达十余种,如此众多的学说既要考虑不能机械拼接,又要考虑体系性,归纳出其中的主线就显得尤为重要。可以认为,目前存在错误论、故意论、阶层论三条主线:

第一,以错误论为核心的主线。如何在教义学上,将正当化事由的事实前提错误进行归类和评价,一直是错误论中的一个有争议的问题,它所涉及的问题主要是如何选择"正确的"法律效果,是按照事实错误(构成要件错误)还是法律错误(禁止错误)进行处理。如果推崇事实错误、法律错误分类法,在解决正当化事由的事实前提错误时,很可能会遵循这条主线,背后运用的原理都是事实错误阻却故意。也正是在这一分类法下,作为第三种错误类型的独立错误说才有了存在的空间。独立的错误说认为,将违法阻却事由的事实前提错误视为构成要件错误的见解(消极的构成要件要素论、限制责任说)和视为违法性错误的见解(严格责任说),都不妥当,应当视为与违法性错误并列,放在责任阶层中处理,阻却责任故意的第三类错误。①

第二,以故意论为核心的主线。故意论包含的内容很多,例如故意的体系地位、故意的认识对象等,采取的分支线不同,解决方案又会表现出些许差异。例如,采取故意的体系地位这条分支线的话,在古典和新古典的犯罪构成体系中,故意恪守于责任阶层,于是,正当化事由的事实前提错误便能直接阻却责任故意。在目的行为论下的犯罪构成体系中,故意从责任阶层转移到了构成要件该当性阶层,违法性认识可能性则仍然停留在责任阶层,严格责任说和限制责任说等学说得到重视。而在目的论体系之后,新古典和目的论结合体系占据主流地位,为了应对实践中特殊的假想防卫案件,故意被一分为二,从而形成了构成要件故意和罪责故意的双重格局,这又为法律效果援用的罪责论的崛起提供了理论资源。

第三,以阶层论为核心的主线。它既包括犯罪结构上对二阶层或三阶层犯罪论体系的选择,也包括具体处理上,究竟应当将故意阻却的任务交由审查体系

---

① 参见〔日〕大塚仁:《刑法概说(总论)(第三版)》,冯军译,中国人民大学出版社2003年版,第214、456页。

的哪一个阶层处理,即假想防卫问题的处理究竟应放在构成要件该当性阶层、违法性阶层还是有责性阶层。例如,如果支持二阶层犯罪论体系,故意的认知内容包括对于事实上欠缺违法阻却事由的认知,在假想防卫的场合,行为人欠缺故意。

(三) 行为无价值二元论的解决方案

相较于结果无价值论,行为无价值二元论在假想防卫处理上更为棘手。法律效果援用的罪责论虽备受行为无价值二元论者青睐,但需要在体系上配套承认故意的双重机能,且仍待进一步解释论证。体系性思考应从各自不同立场出发,而非本末倒置。如果行为无价值二元论不承认故意的双重机能,似乎该立场下缺乏一个合适的解决方案,这也带来了进一步的思考:如果不承认故意的双重机能,行为无价值二元论是否存在较为圆满的解释路径?

以下提供一种解释路径供参考。首先,与构成要件事实一样,正当化事由的前提事实也是为违法性奠定基础的事实,两者应当同等对待。其次,假想防卫场合,承认构成要件故意只是承认作为一般性判断的故意,这一判断仅属于构成要件该当性层面的结论。肯定了构成要件故意,之后并未否定这一结论,所以不存在"飞镖现象"。最后,违法性的判断是具体的、实质的判断,既然正当化事由的事实前提错误属于事实错误,理应阻却"不法的故意"。按照故意论的处理思路,基本大同小异。由于故意的认识对象包括构成要件该当事实和违法性的基础事实,而在假想防卫的场合,行为人由于没有认识到正当化事由的前提事实,所以不成立"不法的故意"。[①]

假想防卫场合,在构成要件该当性阶层将行为人实施法益侵害行为(尽管行为人误认为是正当防卫行为)认定为构成要件故意,本身是类型化规范违反的效果反射,符合一般的社会观念。而在违法性层面最终确定不存在不法的故意,是考虑到违法性层面的判断是价值性判断,判断资料不仅包括构成要件事实,还包括违法性阻却事由的基础事实,且不能简单地理解成判断资料的增多,而应当领会两者的实质区别,即构成要件故意的判断只是与一般类型化规范所代表的法秩序进行比对,进而确认一般性的主观意思是否存在,彰显的是一种定型化判

---

① 参见杨绪峰:《假想防卫的体系性反思》,载《法学家》2019年第1期。

断;不法的故意之判断则是与整体法规范所确立的法秩序进行比对,进而确认规范的主观意思是否存在,彰显的是一种实质化判断。因此,"不法的故意"反映的是整体法秩序下规范所反对的,能够揭示法益侵害性的主观意思。假想防卫的场合,行为人是出于防卫的意思实施所谓法益侵害行为,而防卫意思并非整体法秩序下规范所反对的主观意思,自然也就不具有不法的故意。

不法的故意之阻却也可以在三阶层的审查架构中获得形式逻辑上的证明(如图1所示):首先,构成要件具有违法性推定机能,构成要件故意当然也不例外,其推定主观违法性。其次,违法性阶层发挥积极判断之功效,意味着对客观构成要件所推定的客观违法性的积极确认,以及对主观构成要件(主要是构成要件故意)所推定的主观违法性的积极确认。再次,在存在正当化事由时,例如正当防卫的场合,客观的正当化要素消除客观构成要件所推定的客观违法性,主观的正当化要素消除主观构成要件所推定的主观违法性。为此,行为无价值二元论几乎一致地承认防卫意思必要说,且将防卫意思视为主观的正当化要素。最后,在假想防卫的场合,由于存在防卫意思这一主观的正当化要素,进而消除主观构成要件要素(主要是构成要件故意)所推定的主观违法性。因为无主观违法性,也就谈不上不法的故意了。

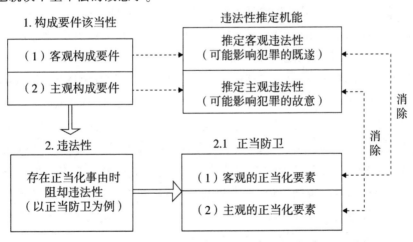

图1 不法的故意之阻却在三阶层审查推架中的证明

总之,假想防卫的法律效果为:不可能成立故意犯罪,如果行为人主观上存在过失,应以过失犯罪论处;如果行为人主观上没有罪过,其危害结果是由于不能预见的原因引起的,则属于意外事件,行为人不负刑事责任。如何在犯罪论体系上达致这一法律效果,避免"飞镖现象",需要进行体系性思考。

三、被告人成立假想防卫过当

对于本案,如果只是按照一般的假想防卫来处理,进而否定故意犯罪,按照过失犯罪处理,那么被告人王某就不成立故意伤害(致死)罪,而成立过失致人死亡罪。这一结论虽并无疑问,但在说理上却忽略了重要一点,即被告人王某的假想防卫行为是否存在过当的问题。如果存在假想防卫过当,被告人主观方面是过失的结论只能按照假想防卫过当的罪过形式论证得出,而不可能直接适用假想防卫的法律效果。尽管两种判断方法在主观方面都可能得出是过失的结论,但如果不进一步审查假想防卫过当问题,直接认定过失其实存在论证上的较大缺失。

(一)被告人假想防卫行为明显超过了必要限度

假想防卫过当通常是指客观上并无不法侵害,但行为人误以为存在不法侵害,并对之实施了所谓防卫行为,但即使不法侵害是客观存在的,也明显超过了正当防卫的必要限度。该种情形,在刑法理论上被称为假想防卫过当。由此可见,假想防卫与假想防卫过当的最大区别是防卫行为是否过当。

其实,无论是假想防卫行为是否过当的讨论,还是正当防卫行为是否过当的讨论,本质上都属于防卫过当的讨论范畴。关于防卫过当的判断标准,理论界一般认为应同时考察防卫行为与防卫结果,如果既不存在行为过当,也不存在结果过当,当然就属于正当防卫;如果行为过当与结果过当同时存在,且结果过当可以客观归属于行为过当,才属于防卫过当。换言之,即便行为过当,但不存在结果过当的,也无法成立防卫过当;即便存在结果过当,但不存在行为过当或结果过当无法客观归属于行为过当的,也无法成立防卫过当。以往司法实务过于注重防卫结果,导致"唯结果论"的判断思维盛行,防卫是否过当,应将判断重点转移至防卫行为上,不能仅事后去看结果。刑事立案,呈现在司法机关面前的案件几乎都是有结果的,不是重伤就是死亡,往往都很严重。因此,对《刑法》第20条第2款的理解,就不能单纯重视结果,而应当首先判断防卫行为是否明显超过必要限度。行为人的行为是否合适、是否相当,是防卫过当的判断重点。

针对本案,有观点可能认为,被告人王某住宅较为偏僻,因为之前有歹人试图非法侵入其住宅,这使得被告人内心十分恐惧,因而难免警惕性很高,对周围事物极为敏感。当被告人深夜看到两个人影在其住宅前晃动,且正朝其走来时,难免心生害怕,拿出手上的尖刀进行防卫,这一防卫行为并没有明显超越有效制止不法侵害客观上必需的限度,因而不存在防卫过当的问题,只能认定为假想防卫而非假想防卫过当。这种观点有一定的道理,但在说理上仍存在疑问。立足于本案当时的情境,被告人误以为朝其走来的何、齐二人要袭击他,由于当时他们之间存在一定的距离,而被告人手上又握有尖刀,其原本可以在相隔一段距离时提前确认何、齐二人的意图。在行为人未作任何表示且无征兆表明对方会实施"严重危及人身安全的暴力犯罪"的情况下,只是基于对方朝其走来,就直接用尖刀刺向被害人胸部。这在社会一般人看来,行为人当时的反应显得过于激烈,并非是制止不法侵害所必需的行为。基于此,被告人王某的行为属于防卫过当,本案并非是普通的假想防卫,而应定性为假想防卫过当。

(二)被告人对不法侵害事实与过当事实均存在过失

假想防卫过当的罪过形式应结合假想防卫的法律效果和防卫过当的罪过形式综合判断,假想防卫的法律效果前已述及,以下将首先讨论防卫过当的罪过形式。

关于防卫过当的责任形式,理论界存在争议。第一种观点认为,防卫过当的罪过形式包括间接故意和过失,但这种观点存在疑问,直接故意和间接故意都是故意,规范上没有理由限定只能由间接故意构成防卫过当,而直接故意必须被排除。第二种观点认为,防卫过当的罪过形式既可以是过失,也可以是直接故意或间接故意。如果行为人对过当结果有认识并持希望或放任心态,则认定为相应的故意犯罪;如果对过当结果有认识可能性,但因疏忽大意未能预见或过于自信采取的防卫手段不会造成过当结果,则认定为相应的过失犯罪。第三种观点认为,防卫过当的罪过形式只能是过失。

可以发现,理论界的争议主要集中在第二种观点和第三种观点上,但上述争议并不影响本案罪过形式的定性。结合本案来看,要判断被告人王某的罪过形式,需要综合考虑其对不法侵害事实和过当事实的主观心理。首先,被告人王某对不法侵害事实存在误认,如上所述,由于其具有防卫意识,根据假想防卫的法律效果,在不法侵害事实的认识方面是存在过失的。其次,在过当事实的认识方面,被告人在案发时因慌乱、紧张等因素采取了过度的防卫手段,在主观心理方面认定为疏忽大意更为妥当,此时其在过当事实的认识方面是存在过失的。最后,综合来看,被告人对不法侵害事实与过当事实均存在过失,应认定为过失犯罪,即构成过失致人死亡罪,同时可以类推适用《刑法》第 20 条减轻处罚的规定,但不能免除处罚。

四、结论

被告人王某存在防卫意识,其行为具有防卫性质,但由于行为时并不存在真实的不法侵害,只是被告人误认,所以其行为不属于正当防卫。在社会一般人看来,行为人当时的反应显得过于激烈,并非是制止不法侵害所必需的行为。基于此,被告人的行为属于防卫过当,本案并非是普通的假想防卫,而应定性为假想防卫过当。鉴于被告人对不法侵害事实与过当事实均存在过失,本案应作为过失犯罪论处,被告人王某构成过失致人死亡罪。

[规则提炼]

1. 不法侵害是正当防卫的起因,只有在不法侵害真实发生的情况下,才存在正当防卫的问题。假想防卫虽然不能按照正当防卫予以处理,但它与正当防卫密切关联,二者都要求有防卫意识。防卫意识的判断要求行为人内心确信正面临不法侵害。尽管不法侵害的认识是行为人主观上的,但这种主观认识绝不是脱离实际情况的任意想象,而是需要一定的客观根据。

2. 假想防卫的思考牵一发而动全身,犯罪论体系的基本构造、构成要件的本质、故意的体系地位、构成要件与违法性的关系、错误论等问题都牵涉其中。通说认为,假想防卫不成立故意犯罪,视情况作为过失犯罪或意外事件处理,但如何在犯罪论体系上达致这一法律效果,避免"飞镖现象",需要进行体系性思考。

3. 假想防卫与假想防卫过当的最大的区别是防卫行为是否过当。关于防卫过当的判断标准,应同时考察防卫行为与防卫结果。假想防卫过当的罪过形式应结合假想防卫的法律效果和防卫过当的罪过形式综合判断。

第17题　事实认识错误与违法性认识错误

（事实认识错误、违法性认识错误、涵摄错误）

[案情简介]

自2016年8月开始，赵春华在天津市河北区李公祠大街附近摆设射击游艺摊位，经营射击气球生意。同年10月，公安机关在巡查过程中将其抓获归案，当场查获涉案枪形物9支及相关枪支配件、塑料弹。经天津市公安局物证鉴定中心鉴定，涉案9支枪形物中的6支为能正常发射的以压缩气体为动力的枪支。赵春华主张自己不知道所持有的枪形物是非法持有枪支罪中的"枪支"。2016年12月27日，天津市河北区人民法院以非法持有枪支罪判处赵春华有期徒刑3年6个月。① 赵春华提出上诉。2017年1月26日，天津市第一中级人民法院对本案作出二审判决，认定赵春华构成非法持有枪支罪，但是，考虑到"赵春华非法持有的枪支均刚刚达到枪支认定标准，犯罪行为的社会危害相对较小，其非法持有枪支的目的是从事经营，主观恶性、人身危险性相对较低"，改判其有期徒刑3年，缓刑3年。②

问题：
1. 赵春华是否构成事实认识错误？若构成，该如何处理？
2. 赵春华是否构成违法性认识错误？若构成，该如何处理？
3. 赵春华是否构成涵摄错误？若构成，该如何处理？

[分析思路]
一、赵春华构成事实认识错误
（一）客观构成要件

---

① 参见天津市河北区人民法院(2016)津0105刑初442号刑事判决书。
② 参见天津市第一中级人民法院(2017)津01刑终41号刑事判决书。

（二）主观构成要件

二、赵春华不构成独立意义的违法性认识错误

（一）"违反枪支管理规定"补充说明了构成要件要素

（二）"违反枪支管理规定"补充说明了行政违法性

（三）事实认识错误与违法性认识错误的审查顺序

三、赵春华存在涵摄错误

四、结论

[具体解析]

一、赵春华构成事实认识错误

赵春华涉嫌非法持有枪支罪。根据该罪的构成要件，先分析客观构成要件，再分析主观构成要件。

（一）客观构成要件

《刑法》第128条第1款规定："违反枪支管理规定，非法持有、私藏枪支、弹药的，处三年以下有期徒刑、拘役或者管制；情节严重的，处三年以上七年以下有期徒刑。"非法持有枪支罪的客观构成要件是，违反枪支管理规定，非法持有枪支的行为。

本案中，赵春华所持有的"枪支"是否属于非法持有枪支罪中的枪支？我国《枪支管理法》第46条规定，枪支是指"以火药或者压缩气体等为动力，利用管状器具发射金属弹丸或者其他物质，足以致人伤亡或者丧失知觉的各种枪支"。公安部2007年10月29日发布的《枪支致伤力的法庭科学鉴定判据》规定，未造成人员伤亡的非制式枪支，枪口比动能达到1.8焦耳/平方厘米时，即认定其具有致伤力。据此，枪口比动能1.8焦耳/平方厘米成为认定枪支的临界值。赵春华持有的枪形物的枪口比动能达到了2.17～3.14焦耳/平方厘米，略高于1.8焦耳/平方厘米的标准，因此被法院认定为非法持有枪支罪中的"枪支"。

（二）主观构成要件

成立非法持有枪支罪，要求行为人具有构成要件故意。构成要件故意的认识内容是客观构成要件事实。"枪支"是非法持有枪支罪的客观构成要件事实

（行为对象）。行为人只有认识到所持有的物品是非法持有枪支罪中的"枪支"，才具有本罪的构成要件故意。

根据行政法的规定，"枪支"的法定标准是致伤力达到 1.8 焦耳/平方厘米。这种致伤力的程度很低，不可能击穿人体皮肤，仅在近距离上能对人体裸露的眼睛造成损伤。① 行政法将"枪支"的致伤力标准规定得如此之低，虽有其自身考量，但与国民的普遍认识相差甚远。本案中，赵春华肯定认识到其所持有的枪形物近距离足以对人体裸眼造成损伤，但是没有认识这种程度的致伤力竟然达到了"枪支"的标准，没有认识到"枪支"的致伤力法定标准如此之低，进而没有认识到所持有的枪形物已经属于"枪支"。

可能有人认为，既然赵春华认识到了其所持有的枪形物近距离足以对人体裸眼造成损伤，就能推定其认识到了其所持有的是"枪支"。然而，这种推定是难以成立的。这是因为，非法持有枪支罪中的"枪支"是个行政法定义的概念，不仅具有实质条件（致伤力），而且具有法定性。"枪支"一定具有致伤力，但具有致伤力的物品不一定都是"枪支"，只有达到行政法规定的标准才能成为"枪支"。因此，"法定标准"是"枪支"的法定特征。行为人要认识到其所持的物品是"枪支"，必须认识到该"法定标准"。而赵春华没有认识到该"法定标准"，因此并没有认识到其所持有的物品是"枪支"。

由于"枪支"是非法持有枪支罪的客观构成要件事实（行为对象），因此是构成要件故意的认识内容。对构成要件事实产生认识错误属于事实认识错误，排除构成要件故意的成立。赵春华对行为对象（枪支）产生认识错误，属于事实认识错误，排除构成要件故意，亦即赵春华缺乏实施非法持有枪支罪的故意。基于此，赵春华不构成非法持有枪支罪。

二、赵春华不构成独立意义的违法性认识错误

非法持有枪支罪的客观构成要件是，违反枪支管理规定，非法持有枪支的行为。赵春华对"违反枪支管理规定"是否存在认识错误，若存在，则属于事实认识

---

① 参见李刚、姚利:《枪弹痕迹的法庭科学鉴定现状与未来》，载《警察技术》2008 年第 1 期；陈志军：《枪支认定标准剧变的刑法分析》，载《国家检察官学院学报》2013 年第 5 期。

错误还是违法性认识错误是值得研究的问题。①

(一)"违反枪支管理规定"补充说明了构成要件要素

第一种可能意见认为,赵春华对行政法规定的枪支的致伤力标准有认识错误,以为自己没有违反行政法规,实际上违反了行政法规,因此属于违法性认识错误。然而,这种看法并不准确。

"违反……行政规定"是一种空白要素。对这种空白要素的认识错误究竟是何种认识错误,需要根据该空白要素的功能来确定。如果是补充说明客观构成要件要素,则对其产生认识错误,应属于事实认识错误。有些基本罪状规定了完整的构成要件要素,但是其中某些构成要件要素的含义需要依据行政法规予以确定。例如,关于非法捕捞水产品罪,《刑法》第 340 条规定了完整的构成要件要素,亦即"违反保护水产资源法规,在禁渔区、禁渔期或者使用禁用的工具、方法捕捞水产品,情节严重的行为"。但是,其中"禁渔区""禁渔期"及"禁用的工具"的具体含义,需要依据水资源法规予以确定。对此需要研究的问题是,行为人的确以为自己在禁渔区之外捕捞水产品,实际上是在禁渔区内捕捞水产品,对此该如何处理?由于"禁渔区"是非法捕捞水产品罪的构成要件要素,因此对其产生的认识错误应属于构成要件错误,能够阻却构成要件故意,行为人不构成非法捕捞水产品罪。

同理,关于非法持有枪支罪,《刑法》第 128 条规定了完整的构成要件要素,亦即"违反枪支管理规定,非法持有枪支的行为"。但是,其中"枪支"的具体含义及法定标准,需要依据枪支管理规定予以确定。赵春华以为自己持有的枪形物的致伤力没有达到枪支的法定标准,不是非法持有枪支罪中的"枪支",实际上是该罪中的"枪支"。由于"枪支"是该罪的构成要件要素,因此对其产生的认识错误属于构成要件错误。②

(二)"违反枪支管理规定"补充说明了行政违法性

第二种可能意见认为,非法持有枪支罪中的"违反枪支管理规定"虽然补充

---

① 参见江溯:《规范性构成要件要素的故意及错误——以赵春华非法持有枪支案为例》,载《华东政法大学学报》2017 年第 6 期。
② 参见陈兴良:《赵春华非法持有枪支案的教义学分析》,载《华东政法大学学报》2017 年第 6 期;车浩:《非法持有枪支罪的构成要件》,载《华东政法大学学报》2017 年第 6 期。

说明了构成要件要素(枪支),但也补充说明了行为的行政违法性;而赵春华误以为自己的行为没有行政违法性,实际上具有行政违法性,因此存在违法性认识错误。然而,这种看法并不妥当。

关于违法性认识错误中的"违法性",德日主流观点认为,这里的违法性包括民法、行政法等法规范的违法性,不要求行为人认识到刑法规范的违法性(刑法禁止性或刑事可罚性)。① 然而,这种主流观点(广义法规范说)值得商榷,违法性认识的对象应限于刑法禁止性。

广义法规范说的理由是法秩序统一性原理及违法一元论。该理论认为,在由宪法、刑法、行政法、民法等多个法域所构成的整体法秩序中不存在矛盾,法域之间也不应作出相互矛盾、冲突的解释。② 一个行为被一项法规范禁止,又被另一项法规范允许,那么这两项法规范便出现了矛盾;对这种规范矛盾,必须加以消除,因为法秩序应当具有统一性和无矛盾性。③ 简言之,民法、行政法的违法性与刑法的违法性具有统一性。既然如此,认识到民法、行政法的违法性就等同于认识到刑法的违法性,因此不需要特别认识到刑法的违法性。

然而,这种推论存在逻辑问题。违法一元论仅意味着,刑事违法性必须以民法、行政法违法性为前提,民法、行政法上不违法的行为,不应具有刑事违法性。但这并不意味着,只要是民法、行政法上的违法行为,就必然具有刑事违法性。换言之,民法、行政法的违法性与刑事违法性是必要条件关系(无前者则无后者),而非充分条件关系(有前者则必有后者)。就必要条件关系而言,违法性具有统一性或一元性。就非充分条件关系而言,违法性具有独立性或相对性。因此,认识到民法、行政法的违法性不等于认识到刑法的违法性(刑法的禁止性)。

刑法的违法性虽然以民法、行政法的违法性为前提,但是与后者仍具有本质区别。承担刑事责任的主要方式是科处刑罚,刑罚具有惩罚性。而承担民事责任(违约责任、侵权责任等)的主要方式是赔偿,赔偿不具有惩罚性,仅具有恢复

---

① Vgl. Claus Roxin, Strafrecht Allgemeiner Teil, Bd. I, 4 Aufl., 2006, §21, Rn. 13; Kindhäuser, Strafrecht Allgemeiner Teil, 6 Aufl., 2013, §28, Rn. 8; Rudolf Rengier, Strafrecht Allgemeiner Teil, 5 Aufl., 2013, §31, Rn. 5;参见〔日〕大谷实:《刑法讲义总论(新版第2版)》,黎宏译,中国人民大学出版社2008年版,第309页。
② 参见〔日〕松宫孝明:《刑法总论讲义(第4版补正版)》,钱叶六译,中国人民大学出版社2013年版,第81页。
③ 参见〔德〕卡尔·恩吉施:《法律思维导论》,郑永流译,法律出版社2004年版,第200页。

性,惩罚性赔偿只是少数例外。违反行政法导致的行政处罚,例如司机因闯红灯而被扣分、罚款,饭店因违反卫生法规而被吊销营业执照等,不具有报应主义的责难性,仅具有预防性,预防此类违法行为再次发生。①

而刑罚的主要根据之一是基于报应主义的责难性。这是因为,作为部门法的保障法,刑法规范是社会这一生活共同体的底限规范。底限规范是共同体成员在长期交往中达成的共识,是社会赖以存续并正常运行的基本规范。② 共同体成员是底限规范的参与者、遵守者,对底限规范应保持忠诚。基于此,敌视、触犯底限规范应当受到谴责、非难。"行为构成犯罪""行为人是罪犯"这种结论本身就是一种谴责、非难。特别在我国,给一个人贴上"罪犯"的标签,具有强烈的责难意味。而行政处罚并不具有这种责难意味。因此,行为人仅认识到其行为违反民法、行政法规范,对于科处刑罚而言理由是不充分的。诺依曼(Neumann)便认为,广义法规范说忽视了非刑法规范的恢复性与刑法规范的惩罚性的区别,违法性认识的对象应是具有惩罚性、责难性的刑法规范。③

回到本案,赵春华关于自己行为的行政违法性的确产生了认识错误,但是违法性认识错误中的"违法性"不是指行政违法性,而是指刑法禁止性。不能因为赵春华对行政违法性产生认识错误,便认为其构成刑法上的违法性认识错误。

(三)事实认识错误与违法性认识错误的审查顺序

第三种意见认为,赵春华误以为自己所持有的物品不是真正的枪支,便会误以为自己的行为不具有刑法上的违法性,不构成犯罪,实际上所持有的物品是真正的枪支,具有刑法上的违法性,因此,赵春华存在违法性认识错误,对此按照违法性认识错误的处理规则来处理,亦即考察其是否具有违法性认识可能性,若缺乏违法性认识可能性,则可以免责。④ 然而,这种看法值得商榷。

赵春华对行为对象(枪支)存在事实认识错误,的确会派生出违法性认识错误,但是此时应按照事实认识错误来处理。这是因为,在体系性地位上,事实认识错误与违法性认识错误存在先后顺序。一个人干一件事,通常有两个层次的

---

① Vgl. Kindhäuser, Strafrecht Allgemeiner Teil, 6. Aufl., 2013, §1, Rn. 5.
② 参见周光权:《行为无价值论的中国展开》,法律出版社2015年版,第111页。
③ Vgl. Neumann, Nomos Strafgesetzbuch Kommentar, 4. Aufl., 2013, §17, Rn. 21.
④ 参见王钢:《非法持有枪支罪的司法认定》,载《中国法学》2017年第4期。

认知活动:首先,认识到自己在干什么事;然后,认识到自己干的事在刑法上是否被禁止。前者是事实判断,是认识事实。后者是法律评价,是认识刑法的禁止性。前者有可能导致事实认识错误。后者有可能导致法律认识错误(违法性认识错误)。在阶层式犯罪构成体系中,事实认识错误处在"主观构成要件"中,违法性认识错误处在"责任阻却事由"中。由于"主观构成要件"处在"责任阻却事由"的前面,因此,在审查顺序上,应先审查事实认识错误,后审查违法性认识错误。一旦基于事实认识错误而排除构成要件故意,进而排除犯罪,就不需要再考虑违法性认识错误。由此也表明,真正的违法性错误必须不依赖事实认识错误而独立产生,以不存在事实认识错误为前提。

三、赵春华存在涵摄错误

涵摄是一种三段论推理活动,判断小前提是否符合大前提,大前提能否涵摄小前提。涵摄错误,是指行为人将大前提不当地缩小解释,进而认为小前提不符合大前提。涵摄错误是产生事实认识错误和违法性认识错误的常见原因。

第一,涵摄错误会导致法律认识错误。例如,甲将乙的珍贵戒指扔进大海。甲认为,故意毁坏财物罪中的"毁坏"仅指物理性毁损(大前提)。自己没有导致戒指的物理性毁损(小前提)。因此自己不构成故意毁坏财物罪(结论)。甲存在涵摄错误,亦即甲对大前提(毁坏的定义)理解有误,作了不当的缩小解释,然后认为小前提(自己的行为)不符合大前提,因此认为自己不构成故意毁坏财物罪。在事实判断上,甲认识到自己干了具有社会危害性的事情,没有事实认识错误,具有主观故意。在法律评价上,由于甲认为自己的行为不符合大前提(毁坏的定义),进而认为自己的行为不具有刑法禁止性,实际上具有,因此构成法律认识错误;由于具有违法性认识可能性,因此不能阻却责任(可谴责性),最终构成故意毁坏财物罪。

又如(拖拉机案),农民丙醉酒在道路上驾驶拖拉机,其认为拖拉机不属于《刑法》第133条之一规定的机动车。首先,丙认识到,醉酒在公共道路上驾驶拖拉机是具有社会危害性的事情。这表明,丙没有事实认识错误,具有危险驾驶的故意。其次,驾驶拖拉机在公共道路上,此时的拖拉机属于机动车。甲对大前提(机动车的定义)理解有误,作了不当的缩小解释,然后认为小前提(自己驾驶的拖拉机)不符合大前提,因此不是机动车。这是一种涵摄错误。该涵摄错误进而导致丙认为自己的行为不构成危险驾驶罪,不具有刑法禁止性,实际上构成危险驾驶罪,也即导致丙产生法律认识错误。由于丙具有违法性认识的可能性,因此不阻却责任(可谴责性),最终构成危险驾驶罪。

第二,涵摄错误会导致事实认识错误。例如,赵春华没有认识到自己持有的枪形物是法律禁止的"真枪",产生事实认识错误。产生原因在于,赵春华认为,"真枪"应是指杀伤力极大的枪支(大前提),自己的枪形物杀伤力不大(小前提),因此自己的枪形物不属于"真枪"(结论)。赵春华对"枪支"存在涵摄错误,由此导致事实认识错误。

通过比较可以发现,涵摄错误既不属于事实认识错误,也不属于违法性认识错误,与事实认识错误、违法性认识错误不是同一水平的并列关系,而是后两种认识错误的产生原因。涵摄错误本身不具有独立意义,最终要看它导致了哪种认识错误,然后再进行处理。

由涵摄错误导致的事实认识错误和违法性认识错误,由于都有涵摄错误这一产生原因,因此很容易混淆。例如,可能有人认为赵春华的认识错误与上述拖拉机案中农民丙的认识错误似乎没有区别。对此,需要揭开涵摄错误这个"面纱",直接用事实认识错误与违法性认识错误的特征去判断。事实认识错误中的"事实"是指构成要件事实,构成要件事实是具有社会危害性的事实。例如,赵春华误以为自己的枪不是"真枪",因此会认为自己没干危害社会的事情。这是事实认识错误。农民丙虽然误以为拖拉机不是机动车,但认识到自己在干危害社会的事情(醉酒驾驶在公共道路上,制造了公共危险)。因此,丙没有产生事实认识错误。丙只是由于涵摄错误而误以为自己的行为不具有刑法禁止性。

四、结论

赵春华对行为对象(枪支)产生认识错误,属于事实认识错误,排除构成要件故意,其缺乏实施非法持有枪支罪的故意,不构成非法持有枪支罪。

[规则提炼]

1. 事实认识错误中的"事实"是指构成要件事实。构成要件事实是具有社会危害性的事实。

2. 构成要件故意的认识内容是客观构成要件事实。事实认识错误排除构成要件故意。

3. 当行政法规补充说明某项构成要件要素，而行为人由于对行政法规的认识错误导致对该项构成要件要素存在认识错误，这种认识错误属于事实认识错误。

4. 事实认识错误可以派生违法性认识错误，但由于在犯罪构成体系中，事实认识错误处在违法性认识错误前面，因此这种违法性认识错误没有独立价值。真正值得审查的违法性认识错误是不依赖事实认识错误而独立产生的违法性认识错误。

5. 违法性认识错误中的"违法性"不包括行政违法性，而是指刑法的禁止性。

6. 涵摄错误是产生事实认识错误与违法性认识错误的常见原因，与后二者不是同一水平的并列关系。涵摄错误本身没有独立意义，最终要看它导致了哪种认识错误，然后再进行处理。

第 18 题　犯罪未遂与既遂的竞合

（既遂与未遂、数额犯、基本犯与加重犯）

[案情简介]

2012年7月，被告人王新明通过使用伪造的户口簿、身份证，冒充房主王叶芳（被告人之父）身份的方式，在北京市石景山区链家地产公司，以出售石景山区古城路28号楼44号房屋为由，与被害人徐菁签订房屋买卖合同，约定购房款为100万元，并当场收取徐菁定金1万元。同年8月，王新明又收取徐菁支付的购房首付款29万元，并约定余款过户后给付。后双方在办理房产过户手续时，王新明虚假身份被石景山区住建委工作人员发现，余款未取得。王新明被公安机关抓获。一审法院判处，被告人犯诈骗罪数额巨大（30万元）的既遂。二审法院主张，被告人一方面触犯诈骗罪数额巨大（30万元）的既遂，另一方面触犯诈骗罪数额特别巨大（70万元）的未遂，应择一较重刑罚论处。①

问题：

1. 如何区分加重构成要件与单纯的量刑规则？
2. 数额加重犯有无独立的构成要件？
3. 数额加重犯是否存在未完成形态？

[分析思路]

一、肯定未遂说的理由

二、回应否定未遂说的质疑

三、否定未遂说的不足

四、诈骗数额的未遂与既遂竞合问题

---

①　参见最高人民法院第 62 号指导案例。

五、结论

[具体解析]

张明楷教授认为,应将法定刑升格条件区分为加重构成要件与量刑规则。其区分标准是,相对于基本构成要件而言,升格条件是否使基本行为类型发生变化,发生变化者为加重构成要件(加重犯),未发生变化者为单纯的量刑规则。例如,"入户抢劫""持枪抢劫"等使抢劫罪的行为类型发生了变化,所以属于加重构成要件,是一种加重犯。又如,"数额(特别)巨大""情节(特别)严重(恶劣)""首要分子""多次""违法所得数额巨大"等,未使基本行为类型发生变化,所以不是一种加重构成要件,而是一种单纯的"量刑规则"。这些"量刑规则"的显著特征是,只有具备与否问题,具备则适用之,不具备则不能适用,而不存在未遂或既遂问题;而加重构成要件则存在未遂形态。[①] 这种观点简称为量刑规则说。

依据量刑规则说,诈骗罪的"数额(特别)巨大"属于单纯的量刑规则,没有既遂与未遂问题,只有具备与否问题。基于此,对于本案,对被告人王新明只能适用"数额巨大"的法定刑。该观点简称"否定未遂说"。然而,诈骗罪的"数额(特别)巨大"属于加重构成要件要素,具有既遂与未遂问题,因此二审判决具有合理性。该观点简称"肯定未遂说"。

一、肯定未遂说的理由

对法定刑升格条件进行筛选区分,主要任务是判断哪些升格条件具有(加重)构成要件的特征。构成要件是违法的行为类型,这个命题包含两层含义。其一,构成要件应具有定型性特征。其二,构成要件应具有违法性特征。构成要件是违法性的本体存在根据。在判断构成要件时,必须考虑其蕴含的实质违法性。定型性特征是构成要件的"图像",而违法性特征是构成要件的实体。与前者相比,后者更具有决定性意义。因此在判断法定刑升格条件是不是加重构成要件时,应以违法性特征为首要标准。

量刑规则说认为,诈骗"数额(特别)巨大"不属于加重构成要件,因为其未

---

① 参见张明楷:《加重构成与量刑规则的区分》,载《清华法学》2011年第1期;张明楷:《责任刑与预防刑》,北京大学出版社2015年版,第214页。

改变基本行为类型。这种看法可能值得商榷。加重构成要件的形成,需要具备三项要素:一是在实体上存在不法加重要素,也即构成要件违法性;二是在形式上具有行为类型,也即构成要件定型性;三是配备升格的法定刑,因为无刑罚则无犯罪。至于该加重构成要件是否被规定在独立条款中,或司法解释是否为其配备独立罪名,则无关宏旨。诈骗"数额(特别)巨大"的争议点主要在于上述第二项条件,也即构成要件定型性特征。可以认为,就加重构成要件的塑成而言,只需要具有构成要件定型性即可,并不需要改变基本构成要件的行为类型。"改变行为类型"的要求是一项多余的要求。

第一,诈骗"数额(特别)巨大"的财物具有构成要件定型性。构成要件定型性具有犯罪个别化机能和呼吁警示机能。量刑规则说可能认为,不改变基本行为类型,就无法区分加重构成要件与基本构成要件,无法实现构成要件的犯罪个别化机能。然而,加重构成要件与基本构成要件欲实现区分效果,并不要求前者改变后者的行为类型,只要求前者在后者的基础上增加特别要素即可。基本构成要件与加重构成要件是"a+b+c"与"a+b+c+d"的关系,新补充的不法要素"d"具有将构成要件特殊化的作用。① 只要在基本行为类型的基础上增加这些特别的、具体的要素,便可以实现犯罪个别化机能和呼吁警示机能,因此可以塑成加重构成要件。至于是否改变基本行为类型,并不重要。

就诈骗"数额(特别)巨大"而言,诈骗行为就是其行为类型。与基本诈骗行为相比,其所增加的特别要素是行为对象,也即不是"数额较大"的财物,而是"数额(特别)巨大"的财物。这一点足以将其与普通诈骗相区分。

第二,不法加重要素既包括质的要素,也包括量的要素。量刑规则说可能认为,"数额(特别)巨大"的财物与"数额较大"的财物在违法性上只有程度区别,没有性质区别,不能视为改变基本行为类型。例如,抢劫罪的法定刑升格条件中,"抢劫数额巨大的财物"与"抢劫军用物资"都是增加了行为对象,但前者的行为对象仅在量上增加了违法性,不属于改变基本行为类型,因此属于单纯的量刑规则;而后者的行为对象在质上增加了新的违法性,也即侵害"国防军事利益",属于改变基本行为类型,因此属于加重构成要件。

然而,加重构成要件在增加违法性的方式上既包括质的增加,也包括量的增

---

① Vgl. Walter Gropp, Strafrecht Allgemeiner Teil, 3 Aufl., Springer, 2005, S. 532.

加。例如,德国通说认为,故意重伤(《德国刑法典》第 226 条第 2 款)属于故意伤害罪的加重构成要件。① 又如,对故意伤害罪,我国《刑法》第 234 条第 2 款第 1 句规定,"犯前款罪,致人重伤的,处三年以上十年以下有期徒刑"。主流观点认为,该句规定是故意伤害罪的加重构成要件(结果加重犯),包括两种情形:一是行为人基于轻伤害的故意和行为,过失致人重伤;二是行为人基于重伤害的故意和行为,故意致人重伤。② 可以看出,虽然轻伤与重伤属于性质相同、程度不同的违法事实,但并不妨碍重伤成为轻伤的加重构成要件。

同理,虽然"数额较大"的财物与"数额(特别)巨大"的财物属于性质相同、程度不同的要素,但并不妨碍诈骗"数额(特别)巨大"的财物能够塑成加重构成要件。

二、回应否定未遂说的质疑

对上述结论,持否定未遂说的论者提出诸多反对意见。第一项反对意见是,我国刑法对诈骗罪设立三个档次的法定刑,是为了防止法官恣意裁量刑罚。相比而言,日本刑法较少设立很多档次的法定刑,大体是因为立法者相信法官会作出公正的裁量。换言之,我国刑法的做法是为了规范量刑,并不意味着盗窃罪有三个犯罪构成。③ 不可否认,我国刑法的做法的确是为了规范量刑。但这点并不能构成否定诈骗"数额(特别)巨大"是加重构成要件的理由。也可以认为,我国刑法正是为了规范量刑,所以将盗窃罪设置了三个不同档次的构成要件。例如,就公正裁量而言,德国法官与日本法官的公信力应不会出现明显差距,但德国刑法依然为盗窃罪设立了多个档次的法定刑。例如,《德国刑法典》第 242 条是盗窃罪的基本构成要件,第 243 条是特别严重情形的盗窃,第 244 条是携带凶器的盗窃等,第 244 条是严重的结伙盗窃。这种做法也是为了规范量刑。

第二项反对意见是,行为人若抱着"能偷多少就偷多少,越多越好"的心理,盗窃未遂的,依肯定未遂说,对行为人便要以盗窃数额特别巨大的未遂论处,这显然是不合理的。然而,以盗窃数额特别巨大的未遂论处是有条件的。第

---

① Vgl. Rudolf Rengier, Strafrecht Besonderer Teil Ⅱ, 10 Aufl., Verlag C. H. Beck, 2009, S. 110.
② 参见周光权:《刑法各论》(第三版),中国人民大学出版社 2016 年版,第 23 页。
③ 参见张明楷:《加重构成与量刑规则的区分》,载《清华法学》2011 年第 1 期。

一,基于客观主义立场,在客观上盗窃行为对数额特别巨大的财物必须存在现实紧迫的危险性。这就要求,首先,现实存在数额特别巨大的财物;其次,行为对数额特别巨大的财物具有类型性危险。如果现场根本不存在数额特别巨大的财物,行为人将现场某个数额较大的财物当作数额特别巨大的财物而盗窃的,属于(数额特别巨大财物的)对象不能犯,不能以盗窃数额特别巨大财物的未遂论处,只能以盗窃数额较大财物的既遂论处。第二,在具备上述客观条件的前提下,基于责任主义,行为人对数额特别巨大财物的客观存在必须有认识。这种认识可以是概括的,但必须是现实的。行为人所谓"能偷多少偷多少,越多越好"的心理只是一种预期,而非现实认识。这种心理本身并不等于未必故意或概括故意。在具备上述两项条件的前提下,肯定未遂说的做法不会掉入主观主义的深渊。

第三项反对意见是,假如甲一次盗窃他人价值4 000元的财物既遂,另一次盗窃价值11万元的财物未遂,根据肯定未遂说,对甲要认定为盗窃数额巨大财物的未遂;但是,明明存在盗窃4 000元财物既遂的情形,却要认定为盗窃未遂,违背了事实与常理。① 不难看出,甲所犯的是同种数罪。关于同种数罪,基于一罪一刑的原理,原则上应数罪并罚,但当刑法条文将"数额(特别)巨大"作为法定刑升格条件时,应当累计犯罪数额,以一罪论处,不再并罚。② 而能够累计数额的前提是同种数罪均达到既遂。对于有的未遂、有的既遂的情形,因无法累计数额,应单独定罪,然后按照一罪一刑的原则并罚。因此,对甲的第一次行为认定为盗窃罪数额较大的既遂,第二次行为认定为盗窃数额巨大的未遂,然后并罚。这种处理既能周全评价甲的违法和责任,也能做到罪刑相适应。

第四项反对意见是,就结果加重犯而言,当基本犯未遂、加重犯既遂时,能否认定为结果加重犯未遂。对此德国刑法的区别理论(differenzierende Theorie)认为,基础犯未遂会导致加重处罚依据丧失,因此不得以结果加重犯的未遂犯论处。根据该理论,盗窃数额特别巨大财物未遂时,盗窃数额较大财物必然未遂(基本犯未遂),由此丧失了加重处罚依据,因此不能以结果加重犯的未遂论

---

① 参见张明楷:《加重构成与量刑规则的区分》,载《清华法学》2011年第1期。
② 参见张明楷:《论同种数罪的并罚》,载《法学》2011年第1期。

处,也即不能以盗窃数额特别巨大财物的未遂论处。①

然而,该意见对德国相关理论存在误解。德国刑法的所谓区别理论是针对对加重结果持过失心理的结果加重犯而言的。例如,抢劫罪过失致人死亡、故意伤害罪过失致人死亡。此时,如果基本犯未遂但发生了加重结果,能否以结果加重犯未遂论处?例如,乙欲射击丙的腿部,却过失击中丙的头部,致其死亡,能否以故意伤害罪(未遂)致人死亡论处?德国刑法将这种情形称为"结果加重的未遂"(erfolgsqualifizierte Versuch)。与此相对的问题是,对加重结果持故意心理的结果加重犯,如果该加重结果未发生,能否以结果加重犯的未遂论处?例如,德国刑法在基本的故意伤害罪基础上规定了故意重伤的结果加重犯(《德国刑法典》第226条第2款)。丁欲刺瞎戊的眼睛,但由于意志以外原因,该结果没有发生,是否构成故意重伤罪(未遂)?德国刑法将这种情形称为"未遂的结果加重"(versuchte Erfolgsqualifizierung)。② 很明显,盗窃数额特别巨大财物属于对加重结果持故意心理的结果加重犯,该未遂属于上述德国刑法中的第二种未遂情形。因此,上述意见依据区别理论进行论证,存在前提事实错误的问题。

对加重结果持故意心理的结果加重犯,如果该加重结果未发生,能否以结果加重犯的未遂论处?德国刑法的通说持肯定意见。例如,就上述丁欲刺瞎戊眼睛而未遂的案件,通说认为构成故意重伤罪的未遂,适用故意重伤罪的法定刑,同时适用《德国刑法典》总则关于未遂的规定。③ 这种情形与我国盗窃数额特别巨大财物而未遂的情形性质相同。所以,即使依据德国刑法关于结果加重犯的未遂理论,对盗窃数额特别巨大财物的未遂,也应适用数额特别巨大的法定刑,同时适用总则关于未遂的规定。

三、否定未遂说的不足

首先,忽略评价加重型法益主体受到的现实紧迫危险。刑法对法益的保护既包括法益主体不受实际侵害,也包括法益主体不受威胁。本案中,王新明带有

---

① 参见王彦强:《区分加重构成与量刑规则——罪量加重构成概念之提倡》,载《现代法学》2013年第3期。
② Vgl. Claus Roxin, Strafrecht Allgemeiner Teil, Bd. Ⅱ, Verlag C. H. Beck, 2003, S. 437.
③ Vgl. Claus Roxin, aaO. (Fn. 61), S. 438.; Rudolf Rengier, aaO. (Fn. 49), S. 118.

诈骗 100 万元的目的,与被害人徐菁签订房屋买卖合同,约定购房款为 100 万元,并当场收取徐菁定金 1 万元。这种行为对被害人的 100 万元已经产生了现实紧迫的危险。若对王新明仅以数额巨大的既遂论处,便遗漏了对数额特别巨大财物所受现实紧迫危险的评价,导致法益保护不够周全。

其次,一方面主张"数额(特别)巨大"是行为人盗窃故意的认识内容,另一方面又认为盗窃"数额(特别)巨大"的财物只有具备与否问题,不存在未遂与既遂问题,这在理论体系上颇不协调。未遂是指由于行为人意志以外原因,没有发生行为人所希望或放任的、行为性质所决定的侵害结果。① 也即,未遂形态由主观要件和客观要件共同构建。故意犯的未遂形态与责任主义是相勾连的。既然"数额(特别)巨大"的财物是行为人的认识内容和追求目的,那么盗窃"数额(特别)巨大"的财物应存在未遂与既遂形态。反过来,如果认为盗窃"数额(特别)巨大"的财物属于单纯的量刑规则,在适用上只有客观具备与否问题,那么就不应该要求行为人对"数额(特别)巨大"有主观认识。

再次,混淆了不同数额的性质。否定未遂说通过侵犯著作权罪中的"违法所得数额巨大"来说明盗窃数额巨大不存在未遂问题。② 的确,侵犯著作权罪的"违法所得数额巨大"只存在具备与否问题。但是,"违法所得数额巨大"之所以属于单纯的量刑规则,实质原因不是其未改变基本行为类型,而是其不是真正的不法加重要素。这种"数额巨大"与单次盗窃的"数额巨大"属性不同,后者是真正的不法加重要素。因此,在未遂问题上二者没有可比性。

最后,容易导致行为人不受处罚。我国司法实务往往对普通盗窃、诈骗的未遂不予处罚。正如阮齐林教授所言,对于实务中行为人精心谋划并着手盗窃银行、博物馆未遂的案件,依照否定未遂说,只能按照普通盗窃的未遂来处理,处罚会太轻。③

四、诈骗数额的未遂与既遂竞合问题

法条竞合中,特别法条建立在一般法条的基础上,而且比一般法条多出一个

---

① 参见张明楷:《刑法学》(第五版),法律出版社 2016 年版,第 345 页。
② 参见张明楷:《加重构成与量刑规则的区分》,载《清华法学》2011 年第 1 期。
③ 参见阮齐林:《论盗窃罪数额犯的既遂标准》,载《人民检察》2014 年第 19 期。

特殊要素;特别法条的构成要件的实现,必然包含一般法条的构成要件的实现,能够不遗漏地评价一般法条的要件。① 在犯罪形态一致的情形下,加重构成要件能够不遗漏地评价基本构成要件。例如,故意重伤的既遂(或未遂)可以包容评价为故意轻伤的既遂(或未遂)。又如,盗窃数额特别巨大财物的既遂(或未遂)可以包容评价为盗窃数额较大财物的既遂(或未遂)。

但是,当犯罪形态不一致时,则不能轻易得出如此结论。当加重构成要件呈现未遂、基本构成要件呈现既遂时,前者便无法周全评价后者。这是因为,未遂仅表示对法益造成现实紧迫危险,而既遂表示对法益造成实害结果。在发展阶段上,危险在前,实害在后,实害是危险的现实化。实害可以包容评价危险,但危险难以包容评价实害。即使是较严重的危险,也难以包容评价较轻微的实害结果。因此,加重构成要件的未遂与基本构成要件的既遂之间的关系不是法条竞合关系,而有可能形成想象竞合关系。例如,故意重伤的未遂与故意轻伤的既遂可以形成想象竞合关系。又如,抢劫的未遂与盗窃的既遂可以形成想象竞合关系。②

就我国的诈骗罪而言,诈骗一件数额特别巨大财物的未遂,表示对该财物制造了现实紧迫危险,也即具有非法转移占有的可能性;而诈骗一件数额较大财物的既遂,表示对该财物制造了实害结果,也即实现了非法转移占有。由于前者没有实现转移占有,而后者实现了转移占有,所以前者不能包容评价后者,因此二者难以形成法条竞合关系,但可以形成想象竞合关系。

基于此,本案中,王新明的一个行为既构成诈骗数额特别巨大财物的未遂,又构成诈骗数额巨大财物的既遂,属于想象竞合,应择一重罪论处。虽然最终结论也可能按照诈骗数额特别巨大财物的未遂论处,但是与法条竞合不同,想象竞合具有明示功能(Klarstellungsfunktion),也即由于想象竞合存在两个违法事实和责任,那么在判决宣告时,必须将这些事项一一列举,以便做到周全评价。③ 因此,按照想象竞合处理,不会遗漏评价诈骗数额巨大财物的既遂事实。我国相关司法解释也持想象竞合的观点。例如,关于盗窃罪的司法解释规定:

---

① Vgl. Rudolf Rengier, Strafrecht Allgemeiner Teil, 4 Aufl., Verlag C. H. Beck, 2012, S. 548.
② Vgl. Kristian Kühl, Strafrecht Allgemeiner Teil, 6 Aufl., Franz Vahlen, 2008, S. 789.
③ Vgl. Claus Roxin, Strafrecht Allgemeiner Teil, Bd. II, Verlag C. H. Beck, 2003, S. 831.

"盗窃既有既遂,又有未遂,分别达到不同量刑幅度的,依照处罚较重的规定处罚;达到同一量刑幅度的,以盗窃罪既遂处罚。"①关于诈骗罪的司法解释规定:"诈骗既有既遂,又有未遂,分别达到不同量刑幅度的,依照处罚较重的规定处罚;达到同一量刑幅度的,以诈骗罪既遂处罚。"②基于上述理由,关于本案,二审判决意见是合理的。

五、结论

王新明的一个行为既构成诈骗数额特别巨大财物的未遂,又构成诈骗数额巨大财物的既遂,属于想象竞合,应择一重罪论处。

[规则提炼]

1. 构成要件具有定型性特征和违法性特征。定型性特征是构成要件的"图像",而违法性特征是构成要件的实体。与前者相比,后者更具有决定性意义。因此在判断法定刑升格条件是不是加重构成要件时,应以违法性特征为首要标准。

2. 取得型财产罪的"数额(特别)巨大"是不法加重要素,属于加重构成要件,具有未遂形态。

3. 行为人意图盗窃或诈骗一件"数额(特别)巨大"的财物,着手实行并对该件财物产生现实紧迫危险:

(1)由于意志以外原因未得逞的,构成盗窃或诈骗"数额(特别)巨大"财物的未遂,适用"数额(特别)巨大"的法定刑,同时适用刑法总则关于未遂的规定。

(2)由于意志以外原因仅取得数额较大财物的,行为人既触犯盗窃或诈骗"数额(特别)巨大"财物的未遂,又触犯盗窃或诈骗"数额较大"财物的既遂,属于想象竞合,而非法条竞合。

最高人民法院62号指导案例中的"裁判要点"是:"在数额犯中,犯罪既遂部

---

① 2013年4月2日最高人民法院、最高人民检察院《关于办理盗窃刑事案件适用法律若干问题的解释》第12条第2款。

② 2011年3月1日最高人民法院、最高人民检察院《关于办理诈骗刑事案件具体应用法律若干问题的解释》第6条。

分与未遂部分分别对应不同法定刑幅度的,应当先决定对未遂部分是否减轻处罚,确定未遂部分对应的法定刑幅度,再与既遂部分对应的法定刑幅度进行比较,选择适用处罚较重的法定刑幅度,并酌情从重处罚;二者在同一量刑幅度的,以犯罪既遂酌情从重处罚。"

第 19 题　正犯与共犯的区分

（正犯与共犯的区分标准、共谋共同正犯、共犯脱离）

[案情简介]

2013年2月,被告人刘某、黄某在互联网上相识后,由刘某提议抢点钱花,二人遂预谋抢劫,并共同购买了枪支等作案工具。后刘某又在互联网上邀约张某参与抢劫,后三被告人前往江苏省苏州市相城区某金店继续踩点,因发生分歧,被告人刘某、张某借故离开无锡市。后两被告人刘某、张某在互联网上选择几省交界且易于逃跑的江苏省徐州市丰县、沛县附近某金店作为抢劫目标,并在江苏省宿迁市、徐州市沛县购买了摩托车、头盔、斧头等作案工具。2013年4月11日,二被告人先后到徐州市沛县、丰县凤城镇某金店进行踩点。次日20时许,二被告人携带枪支、斧头等作案工具闯入金店,被告人张某持枪恐吓店员及保安,被告人刘某持斧头砸烂一节柜台取出部分黄金饰品,后被告人张某也砸烂另一节柜台取出部分黄金饰品,并逃离现场。经鉴定,所劫黄金饰品计1 307.99克,价值529 736元;起获的作案工具气手枪对人体具有致伤力。2013年4月15日晚,被告人张某在陕西省西安市高陵县被抓获,查获金项链632.639 6克。次日,被告人刘某在山西省运城市被抓获,查获金项链542.885 7克。2013年4月26日,被告人黄某在江苏省无锡市被抓获。①

问题:

1. 黄某的行为成立正犯还是共犯?
2. 黄某是否构成共犯脱离?

---

① 参见江苏省徐州市中级人民法院(2014)徐刑初字第21号刑事判决书。

[分析思路]

一、黄某的行为成立狭义共犯(帮助犯)

(一)正犯与共犯区分的一般标准

(二)关于共谋共同正犯

(三)黄某成立帮助犯的理由

二、黄某的行为不成立共犯的脱离

(一)共犯脱离的认定标准

(二)黄某的行为成立抢劫罪既遂

三、结论

[具体解析]

一、黄某的行为成立狭义共犯(帮助犯)

(一)正犯与共犯区分的一般标准

1. 形式客观理论

形式客观理论(formal-objektive Theorien)在1930年代的德国刑法理论和实务界占据主导地位。按照形式客观理论,正犯仅限于亲手实行了部分或者全部构成要件该当行为者;而为构成要件的实现提供了因果上的助力的,便是共犯。形式客观理论认为毋庸考虑行为人的行为在整个犯行实施过程中的客观作用份量。该种理论随着后来目的主义(Finalismus)的兴起而消失,因为人们认识到,不法的实现并不能仅通过客观的要素予以确定。①

首先,形式客观理论被指责为在纯粹结果犯的场合就会遇到很大的麻烦,因为在纯粹结果犯的场合,法定构成要件完全没有对什么是构成要件实行行为加以规定,而实行行为又是形式客观理论中认定正犯所依赖的准据。② 确实,像是在故意杀人罪等纯粹结果犯的非定式犯罪(即没有限定行为模式的犯罪类型),根本无从找出和界定什么是构成要件行为,由此便也无从确定正犯。

其次,形式客观理论也显然无法掌握间接正犯这样一种正犯形式。因为间

---

① Vgl. Schönke/Schröder/Heine/Weißer, Strafgesetzbuch Kommentar, 29 Aufl., 2014, Vor § 25ff. Rn. 50.
② Vgl. Schönke/Schröder/Heine/Weißer, Strafgesetzbuch Kommentar, 29 Aufl., 2014, Vor § 25ff. Rn. 51.

接正犯根本没有亲手去实现构成要件所限定的行为方式,而是假手他人实施犯罪,因而其行为显然不符合构成要件的行为描述。

最后,形式客观理论也无法涵括部分的共同正犯。在分工合作实施的共同正犯场合,基本上没有单个的参与者会完全实现构成要件。而在形式客观上并没有实行构成要件该当行为的行为人,便无法论以共同正犯。比如在犯罪现场递犯罪工具的行为人,将因为其行为无法被解释为符合构成要件的行为,而只能成立帮助犯。

如上所述,尽管形式客观理论面临着在根源上无解的问题,但是当前,在我国的刑法理论与司法实务操作中,形式客观理论仍然占据重要的地位。

2. 主观理论

基于客观的因果贡献均为等值的条件理论和扩张的正犯概念的立场,正犯与共犯两者显然无法从客观层面加以分界,而只能从主观的层面入手。① 因此,主观理论(Subjektive Theorien)共同的特征是主张放弃从客观的外在世界去区分正犯与共犯,而是认为应该只从主观的内在心理标准去区分参与形态,比如行为人的意志、意图、动机以及意向。② 也就是说,主观理论纯粹放弃从与构成要件相关的行为客观方面去区分正犯与共犯,而是从行为人主观意志方向和内在立场着手。因此,正犯就是依照正犯意志(animus auctoris)并将犯罪当作自己的犯罪之人;而共犯则是将犯罪当作他人的犯罪,并且视自己的行为贡献从属于他人意志,即以共犯意志(animus socii)从事犯罪之人。③ 而就如何区分"自己的"和"他人的"犯罪,主观理论内部又可主要细分为故意说(Die Dolustheorie)和利益说(Die Interessentheorie)两种立场。故意说认为,对于如何区分所谓"正犯意志"和"共犯意志",早期的看法认为正犯具有独立的犯罪意思,而共犯则是非独立的、从属于他人的犯罪意思,是否犯罪以及犯罪进程如何进行,都得由正犯决定,因此故意说又被称为极端的主观理论。利益说将犯罪结果对于自己的利益程度作为区分正犯和共犯的一个最重要的参考要素。从而,共犯便是自己对于犯罪结果的引起并没有或者只有很少的利益;而正犯则是为了自己的利益而实

---

① Vgl. Jescheck/Weigend, Lehrbuch des Strafrechts, Allgemeiner Teil, 5 Aufl., 1996, S. 650.
② Vgl. Roxin, Täterschaft und Tatherrschaft, 8 Aufl., 2006, S. 51.
③ Vgl. Schönke/Schröder/Heine/Weißer, Strafgesetzbuch Kommentar, 29 Aufl., 2014, Vor § 25ff. Rn. 52.

施犯罪。利益说作为一种独立的理论意义相对有限,而是必须结合故意说。① 换句话说,犯罪结果对于自己的利益程度,只能是作为判断是"自己的"还是"他人的"犯罪的一个客观表征而已。

由于主观理论脱胎于扩张的正犯概念,认为所有造成结果的条件均等价,因而共犯与正犯在客观方面上均相同,转而从主观方面寻求区分标准,这在根本出发点上已经错误。② 因为在客观评价上,一个为杀人提供工具的行为和一个直接拿工具杀人的行为,显然对于犯罪实现的贡献程度不同,而并非等价。

更为致命的问题是,由于重视行为人的主观想法,当法官想要科处行为人轻刑时,就定为共犯;而当法官要想要科处行为人重刑时,就定位为正犯。因此,主观理论为法官操纵量刑提供了恣意空间。正如德国学者指出的,行为人主观上的态度经常不被调查或者证明。③ 实际上,这种主观上的态度更有可能根本无法加以查明。因此,主观理论便成为法官基于个案的特殊情况,从个案量刑考虑出发,恣意认定正犯与共犯的工具。④

主观理论也存在论证方法上的疑虑。因为在通过具体的判准得出正犯还是共犯之前,根本无从知晓行为人到底是出于正犯意志抑或共犯意志,行为人参与形态的意志只能是在经检验得出正犯或共犯的结论之后,才能辨清。显然,主观理论本身是一个循环论证的叙述方式。事实上,正如罗克辛教授指出的,根据空洞的正犯意志和自我利益的说法并不能提供有效区分共同正犯和帮助犯的合适标准,因为教唆犯以及帮助犯对于犯罪行为显然也有利益,否则根本无法理解他们为什么要参加犯罪。⑤

3. 实质客观理论

对于形式客观理论和主观理论缺陷的批评,催生了实质客观理论(materiell-objektive Theorien)。实质客观理论完全借助于客观的标准将正犯与共犯予以区分,其决定性的标准在于行为贡献对于结果造成的客观危险性。从个别行为贡献

---

① Vgl. Joecks in: Münchener Kommentar zum StGB, 2 Aufl., 2011, § 25 Rn. 8.
② 参见林山田:《刑法通论》(下册)(增订十版),北京大学出版社 2012 年,第 11 页。
③ Vgl. Hilgendorf/Valerius, Strafrecht, Allgemeiner Teil, 2013, § 9 Rn. 15.
④ Vgl. Wessels/Beulke/Satzger, Strafrecht, Allgemeiner Teil, 43 Aufl., 2013, Rn. 515.
⑤ 参见〔德〕克劳斯·罗克辛:《德国最高法院判例——刑法总论》,何庆仁、蔡桂生译,中国人民大学出版社 2011 年,第 210 页。

于整体犯罪实现间的因果关联的特性得出,不可或缺的行为贡献应该被认定为(共同)正犯,而其他仅具因果关系的只能是共犯。因此正犯不仅包括了亲自实行构成要件者,而且与犯罪事件的发生具有紧密联系的贡献者也是正犯。① 简言之,实质客观理论从行为和结果在客观上的因果关系的方式和强度着手区分正犯与共犯。②

实质客观理论的问题在于,如果仅从条件因果着手,根本无法将正犯与共犯予以区分。所谓"不可或缺的行为贡献"和一般的"因果关系"基本不可能被区隔,因为就结果的发生而言,每一个因果贡献都可以说是不可或缺的。对于一起杀人事件来说,单从因果关系的层面看,递枪行为和扣扳机行为对于杀人行为得逞显然都是"不可想象其不存在的条件"。再比如,就教唆犯和间接正犯的区分来说,客观层面的贡献对于犯罪行为的顺利完成来说显然都是不可放弃的。因此,德国学者指出,就各种不同的因果形式在实质作用力上作区分根本不可行。③ 其实,仅借助客观层面来承担区分正犯与共犯的使命是"不可能完成的任务"。因为正犯的认定同样离不开主观的要素,像是整体犯罪计划以及对于事实的认知。④ 比如帮助犯和间接正犯,如果不借助行为人对于事实的特殊认知情况,根本无法从客观外在表现形式上加以区分。例如甲将掺有毒药的饮料给乙,让乙端给丙喝。此时,如果不考虑乙是否知悉饮料是否有毒,对于间接正犯和共犯的认定就会产生实质性的偏差。

4. 犯罪支配理论

关于正犯与共犯的区分,今天学说上处于绝对支配地位的是结合主观理论中的故意说和古老的客观理论而来的犯罪支配理论(Tatherrschaftslehre)。因为符合构成要件的行为并无法仅从行为人的特定态度或是单纯的外在世界的改变来定义,而是应从主观和客观的意义整体来理解。行为也仅是作为被意志操纵事件的工具显现的。但是,不仅操控意志对于正犯的认定具有重要意义,每一个参与者承担的犯罪贡献实际分量也具有重要意义。⑤ 在这里必须指出的是,尽管犯罪支配理论融合了主观和客观理论,但是正如德国学者指出的,犯罪支配理论

---

① Vgl. Schönke/Schröder/Heine/Weißer, Strafgesetzbuch Kommentar, 29 Aufl., 2014, Vor § 25ff. Rn. 56.
② Vgl. Jescheck/Weigend, Lehrbuch des Strafrechts, Allgemeiner Teil, 5 Aufl., 1996, S. 659.
③ Vgl. Schönke/Schröder/Heine/Weißer, Strafgesetzbuch Kommentar, 29 Aufl., 2014, Vor § 25ff. Rn. 56.
④ Vgl. Jescheck/Weigend, Lehrbuch des Strafrechts, Allgemeiner Teil, 5 Aufl., 1996, S. 649.
⑤ Vgl. Jescheck/Weigend, Lehrbuch des Strafrechts, Allgemeiner Teil, 5 Aufl., 1996, S. 652.

仍是实质客观正犯理论的继续发展①。因为,犯罪支配理论解决问题的出发点是结合了限制的正犯概念与法定构成要件。因而并非任何一个构成要件结果的共同引起者均为正犯,原则上只有着手实行构成要件行为者才能建构正犯。② 也因此,理解犯罪支配理论,必须认识到对于正犯的认定而言,客观方面行为贡献的重要性大于主观方面的操控意志的意义,否则将背离犯罪支配理论的初衷。

按照现今的犯罪支配理论,正犯故意操纵犯罪并将犯行掌握在自己手上(In-den-Händen-Halten),能够决定是否以及如何进行犯罪,依其意愿能够阻止或者加速整个犯罪过程的进行,因此,正犯是构成要件实现这一事实的核心人物。而共犯则居于边缘角色,仅诱发或者促成了犯罪的进行,并不能决定犯罪的进行。罗克辛教授首先对于具有犯罪支配的正犯予以类型化,指出正犯支配犯罪的具体类型包括:参与构成要件实行的行为支配(单独正犯、直接正犯);居于犯罪事件的幕后,利用其优越意志或认知优势将他人作为犯罪工具加以利用,进而操控犯罪的进行(间接正犯);通过功能分工共同实现不法事实的功能支配(共同正犯)。③

(二)关于共谋共同正犯

共谋共同正犯,是指二人以上共同谋议实行犯罪,而由其中的一人或数人基于此前的谋议实行犯罪,其他参与谋议而未实行者也被视为共同正犯的情况。④ 实际上,共谋共同正犯概念是将犯罪预备阶段有所参与,但实行阶段未参与的共同参与者作为正犯予以处理。

按照当前通说的犯罪支配理论,所谓正犯即支配构成要件实现的行为人,据此,正犯必须在实施构成要件的行为阶段具有支配力⑤,否则便颠覆了犯罪支配理论的根基。即便预备阶段的参与人组织并提出犯罪计划,从整体观察的角度,似乎其具有"犯罪支配",但是,犯罪实行阶段使得构成要件实现的参与人是自由和完全负责的,预备阶段提出的计划是否以及如何实现,都取决于直接

---

① Vgl. Schönke/Schröder/Heine/Weißer, Strafgesetzbuch Kommentar, 29 Aufl., 2014, Vor § 25ff. Rn. 57.
② Vgl. Jescheck/Weigend, Lehrbuch des Strafrechts, Allgemeiner Teil, 5 Aufl., 1996, S. 652.
③ Vgl. Roxin, Täterschaft und Tatherrschaft, 8 Aufl., 2006, S. 127ff.
④ 参见〔日〕大谷实:《刑法讲义总论(新版第 2 版)》,黎宏译,中国人民大学出版社 2008 年,第 387 页;〔日〕大塚仁:《刑法概说(总论)(第三版)》,冯军译,中国人民大学出版社 2003 年,第 297 页。
⑤ Vgl. Roxin, Täterschaft und Tatherrschaft, 8. Aufl., 2006, S. 294f.

实施者。① 换句话说,即便单纯共谋者和实行担当者之间存在心理性的联系,这种心理性联系仍然脆弱不堪:根本无法排除实行者基于自身原因放弃犯罪行为的可能,单纯共谋者更不可能在"共谋"结束后对实行担当者的行为指手画脚,因此,一旦进入实行阶段,预备阶段的参与人只能放手任由实施者掌控因果流程的进行,而无法和实施者通过协同分工合作使犯罪顺利完成。

在文献上也有观点认为,只要在预备阶段的指导性贡献在犯罪实行阶段仍然有影响力地实现,便能成立共同正犯。但预备阶段的计划与组织行为持续作用至犯罪实行阶段的说法,也只是描绘出了犯罪计划与组织的行为与实行阶段存在因果关系而已,这种因果关系显然无法称为功能犯罪支配。② 事实上,行为贡献因果关系的肯定,当然不能作为建构共同正犯基础的充分必要条件,共谋共同正犯必须在犯罪实施阶段具有功能性的分工合作。

对于预备阶段有所贡献,而在犯罪实行阶段并无参与的行为人角色定位,犯罪支配理论的"教父"罗克辛教授在论述作为功能支配的共同正犯之要件时明确指出:构成功能支配的共同正犯的第二个条件即为必须存在共同的实行(Ausführung),即在实行阶段的共同作用,仅在预备阶段的参与(Beteiligung an der Vorbereitung)是不够的。尽管这一点仍然存在很多争议,但是,仅在预备阶段共同参与者将实行托付于其他人,由其他人独自掌控犯罪构成要件的实现,则其(预备阶段共同参与者)已经因此被排除出正犯的范围。③

(三)黄某成立帮助犯的理由

如前所述,按照犯罪支配理论,成立共同正犯原则上要求行为人在犯罪实行阶段也应有所参与,即在实行阶段参与了功能分工。本案中,黄某仅在抢劫预备阶段参与了谋议,在刘某等实施抢劫的着手实行阶段,黄某并未参与。因此,黄某不应被认定为共谋共同正犯。

并且,案件事实明确交代是由刘某提议抢点钱花,二人遂预谋抢劫,并共同购买了枪支等作案工具。因此,刘某等人的抢劫故意并非是黄某唆使所致,黄某

---

① Vgl. Zieschang, Mittäterschaft bei bloßer Mitwirkung im Vorbereitungsstadium?, ZStW 107(1995), S. 379.
② Vgl. Zieschang, Mittäterschaft bei bloßer Mitwirkung im Vorbereitungsstadium?, ZStW 107(1995), S. 379.
③ Vgl. Roxin, Strafrecht, Allgemeiner Teil, BandⅡ, 2003, § 25 Rn. 189.

不成立教唆犯。实际上,在刘某产生抢劫故意后,黄某的加入只是强化了刘某的犯意,考虑到黄某在预备阶段共同参与了犯罪行为的谋议等,所以将其认定为帮助犯(从犯)是合适的。

二、黄某的行为不成立共犯的脱离

(一)共犯脱离的认定标准

按照因果共犯论的基本要求,只有参与者的行为与不法结果之间至少具有条件因果关系时,参与者才能对结果负责。对于帮助犯而言,由于存在物理的帮助和心理的帮助之分,因此,对于心理的帮助来说,预备阶段的参与者应当清楚自己和其他参与者之间的心理联系,像是明确告知对方自己不再参与并且征得对方同意。而对于物理的帮助来说,在预备阶段的共同犯罪参与要成立脱离,应当切断自己在预备阶段所提供的物理帮助,例如,与他人共谋盗窃,参与者提供了盗窃用的工具,此时,参与者要成立共犯脱离(犯罪预备或犯罪中止),应当有效地取回自己在预备阶段所提供的犯罪工具,以免被其他参与者用于实施盗窃。如果参与者未能有效切断自己提供的物理因果力,则应当承担犯罪既遂的责任。

(二)黄某的行为成立抢劫罪既遂

本案中,刘某、黄某在互联网上相识后,由刘某提议抢点钱花,二人遂预谋抢劫,黄某共同参与了购买了枪支等作案工具以为实施抢劫犯罪作准备。尽管后续三位被告人因发生分歧,被告人刘某、张某借故离开并在他处成功实施了抢劫犯罪,似乎黄某的行为和其他两位共同犯罪人之间的心理性因果关系已被切断。但是,事实表明,被告人刘某等携带枪支、斧头等作案工具闯入金店,被告人张某持枪恐吓店员及保安,刘某持斧头砸烂一节柜台取出部分黄金饰品,后张某砸烂另一节柜台取出部分黄金饰品,并逃离现场。由此说明,作案用的枪支仍然是黄某在抢劫预备阶段共同参与准备的,因此,黄某未能有效切断自己预备阶段的参与和抢劫行为造成的不法结果之间的因果贡献,黄某应当认定为抢劫罪既遂,而非犯罪预备。当然,鉴于黄某只是预备阶段的帮助犯,应将其认定为从犯,按照《刑法》第27条的规定,应当对其从轻、减轻处罚或者免除处罚。

三、结论

按照犯罪支配理论,正犯在整个犯罪行为事件中处于核心地位,其支配着构成要件的实现,而仅是在犯罪预备阶段有所参与者,尽管有可能成立意志支配的间接正犯(如黑社会组织的首领等),但其无法与其他参与者通过功能分工的形式实现犯罪支配,毕竟,仅在预备阶段参与者在着手实行阶段没有实际参与,其仅能放任其他实行者支配构成要件的实现,就此,对于预备阶段参与谋议但在实行阶段没有承担功能分工的参与者,不能认定为共同正犯。本案中的黄某仅仅在抢劫预备阶段有所参与,且其是在他人已有犯意的前提下加入谋议并准备犯罪工具,理应认定为帮助犯,而非正犯。同时,由于其未有效切断自己预备阶段的犯罪贡献和不法结果之间的物理性因果关联,因而也不能认定为犯罪预备,应当论以犯罪既遂。但鉴于其在整体犯行中的贡献和作用较轻,应论以从犯。

本案判决指出:"经评议认为,被告人黄某与被告人刘某、张某为了实施抢劫,共同预谋,并准备作案工具,均是抢劫犯罪的共谋共同正犯,并未超出黄某持枪抢劫金店的概括犯意,因此,被告人黄某应对被告人刘某、张某持枪抢劫金店的行为承担责任,但被告人黄某系犯罪预备,可以比照既遂犯从轻、减轻或者免除处罚。"[①]实际上,按照判决的逻辑,一方面认为黄某成立共谋共同正犯,另一方面却又认为其仅属于犯罪预备,实属法理重大错误的判决。因为共同正犯实行交互归责原则,一人既遂则整体既遂,因此,一旦认定为共同正犯,则在其他参与人抢劫既遂的前提下,黄某便不再可能仅处于犯罪预备阶段。或许,本判决的法官认识到一方面将其认定为共同正犯,另一方面又论以犯罪既遂对于黄某的责任科处过重,才转而认定其仅属于犯罪预备,但如此曲线式地从轻认定黄某的责任,扭曲了共同正犯归责的基本法理,也使得判决前后矛盾,其结论并不合理。

---

① 参见江苏省徐州市中级人民法院(2014)徐刑初字第21号刑事判决书。

[规则提炼]

1. 在预备阶段有所参与的共同参与人如果在着手实行阶段没有功能分工,不能认定为(共谋)共同正犯,只能视情形成立间接正犯(意思支配)和狭义共犯。

2. 成立共犯脱离,应当有效切断自己的参与贡献和不法结果之间的物理性和心理性的因果关系,否则便要承担其他参与人造成犯罪既遂的风险。

第20题 间接正犯

(间接正犯、绑架罪、非法拘禁罪、敲诈勒索罪)

[案情简介]

2006年3月初,被告人袁某、东某预谋绑架被害人石某勒索钱财。袁某以帮助他人讨债为由,纠集被告人燕某、刘某参与作案。同年3月9日2时许,燕某、刘某携带事先准备的作案工具,驾车到被害人石某位于天津的住处,冒充公安人员强行将石某绑架至山东省泰安市山区的一处住房。袁某指派东某留在天津监视石某的家属是否报警,指派燕某、刘某负责就地看押石某。尔后,袁某分两次向石某的家属勒索赎金80万元。后查明,在燕某、刘某将石某绑至袁某指定的地点后,两人从石某处获知,袁某与石某间并不存在债权债务关系。石某同两人达成约定,只要两人将其放走,就给两人10万元作为"感谢费"。后两人如约将石某放走,待石某回到家中后,二人多次向石某打电话索要该"感谢费"。①

问题:

1. 燕某、刘某的行为构成绑架罪还是非法拘禁罪?
2. 袁某是否构成绑架罪的间接正犯?
3. 燕某、刘某是否成立敲诈勒索罪?

[分析思路]

一、燕某、刘某冒充公安人员拘禁石某的行为性质

(一)燕某、刘某是否成立非法拘禁罪

(二)袁某教唆燕某、刘某拘禁被害人石某的定性

---

① 根据《最高人民法院公报》2008年第8期"天津市人民检察院第一分院诉李彬、袁南京、胡海珍、东辉、燕玉峰、刘钰、刘少荣、刘超绑架案"改编。

二、袁某打电话索要钱财的定性

（一）袁某的刑事责任

（二）东某的刑事责任

三、燕某、刘某索要"感谢费"的定性

（一）客观构成要件

（二）主观构成要件

四、结论

[具体解析]

按照本案中先后涉及的构成要件行为数，可将本案案情划分为三部分事实：(1)燕某、刘某冒充公安人员拘禁被害人石某；(2)袁某打电话威胁石某家属索要钱财；(3)燕某、刘某将石某放走后，打电话索要"感谢费"。这里分别对这三部分事实所涉及的刑法问题进行分析。

一、燕某、刘某冒充公安人员拘禁石某的行为性质

在这一事实中，涉及的行为主体为燕某、刘某和袁某。其中，燕某、刘某实施了以暴力行为拘禁他人的行为，袁某实施了隐瞒事实教唆刘某、燕某对他人进行拘禁的行为，因此涉及共同犯罪。其中，燕某、刘某涉及成立非法拘禁罪的正犯，袁某涉及成立非法拘禁罪的教唆犯以及绑架罪的间接正犯。

（一）燕某、刘某是否成立非法拘禁罪

非法拘禁罪，是指以拘禁或者其他方法非法剥夺他人人身自由的行为，本罪保护的法益是他人的身体活动自由，即行为自由。

1. 客观构成要件

非法拘禁罪的客观构成要件包括三部分内容：(1)非法，即行为人拘禁他人时不具有法律上的依据，既包括自始至终不具备合法依据的情形，也包括起初具备合法依据后合法依据丧失的情形；(2)行为内容表现为非法拘禁他人或者以其他方法非法剥夺他人人身自由，这里的拘禁手段并不作特殊限制，即不以使用强力限制为限；(3)行为对象为他人，这里的他人只要是具有身体活动自由的自然人即可。

燕某、刘某二人并无任何法律上的依据，冒充公安人员将被害人石某绑至某一住房内，属于以强制手段非法拘禁他人、剥夺他人人身自由的行为，符合非法拘禁罪客观构成要件方面的要求。

2. 主观构成要件

由于燕某、刘某受到袁某的欺骗，误以为被害人石某与袁某之间存在债权债务关系而非法限制石某的人身自由，因此二人具有成立非法拘禁的故意。

由于非法拘禁的手段行为同时又构成绑架罪的手段行为，这里还需要稍作说明的是，二人是否具有绑架的故意。

在为索债而非法拘禁他人的情形中，立法者考虑到毕竟双方存在债权债务关系，只是债权人为了追还债务而采取了法律上所不允许的方法，行为的客观违法性要低于绑架罪，因而在《刑法》第238条第3款中规定"为索取债务非法扣押、拘禁他人的，依照前两款的规定处罚"，而不对被告人适用绑架罪的规定。根据最高人民法院《关于对为索取法律不予保护的债务非法拘禁他人行为如何定罪问题的解释》，行为人为索取高利贷、赌债等法律不予保护的债务，非法扣押、拘禁他人的，依照非法拘禁罪定罪处罚。因而，行为人为索取债务而非法扣押、绑架他人，不论该债务是合法债务还是非法债务，均以非法拘禁罪定罪处罚。故燕某、刘某二人只成立非法拘禁罪的故意。

3. 犯罪形态

这里的问题是，燕某、刘某在得知被害人与袁某并无债权债务关系后将被害人放走的行为，是否成立犯罪中止？

犯罪中止，是指行为人在故意犯罪的过程中，基于自己的意思自动放弃犯罪，或者自动有效地防止犯罪结果发生的犯罪形态。该犯罪形态始于犯罪预备行为，终于犯罪既遂，因而在犯罪预备前的犯意表示阶段，以及犯罪既遂之后，都不存在犯罪中止的问题。因此，由于燕某、刘某所实施的非法拘禁行为已经既遂，故两人将被害人放走的行为只能作为量刑时的考量事由，而不能成立犯罪中止。

综合以上分析，燕某、刘某二人由于存在事实认识错误，误以为被害人石某和袁某之间存在债权债务关系而非法拘禁石某，由于二人主观上没有绑架他人并勒索财物的故意，因而构成非法拘禁罪，而非绑架罪。在二人获知被害人与袁某之间不存在债权债务纠纷之后将被害人放走的行为，可以作为量刑时的考量事由。

(二)袁某唆使燕某、刘某拘禁被害人石某的定性

这里所涉及的主要问题是,袁某隐瞒与石某不存在债权债务关系的事实,唆使燕某、刘某非法拘禁石某的行为应如何评价,即涉及利用他人认识错误,将他人作为犯罪工具情形的判断规则。

1. 袁某是否成立非法拘禁罪的教唆犯

(1)客观构成要件。教唆犯,是指引起他人的犯罪意思,使他人产生犯罪决意的人。本案中,袁某唆使本身不具有犯罪意图的燕某、刘某实施非法拘禁石某的行为,并且燕某、刘某实施了该行为且已经既遂,因而袁某的教唆行为符合教唆犯成立的客观要求。

(2)主观构成要件。袁某诱使本身不具有犯罪意图的燕某、刘某实施非法拘禁石某的行为,具有教唆的故意。

2. 袁某是否成立对绑架罪的间接正犯

由于袁某的欺骗行为,燕某、刘某在误以为石某和袁某之间存在债权债务关系的情况下,对石某实施了非法拘禁行为,因此涉及利用他人认知上的不完备,将他人作为犯罪工具的间接正犯的认定问题。间接正犯,是指利用自己的认知以及意志上的优势地位,将他人作为犯罪工具予以利用,实施犯罪的情形。

按照目前处于通说的区分正犯与共犯的犯罪支配理论,正犯是对构成要件该当事实的实现处于支配性地位的人,共犯则是从属于正犯,对构成要件该当性事实不具有支配地位的人。按照这一理论,间接正犯是正犯类型中的一种特殊表现形态,是指利用自己认知以及意志上的优势地位,将他人作为犯罪工具加以利用,实施犯罪的情形,其正犯性主要表现在处于优势地位的间接正犯对于被利用者(行为媒介)的支配性,这一隐于幕后的人支配、控制和决定着犯罪进程的实现。

具体而言,不同于通过自己的实行行为引起危害后果的直接正犯,间接正犯是通过对他人行为的利用引起结果的发生,而直接实施构成要件行为的他人本身对于这一被利用的事实是完全不知情的,因此成为了利用者的"工具"。正是基于直接实施构成要件行为的主体对真实情况的"无知",因而背后的利用者将被利用者的行为作为自己行为的一部分予以支配,因此这种支配是一种处于优

势地位的意思支配。利用者这种基于优势地位的意思支配表现为认知上的优势和意志上的优势,即利用者对于犯罪在认识因素上要比被利用者清楚,在意志因素上追求、容认结果发生的要求更为迫切。因此,利用者是控制犯罪因果进程的核心人物,是犯罪的决定性角色,而被利用者则成为了利用者的"工具"。

间接正犯的类型主要包括以下五类:(1)利用欠缺责任者的行为,既包括利用无责任能力者实施犯罪的行为,也包括利用部分责任能力者实施犯罪的行为。但这里需要注意的是如果被利用者具有规范意识和意思能力,对犯罪有自己的认识和理解,具备有目的的实施犯罪的能力,犯罪时并没有受到强制的话,那么利用者就只成立教唆犯,而不能成立间接正犯。(2)利用他人缺乏故意的行为。(3)利用他人的合法行为。(4)利用行为时承担责任的人。既包括利用他人的过失行为,也包括利用有故意但无目的或无身份的工具,以及利用他人犯轻罪的故意。(5)利用被害人自杀、自伤等不符合构成要件的行为。

就本案的情形而言,在燕某、刘某非法扣押石某的行为中,由于袁某隐瞒自己与被害人之间不存在债权债务关系的事实,因此其始终处于优越的意思支配地位,即只有袁某清楚燕某、刘某二人实施的行为是绑架罪这一重罪中的实行行为,但燕某、刘某二人本身只能认识到自己实施了非法拘禁的行为。因此袁某对于绑架罪这一重罪中的实行行为,始终处在优越的意思支配地位的一方,对于燕某、刘某实施的行为有着独立的支配,属于利用他人犯轻罪故意的行为,因此成立绑架罪的间接正犯。

综合以上分析,袁某隐瞒自己与被害人之间不存在债权债务关系的事实,教唆燕某、刘某拘禁被害人的行为中,既成立对非法拘禁罪的教唆犯,也成立绑架罪的间接正犯。

二、袁某打电话索要钱财的定性

这一事实中涉及袁某、东某两个行为主体。其中,袁某向被害人的家属打电话索要财物,而东某受袁某指派负责监督被害人的家属是否报警。

(一)袁某的刑事责任

1. 袁某是否成立敲诈勒索罪

敲诈勒索罪,是指以非法占有为目的,对财物所有人、占有人实施威胁、恐吓,索取数额较大的公私财物,或者多次敲诈勒索的行为。敲诈勒索罪的既遂逻辑可以理解为:对被害人实行威胁、恐吓→被害人产生恐惧心理→被害人基于恐惧心理处分财产→行为人或他人取得财产→被害人遭受财产损失。

(1)客观构成要件。袁某以石某的人身安全为筹码,恐吓、威胁石某家属索要财物的行为,符合敲诈勒索罪客观构成要件中对他人威胁、恐吓,使相对方产生恐惧心理,并基于该恐惧心理处分财产,从而取得相对方财产的要求。因此,袁某的行为符合敲诈勒索罪的客观构成要件

(2)主观构成要件。袁某明知以石某的人身安全为筹码,恐吓、威胁石某家属,会使石某的家属基于对石某安全的担忧而交付财物,并希望该种结果的发生,因此成立敲诈勒索罪的故意。

2. 袁某是否成立绑架罪

绑架罪,是指以勒索财物为目的,采取暴力、胁迫或是其他方法绑架他人,或者绑架他人作人质的行为。

(1)客观构成要件。绑架罪的客观要件表现为将他人劫持或是控制在行为人能够支配的范围内,利用被绑架者亲属或者他人对被绑架者安危的忧虑,提出不法要求的行为。其中,以暴力或其他方法劫持他人是绑架罪的方法/手段行为,而利用第三人的担忧提出不法要求是该方法行为向前发展的当然结果。据此,可以对袁某的行为是否符合绑架罪的客观构成要件进行分析:

其一,尽管袁某自身没有使用暴力、胁迫等方法绑架被害人,但其利用自身认知上的优势,支配燕某、刘某二人实施了绑架罪中绑架他人的手段行为,因而成立间接正犯。

其二,被害人石某的人身自由被控制后,袁某以石某人身安全为筹码打电话向其家属分两次索要财物的行为,符合利用第三人的担忧提出不法要求的构成要件。

因此,袁某的行为符合绑架罪客观构成要件层面的要求。

(2)主观构成要件。袁某明知其支配的是非法控制被害人人身自由的行为,仍希望该结果的发生,同时具有利用第三人对被害人的担忧勒索财物的目的,因此成立绑架罪的故意。

综合以上分析,袁某成立绑架罪。由于绑架罪是涉及侵犯公民人身权利的犯罪,因此只要行为人控制人质使之难以逃脱时,就成立本罪的既遂,而不以行

为人是否提出勒索财物或其他要求为既遂要件。因此在本案中,当燕某、刘某二人受到袁某欺骗实际控制被害人石某之时,袁某的绑架行为就已经既遂。

3. 罪数形态

由于敲诈勒索罪和绑架罪的构成要件中有重叠的部分,因此成立法条竞合。

法条竞合是指两个以上的刑罚规范在外表上是竞合的,但实质上是相互排斥的。从形式上看,行为该当甲罪构成要件,也该当乙罪构成要件,但是实质上,从法条之间的逻辑关系看,便决定了甲罪法条排斥乙罪法条的适用,仅成立一个甲罪。此时,并不真正成立乙罪,因此排斥乙罪法条的适用。敲诈勒索罪和绑架罪之间就是法条竞合的关系,即可以认为绑架罪是敲诈勒索罪的特别条款。根据法条竞合中"从一重罪处断"的原则,袁某的行为构成绑架罪。

(二)东某的刑事责任

这里涉及对东某实施的监督被害人家属是否报警的行为应当如何评价的问题。

1. 帮助行为

东某按照袁某的指示,在袁某打电话威胁被害人家属索要钱财的过程中,暗中监督被害人家属是否报警,这一行为使得正犯袁某的行为更容易实施。因此该行为能够评价为对袁某实施的绑架行为的帮助行为。

2. 帮助故意

帮助故意是指明知自己是在帮助他人实施犯罪的故意。本案中,被害人东某明知自己暗中监督被害人家属是否报警的行为将使得正犯袁某更为顺利地实施犯罪,并希望这一结果的发生,因而成立绑架罪中的帮助故意。

综合以上分析,东某成立对袁某绑架罪的帮助犯。

三、燕某、刘某索要"感谢费"的定性

被害人石某与燕某、刘某达成约定:若燕某、刘某二人将其放走,则给二人10万元人民币作为"感谢费"。二人如约将石某放走后,打电话向石某索要该"感谢费"。这里涉及的主要问题是,敲诈勒索罪和权利行使行为之间的区分问题。

(一)客观构成要件

首先需要判断的是,燕某、刘某是否实施了敲诈勒索罪中的恐吓、威胁行为。

表面上来看,燕某、刘某履行了自己和石某的约定,将石某放走,恢复了石某的人身自由,其打电话索要"感谢费"的行为是要求石某履行此前作出的承诺,似乎不存在恐吓或是威胁的具体表示。然而,根据一般的社会观念,尽管二人在电话中仅是要求石某按照约定支付"感谢费",但由于此前存在二人非法拘禁石某的行为,因此即便二人在电话中未作其他威胁性的表述,也足以使石某陷入恐惧心理。

其次需要判断的是,该"感谢费"是否能够成为敲诈勒索罪中的行为对象。这里涉及敲诈勒索罪和权利行使行为之间的区别。如果肯定燕某、刘某和被害人石某之间的债权债务关系,由于二人只是以打电话的方式催促石某尽快将钱款打入其账户,那么索要"感谢费"的行为就会被认为是权利行使行为,而不构成敲诈勒索罪。因此,如何认定该"感谢费"的行为,是判断二人行为是否成立敲诈勒索罪的重点。本案中,就该"感谢费"而言,是被害人石某在被拘禁、人身安全受到侵害的情况下所作出的妥协性承诺,显然难以认为是在双方平等、自愿的基础上所达成的债权债务关系,因而该约定并不具有有效性。同样,石某与燕某、刘某二人间的债权债务关系也不可能具有合法性和可保护性。

因此,燕某和刘某二人在将石某放走后,多次打电话向刘某索要该"承诺费"的行为,符合敲诈勒索罪客观构成要件中的内容。

(二)主观构成要件

燕某、刘某利用被害人的恐惧心理,意欲实现对他人财物的占有转移,具有敲诈勒索罪的故意。

因此,燕某、刘某向石某索要"承诺费"的行为,构成敲诈勒索罪。

四、结论

袁某和东某成立绑架罪的共同犯罪,其中,袁某是绑架罪的间接正犯,同时也是共同犯罪中的主犯;东某成立绑架罪的帮助犯,同时也是共同犯罪中的从犯。燕某、刘某成立非法拘禁罪、敲诈勒索罪,应当数罪并罚。

[规则提炼]

1. 为索要债务拘禁他人的,成立非法拘禁罪而非绑架罪。

2. 利用他人犯轻罪的故意但实行行为本身符合某一重罪中的手段/方法行为时，幕后的利用者成立对该重罪的间接正犯。

3. 在不平等情况下订立的"感谢费"等约定，不属于合法的债权债务关系，能够成为敲诈勒索罪的行为对象。

第 21 题　承继的共犯

（抢劫罪、盗窃罪、承继的共同正犯）

[案情简介]

被告人侯某曾在甲市本案被害人家的个体卖肉摊（摊主周陶某）打过工。2005 年 5 月，侯某碰到被告人匡某等人，在谈到如何出去搞钱时，侯某提出其在甲市打工时的老板有钱，可以带他们去。5 月下旬到甲市后，经商议决定由侯某带匡某一起到周陶某家肉摊上打工，以便利用打工期间与被害人一家同住一套房子的条件伺机动手。5 月底，经摊主周陶某同意，侯、匡二人住进了被害人租住的套房，并与其二人同住一室，早于侯、匡二人二十多天到周陶某肉摊上打工的被告人何某相识。其后，在侯、匡二人商议抢劫老板时，认为何某与其同住，最好拉何入伙。后侯、匡二人分别对何讲，老板对伙计很抠，每天有 1 万多元的营业额，平时流动资金有三四万元，不如把老板绑起来把钱抢走，每人能分到 1 万多元，要何一起参加。何说：如果每人能分到十万八万的，还可以搏一搏，你们这样不值得。后侯、匡二人继续做何的工作。何表示：你们干的事与我无关，最多我不去报警。

2005 年 6 月 8 日，三被告人中午下班回到住处后，侯、匡二人认为老板这几日回安徽老家办事，时机已到，商量马上要对老板娘动手，何某听后即离开，直到晚上 8 点左右才回住处。侯、匡二人因老板娘当日下午出去有事而在当日未及下手。次日中午二被告人下班回到住处后，认为再不动手，待老板回来就来不及了。午饭后匡某在其住的房间内从床铺下抽出预先从打工摊位上拿回的剔骨刀，准备马上动手。侯、匡二人随即走出三人住的房间，侯某在卫生间以窗帘拉不下为由，诱使老板娘（俞彩某）走到卫生间门口，匡某乘机从身后持刀架在老板娘的脖子上，并说：不要动，把钱拿出来。被害人见状大声呼救、反抗，侯某为阻止其呼救，捂住被害人的嘴，并将被害人扑翻在地，而后坐在被害人身上继续捂嘴并卡住被害人的喉咙,匡某在冲进其住的房间拿出胶带捆绑被害人双腿被挣脱,被害人仍在大声呼救反抗的情况下,即持剔骨刀对被害人胸腹部、背部等处刺戳数刀,同时侯某用被子捂住被害人的头部,致被害人俞彩某当场死亡。

何某在房间内听到客厅中的打斗声渐小后走出房门,见状后何问侯、匡二人:"你们把老板娘搞死了?"匡某随即叫何某一起到老板娘房间去找钱。三人在被害人家中共找出1 000余元。后匡某叫何某和其一起将躺在卫生间门口的被害人的尸体拖拽了一下,三被告人分别将身上沾有血迹的衣服换掉后,携带赃款潜逃。

经法医鉴定:被害人俞彩某面部、胸腹部、背部有多处创口,胸主动脉断裂,胸腹腔大量积血,系由于遭锐器刺戳致失血性休克而死亡。①

问题:被告人何某与被告人侯某、匡某事先并无通谋,但明知后者在实施抢劫的情况下,于后者暴力致被害人死亡后参与共同搜寻被害人财物,何某构成抢劫罪的共犯,还是仅成立盗窃罪?

[分析思路]
一、关于承继共犯的理论争论
(一)完全肯定说
(二)全面否定说
(三)部分肯定说(中间说)
二、对各种争论观点的评论
三、何某构成抢劫罪的承继共同正犯
四、结论

[具体解析]
本案涉及的主要问题包括实行行为、共同犯罪的认定、抢劫罪与盗窃罪的区分等。如果对这些问题点罗列不准,在处理本案时,所思考和检验的问题就会有重大遗漏。

分析者要依据前面对问题点的"搜寻",形成对本案处理的预判。本案的争

---

① 参见《刑事审判参考》第491号指导案例。

论焦点是承继的共同犯罪是否成立的问题。先行为人着手实行犯罪之后,后行为人知情参与的,后行为人是否对包括自己参与之前就已由先行为人所引起的事实在内的所有犯罪事实承担共犯(共同正犯或者帮助犯)的罪责,属于是否成立承继的共犯的问题。

一、关于承继共犯的理论争论

在承继的共犯中,如何确定后参与人的责任,一直是理论上争论不休的问题,实务上的处理也不统一。例1,甲基于抢劫的意思深夜在某偏僻处将被害人乙打成重伤,妻子田某应丈夫甲的要求持手电筒照明,甲顺利将乙掉落在地的钱包取走的,田某构成抢劫(致人重伤)罪还是盗窃罪?例2,甲将被害妇女乙打伤,甲的朋友于某路过时将无力反抗的乙强奸。事后发现乙受重伤,但该后果是甲还是于某造成难以查明,于某是否对重伤结果负责?例3,在甲的抢劫暴力行为已经实施一段时间之后,赵某赶到并从被害人乙身上取走1万元的,对赵某如何处理?

对于承继的共同正犯如何处理,目前理论上有三种立场。

(一)完全肯定说

该说主张后参加者在前一行为人的行为尚未结束之际参加犯罪的,均应当与前一行为人一起构成共同正犯,即便是前一行为人造成的后果,也需要相续的共同正犯负责。因此,上述例1中的田某构成抢劫(致人重伤)罪;例2中的于某构成强奸(致人重伤)罪;例3中的赵某构成抢劫罪。完全肯定说背后的逻辑是:因为后一行为人认识到前一行为人所实施的行为并有利用的意思,与共谋具有相当性,值得重罚。但是,仅仅由于对前一行为人的行为有认识就在处罚上溯及他人之前的行为,与个人责任相悖,失之过严,似乎不妥当。

(二)全面否定说

该说认为,应当彻底贯彻因果共犯论的立场,全面否定承继的共犯,那么,后参加者就只对其参与的犯罪负责。在后行为人参与之前,他人所造成的后果,即便其对此有认识也不需要负责。全面否定说的问题意识在于,就共犯而言,也应当以与所有构成要件该当事实之间存在因果性为必要。因此,有必要对于后行为人施加了因果性影响的行为、结果进行独立评价,在该行为、结果符合特定构成要件的限度之内时,才有可能成立共犯。因此,上述案例中的田某构成盗窃罪,于某构成强奸罪,赵某构成盗窃罪。因为按照因果共犯论,共犯人对于参与行为没有因果联系的情形,无须承担责任。但是,按照完全否定说,在前一行为人所实施的犯罪较轻时,后参与人的行为可能无罪,由此带来不合理的结论。例如,前一行为人恐吓他人,被害人被迫交付财物,后一行为人接受该财物的,由于既不是盗窃也不是敲诈勒索,根据完全否定说只能作无罪处理。

(三)部分肯定说(中间说)

在后行者部分参与,从先行者的角度看,后行者的行为重要的场合,可以肯定后行者对最终结果负责。但是,部分肯定说也有两个限制条件:先行者的行为效果延续至后行者并被后行者利用;后行者利用先行者的效果并扩大结果。按照这一观点,上述案例中的田某构成抢劫(致人重伤)罪,于某构成强奸(致人重伤)罪,赵某构成盗窃罪。

二、对各种争论观点的评论

对于承继的共犯如何处罚,必须受到共犯处罚根据的因果共犯论的约束,即行为人仅就与自己行为之间存在因果关系的事实承担共犯罪责。如果承认因果共犯论,全面肯定说就是无法采纳的。由此一来,主要的争论就集中在部分肯定承继的"中间说"与全面否定承继的"消极说"之间的对立。

应当说,如果考虑责任主义的要求和犯罪事实支配原理,坚持最为彻底的因果共犯论,全面否定说在理论上就是很容易讲得通的,其与因果共犯论的实质相一致:后行为人仅就与自己行为之间存在因果关系的事实承担共犯罪责,后行者的参与和先行者已经造成的损害之间没有因果关系,其能够支配的只能是参与之后的犯罪事实。因此,在他人使用暴力导致被害人重伤的场合,后行者仅参与取得财物的,仅构成盗窃罪正犯。

为保持承继的共犯论与共犯处罚根据的因果共犯论之间的一致性,山口厚教授主张,目前,"中间说"的理论根据并不充分,因此,应当采取的理论结构是,以肯定先行为人存在作为义务为前提,认定通过共谋参与先行为人行为的后行为人与先行为人共有这种作为义务。为此,后行为人成立抢劫罪、敲诈勒索罪或者诈骗罪的不作为犯,并与属于作为犯的先行为人之间成立这些犯罪的共同正犯。这一结论是以后行为人仅就共谋参与之后的事实承担罪责为前提,不仅是妥当的,而且也与因果共犯论之间具有整合性。①

对此,桥爪隆教授则提出,为了既坚持因果共犯论,同时弥补处罚上的漏洞,合理的做法是缓和共犯因果性的内容,不要求后行为人的行为与所有构成要件该当事实之间均存在因果关系,而只要与构成要件结果的引起之间存在因果关系即可。这种对因果性的缓和,既适于狭义的共犯,也适于共同正犯。②

应当说,无论部分肯定说赞成者的具体理由是什么,该学说与因果共犯论的实质基本上相一致这一点是无法否认的,即后行者参与时,与先行者试图实现的结果相一致,且存在因果性。因此,在他人盗窃之后,为窝藏赃物而逃跑时,行为人帮助盗窃犯逃跑,对追赶的失主使用暴力的是抢劫罪正犯。而在他人使用暴力导致被害人重伤的场合,后行者仅参与取得财物的,应当构成盗窃罪。对于本案,能否按照部分肯定说进行分析、处理,需要进一步分析。

三、何某构成抢劫罪的承继共同正犯

对于本案,某市中级人民法院一审认定侯某、匡某多次与何某就抢劫进行过预谋,在匡某、侯某将俞彩某当场杀死后,何某随后拖拽尸体并和侯某、匡某一起在俞彩某衣裤内及室内劫取1 000余元等财物后逃离现场。被告人侯某、匡某、何某以非法占有为目的,共同抢劫他人财物,并致一人死亡,其行为均已构成抢劫罪,依法应予严惩。

某省高级人民法院经公开审理认为,根据现有证据,侯某、匡某二人为抢劫而以打工为名,到被害人家与何某同住一室而相识后,曾多次拉拢何共同实施抢劫,何一直未明确允诺,且有躲避侯、匡二人的行为;本案抢劫行为实施前,何某并未在侯、匡二人商量马上动手时有表态应允、接受分工的行为;在侯、匡二人以暴力行为致被害人死亡后,何某应匡某的要求参与了在被害人家翻找财物的行为。据此,原判认定作案前何某与侯、匡二人就抢劫多次进行预谋,并与侯、匡二人共同致被害人死亡的事实证据不足。原审被告人何某在二审庭审中的辩解意见与事实基本相符,予以采纳。上诉人侯某、原审被告人匡某以非法占有为目

---

① 参见〔日〕山口厚:《承继的共犯理论之新发展》,王昭武译,载《法学》2017年第3期。
② 参见〔日〕桥爪隆:《论承继的共犯》,王昭武译,载《法律科学(西北政法大学学报)》2018年第2期。

的、共同预谋、携带凶器,当场实施暴力抢劫他人财物,并致一人死亡,已构成抢劫罪,且系共同犯罪,在犯罪过程中侯、匡二人均起主要作用,故均系主犯。其行为严重侵犯了公民的人身权利和财产权利,危及了社会公共秩序和公民的安全感,手段残忍,后果极其严重,主观恶性、人身危险性、社会危害性极大,应依法严惩。上诉人侯某在共同犯罪中提起犯意,提供作案对象,积极预谋,在抢劫过程中积极实施对被害人的暴力行为,对被害人死亡的后果负有重要责任。但鉴于其在抢劫犯罪中实施的暴力行为并非被害人死亡的直接原因;案发后有自首行为;具有部分酌定从轻情节;案发后有认罪、悔罪表现等,故对其判处死刑可不立即执行。故侯某的辩护人对侯某量刑情节及其量刑问题提出的意见成立,予以采纳。原审被告人匡某积极参与预谋,在抢劫犯罪过程中持剔骨刀对被害人捅刺多刀,致被害人死亡。其对本案被害人死亡的犯罪后果负有直接责任。其虽有犯罪后自首、检举同案犯共同犯罪事实的行为等从轻情节,但不足以对其从轻处罚。原判对其量刑并无不当。匡某辩护人就匡某量刑情节提出的意见与事实相符,但就量刑问题提出的意见不予采纳。

原审被告人何某在明知侯、匡二人为抢劫而实施暴力并已致被害人死亡的情况下,应匡某的要求参与侯、匡二人共同非法占有被害人财物的行为,系在抢劫犯罪过程中的帮助行为,亦构成抢劫罪的共同犯罪,在共同犯罪中起辅助作用,系从犯。其行为亦侵犯了公民的人身权利和财产权利,应依法惩处。因其在被害人死亡前并无与侯、匡二人共同抢劫的主观故意和客观行为,故对其应适用《刑法》第263条一般抢劫罪的规定予以处罚。鉴于原审被告人何某在本案抢劫犯罪中的从犯作用,被动参与犯罪且未实施抢劫犯罪中的暴力行为,主观恶性、人身危险性、社会危害性相对较轻等情节,对其应在法定量刑幅度内从轻处罚。

据此,终审判决如下:被告人匡某犯抢劫罪,判处死刑,剥夺政治权利终身,并处没收个人全部财产;侯某犯抢劫罪,判处死刑,缓期2年执行,剥夺政治权利终身,并处没收个人全部财产;被告人何某犯抢劫罪,判处有期徒刑4年,并处罚金1 000元。①

在本案审理过程中,对于被告人侯某、匡某共同预谋并实施抢劫行为构成抢

---

① 参见最高人民法院刑事审判第一、二、三、四、五庭主办:《中国刑事审判指导案例1(刑法总则)(增订第3版)》,法律出版社2017年版,第139页以下。

劫罪的共犯没有争议,但对于事中参与犯罪的被告人何某如何定罪存在一定分歧。有意见认为,抢劫罪侵犯的是复杂客体,表现为对他人人身和财产权利的侵犯。在他人以非法占有为目的,对被害人先施以暴力,使被害人失去反抗能力后,再取得被害人财物的情况下,行为人于侵犯他人人身权利行为实施完毕后,参与他人实施侵犯被害人财产权利行为的,其对被害人的伤亡事实并无主观故意和客观行为,故对该行为人的行为性质应与参与全部抢劫犯罪行为的他人作出不同的评价。在本案中,何某在侯某、匡某拉其入伙,要其参与抢劫犯罪时,并未表示同意。侯、匡二人为非法占有财物而对被害人实施暴力至被害人死亡前,何某亦无任何帮助的行为。在被害人死亡后,何某应侯、匡二人的要求参与了在被害人家中搜取财物的行为。由于何某事前无抢劫的主观故意,事中亦未参与侯、匡二人在抢劫过程中的暴力行为,其犯罪的主观故意内容及行为特征与侯某、匡某不同,因此时被害人已死亡,故其行为属秘密窃取之盗窃性质,应以盗窃罪定罪。这是承继的共同正犯全面否定说的立场。

不过,对这种意见的妥当性还可以探讨。何某的行为有构成抢劫罪的共同正犯的余地,这是按照承继的共同正犯理论可以得出的结论,即先行为人已实施一部分实行行为,后行为人以共同犯罪的意思参与实行的,可以按照前述的部分肯定说确定其刑事责任。

按照承继共同正犯部分肯定说,就抢劫罪而言,后行为人明知先行为人实施了抢劫的暴力行为后,参与进来实施取得财物的行为,应构成抢劫罪的承继的共同犯罪。首先,抢劫罪在我国是一个独立的犯罪类型,由暴力、胁迫等强制行为与取财行为组成,这两种行为都是抢劫罪的实行行为。后行为人在了解先行为人抢劫的暴力行为后,基于利用的意图参与其中利用暴力行为的持续效果实施取财行为,就属于抢劫罪的"强取"行为。就此而言,后行为人的取财行为不是孤立的、单纯的取财行为,与通常发生的盗窃行为有所不同。其次,如果将后行为人的取财行为认定为盗窃罪,由于我国盗窃罪有数额较大的要求,很有可能导致该行为无罪。这显然是不合适的。最后,即使将后行为人的取财行为认定为抢劫罪,并不意味着处罚会很重。因为这种行为在作用上属于从犯,会根据从犯的规定从宽处罚。

本案的复杂性在于,被告人侯某、匡某以抢劫的故意杀死俞彩某后,被告人何某在侯某、匡某的拉拢下才参与取财行为。但是,即使是在这种情形下,何某仍然构成抢劫罪的承继的共同正犯。虽然抢劫罪的一般情形是以非法占有为目的实施暴力,压制被害人的反抗,然后取走财物,但是,也包括以非法占有为目的的杀死被害人,然后取走财物。此时的取走财物依然属于抢劫罪的实行行为的一部分。在本案中,何某参与进来实施的取财行为与侯某、匡某的暴力行为紧密相连,没有明显的时空间隔,此时何某的行为仍然属于侯某、匡某暴力行为的效果的延续。当然,由于何某在共同犯罪中的作用较小,应当以从犯来处罚。如果侯某、匡某开始只有杀人的故意,而没有抢劫的故意,何某在侯某、匡某杀死被害人后,三人临时起意从被害人处取财的,则何某只能对盗窃罪成立共犯,对故意杀人罪不成立共犯。

四、结论

被告人侯某、匡某(先行为人)以抢劫的故意杀死俞彩某后,被告人何某(后行为人)在侯某、匡某的拉拢下参与取财行为,后行为人仍构成抢劫罪的承继的共同犯罪,但其在共同犯罪中起辅助作用,应当按照从犯处罚。

[规则提炼]

1. 对于承继的共同正犯,有全面肯定说、全面否定说、部分肯定说等多种理论,各有其优劣得失。

2. 实务上通常承认的立场是:先行为人已实施一部分实行行为,后行为人以共同犯罪的意思参与实行的,对于后行为人可以按照部分肯定说确定其刑事责任,从而成立承继的共同正犯。

第 22 题　共犯与认识错误

（对象错误、打击错误、共同犯罪）

[案情简介]

董某教唆潘某杀害符某,告知其符某年龄 40 多岁,身高 170 厘米左右,体态较瘦,常去三个地方:符某的五粮液专卖店、符某的公司、符某的情妇的住处(该市翰林湾小区)。董某曾带领潘某寻找符某,未果,便让潘某自己寻找符某。潘某又让张某寻找符某。某日,张某告知潘某在翰林湾小区发现"符某"(实为王某)。第二天早上 8 点,王某从单元楼出来。张某示意潘某此人就是符某。潘某便上前近距离开枪打死王某。此前,董某未向潘某出示过符某的照片,潘某也未见过符某。而潘某杀害王某时,符某并不在现场。法院判决潘某、董某及张某均构成故意杀人罪既遂。①

问题：

1. 实行犯潘某构成何种事实认识错误？该如何处理？

2. 教唆犯董某是否构成事实认识错误？若构成,属于对象错误还是打击错误？

3. 潘某制造的错误结果,能否归属于董某？董某构成对象错误还是打击错误？对此应承担怎样的刑事责任？

[分析思路]

一、实行犯潘某的刑事责任

(一)潘某针对符某的刑事责任

(二)潘某针对王某的刑事责任

---

① 参见黑龙江省大庆市中级人民法院(2010)庆刑一初字第 37 号刑事判决书。

(三)罪数

二、教唆犯董某的刑事责任

(一)董某针对符某的刑事责任

(二)董某针对王某的刑事责任

(三)罪数

三、结论

[具体解析]

一、实行犯潘某的刑事责任

(一)潘某针对符某的刑事责任

在此主要问题是,潘某计划杀害符某,持续寻找符某,但最终未能杀害符某,构成故意杀人罪的犯罪预备还是未遂?

1. 客观构成要件

成立犯罪预备,要求客观上实施了预备行为。第一,预备行为与日常生活行为有所区别。日常生活行为对法益没有制造现实的危险。例如,甲为了杀人要购买刀具,但是资金不够,为此打工挣钱。打工挣钱的行为属于日常生活行为,因为这种行为对被害人的生命不会制造现实的危险。第二,预备行为与实行行为有所区别。二者的区分标准是犯罪行为是否着手。主流观点认为,行为对法益产生紧迫的危险时,视为着手。预备行为虽然对法益制造了现实的危险,但该危险尚未达到紧迫的程度。

本案中,潘某在杀害王某时,由于符某不在现场,因此潘某的杀害行为对符某的生命没有制造现实的危险。但是,潘某基于杀害意图一直在寻找符某。这种寻找行为,属于制造条件的行为,对符某的生命制造了现实的危险,因此属于预备行为。潘某杀害王某后被捕,导致潘某无法对符某着手实行杀害行为。

2. 主观构成要件

潘某对符某具有杀害的故意,并且具有着手实行犯罪的意图。

综合以上分析,潘某对符某构成故意杀人罪的犯罪预备。

(二) 潘某针对王某的刑事责任

在此主要问题是,潘某误将王某当作符某予以杀害,是否构成对象错误?潘某是否构成故意杀人罪既遂?

1. 客观构成要件

潘某近距离开枪打死王某,具备故意杀人罪的实行行为,制造了危害结果,并且二者之间具有因果关系。

2. 主观构成要件

潘某主观上误将王某当作符某而打死,存在对象错误。对象错误的特点是,行为人对实害对象及实害结果持故意心理,并且对实害对象的身份存在认识错误。潘某开枪打死面前的这个人(王某),说明对其死亡持直接故意心理,因此构成故意杀人罪既遂。潘某对该人的身份存在认识错误,但是故意杀人罪的行为对象只要求是"他人"即可,"他人"的身份、姓名等不是构成要件要素,对身份产生认识错误不是关于构成要件事实的认识错误。这种认识错误只影响潘某的杀人动机的实现,被称为动机错误。

(三) 罪数

潘某一方面对符某构成故意杀人罪犯罪预备,另一方面对王某构成故意杀人罪既遂,由于整体上是一个行为实施的,因此属于想象竞合关系,择一重罪论处,以故意杀人罪既遂论处。

二、教唆犯董某的刑事责任

(一) 董某针对符某的刑事责任

在此主要问题是,实行犯潘某对符某构成故意杀人罪犯罪预备,那么教唆犯董某对此该负怎样的刑事责任?

1. 客观构成要件

教唆犯的客观构成要件是,实施了教唆行为,引起他人制造违法事实,对他人制造的违法事实具有连带性。教唆行为引起实行犯的违法事实,包括两个层次:

第一,教唆行为引起实行犯的违法行为。这是教唆犯的成立条件。例如,甲教唆乙杀害丙,乙表面答应,实际上乙早有此意,乙杀害了丙。甲不成立教唆犯,因为乙的杀人行为不是甲的教唆行为引起的。

第二,教唆行为引起实行犯的违法结果。这是教唆犯的既遂条件。例如,甲教唆乙杀害丙,乙答应,来到丙居住的小区,由于样子鬼鬼祟祟,被小区一位老大爷质问,二人发生口角,乙一气之下杀死老大爷,并逃离。甲的教唆行为引起了乙的违法行为(杀丙的行为),因此甲成立教唆犯。但是,甲的教唆行为并没有引起乙的违法结果(杀死老大爷)。对该违法结果,甲不用负责,甲不会因此构成故意杀人罪教唆犯既遂。由于乙杀丙构成故意杀人罪犯罪预备,因此甲也构成故意杀人罪的教唆犯犯罪预备。乙同时触犯故意杀人罪犯罪预备(针对丙)和故意杀人罪犯罪既遂(针对老大爷),想象竞合,择一重罪论处。

本案中,董某的教唆行为引起了潘某杀害符某的行为。但潘某对符某仅实施了预备行为,构成犯罪预备。该违法事实与董某的教唆行为具有违法上的连带性,能够归属于董某的教唆行为。

2. 主观构成要件

实行犯制造的违法事实能够归属于教唆者后,接下来要考察能否谴责教唆者。要谴责教唆者,要求教唆者具有教唆故意。教唆故意,是指故意引起他人制造违法事实。本案中,董某具有教唆故意,故意引起潘某实施杀人。因此,董某成立故意杀人罪的教唆犯。由于实行犯潘某构成故意杀人罪犯罪预备,基于共犯从属性原理,教唆犯董某也构成故意杀人罪犯罪预备。

(二)董某针对王某的刑事责任

在此主要问题是,对于实行犯潘某制造的错误结果(错杀王某),教唆犯董某应否承担刑事责任?

传统理论一般将该问题放在"共犯过剩"或"实行过限"中研究,判断标准是,实行犯实施的犯罪有无超出教唆犯教唆故意的范围,若未超出,则教唆犯应对此负责,若超出,则无需负责。① 依据该理论,董某教唆潘某实施故意杀人罪,潘某实施了故意杀人罪,没有超出董某的教唆故意的范围,因此,董某应对此负责。然而,这种审查步骤值得商榷。在审查步骤上应坚持先客观、后主观的顺序,先在客观上审查实行犯制造的错误结果能否归属于教唆行为;如果得出肯定

---

① 参见高铭暄、马克昌主编:《刑法学》(第七版),北京大学出版社、高等教育出版社2016年版,第167页。

结论,才会面临主观故意的问题。

1. 教唆行为

这里的主要问题是,王某的死亡能否归属于教唆犯董某？判断实行行为制造的结果能否归属于教唆行为,理论上一般采用共犯处罚根据中的因果共犯论(引起说),亦即教唆行为通过实行行为间接引起了法益侵害结果;若没有教唆行为,实行犯就不会实施犯行,不会引起实害结果,因此教唆行为与实害结果之间具有因果性。① 不难看出,这种推论运用的是条件关系"无 A 则无 B,A 即 B 因"。然而,条件关系存在局限性,已是学界共识。② 在教唆犯场合,使用条件关系会不当扩大结果归责的范围。例如,甲教唆乙进入丙家盗窃,乙在盗窃时看到熟睡的女主人丁,便强奸了丁(盗窃强奸案)。传统的分析是,客观上若没有甲的教唆入室盗窃,就没有乙的强奸行为,因此二者具有因果关系;然后在主观上考察乙的强奸行为是否超出甲的教唆故意的范围,由于超出了,故甲对乙的强奸行为不用负责。不难发现,若根据条件关系,一般都会得出教唆行为与实行犯的犯行有因果关系。正因如此,我国传统理论在处理"实行过限"时,往往忽略客观上因果关系的判断,而将目光集中在主观故意,判断实行犯制造的结果有无超出教唆犯的教唆故意。然而,若根据条件关系,则甲教唆乙入室盗窃与乙入室后犯的所有罪行均有因果关系。这种结论对甲显然不公平。

当前刑法主流理论认为,判断一个结果能否归属于一个行为,除进行条件关系的判断之外,还需要进行客观归责的判断。③ 根据客观归责理论,一个结果能归属于一个行为,需要具备三项条件:该结果肇端于该行为制造的不被允许的类型性危险;该结果是该类型性危险的相当性实现;该结果处在构成要件保护范围内。④ 具体到教唆犯的场合,第一步需要判断,实行犯制造的结果与教唆行为创设的危险是否吻合;第二步需要判断,该结果是不是教唆行为创设的危险的相当性实现。这里的相当性实现,是指虽然危险流发生了一定偏离,但没有超出

---

① 参见〔日〕山口厚:《刑法总论(第 2 版)》,付立庆译,中国人民大学出版社 2011 年版,第 306、309 页。
② 参见周光权:《刑法总论》(第四版),中国人民大学出版社 2021 年版,第 121 页。
③ 参见周光权:《刑法客观主义与方法论》(第二版),法律出版社 2013 年版,第 63 页。
④ Vgl. Claus Roxin, Strafrecht Allgemeiner Teil, Bd. Ⅰ, 4. Aufl., 2006, S. 375 ff.

生活经验可预见的范围,具有客观可预见性,此时该结果仍视为危险的相当性实现。①

在上述盗窃强奸案中,甲教唆乙进入丙家盗窃,只是对丙家的财物创设了危险,并没有对丙的妻子丁的性权利创设危险。对丁的性权利的危险是乙自行创设的,这一点与甲的教唆行为创设的危险无关。因此,乙强奸丁这一违法事实不能归属于甲的教唆行为。由于在客观归责阶段便得出否定结论,因此不需要在主观阶段判断乙强奸丁是否超出甲的教唆故意的范围。

回到本案,教唆犯董某将识别预定目标的任务托付给实行犯潘某,这种做法便蕴藏了实行犯认错人、杀错人的风险,由此对某些与预定目标具有相近特征的人创设了危险。实行犯认错人、杀错人,导致预设的危险流发生了偏离,但是从一般人的认识角度看,这种偏离没有超出生活经验可预见的范围,具有客观可预见性。这种认错人的情形从生活经验看并不罕见。因此在客观上,实行犯潘某因认错人而制造的错误结果能够归属于董某的教唆行为。

2. 事实认识错误

在此主要问题是,对于实行犯因对象错误而制造的错误结果,教唆犯董某是否也存在事实认识错误?若存在,属于对象错误还是打击错误?

关于对象错误与打击错误的区分,传统理论认为,对象错误是因为主观原因导致的错误结果,打击错误是因为客观原因导致的错误结果。这种区分标准存在局限性,仅能适用于同一现场的案件,难以适用于不同现场的案件。不同现场的案件包括两种情形:一是隔离犯,这是指行为与结果之间存在时空间隔,例如通过邮寄毒药杀人。二是教唆犯,教唆犯一般不在现场。

认识错误的本质是主观认识与实际发生事实不一致。如果一致,则不存在认识错误。也即认识错误是"主客观相一致"原则的反面效果。在判断"主观认识"与"实际发生事实"是否一致时,需要注意两点。

第一,主观认识的时间。"主客观相一致"原则中的主观认识,是指行为时的主观认识,而非结果时的主观认识。考察行为人的故意及认识内容,应以行为时实施为准,而不能以结果发生时为准。这便是"行为与故意同时存在"原则(同时性原则)。

---

① Vgl. Rudolf Rengier, Strafrecht Allgemeiner Teil, 5. Aufl., 2013, §13, Rn. 62.

第二,主观认识的对象。"主客观相一致"原则中的主观认识,认识的对象是"实际发生事实"。判断是否一致时,重点不在于行为人对欲想侵害对象持何种心理,而在于行为人对实际侵害对象及实害结果持何种心理。由此可以总结出三种案件类型。

第一种案件类型:对象错误。其特点是,行为人对实际侵害对象及实害结果持(直接)故意心理,并且对实际侵害对象的身份存在认识错误。例如,甲看到前方树下站着一个人,误以为是仇人乙,开枪将其打死,走近发现是路人丙。判断重点不在于甲对欲想侵害对象(乙)持何种心理,重点在于甲对实际侵害对象(丙)持何种心理。甲向丙开枪,说明对丙的死亡持直接故意,构成故意杀人罪既遂。

第二种案件类型:间接故意。其特点是,行为人对实际侵害对象及实害结果持间接故意心理,并且对实际侵害对象的身份不存在认识错误。在此,行为人主观认识内容与实际发生事实是一致的,不存在事实认识错误。传统理论认为,一项认识错误要么是对象错误,要么是打击错误。其实,还有第三种类型也即间接故意,既不是对象错误,也不是打击错误。例如,甲看到前方树下站着仇人乙,乙在与丙握手,甲向乙开枪,知道有可能击中丙,但持放任态度,开枪后打偏,击中丙。乙、丙都是甲的实际侵害对象,对丙产生了实害结果。甲对丙的死亡持间接故意,主观认识内容与实际发生事实是一致的,并且甲对丙的身份不存在认识错误,因此不存在任何事实认识错误。甲构成故意杀人罪既遂。由此也能反推出,甲要构成打击错误,要求对实际侵害对象及实害结果(丙的死亡)持过失心理或是意外事件。

第三种案件类型:打击错误。其特点是,行为人对实际侵害对象及实害结果持过失心理或是意外事件,并且对实际侵害对象的身份不存在认识错误。例如,甲看到前方树下站着仇人乙,向其开枪,打偏了,不慎打死附近忽然出来的丙。乙、丙都是甲的实际侵害对象,对丙产生了实害结果。甲对丙的死亡持过失心理,对丙的身份不存在认识错误,并没有"误将丙当作乙"的心理活动。甲属于打击错误。

区分路线图:

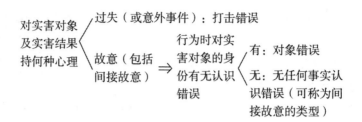

判断的第一步是,判断行为人对实际侵害对象及实害结果持何种心理。判断的第二步是,判断行为人对实际侵害对象的身份有无认识错误。对此,应以行为实施时的认识为标准,不能以结果发生时的认识为标准。传统理论的失误在于,以结果发生时的认识为标准,判断行为人对实害对象的身份有无认识错误。由此导致许多打击错误、间接故意均被认定为对象错误。

例如,甲欲毒杀乙,给乙寄毒酒,得知乙住在"211室",在填写包裹单上的地址时,一时疏忽,错写成"217室",自己没有发觉。"217室"的住户丙收到后,不知情中毒身亡。第一步,甲对实际侵害对象及实害结果(丙的死亡)持过失心理,甲属于打击错误。传统理论的第一步判断是,根据结果发生时的认识标准来判断甲对实害对象的身份有无认识错误,由此会认为甲有认识错误,也即"甲以为死者是乙,实际是丙",如此会认为甲是对象错误。但是,这种看法违反了"行为与故意同时存在原则",并且导致打击错误被认定为对象错误。

又如,甲欲炸死乙,来到乙家车库,在乙的轿车上装了炸弹。甲知道乙的妻子、儿子有可能开这辆车,但不管那么多了。第二天,乙的妻子丙开车时被炸死。第一步,甲对实际侵害对象及实害结果(丙的死亡)持间接故意心理,因此甲不构成打击错误。第二步,甲在行为时(安装炸弹时),对丙、乙的身份不存在认识错误,不存在"误将丙当作乙"的心理活动,因此甲不构成对象错误。旧理论的第一步判断是,根据结果发生时的认识标准来判断甲对实害对象的身份有无认识错误,由此会认为甲有认识错误,也即"甲以为死者是乙,实际是丙",如此会认为甲是对象错误。但是,这种看法违反了"行为与故意同时存在原则",并且导致间接故意被认定为对象错误。

回到本案,在主观上,教唆犯董某对错误结果(王某的死亡)不存在疏忽大意的过失心理,因为董某雇凶杀人,会预见到杀手可能会认错人、杀错人。董某对错误结果如果是过于自信的过失心理,则属于打击错误;如果是间接故意的心理,则表明主客观相一致,不存在事实认识错误。过于自信的过失与间接故意的区分在于对危害结果的意志态度:过于自信的过失持反对态度,间接故意持放任态度。关于反对态度和放任态度,可以通过行为人是否采取避免措施加以考察。行为人如果积极采取避免措施,则表明对危害结果的发生持反对态度,可以成立过于自信的过失。

本案中,教唆犯董某向实行犯潘某仅告知预定目标符某的年龄、身高、体态、常去地方,并未出示照片,也未使潘某见到过符某,也没有其他足以锁定符某身份的指示措施,就让潘某自行寻找符某。这表明,董某没有积极地采取避免措施,避免潘某认错人、杀错人,而是放任这种错误结果的发生,对此持间接故意心理。因此,董某的主观认识与实际发生的结果相一致,既不构成对象错误,也不构成打击错误。董某只是杀人动机没有实现,但这一点在主观构成要件中并不重要。因此,董某应当对王某的死亡负故意责任,构成故意杀人罪既遂。相反,如果董某采取了积极的避免措施,例如向潘某出示符某的照片,带领潘某辨认过符某,则表明董某对王某的死亡持过于自信的过失心理,属于打击错误。根据这种案件事实,董某对王某构成过失致人死亡罪。

(三) 罪数

本案中,就欲害对象(符某)而言,实行犯潘某构成故意杀人罪犯罪预备,教唆犯董某也构成故意杀人罪犯罪预备。就实害对象(王某)而言,实行犯潘某构成故意杀人罪既遂,教唆犯董某也构成故意杀人罪既遂。董某的一个雇凶行为既触犯故意杀人罪犯罪预备,也触犯故意杀人罪既遂,属于想象竞合,择一重罪论处,以故意杀人罪既遂论处。

三、结论

实行犯潘某对符某构成故意杀人罪犯罪预备,对王某构成故意杀人罪既遂,属于想象竞合关系,应当择一重罪(故意杀人罪)论处。教唆犯董某的一个雇凶行为既触犯故意杀人罪犯罪预备,也触犯故意杀人罪既遂,属于想象竞合,择一重罪论处,即以故意杀人罪既遂论处。

[规则提炼]

1. 就实行犯制造的错误结果而言,在判断教唆犯的刑事责任时,不应一开始便根据"错误结果是否超出教唆故意的范围"判断,应当先在客观上考察实行犯制造的错误结果能否归属于教唆行为。对此不应仅用条件关系判断,而应考察危险的现实化。

2. 就故意杀人罪而言,对象错误是一种动机错误,不是关于构成要件事实的认识错误,不能排除故意。

3. 根据"行为与故意同时存在原则",判断对象错误,应以行为人行为时的主观认识为准,不应以结果发生时的主观认识为准。

4. 实行犯因对象错误而制造错误结果,教唆犯对错误结果若持过失心理,则属于打击错误,对错误结果负过失责任;若持间接故意心理,则不存在事实认识错误,对错误结果负故意责任。

第 23 题 共犯与实行过限

(杀人故意与伤害故意的区分、实行过限、共同故意的认定)

[案情简介]

2005年9月29日晚,在温州市A公司务工的被告人余某因怀疑同宿舍工友王某偷了其洗涤用品,在与王某发生口角后,一气之下打电话给同在温州市务工的被告人陈某,要陈某前来一同"教训"王某。次日晚上8时许,陈某携带尖刀来到A公司门口与余某会合,此时王某及其朋友胡某正从门口经过。经余某指认,陈某即上前责问并殴打胡某,余某也上前与王某对打。其间,被告人陈某持尖刀朝胡某的胸部、大腿等处连刺三刀,致被害人胡某左肺破裂,急性失血性休克死亡。①

问题:

1. 被告人余某与被告人陈某是否构成共同犯罪?如果是共同犯罪,二者是否都成立故意杀人罪?

2. 被告人陈某的行为是否属于实行过限?如何认定共同犯罪中的过限行为?

3. 被告人余某是否应对被害人胡某的死亡结果负责?过限行为造成的后果应如何确定刑事责任?

[分析思路]

一、余某与陈某成立共同犯罪

(一)陈某成立故意杀人罪

(二)余某与陈某不属于故意杀人罪的共同正犯

---

① 参见《刑事审判参考》第408号指导案例。

二、陈某的杀人行为属于实行过限
三、余某成立故意伤害(致死)罪
四、结论

[具体解析]

一、余某与陈某成立共同犯罪

分析本案时,最先形成直观印象的是被告人余某和陈某很可能构成共同正犯,如果构成共同正犯,那么归责就是交互的,亦即被告人陈某的行为如果能够被评价为故意杀人罪,余某的行为就很可能同样被认定为故意杀人罪。按此逻辑,二者很可能成立故意杀人罪的共同正犯。在这种初步考虑下,再尝试结合具体案情分析这一结论是否合理,如果明显不合理,就需要考虑被告人陈某的行为是否属于实行过限,亦即二者是否只在故意伤害这一重合的范围和限度内成立共同犯罪。于是,就需要进一步考察实行过限的判断标准,在明确实行过限的基础上,再讨论被告人余某是否应对死亡的加重结果负责。

(一)陈某成立故意杀人罪

本案中,被告人陈某的行为可以最先得到准确定性。

从客观要件来看,陈某利用携带的尖刀连刺被害人三刀,其中,左胸部和左大腿都存在致命伤,被害人也是因左肺破裂、左股动静脉离断,急性失血性休克死亡。心肺都位于左胸部位,这是一般人都知道的人体要害部位,而尖刀极为锐利,直接刺向左胸部,是具有致命危险的。因此,被告人陈某的行为已经不属于普通伤害行为,而应评价为杀人行为。

从主观要件来看,要确定被告人陈某具有杀人故意还是伤害故意,在诉讼程序中,必须结合客观的证据综合考虑下列因素进行判断:(1)部位要素:针对(除四肢外)要害部位实施打击的,一般可以确认具有杀人故意;针对非要害部位实施打击的,一般只具有伤害故意。(2)伤痕多寡、行为人下手的情形:伤痕多、创伤程度重、行为人下手凶狠、对事件发生被害人无过错或者无重大过错的,成立杀人故意的可能性大于伤害故意。(3)凶器的性质及其使用:一般而言,凶器越危险,杀人可能性越大。不过,在具体确定有无杀害故意时,应考虑凶器是早有准备,还是偶然取得;工具是基于防卫意图,还是基于侵犯故意使用。(4)事件起因、行为动机和发展经过:考虑案发原因,行为人与被害人是素不相识还是积怨深重,行为的实施是出于报复、取财还是其他动机等。(5)被告人的性格,其与被害人的关系,被告人的供述和被害人陈述的情况等。①

上述标准应当综合判断,不能简单地以被告人陈某与被害人胡某素不相识,并无宿怨,就轻易地得出陈某不具有杀人故意的结论。本案中,被告人陈某是提前准备好凶器的,凶器是尖刀,极易致人死亡。同时,行为针对的部位是左胸这样的要害部位,被害人胡某并不存在过错,被告人陈某却连刺三刀。上述要点足以说明被告人陈某对自己行为可能造成胡某死亡是明知的,尽管其未必希望死亡结果的发生,但对死亡结果的发生持放任的心态。因此,被告人陈某具备杀人的间接故意。结合上述主客观要件来看,陈某的行为应以故意杀人罪论处。

(二)余某与陈某不属于故意杀人罪的共同正犯

本案中,被告人余某和陈某的行为符合共同正犯的"外观"。所谓共同正犯,是指二人以上存在共同犯罪决意,通过行为分担的方式共同完成犯罪的情形。共同正犯的成立除要求二人以上,在犯罪故意上还要求:(1)各个行为人主观上具备相同的犯罪认识因素和意志因素,而且每个行为人都认识到,自己所实施行为的性质以及该行为所可能导致的后果,都是另外的行为人有所认识、有所期待的,即存在相互认识、相互期待的关系。(2)行为人之间存在意思联络。本案中,被告人余某和陈某商议共同去"教训"王某,对彼此的行为存在相互认识,且双方之间存在意思联络。通过初步审查,是符合共同正犯的成立条件的。而讨论共同正犯是否成立的意义在于:确定行为人在共同犯罪中的角色地位,以便于适用部分行为全部责任原则(交叉归责原则)。在共同正犯的前提下,由于已经明确被告人陈某成立故意杀人罪,很容易得出被告人余某成立故意杀人罪的结论。所以,一审法院才会认为:被告人陈某、余某因琐事纠纷而共同故意报复杀人,其行为已构成故意杀人罪。

但这种判断逻辑存在疑问。共同犯罪是二人以上共同犯罪,"二人以上共同"中的"共同"含义如何,在哪些方面"共同",是否以符合同一个犯罪构成为前

---

① 参见周光权:《刑法各论》(第4版),中国人民大学出版社2021年版,第24页。

提,决定了共同犯罪的本质,也决定了共同犯罪成立的范围大小,对案件的最终处理会产生重大影响。完全犯罪共同说主张,不同行为人的行为符合多个构成要件,在构成要件之间存在重合时,多人之间的行为成立重罪的共同正犯。但对于实施了轻罪的人,只处以轻罪的刑罚。本案一审法院的判决采取的就是这种观点,即认为虽然被告人余某和陈某只是商议共同"教训"王某,但陈某实施了更重的故意杀人罪,余某和陈某便都成立故意杀人罪的共同正犯。完全犯罪共同说的问题非常明显,明明只是实施轻罪的人,却要承担重罪罪名。而在最终处罚时,却又按照轻罪处罚,一审法院判处被告人陈某死刑,却只判处被告人余某有期徒刑15年,很明显后者是以故意伤害(致死)罪的刑期处罚的。鉴于完全犯罪共同说在理论上摇摆不定,与生活事实相悖,也不符合思维规律,这一学说在学界基本上已经被淘汰。

经过上述分析,可以得出两个初步结论:(1)被告人余某与陈某成立共同犯罪;(2)被告人陈某虽然成立故意杀人罪,但被告人余某与陈某不属于故意杀人罪的共同正犯。因为余某仅要求陈某前去"教训"与其发生口角的王某,完全没有牵涉到被害人胡某,且所谓的"教训"也不是杀害行为,要求其承担故意杀人罪,明显不合理。

二、陈某的杀人行为属于实行过限

本案中,被告人余某和陈某虽然成立共同正犯,且陈某的行为成立故意杀人罪,按照共同正犯的交互归责原则,所有的共同正犯人都应对整个行为承担责任,但认为二人属于故意杀人罪的共同正犯明显不合理。此时,就需要考虑被告人陈某的行为是否属于实行过限,因为只有在实行过限的情况下,某个共同正犯人的行为过限,不能归责于其他参与者。实行过限又称"共犯的过剩",是指实行犯超过了共同犯罪人事先预谋或者临时协议范围而实施的犯罪行为。关于实行过限的判断标准,存在多种观点:

1. 超出共同行为决意说。该观点认为,共同正犯的共同的刑事责任只及于共同的行为决意所包含的范围。具体的参与者超越共同的行为决意所实施的行为,只能被视为单独正犯的行为。① 对于共同正犯中的任一参与者而言,只有在共同行为决意范围(即便只是大致范围)内的他人的行为贡献,才可以归属于自己。若某个参与者偏离了这个范围,而实施了加重要素或者其他犯罪,那么这些内容就不能归属于他人。②

2. 超出预见范围说。该观点认为,应根据所有参与者对过限行为有无预见来判断行为是否实行过限。引起最终结果的某个参与者行为如果超出了其他参与者认识、预见范围,就属于实行过限。③

3. 超出共谋射程说。该观点认为,判断行为是否实行过限首先必须弄清楚该行为是否属于共谋射程内的行为,即是否可以被视作"共同行为"。如果要将引起最终结果的行为评价为"共同行为",该行为必须是在"共同实行的意思"支配下的行为。因此,一旦行为处于当初的共谋射程之内,该实行行为就属于"共同行为",不属于实行过限;反之,就属于与共谋无关的实行过限行为。④

4. 超出共同故意说。该观点是我国理论与实务的通说观点,认为应根据行为是否超出共同故意的范围来判断行为是否属于实行过限。凡是超出共同故意的范围的行为,就属于实行过限行为;凡是没有超出共同故意的范围的行为,就不属于实行过限行为。在共同故意十分明确的情况下,实行过限行为并不难认定,但在共同故意并不明确的情况下,实行过限行为的认定则需要仔细检讨。

尽管不同观点之间存在争议,但总体来看,上述观点几乎都紧扣了"共同的行为决意或故意"这样的主观内容,而且适用于本案所得出的结论也完全一致。按照超出共同行为决意说,本案中,被告人陈某固然应对其故意杀人行为承担刑事责任,但对于被告人余某,其起初只是打算与陈某共同"教训"与其有口角之争的王某,二被告人共同的行为决意中并不包括杀害被害人这样的内容。被告人陈某的行为显然偏离了之前的行为决意范围,而实施了更重的杀人犯罪,杀人的过限行为就不能交互评价到被告人余某身上。按照超出预见范围说,被告人陈

---

① 参见〔德〕汉斯·海因里希·耶赛克、〔德〕托马斯·魏根特:《德国刑法学教科书》(下),徐久生译,中国法制出版社2017年版,第919页。

② 参见〔德〕乌尔斯·金德霍伊泽尔:《刑法总论教科书(第六版)》,蔡桂生译,北京大学出版社2015年版,第435页。

③ 参见〔日〕佐久间修:《刑法总论》,成文堂2009年版,第395页。

④ 参见王昭武:《实行过限新论——以共谋射程理论为依据》,载《法商研究》2013年第3期。

某的杀人行为引起了胡某的死亡结果,这超出了参与者余某的认识、预见范围,同样属于实行过限。按照超出共谋射程说,被告人余某、陈某只有伤害的共谋,杀人行为属于陈某基于个人意思而实施的独立行为,而有关伤害的共谋射程显然不及于杀人行为,陈某的行为属于实行过限。按照超出共同故意说,被告人余某与陈某打算进行的"教训"行为虽然较为模糊,但余某客观上对陈某携带尖刀并不知情,且无证据显示其明知陈某杀人,在这种情况下,共同故意显然只能认定为是伤害的共同故意。被告人陈某的行为超出了共同故意的范围,属于实行过限,应当依据过限行为的性质对其定罪量刑,而其他参与者对此不负刑事责任。总之,弄清被告人陈某的杀人行为是否属于实行过限,就是为了确定能否将该杀人行为及其所造成的被害人死亡的结果归责于被告人余某。

三、余某成立故意伤害(致死)罪

由上可知,被告人余某仅邀请陈某共同前去"教训"王某,起初并不涉及被害人胡某。而且余某也没有携带任何凶器,其对陈某携带尖刀的事实也不存在明知。被告人余某和陈某共同的行为决意或故意只能理解为共同伤害行为的决意或故意,二人仅在故意伤害的层面成立共同犯罪。由于对结果加重犯中的加重结果只要求行为人具有预见可能性即可,而被告人余某对于伤害行为可能造成他人死亡的结果不能说完全没有预见可能性,其行为应当成立故意伤害(致死)罪。

那么,如何解释被告人余某与陈某所成立的共同正犯呢?目前存在部分犯罪共同说和行为共同说的对立观点。

部分犯罪共同说主张,如果数个犯罪的构成要件之间存在重合部分,该部分本身是刑法所规定的一种犯罪时,就可以认为两人以上就重合的犯罪具有共同故意与共同行为,从而在重合的范围内成立共同犯罪。但是,此时并不像完全犯罪共同说那样成立重罪的共同犯罪,而仅仅成立轻罪的共同犯罪。[1] 结合本案,被告人余某只是以伤害的故意实施暴力行为,而陈某以杀人的故意实施暴力行为,并造成被害人胡某死亡,根据部分犯罪共同说可以认为余某、陈某在故意

---

[1] 参见周光权:《刑法总论》(第4版),中国人民大学出版社2021年版,第332页。

伤害(致人死亡)的范围内成立共同正犯。此时,被告人陈某在故意伤害之外,因其另有杀人的故意和行为而单独成立故意杀人罪的单独正犯。虽然从最终结果看,被告人陈某需要对故意杀人罪承担刑事责任,余某只承担故意伤害(致死)罪的责任,二人的罪名不同,但这并不妨碍其犯罪的部分构成要件相同,也不妨碍二人成立共同犯罪。

行为共同说主张,共同犯罪是违法形态,共同犯罪中的"犯罪"是指违法层面意义上的犯罪。"共同犯罪犯的是什么罪"这样的问题没有意义,因为"犯什么罪"不只取决于违法,还取决于责任,而共同犯罪只解决违法问题,仅指数人共同实施了刑法上的违法行为,而不是共同实施特定的犯罪。① 结合本案,被告人余某只是以伤害的故意实施暴力行为,而陈某以杀人的故意实施暴力行为,并造成被害人胡某死亡,根据行为共同说可以认为余某、陈某在故意伤害(致人死亡)的范围内成立共同犯罪。至于余某与陈某的主观责任(各自的故意内容、构成何罪),则需要分别认定。余某是伤害故意并对死亡有过失,应成立故意伤害(致死)罪;而陈某是杀人故意,应成立故意杀人罪既遂。因此,只要二人构成要件该当行为的重要部分相同,同样能够成立共同犯罪。

四、结论

被告人余某与陈某成立共同犯罪,但二人并非成立故意杀人罪的共同正犯。由于陈某的杀人行为属于过限行为,余某与陈某只是在故意伤害(致人死亡)的范围内成立共同正犯。余某具有伤害的故意,且对死亡的加重结果具有预见可能性,应成立故意伤害(致死)罪;而陈某具有杀人的间接故意,应成立故意杀人罪既遂。

[规则提炼]

1. 如果数个犯罪参与者构成共同正犯,那么归责就是交互的,按照部分行为全部责任原则,各实行犯不仅对本人的行为负责,而且也要对他人的行为负责。只有在实行过限的情况下,某个共同正犯人的行为过限,才不能归责于其他参

---

① 参见张明楷:《共同犯罪是违法形态》,载《人民检察》2010年第13期。

与者。

　　2. 从主观要件来看,要确定行为人持杀人故意还是伤害故意,在诉讼程序中必须结合客观的证据、综合考虑下列因素进行判断:(1)部位要素;(2)伤痕多寡、行为人下手的情形;(3)凶器的性质及其使用;(4)事件起因、行为动机和发展经过;(5)被告人的性格,其与被害人的关系,被告人的供述和被害人陈述的情况等。

　　3. 关于实行过限的判断标准,虽然存在超出共同行为决意说、超出预见范围说、超出共谋射程说、超出共同故意说等多种观点,看起来争议很大,但总体来看,几乎都紧扣了"共同的行为决意或故意"这样的主观内容。并且,对于不同案件的处理结论基本上相同。

　　4. "二人以上共同"中的"共同"含义如何,在哪些方面"共同",是否以符合同一个犯罪构成为前提,决定了共同犯罪的本质,也决定了共同犯罪成立的范围大小,对案件的最终处理会产生重大影响。完全犯罪共同说已被淘汰,而部分犯罪共同说和行为共同说在解释思路上虽存在差异,但对于共同犯罪的成立范围的认定几乎一致。

第24题　共犯关系的脱离

（共犯与正犯、教唆犯，共犯的中止与脱离）

[案情简介]

2000年6月初，刘汉标（另案处理）被免去珠海市建安集团总经理职务及法人代表资格后，由珠海市兴城控股有限公司董事长朱环周兼任珠海市建安集团公司总经理。同年6月上旬，被告人黄土保找到刘汉标商量，提出找人利用女色教训朱环周（即用女色引诱朱环周发生性关系，再由黄土保等人去现场抓奸，如果朱环周不服再打一顿）。随后，黄土保找到被告人洪伟，商定由洪伟负责具体实施。洪伟提出要4万元的报酬，先付2万元，事成后再付2万元。黄土保与刘汉标商量后，决定由刘汉标利用其任建源公司董事长的职务便利，先从公司挪用这笔钱。同年6月8日，刘汉标写了一张2万元的借据。次日由黄土保凭该借据到建源公司财务开具了现金支票，并到深圳发展银行珠海支行康宁分理处支取了2万元，分两次支付给洪伟。洪伟收钱后，即着手寻觅机会利用女色来引诱朱环周，但未能成功。于是，洪伟打电话给黄土保，提出不如改为找人打朱环周一顿，黄土保表示同意。之后，洪伟以1万元雇用被告人林汉明去砍伤朱环周。后黄土保因害怕打伤朱环周可能会造成法律后果，又于7月初，两次打电话给洪伟，明确要求洪伟取消殴打朱环周的计划，同时商定先期支付的2万元冲抵黄土保欠洪伟所开饭店的餐费。但洪伟应承后却未及时通知林汉明停止伤人计划。林汉明在找来被告人谢兰中、庞庆才、林汉宁后，准备了两把菜刀，于7月24日晚，一起潜入朱环周住处楼下，等候朱环周开车回家。晚上9点50分左右，朱环周驾车回来，谢兰中趁朱环周在住宅楼下开信箱之机，持菜刀朝朱环周的背部连砍2刀、臀部砍了1刀，庞庆才则用菜刀往朱环周的前额面部砍了1刀，将朱环周砍致重伤。事后，洪伟向黄土保索要未付的2万元。7月25日，黄土保通过刘汉标从建源公司再次借出2万元交给洪伟。洪伟将其中的1万元交给林汉明作报酬,林汉明分给谢兰中、庞庆才、林汉宁共 4 500 元,余款自己占有。

法院认为,黄土保是故意伤害罪的教唆犯,不是犯罪中止,最终认定其构成故意伤害罪既遂的教唆犯。①

问题:

1. 黄土保是否构成故意伤害罪?是共犯还是正犯?
2. 黄土保能否成立犯罪中止?

[分析思路]

一、黄土保成立故意伤害罪的教唆犯

(一)共犯与正犯区分的学说

(二)正犯与共犯的确定

二、黄土保是否成立犯罪中止

(一)共犯的中止与脱离的区别

(二)黄土保不成立犯罪中止

(三)黄土保不成立共犯的脱离

三、结论

[具体解析]

一、黄土保成立故意伤害罪的教唆犯

(一)共犯与正犯区分的学说

与单一制相比较,区分制的主张更为合理,按照我国刑法的相关规定,也应该承认区分制。根据区分制之下的限制正犯概念,正犯与狭义共犯是不同的犯罪参与类型。区分制下共犯与正犯区分的学说主要有主观说、形式客观说、实质客观说和犯罪事实支配说。

1. 主观说。主观说立足于因果关系中的条件说,认为所有的条件都是等价的,对于结果的发生而言都具有同等的影响力,因此难以从客观方面区别正犯与

---

① 参见《刑事审判参考》第 199 号指导案例。

共犯,必须根据行为人的主观方面来区分。按照主观说,正犯是为了自己的利益或者为了实现自己行为的意思的人,反之则是共犯。

2. 形式客观说。该说认为,对构成要件意义上的实行行为全部或者部分地自己着手的,是正犯;对构成要件的实现只做了准备或支持行为的,是共犯。① 形式客观说面临的最大难题是无法合理解决间接正犯和共谋共同正犯的问题。由于间接正犯是利用他人实施犯罪行为,共谋共同正犯是一部分人只参与了共谋而没有参与实行,按照形式客观说,均只能认定为共犯,但这样的结论并不妥当。

3. 实质客观说。该说早期有必要性说、同时性说、优势说、危险程度说等理论,后来都逐步被重要作用说所取代。重要作用说认为,从实质上看,对结果的发生起重要作用的就是正犯,反之则是共犯。按照重要作用说,会承认共谋共同正犯的概念。在日本,由于大审院时代即承认共谋共同正犯,战后最高法院继承了大审院的判例,实务中对共谋共同正犯的承认,对理论产生了深远影响。日本刑法理论从最初的共谋共同正犯否定说转向肯定说。松原芳博教授认为:"司法实务中如此广泛地适用共谋共同正犯,也可以说是起因于与教唆、从犯相比,起诉状以及判决书的制作更为简单,且更容易举证。"② 我国实务中虽然不使用共谋共同正犯这一概念术语,但也普遍存在认定共谋共同正犯的判决。虽然是否应当承认共谋共同正犯在我国还有较大的争议,但笔者还是倾向于认为应当承认共谋共同正犯。由于司法判例的广泛承认,共谋共同正犯概念在我国还是有存在的合理性的,不宜全面否定。

4. 犯罪事实支配说。该说认为,支配犯的正犯与共犯的区分标准在于,"正犯是在实现符合构成要件的行为实施过程中的核心人物","共犯是一种通过唆使而引发正犯的构成要件行为……或通过帮助为正犯的构成要件行为提供帮助……的边缘角色"③。立法者区别了正犯的三种形式:直接正犯、间接正犯、共同正犯。

应当认为,正犯与教唆犯、帮助犯区分的标准应当采取犯罪事实支配说。犯罪事实支配说比重要作用说更为优越。重要作用说的问题在于,教唆犯由于引起了

---

① 参见〔德〕约翰内斯·韦塞尔斯:《德国刑法总论》,李昌珂译,法律出版社2008年版,第287页。
② 〔日〕松原芳博:《刑法总论重要问题》,王昭武译,中国政法大学出版社2014年版,第296页。
③ 〔德〕克劳斯·罗克辛:《正犯与犯罪事实支配理论》,劳东燕译,载陈兴良主编:《刑事法评论》(第25卷),北京大学出版社2009年版,第1页。

他人的犯意,通常也会被认为是有重要作用的,故重要作用说只能用于区分正犯和帮助犯,对于教唆犯和共同正犯则难以区分。按照犯罪事实支配说,也可以承认共谋共同正犯的概念。松原芳博教授提出了"修正的行为支配"的观点,共谋共同正犯的支配并不是完全与间接正犯相同意义上的支配关系,而是缓和的支配,即将行为支配修正、缓和到能评价为《日本刑法典》第60条所谓"共同实行"的程度。共谋共同正犯是通过对犯罪的实施形成合意,让实行者感到不仅是自己的犯罪,而且也是其他共谋者的犯罪,因而实行者处于很难完全按照己意放弃犯意的心理状态下,根据这种由心理性约束所形成的缓和的意思支配,对于其他共谋者也能认定具有正犯性。据此,就能认为在对等的参与者之间,也存在这种缓和的支配。①

(二)正犯与共犯的确定

正犯是犯罪核心人物,决定着法益侵害结果的发生。因此,在处理共同犯罪案件时,应以正犯为中心,在正犯的行为符合构成要件且违法的前提下,再判断是否存在教唆犯、帮助犯。②

一方面,实施伤害行为的林汉明等人是正犯,洪伟是故意伤害罪的教唆犯。本案的直接正犯是实施了故意伤害行为的林汉明、谢兰中、庞庆才、林汉宁。行为人洪伟没有实施故意伤害罪的实行行为,其以1万元雇用被告人林汉明去砍伤朱环周,该行为属于故意伤害罪的教唆犯还是共谋共同正犯呢?

洪伟与实施伤害行为的林汉明等人不成立共谋共同正犯。并非只要有共谋就能成立共谋共同正犯。在没有亲手实行的共谋共同正犯中,除共谋这一意思联络外,还必须存在与亲手实行相匹敌的附加因子。首先,行为人只参与共谋,其他的什么都没做时,如果能够承认对共谋的形成发挥了主导性作用、对共谋的维持发挥了重要作用(这是附加因子),可以成立正犯。这种类型不仅包括支配型——基于上下级关系下达指挥命令,也包括分担型——以出谋划策(例如制定犯罪计划)代替出力。其次,如果行为人在共谋之外还参加了望风、在现场下达指示等对犯罪实现有贡献的行为,只要其行为达到了相当于实行行为的重

---

① 参见〔日〕松原芳博:《刑法总论重要问题》,王昭武译,中国政法大学出版社2014年版,第299页。
② 参见张明楷:《共同犯罪的认定方法》,载《法学研究》2014年第3期。

要程度(这是附加因子),能肯定其为共同正犯。① 换言之,要成立共谋共同正犯,不仅需要有共谋的意思联络,还需要存在与亲手实行作用相等同的附加因子。本案洪伟与林汉明等人属于双方除了具备共谋的意思联络之外,既无上下级的支配关系,也未达到参与积极的出谋划策、到现场下达指示等对犯罪实现有相当于实行行为的贡献程度,双方仅是普通的金钱雇佣关系,将洪伟认定为教唆犯更合适。

另一方面,行为人黄土保成立故意伤害罪的教唆犯:

(1)黄土保引起了他人故意伤害被害人的犯罪决意。教唆犯是指引起他人的犯罪意思,使他人产生犯罪决意的人。由于黄土保一开始教唆洪伟利用女色教训被害人的内容是:现场捉奸的时候,如果被害人不服,就直接把被害人打一顿。故可以把黄土保找洪伟时的教唆故意抽象为"找人教训被害人",忽略用女色引诱后打人教训还是直接打人教训的差异,也可以认为后面洪伟提议直接找人伤害被害人,还是在黄土保一开始教唆洪伟"教训被害人"的概括故意中。换言之,从规范判断的角度看,教训的方式不重要,都是故意伤害的侵害方式,则对黄土保的教唆要从一开始算起,进行一体的理解,可以认为黄土保是故意伤害罪的教唆犯。

(2)黄土保系从属于正犯的间接教唆犯。行为人黄土保并未直接教唆林汉明等人去实施伤害行为,而是教唆洪伟教训被害人,洪伟又教唆林汉明等人伤害被害人。对于间接教唆的处罚,《日本刑法典》第61条第2款规定,教唆教唆犯的,同教唆犯一样,按正犯处罚。因此,对间接教唆犯成立教唆犯没有太大的争议。但对于再间接教唆是否应当作为教唆犯处罚,理论上存在肯定说和否定说的对立。肯定说认为,既然教唆犯的可罚性在于使正犯决定实施犯罪,在连锁教唆的情形下,由于该教唆行为和正犯的犯罪行为之间具有相当因果关系,故值得处罚。② 否定说认为,教唆犯应是指教唆正犯行为,《日本刑法典》第61条第2款的规定仅包括间接教唆的情形,而不包括再间接教唆。连锁教唆的因果性是非

---

① 〔日〕佐伯仁志:《刑法总论的思之道·乐之道》,于佳佳译,中国政法大学出版社2017年版,第339页。

② 参见〔日〕大谷实:《刑法讲义总论(新版第2版)》,黎宏译,中国人民大学出版社2008年版,第400页。

常微弱和间接的,无限追诉正犯背后的关系,会导致处罚范围不明确,有损法律的确定性。①

我国《刑法》没有类似《日本刑法典》第 61 条第 2 款承认间接教唆的规定,是否应处罚间接教唆犯和再间接教唆犯就值得讨论。可以认为,只要承认因果共犯论,就应当承认间接教唆犯和再间接教唆犯。根据因果共犯论,共犯的处罚根据在于共犯通过正犯行为间接地使违法的结果产生,使法益受到侵害或者威胁,共犯行为与法益损害之间具有因果性。② 因此,按照因果共犯论,教唆犯的处罚根据在于教唆行为与法益侵害结果之间具有因果关系。间接教唆犯和再间接教唆犯,通过教唆引起了正犯的犯罪故意,并进而通过正犯行为间接引起法益侵害结果,其教唆行为与法益侵害后果之间具有因果关系。本案行为人黄土保属于间接教唆的情形,按照共犯从属性说,间接教唆属于从属于正犯的教唆犯。

二、黄土保是否成立犯罪中止

(一)共犯的中止与脱离的区别

我国《刑法》第 24 条第 1 款规定:"在犯罪过程中,自动放弃犯罪或者自动有效防止犯罪结果发生的,是犯罪中止。"根据该款规定,共犯要成立中止,必须是行为人自动放弃犯罪或者有效防止犯罪结果的发生,在发生了既遂结果的情况下难以使用犯罪中止的规定。③ 由于对共犯的中止采取和单独正犯相同的认定思路,以防止结果发生作为共犯中止的成立要件,则只要发生了既遂结果,就没有成立中止犯的余地,这样的做法对于共犯人来说过于严苛,不利于防止法益遭受进一步侵犯。④ 例如,在甲、乙共谋抢劫的场合,即使在共犯甲为了阻止正犯乙的犯罪与乙发生冲突并被乙打昏,乙抢得金钱后逃跑的场合,甲也成立抢劫既遂

---

① 参见陈家林:《外国刑法理论的思潮与流变》,中国人民公安大学出版社、群众出版社 2017 年版,第 602 页。
② 参见周光权:《刑法各论》(第三版),中国人民大学出版社 2016 年版,第 339 页。
③ 参见刘艳红:《共犯脱离判断基准:规范的因果关系遮断说》,载《中外法学》2013 年第 4 期。
④ 参见王昭武:《共犯关系的脱离研究》,载陈兴良主编:《刑事法评论》(第 32 卷),北京大学出版社 2013 年版,第 100 页。

的共同正犯。① 因此,共犯的脱离理论应运而生。共犯的脱离理论的意义在于,认定部分共犯人脱离了共犯关系的情况下,脱离的共犯只对自己脱离前的参与行为负责,对自己脱离后的其他共犯人的行为与结果不负责。② 共犯的脱离理论的核心问题在于,共犯脱离的成立要件及其法律效果。脱离者的刑事责任包括两个层次的内容:第一层次,对脱离之后的行为及其结果不承担刑事责任,对脱离之前的行为及其结果承担相应的刑事责任;第二层次,在脱离者必须承担预备或者未遂罪责时,根据是否具有"任意性",判断是否成立中止犯。因此,脱离者要成立犯罪中止,以成立共犯脱离为前提,在此意义上可以说共犯脱离是共犯中止的前提,成立中止犯只是成立共犯脱离的法律效果之一。③ 以下将对行为人是否成立共犯中止以及共犯的脱离分别进行检验,若行为人黄土保成立犯罪中止,则不需要再检验其是否符合共犯的脱离;若其不成立犯罪中止,再进一步讨论其是否成立共犯的脱离。

(二) 黄土保不成立犯罪中止

我国《刑法》第24条对于中止犯的成立要求行为人自动放弃犯罪或者自动防止犯罪结果的发生。通说认为,犯罪中止的成立需要具备三个条件:(1)时间性。犯罪中止发生在犯罪预备后,犯罪既遂前。(2)自动性。要求行为人主观上有中止的意思。(3)有效性。行为人放弃犯罪或者有效防止构成要件结果发生的,才有成立中止犯的余地。④ 据此,由于黄土保没有自动有效地防止犯罪结果的发生,不符合中止犯的成立条件,故不成立中止犯。需要进一步讨论的是,能否认为是共犯关系的脱离?

(三) 黄土保不成立共犯的脱离

1. 因果关系切断说

关于共犯的脱离,当前理论上的通说是"因果关系切断说"。因果关系切断

---

① 参见〔日〕松宫孝明:《刑法总论讲义(第4版补正版)》,钱叶六译,中国人民大学出版社2013年版,第238页。
② 参见姚培培:《论共犯脱离基准:因果关系切断说的重构》,载《清华法学》2020年第2期。
③ 参见王昭武:《共犯关系的脱离研究》,载陈兴良主编:《刑事法评论》(第32卷),北京大学出版社2013年版,第119页。
④ 参见周光权:《刑法各论》(第四版),中国人民大学出版社2021年版,第313页。

说认为,根据因果共犯论的立场,行为与构成要件该当事实之间欠缺因果性的,不成立共犯。因此,即便是实施了共犯行为,但是已经切断了共犯行为所具有的犯罪引起、促进的效果,与结果之间的因果关系就不存在了,就能肯定共犯关系的脱离,据此,脱离者对其脱离之后由其他共犯引起的结果不承担责任。① 换言之,因果关系切断说以因果共犯论为前提,根据是否切断了共犯的物理的因果性及心理的因果性,作为共犯关系脱离的标准。

对于因果关系切断说,批评意见指出,要事后消解已经给予他人影响的因果性极其困难,只要不阻止犯行,因果性的切断就是不可能的。② 此外,即使共犯人表明了中止意思,其他共犯也了解,但该共犯人对其他共犯后来实行的犯罪、结果的影响在事实层面上是否完全消除,实际上很难判断。因此,学界出现了对因果关系切断的判断从规范的视角进行考察的观点,以试图缓和因果关系切断的标准。判断因果关系是否切断,并不以使因果性归于"零"为必要,而是从"'是否弱化到没有将结果(包含未遂的结果)进行归责的必要性这种程度'的规范性评价"。按照规范性评价因果关系的切断的立场,重要的不在于是否事实地切断了因果性,而在于是否采取了"站在行为人的立场,通常足以采取消灭行为人所造成的危险的"措施。③ 换言之,若行为人采取了脱离适格性的措施,即便事实上并未切断因果影响,也能在规范评价上肯定共犯的脱离。

可以认为,在共犯脱离的问题上,因果关系切断说较为合理,规范地理解因果性的切断,会导致共犯脱离的成立标准过宽。现有理论基本上是以中止犯认定的标准过于严格,不利于共犯组织的瓦解作为共犯脱离的减免处理由进行讨论的。虽然宽泛地承认共犯的脱离,会在一定程度上有利于瓦解共同犯罪,但除此之外,如此宽泛地认定共犯脱离的理由却未必充分。要承认共犯的脱离这一概念,还需要在共犯的脱离的减免处罚根据上寻找更多的理由。一般认为,中止犯的减免处罚的根据主要有几种观点:政策上的奖赏或者说预防必要性减少,以及违法性或者责任的减少。如果共犯的脱离要得到和中止犯类似的优待,需要更多的理由。此外,中止犯是刑法条文明确规定的,而刑法条文对共犯

---

① 参见〔日〕山口厚:《刑法总论(第3版)》,付立庆译,中国人民大学出版社2018年版,第373页。
② 参见〔日〕松宫孝明:《刑法总论讲义(第4版补正版)》,钱叶六译,中国人民大学出版社2013年版,第238页。
③ 参见〔日〕盐见淳:《论共犯关系脱离》,姚培培译,载《山东大学法律评论》2017年第1期。

的脱离则没有规定,若过于扩大共犯脱离的成立范围,则违反了规范的明确性。

必须承认,理论上虽有必要承认共犯的脱离这一概念,但在处罚上,应当严格限定对于脱离的共犯的处罚不得轻于同样情况下对中止的共犯的处罚。另外,共犯的脱离的成立条件不应当过于宽泛。即使对因果关系切断说进行缓和的理解,也应当限制共犯脱离的成立范围。

2. 行为人不成立共犯的脱离

本案行为人黄土保先后两次打电话给洪伟,明确要求洪伟取消殴打朱环周的计划,同时商定先期支付的 2 万元冲抵黄土保欠洪伟所开饭店的餐费,但洪伟应承后并未及时通知林汉明停止伤人计划。林汉明在找来被告人谢兰中、庞庆才、林汉宁后,准备了两把菜刀,一起潜入朱环周住处楼下持刀将被害人砍伤。能否认为黄土保成立教唆犯的脱离?按照因果关系切断说,教唆犯要脱离共犯关系,不仅需要撤回教唆,还必须说服正犯放弃犯意,才能认为切断了与正犯之间的因果关系。黄土保虽然要求洪伟停止伤人计划,但由于洪伟并没有放弃犯罪,且正犯林汉明等人实施故意伤害行为既遂,黄土保原先的教唆行为产生的影响并没有被切断,不能认为其成立共犯的脱离。因此,按照因果关系切断说,行为人黄土保不成立共犯的脱离。

不过,如果按照缓和或规范地理解因果关系切断说的观点,本案还有讨论的余地。对于教唆犯劝说正犯中止,正犯一度中止犯罪,但后来又改变主意转而实行犯罪的情形,西田典之教授认为,在教唆犯的劝说让正犯一时动摇了犯罪决意,或者(正犯)仅以表面上中止相欺的情况下,不能认定为因果关系被切断。但是,在能够认定正犯曾真的考虑中止犯行的情况下,认为因果性之继续是有疑问的,此时,由于正犯同意中止,教唆者曾经创造的危险归于消灭,基于新决意的正犯的实行行为应视为独立的因果流程。在教唆者进行了充分的中止说服、也能看出正犯曾放弃犯意的情况下,如无反证,就能认定因果关系被切断。[①] 按照这一观点,假如黄土保在要求洪伟中止时,进行了充分的说服,洪伟也真的打算放弃伤害计划,并采取措施消除之前许诺的教训被害人后支付 4 万元的影响,则有认定共犯脱离的余地。不过,本案还有一个关键性的事实是,黄土保只是和洪伟

---

① 参见〔日〕西田典之:《论共犯中止——共犯脱离与共犯中止》,文周微译,载陈兴良主编:《刑事法评论》(第 27 卷),北京大学出版社 2010 年版,第 7 页。

商定先期支付的2万元冲抵黄土保欠洪伟所开饭店的餐费。但其并未取消还要付2万元的承诺，导致洪伟为了赚取剩下的2万元并未中止伤害计划，且在殴打被害人后，黄土保仍按照约定支付了剩余的2万元，故难以既认为教唆犯黄土保进行了充分的说服，也难以认为教唆犯的因果性被切断。因为正犯之所以仍然执着地去实施犯罪，与还能够再找黄土保要到钱有关，因此，共犯的因果性是存在的。根据因果共犯论，此时处罚黄土保，要求其对结果负责，就是合理的。要认定黄土保成立共犯的脱离，至少还要在其和洪伟商定先期支付的2万元抵债后，明确说明后面的2万元也不会支付，才能认为其采取了"站在行为人的立场，通常足以采取消灭行为人所造成的危险的"措施。

综上所述，本案黄土保客观上实施了帮助行为，没有切断与结果的联系（对未付的2万元如何处理，未向洪伟明确表明态度，使得支撑他人犯罪的动因始终存在）；主观上，当洪伟找到黄土保要求支付剩余的2万元时，其予以支付，等于追认洪伟的行为，说明黄土保对于结果至少有放任，基于这些主客观要素，认为黄土保构成伤害罪既遂的教唆犯是合理的。

三、结论

实施伤害行为的林汉明等人是正犯，洪伟是故意伤害罪的教唆犯；黄土保是间接教唆犯，其不能成立犯罪中止。

[规则提炼]

1. 正犯与教唆犯、帮助犯区分的标准应当采取犯罪事实支配说。在处理共同犯罪案件时，应以正犯为中心，在正犯的行为符合构成要件且违法的前提下，再判断是否存在教唆犯、帮助犯。

2. 按照因果共犯论，教唆犯的处罚根据在于教唆行为与法益侵害结果之间具有因果关系。只要承认因果共犯论，就应当承认间接教唆犯和再间接教唆犯。按照共犯从属性说，间接教唆是从属于正犯的教唆犯。

3. 在共犯关系的脱离问题上，因果关系切断说较为合理。规范地理解因果性的切断，会导致共犯脱离的成立标准过宽。理论上虽有必要承认共犯的脱离这一概念，但应当限制共犯脱离的成立范围。

第25题　想象竞合犯

(犯罪竞合、非法经营罪、诈骗罪)

[案情简介]

自2015年9月份开始,符某、张某等人成立了某资本管理有限公司并开设营业部,下设营销、讲师、操盘手三大团队,由营销团队通过互联网诱骗各被害人到H滨海大宗商品交易平台购买邮票,由操盘手团队人为操控邮票价格,由讲师团队不断诱导被害人进行操作,三大团队分工合作,联合欺骗各被害人,从中谋取暴利。

被告人符某等人的具体行为方式是:由符某等人向H滨海大宗商品交易市场购买13种邮票,且所购买的每种邮票均达到相当数量,业务员在淘宝上购买多个QQ号后,以虚构的身份在网络上大量入群加好友。在与对方聊天过程中获取对方信任,后通过介绍股票老师等手段,让被害人进入事先准备好的交流群,并将组长何某等人包装成资深分析师、股票老师推荐给被害人,待时机成熟后,诱骗并鼓动被害人开户投资。尹某等人将被害人加入新浪直播间,听直播间内张某等讲师的讲课,讲师通过循序渐进的手法,让投资者转战邮票大盘,然后由业务员当"托儿",与讲师相互配合,诱骗被害人购买公司掌握的13种邮票。操盘手则配合讲师的预测,利用手中掌握的股票数量的绝对优势,操纵邮票价格的上涨与下跌,使讲师得到被害人的财物,后期讲师则不断地预言邮票价格的上涨或者下跌,操盘手则反向高抛低买,业务员不断鼓动被害人抄底加大"入金",讲师、操盘手、业务员三者相互配合,循环性、周期性地赚取被害人的差价。

现查明:(1)H滨海大宗商品交易平台经市场监管部门核准成立,有权进行线上的邮币卡、茶叶等各大收藏类商品的交易;(2)符某等人诱骗被害人兰某等2万余人进行邮票投资,吸纳投资数额为5亿多元。①

---

① 参见浙江省高级人民法院(2019)浙刑终206号刑事裁定书。

问题：

1. 被告人符某等人利用经许可、批准后开办的大宗商品交易平台进行商品交易，在此过程中实施诱骗、操纵行为，不法取得被害人财物的，是否构成诈骗罪？

2. 被告人所从事的邮币卡连续集合竞价交易违反国务院发布的决定，其是否可能构成非法经营罪？本罪和诈骗罪之间是何关系？

3. 在《刑法》仅仅规定操纵证券、期货市场罪的情形下，对操纵邮币卡市场的行为论以诈骗罪是否违反罪刑法定原则？

[分析思路]

一、操纵邮币卡交易不构成操纵期货市场罪

（一）被告人客观上实施了操纵行为

（二）被告人操纵的对象不为刑法所禁止

二、利用商品交易平台骗取财物构成诈骗罪

（一）诈骗罪的客观构成要件

（二）被告人是否实施了诈骗行为

（三）认定为诈骗罪是否违反刑法谦抑性

三、利用商品交易平台实施犯罪之间的竞合关系

（一）犯罪之间大量存在交叉、竞合关系

（二）被告人可能同时构成非法经营罪

（三）非法经营罪和诈骗罪之间存在想象竞合关系

四、结论

[具体解析]

一、操纵邮币卡交易不构成操纵期货市场罪

被告人利用合法设立的期货交易平台实施操纵行为，可能成立操纵期货市场罪。在本案中，被告人的行为客观上似乎与《刑法》第182条规定的操纵证券、期货市场罪有相似之处，但操纵对象并不符合本罪的规定。

(一) 被告人客观上实施了操纵行为

在本案中,平台本身是合法的,被告人没有采用直接在平台上伪造、修改数据等必然导致平台本身违法的方式,而是采用了平台规则允许的方式来操纵价格。因此,被告人的行为方式与我国《刑法》第 182 条第 1 款第(一)项规定的"操纵证券、期货市场"的行为相似,即属于"单独或者合谋,集中资金优势、持股或者持仓优势或者利用信息优势联合或者连续买卖,操纵证券、期货交易价格或者证券、期货交易量的"行为。

(二) 被告人操纵的对象不为刑法所禁止

由于《刑法》将这种行为模式认定为独立的犯罪,因此,某种行为是否构成操纵证券、期货市场罪,不仅要看行为是否符合该罪对"操纵"方式的描述(罪状),而且要看所操纵的是否为证券与期货。但是,交易邮币卡的行为不属于从事证券、期货交易。显而易见,邮币卡不属于证券,也不属于期货。

"期货"有两重含义:一方面,与"现货"相对称;另一方面,必须是采用公开的集中交易方式或者国务院期货监督管理机构批准的其他方式进行的以期货合约或者期权合约为交易标的的交易活动。"邮币卡"电子交易明显不具备上述特征。此外,根据《期货条例》第 6 条的规定,期货交易应在依照本条例规定设立的期货交易所、国务院批准的或者国务院期货监督管理机构批准的其他期货交易场所进行,禁止在前款规定的期货交易场所之外进行期货交易。因此,邮币卡交易不属于期货交易,本案中的交易平台也不属于进行期货交易的法定场所。因此,在某种操纵行为所针对的不是证券、期货的场合,按照"法无明文不为罪"的要求,不宜认定本案被告人构成操纵证券、期货市场罪。

二、利用商品交易平台骗取财物构成诈骗罪

(一) 诈骗罪的客观构成要件

诈骗罪,是以非法占有为目的,欺骗他人,且根据被欺骗者的处分行为取得财物或者财产性利益的行为。欺诈行为,是指虚构事实、隐瞒真相,使他人陷入认识错误的行为。"虚构事实",是指捏造客观上并不存在或者根本不可能发生的事实,骗取被害人的信任。虚构的事实可以是全部,也可以是部分;可以是过去或者现在的事实,也可以是将来的事实。隐瞒真相,是指行为人明知对方已经陷入错误认识,有义务告知对方某种事实,而故意不告知,使对方在受蒙蔽的情况下"自愿"交付财物。例如,隐瞒他人已履行债务的事实,再次接受他人财物的行为,或者隐瞒财产抵押的事实而将该抵押物出卖的,都可能构成诈骗罪。在一般商业惯例许可或者社会容忍范围内对商品作夸张性介绍,而交易本身还有讨价还价余地的,不是诈骗罪中的欺诈,有成立虚假广告罪的可能性。虚假的宣传超越一般商业惯例许可或者社会容忍范围,且由此骗取他人财物的,则可以成为欺诈。

在涉及平台交易的案件中,诈骗行为大致表现为以下几种情形:

1. 交易平台违法设立或平台虚假的欺骗

在这类案件中,诈骗行为最容易确认。例如,被告人甲用赢顺云期货模拟盘进行虚假期货交易,诱骗被害人购买"橡胶1601""橡胶1605"模拟期货品种,以收取"手续费""交易费"的名义共骗取财物41.59万元,法院认定被告人构成诈骗罪。在其他大量案件中,被告人在虚假的现货茶叶、石材等交易平台上虚构交易和行情,采用设置虚假K线图、后台操控、恶意刷单等方式非法取得被害人财物的,法院也以诈骗罪予以定罪处罚。

2. 交易平台真实或依法设立的欺骗

虽然交易平台真实或依法设立,但被告人如果实施极其明显的一系列欺骗行为的,也应成立诈骗罪。例如,被告人乙等人通过随机拨打电话,采用夸大客户收益、发送虚假盈利截图、谎称公司有专业分析师为客户指导等手段,引诱客户到华夏公司、蓝海公司的平台进行投资交易。其中,被告人王某甲等人采用冒充专业分析师、引导客户频繁操作、故意提供反向行情等方式,致使客户亏损,从而骗取他人巨额投资款。其具体行为方式包括被告人在办公室通过看两家平台的后台客户数据,随时监控客户的交易操作情况,如果有客户在盈利,其会提醒其他犯罪人注意该客户,经理会打电话联系该客户,欺骗客户行情马上会发生变化,让客户马上平仓,目的是使客户少赚钱、公司少亏损;反之,如果客户的交易操作方向相反,客户不打电话来询问,公司会让客户一直亏损下去,直至止损点自动平仓,这时客户的亏损包括净亏损和手续费。对于本案,法院认定各被告人以非法占有为目的,采用虚构事实、隐瞒真相的手段骗取他人财物,其行为均已构成诈骗罪。

(二) 被告人是否实施了诈骗行为

如果交易平台真实、合法,且被害人骗取财物的行为似乎不是特别典型,在实务中就可能出现定性争议。这一点,在本案中表现得特别充分,被告人通常会主张其不构成诈骗罪。

被告人可能提出其不构成诈骗罪的主要理由有:

1. 不能仅因投资产生了亏损就认为他人对投资的宣传属于诈骗

虽然被告人采用了具有欺骗性质的宣传方法,但无论是对"股票分析师""喊单老师"等身份、能力的夸大,还是对买卖邮币卡收益的夸大,都不影响被告人宣称的"以买卖邮币卡进行投资"的核心交易目的。被告人进行的宣传工作,只是为了鼓励潜在人员产生投资意向,且对投资风险进行了充分的告知,投资人对投资回报的判断错误,不属于对投资行为的认识错误。因被害人的投资行为产生了亏损,就倒推行为人的投资宣传属于诈骗,这种逻辑是存在疑问的。

2. 被告人的行为在交易平台真实、合法时不属于诈骗

H滨海大宗商品交易平台是真实、合法的大宗商品交易平台,作为交易商品的邮票也是真实存在的,这从根本上有别于不存在真实对价物的诈骗行为。在该平台上同时交易的邮票达247支,无论是被告人还是投资人,所获得的实时信息是真实、一致的,且投资人不需要、实际上也没有只购买被告人推荐的某一支邮票。被告人的行为只能做到影响邮票的价格,但不能控制价格,不能否定邮票交易的真实性。在诈骗中,被害人基于被骗而看似自愿地向行为人交付财产,但在本案中,受损客户并不存在基于认识错误的交付行为,而是参与了一次有相当商业风险且在合法投资平台上完成的交易,这些客户谈不上被诈骗。

3. 被告人没有实施诈骗罪的构成要件行为

邮票价格的变动是真实的,虽说是被告人利用其优势资金影响甚至操纵了价格,但这种操纵不同于通过伪造和修改K线造成的价格波动假相,即便被告人的行为可能符合其他罪名的客观特征,也并不属于诈骗罪中的虚构事实、隐瞒真相,被告人的行为不符合诈骗罪的构成要件。

4. 被告人的收益与投资者的损失之间不存在对应关系

被告人所获得的收益,并不来自投资人的损失,二者之间没有刑法上的因果关系。由于所有的投资者可以选择购买平台上的任意邮票,且均可自由买卖,整

个邮币卡交易市场并不是封闭的对赌交易,任何投资者的收益都有可能来自其他投资者的损失。故被告人的收益与投资者的损失之间并没有对应关系。

但是,上述辩解是不能成立的,本案被告人的行为完全符合诈骗罪的主客观要件。诈骗罪的客观构造是:实施欺诈行为→对方陷入错误→对方基于错误处分财物→行为人取得财物→被害人产生财产损失。在本案中,被告人基于其骗取他人财物的故意实施了一系列欺骗行为:一方面,符某等人向H滨海大宗商品交易平台购买了13种邮票,每种邮票均占收购总票面99%以上的票量,其足以控制商品的涨跌,这一关键信息客户并不知情,被告人属于以不作为的方式隐瞒真相进行欺骗;另一方面,在操盘手操纵邮票价格的上涨与下跌时,讲师同时不断地向客户预言邮票价格的上涨或者下跌,"操盘手则反向高抛低买",业务员不断鼓动被害人抄底,从而骗取被害人财物。可以说,在本案中,正是犯罪成员之间的相互配合——在明知特定邮票在被告人操控之下,价格即将大幅下跌的情况下,仍不断诱导被害人进行"反向操作",才导致大量被害人陷入一开始就注定的严重亏损之中。因此,讲师在明知邮票价格可以被其他共犯人操纵,却让被害人实施相反方向的买卖行为,是本案中诈骗的关键手段。

在本案中,讲师向客户传递的虚假信息使对方陷入认识错误,使之误以为购买某一邮票后会产生更大的回报,其对操盘手的反向抛售对应产品完全不知情,因而极易基于认识错误处分财物,犯罪人由此轻而易举地获得被害人的财物,欺骗行为和被害人丧失占有之间存在因果关系。由此可见,被告人的行为客观上完全符合诈骗罪的构造。

有观点认为,利用互联网实施诈骗行为的,应当一律定性为合同诈骗罪。① 但是,如果考虑到在本案中,被告人是通过虚设的交易平台,以虚假的网络技术合同为幌子欺骗被害人,后者并未由此真正参与合同约定的实质交易或享受合同服务,司法裁判中将被告人的行为认定为诈骗罪(而非合同诈骗罪)是具有合理性的。

(三)认定为诈骗罪是否违反刑法谦抑性

在实务中,很多被告人及其辩护人(甚至一些司法人员)都可能会认为,参与

---

① 参见叶良芳、李芳芳:《互联网视阈下合同诈骗罪的教义学回归》,载《国家检察官学院学报》2017年第6期。

平台的大宗商品交易行为的被害人都是具有一定资金实力和判断能力的"精明投资人",其不容易被骗。认定利用交易平台的行为人构成犯罪(尤其是诈骗罪)违反了刑法谦抑性,属于过度保护投资者,可能陷入"刑法家长主义"的泥淖,因为只要被害人没有陷入认识错误而处分财物,就很难说是被欺骗。如果在一方当事人向另一方当事人提供财物的时候,对自己的行为及其后果非常清楚,知道对方某些项目虚假,也能够对对方的行为性质有所警觉,没有陷入错误,但仍为谋取更高利润甘冒风险的,司法上一定要说提供财物的人被诈骗了,其结论可能难以令人信服,基本等于无原则地认同了"刑法家长主义"。① 将那些"精打细算"、并无善意、追逐高额利润的投资人当作被害人,用刑法手段对其加以保护,其实是表明了司法上的严格家长主义取向。但是,笔者认为这一主张并不合理。

一方面,这涉及对诈骗罪中欺诈行为是否使对方陷入错误的判断。对此,应当结合案件的具体情况,按照一般的经验法则从交易的性质,财产的种类,被害人的知识、经验、职业等方面进行判断。行为人知道对方特别容易上当受骗而加以欺诈的,或者知道对方谨小慎微不易上当而加以欺骗的,只要对方的财产处分是基于错误感觉,就成立诈骗罪中的欺诈;此外,被害者是否有贪图便宜的心理或者有其他过失,都对欺诈的成立没有影响。

另一方面,对利用交易平台不法取得被害人财物的行为定罪,并不会导致刑法家长主义。确实,刑法要尽量尊重个人的自主决定权、保障个人自由。在投资者自愿将闲置资金提供给他人时,国家不应当非得以"家长"的面目出现去保护投资人,即便其提供资金行为事后证明有风险,投资人也应该对这样的风险负责,而不是在投资回报率高时承认其是融资行为,在其"血本无归"时将其看作受害者。此时,国家有必要尊重市场行为参与者的意志自由;要考虑公权力与私权利的界限,应当仅仅在投资行为发生纠纷后,由民事程序宣告出资行为的性质以及后续处理,要求得利者"欠债还钱"。刑法的任务在于通过创设构成要件、禁止侵害行为从而保障公民个人自由发展所必需的条件和社会空间,促进"人的自由发展",而不是过多干涉公民处理自身事务的自由。但

---

① 参见〔日〕曾根威彦:《刑法学基础》,黎宏译,法律出版社2005年版,第33页;车浩:《自我决定权与刑法家长主义》,载《中国法学》2012年第1期。

是，在市场交易领域，如果一方当事人利用信息不对称的机会制造骗局，或者违反国家金融管理法规实施某种危害行为，国家刑事司法力量仍然不介入，就不能实现通过刑法保护法益的目的。因此，在设立并运作大宗商品交易平台的一方对被害人而言具有优势知识，遭受危险的人因为信息或知识欠缺，无法认识危险的情形下，认定利用平台不法取得财物的人构成犯罪，不是贯彻了刑法家长主义立场。

三、利用商品交易平台实施犯罪之间的竞合关系

（一）犯罪之间大量存在交叉、竞合关系

很多司法人员倾向于认为，被告人的一种行为只构成一个罪。这样一来，一个被告人构成伤害以后就定不了寻衅滋事，但是实际上，被告人的寻衅滋事行为和故意伤害行为很可能是想象竞合关系。另外，像贪污罪和受贿罪也可能竞合，特别是指使下级单位拿公款供自己使用，被告人可能构成受贿罪（因为其利用职务上的便利获得了他人财物），也可能构成贪污罪（因为他收受自己能够管理的单位的财物）。再比如，贪污罪和滥用职权罪也是竞合的，任何一个贪污罪都同时构成滥用职权罪，贪污公款时，如果不滥用职权其不法取得财物的目的就不可能得逞。因此，在实务中，对罪数关系的认定，应当多考虑犯罪之间的交叉和竞合，而少考虑犯罪的"排斥"或非此即彼的对立关系。

对利用大宗商品交易平台不法取得他人财物的行为性质认定，也要考虑罪数关系的一般原理，仔细审查被告人的行为是否可能同时符合多个犯罪构成，是否具有竞合关系，既不能认为被告人一旦构成诈骗罪就绝对不再构成其他犯罪；也不能认为被告人一旦不构成破坏金融管理秩序的犯罪，就绝对不可能成立诈骗罪。换言之，需要多考虑犯罪之间的交叉和竞合关系，少判断犯罪之间的排斥关系。

（二）被告人可能同时构成非法经营罪

在设立非法大宗交易平台后从事交易，或者交易平台虽为合法设立，但将权益拆分为均等份额公开发行的；或者采取集中交易方式进行交易（包括集合竞价、连续竞价、电子撮合、匿名交易、做市商等交易方式）的；或者将权益按照标准化交易单位持续挂牌交易（将股权以外的其他权益设定最小交易单位，并以最小

交易单位或其整数倍进行交易)的；以及以集中交易方式进行标准化合约交易的，都可能构成非法经营罪。例如，在有的案件中，有的机构(如贵金属现货交易公司等)未经中国证监会批准，不属于合法的期货交易机构，但其采用保证金制度，以集中交易的方式进行标准化合约交易，允许交易者以对冲平仓了结交易，就属于"擅自从事期货业务"，可能构成非法经营罪。例如，被告人通过某黄金珠宝交易中心等交易平台，以电子商务名义，采取联合竞标、电子撮合、匿名交易等集中交易方式进行白银制品标准化合约交易，属于非法从事期货交易活动，应依照《刑法》第 225 条第(三)项的规定以非法经营罪追究刑事责任。

(三)非法经营罪和诈骗罪之间存在想象竞合关系

非法经营罪和诈骗罪的关系是：在交易平台从事非法电子期货交易，虽有夸大宣传等一定程度的欺骗，但其欺骗手段并未让投资者在交易中做出错误判断，或未实施篡改行情数据、故意延退交易或人为操纵客户交易的行为，仅赚取手续费的，被告人的非法占有目的难以认定，其行为仅构成非法经营罪。但是，在非法经营过程中，被告人又采用虚构事实、隐瞒真相的方法操纵价格，诱骗被害人入金，骗取投资者财产的行为理应构成诈骗罪，成立诈骗罪和非法经营罪的想象竞合犯，应当从一重罪处断。

在本案中，国务院的相关决定或文件明确禁止邮币卡集中竞价交易，根据 2011 年 11 月 11 日国务院《关于清理整顿各类交易场所切实防范金融风险的决定》(国发[2011]38 号)的规定，自本决定下发之日起，除依法设立的证券交易所或国务院批准的从事金融产品交易的交易场所外，任何交易场所均不得将任何权益拆分为均等份额公开发行，不得采取集中竞价、做市商等集中交易方式进行交易。在本案中，H 滨海大宗商品交易平台虽系经批准后设立，但被告人余某等人所从事的邮币卡交易连续集合竞价交易违反国务院发布的决定，属于我国《刑法》第 96 条所规定的"违反国家规定"的情形，在法律禁止之列，被告人的行为符合非法经营罪的构成要件。

四、结论

被告人符某等人在非法经营过程中，又采用虚构事实、隐瞒真相的方法操纵邮票价格，骗取投资者财产的行为又构成诈骗罪，成立诈骗罪和非法经营罪的想象竞合犯,应当从一重罪处断。因此,对被告人符某等人应以重罪即诈骗罪定罪处罚。

[规则提炼]

1. 我国《刑法》第182条第1款第(一)项规定的"操纵证券、期货市场"中的操纵行为所针对的对象只能是证券、期货,按照"法无明文不为罪"的要求,无法认定被告人符某的行为构成操纵证券、期货市场罪,否则就有违罪刑法定原则的要求。

2. 被告人符某在操纵行为之外实施了诈骗行为,即便对其操纵邮币卡价格走势这一行为无法定罪,对其诈骗行为也应当定罪处罚。将利用交易平台实施的骗取财物行为认定为诈骗罪,并不违反刑法谦抑性。

3. 被告人符某的行为同时符合诈骗罪和非法经营罪的构成要件,属于想象竞合犯,应当从一重罪处断。

第26题　追诉时效与时间效力

（追诉时效的属性、追诉时效的延长、时间效力）

[案情简介]

1992年3月24日，麻某在南京市杀害了一名女大学生林某。该案立案侦查后，一直未能侦破。2020年2月23日，司法机关侦破案件，发现犯罪嫌疑人麻某，并将其抓获。此时，距离案件已经过去28年。①

问题：

1. 追诉时效规定属于实体法规定还是程序法规定？
2. 关于追诉时效的规定，是否适用从新原则？
3. 如何理解现行《刑法》第12条中"依照本法总则第四章第八节的规定应当追诉"？

[分析思路]

一、追诉时效从新说

二、追诉时效的第一属性是实体法属性

（一）追诉时效的制度根据

（二）诉讼关系、诉讼标的及诉讼要件

三、实体法与程序法均坚持"行为时法"

四、对《刑法》第12条的正确理解

五、结论

---

① 参见赵璠：《"南医大女生被奸杀案"二审维持原判》，载《人民法院报》2021年1月21日，第3版。

[具体解析]

一、追诉时效从新说

关于本案,当前有一种流行的观点(简称追诉时效从新说)认为,对麻某杀人案应当适用现行《刑法》第 88 条第 1 款的规定,亦即"在人民检察院、公安机关、国家安全机关立案侦查或者在人民法院受理案件以后,逃避侦查或者审判的,不受追诉期限的限制"。该规定将 1979 年《刑法》第 77 条中"采取强制措施以后"修改为"立案侦查以后"。由于公安机关在 1992 年对该案已经立案侦查,只要麻某逃避侦查,便不受追诉期限的限制。

追诉时效从新说的主要理由是,现行《刑法》第 12 条确立了一个原则,亦即关于刑事责任问题,适用从旧兼从轻原则;而关于追诉时效问题,则适用新法。现行《刑法》第 12 条规定:"中华人民共和国成立以后本法施行以前的行为,如果当时的法律不认为是犯罪的,适用当时的法律;如果当时的法律认为是犯罪的,依照本法总则第四章第八节的规定应当追诉的,按照当时的法律追究刑事责任,但是如果本法不认为是犯罪或者处刑较轻的,适用本法。"

追诉时效从新说认为,该规定中"依照本法总则第四章第八节的规定(追诉时效)应当追诉",表明关于追诉时效的问题,应当适用新法;该规定中"按照当时的法律追究刑事责任,但是如果本法不认为是犯罪或者处刑较轻的,适用本法",表明关于刑事责任的问题,应当适用从旧兼从轻原则。因此,对于麻某案的追诉时效问题,应当适用现行刑法关于追诉时效的规定,具体而言是第 88 条第 1 款规定。① 也有学者认为,现行《刑法》第 12 条对其生效以前实施的犯罪行为"依照本法总则第四章第八节的规定"判断是否进行追诉,这肯定了现行刑法关于追诉时效规定的溯及力,因此,如果被告人的行为符合现行刑法第 88 条的规定,即使依照 1979《刑法》已经超过追诉时效的,也可以追究刑事责任。②

追诉时效从新说也得到了有关文件的支持。例如,2019 年最高人民法院研究室《关于如何理解和适用 1997 年刑法第十二条第一款规定有关时效问题征求

---

① 参见赵春雨:《追诉时效适用新刑法的口径应该统一了》,载中国律师网(http://www.acla.org.cn/article/page/detailById/27578? from=singlemessage),访问日期:2020 年 8 月 10 日。
② 参见张波:《论追诉时效的溯及力》,载《北京航空航天大学学报(社会科学版)》2008 年第 2 期。

意见的复函》（法研〔2019〕52 号）表明，1997 年《刑法》施行以前实施的犯罪行为，1997 年《刑法》施行以后仍在追诉时效期限内，具有"在人民检察院、公安机关、国家安全机关立案侦查或者在人民法院受理案件以后，逃避侦查或者审判"或者"被害人在追诉期限内提出控告，人民法院、人民检察院、公安机关应当立案而不予立案"情形的，适用 1997 年《刑法》第 88 条的规定，不受追诉期限的限制。1997 年《刑法》施行以前实施的犯罪行为，1997 年《刑法》施行时已超过追诉期限的，是否追究行为人的刑事责任，应当适用 1979 年《刑法》第 77 条的规定。又如，2014 年全国人大常委会法工委作出的《对刑事追诉期限制度有关规定如何理解适用的答复意见》（法工办发〔2014〕277 号）规定："对 1997 年前发生的行为，被害人及其家属在 1997 年后刑法规定的时效内提出控告，应当适用刑法第八十八条第二款的规定，不受追诉期限的限制。"①

然而，追诉时效从新说无论是在基础法理还是在法律解释上，均存在值得商榷之处。对此，需要细致分析。

二、追诉时效的第一属性是实体法属性

追诉时效从新说的主要理由之一是，追诉时效是一项刑事程序法制度，超过追诉期限是国家刑罚权合法发动的程序障碍。② 然而，这种看法值得商榷。追诉时效的确具有双重属性，亦即既具有实体法属性，也具有程序法属性，但是，实体法属性应是第一位属性，程序法属性是第二位属性。

（一）追诉时效的制度根据

关于追诉时效的制度根据，追诉时效从新说认为，主要根据在于程序法的根据。具体而言，追诉时效制度能够减轻司法机关的诉讼压力。如果不存在追诉时效制度，司法机关除必须处理眼前的事情外，还必须处理所有尚未完结的上一代的刑事案件。在是否以时间为界限放弃对全部案件予以追诉的问题上，国家实际上根本没有选择；国家仅仅可以选择，在个案中随机性地放弃追诉，还是

---

① 现行《刑法》第 88 条第 2 款规定："被害人在追诉期限内提出控告，人民法院、人民检察院、公安机关应当立案而不予立案的，不受追诉期限的限制。"1979 年《刑法》中没有该款规定。该款规定是现行刑法增设的。全国人大常委会法工委的意见认为，该款规定具有溯及力，能够适用于 1997 年之前的案件。

② 参见袁国何：《论追诉时效的溯及力及其限制》，载《清华法学》2020 年第 2 期。

通过设置一般性的规则来确定放弃追诉。由于国家必须保障司法机关有序运转,因此仅有第二条道路于它而言是可行的。有限的司法资源势必被优先投放到最严重的犯罪中,故重罪的追诉期限长于轻罪;追诉时效具有督促司法机关查办案件的纪律功能。①

虽然不可否认,上述程序法上的正当化根据是追诉时效的根据之一,但是,仍应承认刑法上的根据是追诉时效的主要根据。追诉时效从新说认为,刑法上的各种根据均不能完整地解释诸多追诉时效的具体规定。然而,这种批判是一种苛责。用一项根据来解释所有的追诉时效的具体规定,本身就是不合理的要求。追诉时效的正当化根据可以多种多样,相辅相成,共同解释追诉时效的若干具体规定。由于超过追诉时效的效果是刑罚的消灭,因此,应根据刑罚的根据来认识追诉时效的若干正当化根据。②

第一,刑罚的根据之一是报应刑。针对报应刑,追诉时效的正当化根据有准受刑说。这是指,犯罪人犯罪后虽然没有受到刑事追究,但长期的逃避生活造成的心理恐惧及精神痛苦,也起到了刑罚的一些效果,可以认为已经执行了刑罚。即使犯罪人在逃亡生涯中有可能过上富裕的物质生活,但是害怕暴露的心理恐惧和不确定状态,是不可否认的精神痛苦。许多犯罪人被抓后反倒睡觉踏实了,便印证了这一点。从这个角度讲,由于犯罪人也受到了另一种形式的痛苦惩罚,那么再以刑罚予以报应的必要性便降低了。

第二,刑罚的根据之一是特殊预防。针对特殊预防,追诉时效的正当化根据是改善推测说。这是指,犯罪人犯罪后长时间没有再犯罪,可以推测犯罪人的心理已经得到了改善,没有再犯罪的危险性,因此缺乏特殊预防的必要性。

第三,刑罚的根据之一是一般预防。针对一般预防,追诉时效的正当化根据是规范感情缓和说。这是指,在犯罪经过一段时间后,社会公众对犯罪的规范感情得以缓和,不处罚行为人能够得到社会认同,因此没有一般预防的必要性。

相反,追诉时效的正当化根据中,程序法根据存在值得商榷之处。第一,程序法根据之一是追诉时效制度能够减轻司法机关的诉讼压力。这种看法带有功利主义的性质,具有很强的政策因素。依据这种看法,当司法资源紧张时,应扩

---

① 参见袁国何:《论追诉时效的溯及力及其限制》,载《清华法学》2020年第2期。
② 参见张明楷:《刑法学》(第五版),法律出版社2016年版,第648页。

大追诉时效的适用范围;当司法资源宽裕时,则应缩小追诉时效的适用范围。这种现象显然是不合适的。第二,程序法根据之二是证据湮灭说。这是指,犯罪证据随着时间流逝可能湮灭,由此导致程序上无法追诉。然而,依据这种学说,只要容易收集证据,则不管经过多久,都可以追诉。特别是当今证据收集技术越来越发达,譬如借助DNA检测技术,几十年前的案件得以侦破。若依据这种证据收集技术,证据不会湮灭,追诉皆有可能,则追诉时效制度应予以废除。这显然是不合理的。

(二) 诉讼关系、诉讼标的及诉讼要件

刑事诉讼存在两层关系。第一层关系是处罚者与被处罚者的关系,一方面国家行使刑罚权,另一方面个人具有接受刑罚的义务。这是关于刑罚的权利义务关系,是一种实体关系。如何确定这种实体关系便是刑事诉讼的诉讼标的。第二层关系是裁判者与被裁判者的关系,这是为确定刑罚权而进行诉讼的关系,是一种程序关系。[①]

第一层的实体关系便是刑事诉讼的标的或客体。诉讼标的,是指司法机关要处理的事项。就刑事诉讼而言,诉讼标的是指被告人有无犯罪事实,以及如何施加刑罚。诉讼标的在刑事诉讼过程中处于核心地位。

诉讼标的的成立条件是犯罪事实的成立条件,是由刑法确定的犯罪构成要件及可罚性、需罚性等条件。这些是实体性要件。而围绕诉讼标的展开的诉讼活动的要件是诉讼要件(诉讼条件、程序要件),是指使整个诉讼能够合法进行并作出实体判决所需要具备的条件。

实体性要件对诉讼要件具有制约作用。具体而言,诉讼标的(案件事实)的数量决定了诉讼的数量,一个犯罪事实为一诉,数个犯罪事实为数诉。而案件事实(犯罪事实)的数量由刑法所决定。刑法根据犯罪构成要件来确定犯罪事实的数量。一个案件事实意味着一个诉讼,由此带来的效果有两种。第一种效果是诉讼行为的不可分效果。例如,对于一个案件事实,在审判权上不可分,不能由两个法院割裂审判。对于一个案件事实,在管辖权上也不可分,即使存在管辖权竞合,也需要最终确定由一个法院管辖,而不能割裂管辖。第二种效果是一事不

---

① 参见林钰雄:《刑事诉讼法》(上册),中国人民大学出版社2005年版,第196页。

再理原则。就被告人的一项犯罪事实,只能受到国家"一次性"的追诉、处罚,不得重复追诉、处罚。

追诉时效制度涉及实体性要件和诉讼要件。这里的实体性要件是指国家放弃行使刑罚权,超过追诉时效是一种刑罚消灭事由。这里的诉讼要件是指司法机关的追诉出现程序障碍,超过追诉时效是一种程序障碍事由。很显然,在逻辑关系上,应先确定实体性要件,亦即国家决定放弃刑罚权,然后才能确定诉讼要件。刑罚消灭是程序障碍的缘由,程序障碍是刑罚消灭的后果。

三、实体法与程序法均坚持"行为时法"

追诉时效从新说认为,实体法问题坚持从旧原则,程序法问题坚持从新原则,追诉时效是程序法问题,故应坚持从新原则。然而,这种看法值得推敲。

"实体法问题坚持从旧原则,程序法问题坚持从新原则",这种说法给人的感觉是,实体法与程序法在时间效力上存在截然不同的处理规则,甚至认为程序法具有溯及力。实际上,二者均坚持"行为时法"的原则。实体法的"行为时"是指犯罪行为时,程序法的"行为时"是指诉讼行为时。

诉讼行为,是指具有诉讼法上效果的构成诉讼程序的各个行为。由于整个诉讼程序是由一连串的诉讼参与人的活动所组成,诸如逮捕、羁押、讯问、审判等,这些诉讼活动均属于诉讼行为。狭义的诉讼行为是指由一定的意思表示所发生的诉讼法上的效力的行为,这种诉讼行为又称为"诉讼法律行为"。这种诉讼法律行为与民法上的法律行为含义相同。广义的诉讼行为包括法律行为和事实行为。事实行为如自诉人无正当理由拒不到庭或者未经法庭准许而中途退庭等,尽管会发生一定的诉讼法上的效力,但并不是由意思表示发生的效力。①

诉讼行为具有时间性,必须在特定时间之内为之。这便是诉讼行为的期间,是指公安司法机关和诉讼参与人进行某一诉讼行为必须遵守的法定期限。诉讼行为的这种时间性决定了对于诉讼行为只能适用诉讼行为时的法律。就此而言,诉讼法对生效以前的诉讼行为没有溯及力。因此,所谓程序法问题应坚持从新原则,实际上仍是行为时法原则。刑事诉讼法修正后,一般只适用于其颁布

---

① 参见张建伟:《刑事诉讼法通义》,清华大学出版社 2007 年版,第 247 页。

实施之后启动的诉讼行为,对于其颁布实施之前已经终结的诉讼行为不发生法律效力。但是,对于新法颁布实施之前已经启动了诉讼行为但尚未终结的案件,则遵循以下处理方式:对于尚未终结的程序适用新法,但是之前已经进行的诉讼行为的效力不受影响。① 例如,《俄罗斯联邦刑事诉讼法典》第 4 条规定:"在进行刑事案件的诉讼时,适用有关诉讼行为进行时或有关诉讼决定作出时有效的刑事诉讼法律,但本法典有不同规定的除外。"

程序法与实体法在时间效力上均坚持"行为时法"原则,主要是为了保障人权,具体而言是为了保障国民的自由和信赖利益。正因如此,《立法法》第 93 条规定:"法律、行政法规、地方性法规、自治条例和单行条例、规章不溯及既往,但为了更好地保护公民、法人和其他组织的权利和利益而作的特别规定除外。"也正因如此,罪刑法定原则不仅是刑法原则,也是宪法原则。从罪刑法定原则出发,刑事实体法与程序法均需要坚持"行为时法"原则,以此保障国民的自由和信赖利益,限制国家刑罚权的不当扩张,亦即"法无明文规定不处罚"。

不难看出,实体法的"行为时法"原则,也称为"从旧"原则。程序法的"行为时法"原则,也称为"从新"原则。为了保障国民的自由和信赖利益,实体法和程序法在"行为时法"之外均实行"从轻"原则。实体法的"从旧兼从轻"原则中,从旧是指依据犯罪行为时的法律;从轻是指若犯罪行为后的法律对被告人更有利,则适用犯罪行为后的法律。程序法也存在"从新兼从轻"原则,其中的"从新"是指依据诉讼行为时的法律;从轻是指若诉讼行为前的法律对被告人更有利,则适用诉讼行为前的法律。例如,根据原刑事诉讼法的规定,一审程序、二审程序必须在相对较短的期限内结束,此时,被告人根据法律的规定,可以预测出自己的未决羁押期限会在较短的期限内结束。然而,在审判过程中,新修正的刑事诉讼法颁布实施,根据新法,一审和二审的审理期限都被大幅度延长,此时,如果一味强调程序从新,按照新法的规定计算审理期限,将对被告人的信赖利益造成侵害。因此,在特殊情况下,立法者有必要考虑当事人的信赖利益,规定程序从新原则的若干例外。②

---

① 参见何赖杰:《论刑事程序之程序从新原则——以刑诉法第三二三条修正为视角》,载(我国台湾地区)《刑事法杂志》第 4 卷第 3 期。

② 参见瓮怡洁、许京文:《刑事诉讼法时间效力的程序从新原则》,载《人民司法(应用)》2016 年第 10 期。

四、对《刑法》第 12 条的正确理解

追诉时效从新说的主要依据是,《刑法》第 12 条后半段规定,"如果当时的法律认为是犯罪的,依照本法总则第四章第八节的规定应当追诉的,按照当时的法律追究刑事责任,但是如果本法不认为是犯罪或者处刑较轻的,适用本法"。其中,"依照本法总则第四章第八节的规定应当追诉的",表明是否追诉问题依据的是现行刑法的追诉时效规定,因此关于追诉时效应当适用从新原则。然而,这种理解是一种纯粹字面上的理解。

"依照本法总则第四章第八节的规定应当追诉的",这是立足于当前诉讼行为的表述。当司法机关处理一起刑事案件(犯罪事实)时,便在实施一个诉讼行为(立案、侦查、起诉等),根据"行为时法"原则,这些诉讼行为的法律依据应是诉讼行为时的法律。因此,司法机关必须依据诉讼行为时的法律来确定追诉时效,亦即根据现行刑法关于追诉时效的规定来确定能否追诉。这一点体现了追诉时效的程序法属性。

但是,这只是审查是否启动刑罚权的第一步操作。第一步操作显然应当立足于当前诉讼行为时的法律,不可能立足于之前的法律。如果按照当前法律不应当追诉,则直接得出终止诉讼行为的结论。如果按照当前法律应当追诉,则根据保障人权的要求,应当进行下一步的"从轻"原则的判断,亦即如果按照之前的法律不应当追诉,则不应当追诉被告人。由于决定是否追诉的法律是刑法,因此应当根据之前的刑法(行为时的刑法)来判断对被告人是否追诉。这一步的操作依据便是《刑法》第 12 条规定的"依照本法总则第四章第八节的规定应当追诉的"之后的"按照当时的法律追究刑事责任"。如果按照当时的法律(行为时的刑法),应当追诉被告人,接下来比较当时的法律与现行的法律,适用哪个法律追诉被告人对被告人更有利,便选择适用哪个法律。如果按照当时的法律,不应当追诉被告人,则直接得出不予追诉的结论。

概言之,《刑法》第 12 条后半段规定的"如果当时的法律认为是犯罪的,依照本法总则第四章第八节的规定应当追诉的,按照当时的法律追究刑事责任",在操作流程上的含义是指,司法机关要启动当下的诉讼程序,因此需要先立足于当前的法律,审查是否追诉。如果不符合追诉条件,则不予追诉;如果符合追诉条

件，接下来启动"从轻"原则，比较一下按照当时的法律是否追诉，如果不符合追诉条件，则不予追诉。

即使按照追诉时效从新说，也应当坚持在从新原则之后兼顾考察从轻原则。追诉时效从新说的矛盾在于，一方面坚持追诉时效属于程序法规定，另一方面在判断是否追诉时却只能依据刑法规定。既然如此，在是否追诉问题上，便应当适用刑法规定。既然适用刑法规定，便必须遵守刑法的时间效力原则，亦即"从旧兼从轻"原则。只是在遵守刑法的"从旧兼从轻"原则时，在启动当下诉讼程序时，必须先立足于当前的法律，故需要在条文中表为为"依照本法总则第四章第八节的规定应当追诉的"，接下来再适用"从轻"原则。

实际上，最高人民法院在现行刑法生效时便注意到这个问题，因此，1997年9月25日，专门出台《关于适用刑法时间效力规定若干问题的解释》，其中第1条规定："对于行为人1997年9月30日以前实施的犯罪行为，在人民检察院、公安机关、国家安全机关立案侦查或者在人民法院受理案件以后，行为人逃避侦查或者审判，超过追诉期限或者被害人在追诉期限内提出控告，人民法院、人民检察院、公安机关应当立案而不予立案，超过追诉期限的，是否追究行为人的刑事责任，适用修订前的刑法第七十七条的规定。"该规定表明，关于现行刑法生效前的犯罪行为，遇到追诉时效的问题，先立足于现行刑法关于追诉时效的规定，司法解释中的两种情形便是现行《刑法》第88条规定的情形，然后再适用1979年《刑法》关于追诉时效的规定，通过比较最终达到适用"从轻"原则的效果。

五、结论

麻某杀人案发生在1992年，根据现行《刑法》第12条规定的从旧兼从轻原则，应当适用1979年《刑法》。1979年《刑法》第77条规定："在人民法院、人民检察院、公安机关采取强制措施以后，逃避侦查或者审判的，不受追诉期限的限制。"在2020年之前，公安机关一直未能侦破本案，未能发现麻某是犯罪嫌疑人，因此一直对麻某未采取强制措施。基于此，对麻某的追诉应当受到追诉期限的限制。根据1979年《刑法》第76条的规定，麻某涉嫌故意杀人罪，法定最高刑是死刑，追诉期限是20年。至2020年，麻某的犯罪事实已经经过了20年追诉期限，不应再追诉。根据1979年《刑法》第76条的规定，如果认为必须追诉，应当报请最高人民检察院核准。

[规则提炼]

1. 追诉时效既是刑罚消灭事由,也是程序障碍事由。但是,刑罚消灭是程序障碍的缘由,程序障碍是刑罚消灭的后果。因此,追诉时效的第一属性是实体法属性。

2. 表面上看,"实体法问题坚持从旧原则,程序法问题坚持从新原则"。实际上,二者均坚持"行为时法"原则。实体法的"行为时"是指犯罪行为时,程序法的"行为时"是指诉讼行为时。所以,程序法的"从新原则"实际是"行为时法原则",也因此与实体法的"从旧原则"一样,应兼顾"从轻原则"。

3. 《刑法》第12条(时间效力)后半段规定的"如果当时的法律认为是犯罪的,依照本法总则第四章第八节的规定应当追诉的,按照当时的法律追究刑事责任",是立足于当前诉讼行为的表述。司法机关要启动当下的诉讼程序,需要先立足于当前的刑法规定,如果不符合追诉条件,则不予追诉;如果符合追诉条件,接下来启动"从轻原则",按照当时的刑法规定如果不符合追诉条件,则不予追诉。

HOW TO SOLVE
COMPLEX
CRIMINAL LAW
PROBLEM

刑法各论题

第27题　过失致人死亡罪与故意伤害（致死）罪的界限

（故意伤害罪、过失致人死亡罪、轻微殴打行为）

［案情简介］

被告人罗某在打麻将过程中讲粗话，莫某对罗某进行劝止，二人为此争吵过程中，莫某推了一下罗某，罗某即用右手朝莫某的左面部打了一拳，接着又用左手掌推莫某右肩，致使莫某在踉跄后退中后脑部碰撞到门框。莫某前行两步后突然向前跌倒，约两三分钟后即死亡。经鉴定，莫某后枕部头皮下血肿属钝器伤，系后枕部与钝性物体碰撞所致，血肿位置为受力部位。莫某的死亡是生前后枕部与钝性物体碰撞及撞后倒地导致脑挫伤、蛛网膜下腔出血所致，其口唇、下颌部及额下损伤系伤后倒地形成。

罗某自首后，辩称自己的掌推行为只是争吵中的一种本能反应，不是想故意伤害被害人，其行为不应构成故意伤害罪。某市中级人民法院认定被告人罗某犯故意伤害罪，判处有期徒刑6年。一审宣判后，被告人未上诉，检察院也未提出抗诉。①

问题：被告人构成故意伤害（致死）罪还是过失致人死亡罪？法院对本案的定性是否正确？

［分析思路］

一、区分过失致人死亡罪、故意伤害罪、故意杀人罪的方法

二、区分过失致人死亡罪、故意伤害罪、故意杀人罪的具体步骤

三、对本案被告人的定罪

---

① 参见《刑事审判参考》第226号指导案例。

(一)是否存在故意伤害罪的实行行为
(二)行为和结果之间的因果关系是否存在
(三)是否存在伤害故意

四、结论

[具体解析]

一、区分过失致人死亡罪、故意伤害罪、故意杀人罪的方法

在实务中出现被害人死亡的情形时,定罪往往会优先考虑适用故意杀人罪等重罪,此时,故意杀人罪、故意伤害(致死)罪、过失致人死亡罪这三个罪名非常容易混淆,需要厘清其区分方法。

第一,应遵循从客观到主观的判断路径,先判断客观行为再判断主观要件。这是由刑法客观主义立场所决定的。此时,被告人关于其是否想杀人的说法,往往不能作为判断时优先考虑的问题,因为被告人所理解的"杀人"和故意杀人罪构成要件中所规定的杀害还是存在一定距离,从犯罪主观要件切入,有可能导致错案。

第二,在判断客观行为时,应注意三个方面:(1)重视构成要件的定型机能。每个犯罪的构成要件都是特定的。应判断客观行为是否符合具体犯罪的构成要件,是否符合该罪构成要件的行为,也即实行行为。(2)重视保护法益的指导机能。应以具体犯罪的保护法益为指导来判断客观行为,符合构成要件的行为应是对保护法益产生实质的、类型化危险的行为。(3)重视因果关系的论证。一个人只需对与自己行为有因果关系的结果负责。因此,需要判断该危害结果与行为人的行为之间是否存在因果关系,该危害结果是不是行为人的行为所蕴含的类型化危险的相当程度的实现。

第三,在判断主观要件时,一方面应结合行为人主观认识能力和客观环境条件,另一方面应结合一般人标准和行为人标准。

第四,判断各个犯罪时应遵循由重到轻的顺序。如果先判断轻罪,即使行为符合轻罪的构成要件,仍需判断行为是否符合重罪的构成要件。重罪有可能包容轻罪,而轻罪不可能包容重罪。就故意杀人罪、故意伤害(致死)罪、过失致人

死亡罪而言,应先判断行为是否符合故意杀人罪的构成要件,再判断是否符合故意伤害罪的构成要件,最后判断是否符合过失致人死亡罪的构成要件。

二、区分过失致人死亡罪、故意伤害罪、故意杀人罪的具体步骤

"人命关天",在被害人死亡的场合,定罪必须特别慎重,没有理由一上来就否定故意杀人罪的成立。对这类案件的大致分析步骤是:

第一步,先判断行为是否符合故意杀人罪的构成要件,是不是故意杀人罪的实行行为。故意杀人罪的实行行为必须具有导致他人死亡的实质的类型化危险。例如,向被害人的小腿划一刀,不能评价为杀人行为,向被害人的心脏刺一刀,无论行为人如何辩解,都属于杀人行为。又如,以为碘盐能够杀死人而向被害人水杯投放碘盐,不能评价为杀人行为。当判断结论是行为不属于杀人的实行行为,就没有必要判断行为人是否具有杀人的故意,因为即使有杀人故意,也不能认定行为人构成故意杀人罪。如果判断结论是行为属于故意杀人罪的实行行为,然后再判断行为人主观上有无杀人的故意。如果有,则行为人构成故意杀人罪。

例如,被告人官某在其恋人张某提出分手后,明确表示不同意,两人由此发生争吵。官某一时气愤,用手捂张某的口鼻,被张某推开后,又将张某推倒在床上,并坐在张某的肚子上,用双手猛掐张某的脖子,致张某窒息死亡。经法医鉴定,张某是被他人捂口鼻及压迫颈部致机械性窒息死亡。一、二审法院均认为,被告人官某目无国家法律,因恋爱之中女方提出与其分手而心怀愤恨,采用捂口鼻和掐脖子的方法,非法剥夺被害人生命,构成故意杀人罪。①

应当说,法院的判决是有道理的:在争吵中,官某一时气愤、临时起意,但是攻击的部位是张某的脖子,手段是掐住,而且是长时间掐住,直至其窒息身亡。这些因素足以表明,官某认识到自己的客观行为会发生他人死亡的结果,并且放任这种结果发生。因此,官某具有杀人的故意,构成故意杀人罪。

如果结合在案证据,经审查认定被告人的行为不属于故意杀人罪的实行行为,那么,判断工作就需要往下进行。

---

① 参见最高人民法院刑事审判第一、二、三、四、五庭主办:《中国刑事审判指导案例(侵犯公民人身权利、民主权利罪)》,法律出版社2009年版,第108页。

第二步,判断行为是否符合故意伤害罪的构成要件,是不是故意伤害罪的实行行为。故意伤害罪的实行行为必须具有导致他人生理机能受到轻伤程度的实质的类型化危险。例如,将他人推搡一把的行为,不能评价为故意伤害罪的伤害行为,而向他人腿部划一刀的行为,属于故意伤害罪的伤害行为。

如果判断结论是行为属于故意伤害罪的实行行为,然后再判断行为人主观上有无伤害的故意。如果有,则行为人构成故意伤害罪。在此基础上,如果伤害行为导致被害人死亡,就判断行为人对死亡结果有无过失;如果有,则行为人构成故意伤害(致死)罪。如果判断结论是行为不属于故意伤害罪的实行行为,那么判断工作进入第三步。

第三步,判断行为是否符合过失致人死亡罪的构成要件,是不是过失致人死亡罪的实行行为。过失致人死亡罪的实行行为是违反注意义务的行为,并对他人生命产生实质危险。如果判断结论是行为属于过失致人死亡罪的实行行为,然后再判断行为人主观上对死亡结果有无过失。如果有,则行为人构成过失致人死亡罪;如果没有,就只能认定为意外事件。

上述三个检验步骤看起来很简单,但是真正用起来极为不易,尤其是故意伤害致死和过失致人死亡的区分,在实践中显得十分困难。

故意伤害(致死)罪与过失致人死亡罪,虽然都是过失地造成死亡的结果,但是前罪的行为人具有伤害故意,必须存在一个能够加以区分的相对独立的伤害过程:伤害行为是程度较高(足以损害他人的生理机能)、在伤害故意支配下实施的暴力行为。因此,一般的殴打行为,即给他人造成暂时性肌肉疼痛或者轻微神经刺激,但不会损害其生理机能的健全性的行为,不是故意伤害罪中的伤害行为。例如,父母为教育子女而实施的打骂,丈夫与妻子发生口角后的拳脚相加,父母对子女或者配偶之间没有明确的伤害故意,只是殴打过程中失手造成重伤后果,行为人只有一般殴打的意图,并无伤害的故意,都不构成故意伤害罪;行为人并非以伤害故意实施推倒、撞击等行为致人死亡的,也不是故意伤害致死。当然,如果造成的后果比较严重,符合过失致人重伤、死亡罪的标准时,应当以相应犯罪予以追究。

但是,司法实践中对日常生活中的殴打和故意伤害罪中必须达到相当程度的伤害一直未作明确的区分,很容易出现的错误是:一旦有死亡结果发生,再反过去看被告人是否"有意"地实施促成他人死亡的行为,如果是有意实施的,就成立故意伤害致人死亡,从而不当地扩大了故意伤害罪的适用范围,在一定程度上混淆了故意伤害罪和过失致人死亡罪的界限,使得过失致人死亡罪基本上没有适用的空间。其实,即便殴打、推搡是有意实施的,这种有意性和故意伤害罪中基于故意实施的、应当达到一定程度的伤害也不相同。行为人有通过殴打使被害人遭受皮肉之苦的意思,但是很难说其具有严重损害他人生理机能的故意。所以,对类似因殴打、推搡造成重伤或者死亡后果的,以定过失致人重伤、过失致人死亡罪为宜。

三、对本案被告人的定罪

在本案中,要认定被告人罗某是否构成故意伤害罪,应坚持从客观到主观的路径。具体到故意伤害罪的判断,首先判断行为人的行为是不是符合故意伤害罪构成要件的行为;如果是,则接下来判断该符合构成要件的行为(也即故意伤害罪的实行行为)与危害结果之间有无因果关系;如果有,则接下来判断行为人对其行为和结果在主观上是否持有犯罪故意;如果是,则可以得出行为人构成故意伤害(致死)罪的结论。

可以看出,某市中级人民法院认为,被告人罗某的掌推行为是故意伤害罪的伤害行为,同时该行为与被害人莫某的死亡之间有因果关系,并且罗某对该死亡结果存在故意,因此罗某构成故意伤害罪。然而,这种结论有过于简单化之嫌,值得商榷。

(一)是否存在故意伤害罪的实行行为

故意伤害罪的实行行为并不包括日常生活中的轻微殴打行为。判断一个行为是否符合故意伤害罪的构成要件,必须以本罪的保护法益为指导。理论上的通说认为,故意伤害罪的保护法益是生理机能的健康,而非身体完整性。剪掉他人头发、指甲等行为不属于故意伤害罪的伤害行为。只有对人的生理机能的健康造成实质损害,才属于伤害行为。同时,根据刑法的谦抑性,极其轻微的伤害行为不属于故意伤害罪的实行行为(例如,拔掉他人一根头发)。我国刑法也将轻微伤排除在本罪的实行行为范围之外,只有轻伤及其以上的伤害行为才属于故意伤害罪的实行行为。

问题是,如何认定符合故意伤害罪构成要件的轻伤害行为?实务中的常见做法是根据实害结果来认定,即只要行为造成轻伤结果,那么,行为就是故意伤害罪中的轻伤害行为,只要行为造成重伤结果,那么行为就是故意伤害罪中的重伤害行为。

然而,这种做法并不严谨。这种做法是用结果来倒推行为的属性,颠倒了行为与结果的引起与被引起的关系。先有行为,后有结果,结果只是行为危险性的表现。在逻辑关系上,是行为的危险性决定了结果的有无,而不是结果的有无决定了行为的危险性。

如果一味根据结果来认定行为的危险性,容易导致结果责任或偶然责任。一个危险性很严重的伤害行为,有可能没有造成严重后果,一个危险性很轻微的伤害行为,有可能造成严重后果。在这种情况下,行为人是否承担刑事责任就完全依赖运气了。这显然是违背责任主义的。

因此,对结果的作用和地位不应过分夸大。结果是考察行为危险性的重要素材、证据,但不是行为危险性的决定性因素。行为的危险性蕴含于行为本身,因此考察行为的危险性需要具体考察行为本身的一些特征,例如,行为人使用的凶器的杀伤力、打击的部位等。

概言之,故意伤害罪的构成要件对故意伤害罪的实行行为具有定型机能,符合故意伤害罪构成要件的行为必须对他人的生理机能健康具有实质的、类型化的危险性。日常生活中的轻微殴打行为对他人的生理机能健康不具有实质的、类型化的危险性,因此不属于故意伤害罪的实行行为。当这种轻微殴打行为偶然地引起严重后果时,不能以此认定行为就属于故意伤害罪的实行行为。本案中,莫某与罗某发生争吵。莫某推了一下罗某,罗某朝莫某的左面部打了一拳,又用左手掌推莫某右肩,致使莫某在踉跄后退中后脑部碰撞到门框。这种行为本身仅属于轻微伤害行为,不属于轻伤害行为,对对方的生理机能健康不具有实质的、类型化的危险性,因此不属于故意伤害罪的实行行为。此时,不能因为该行为偶然地引起严重后果,就认为该行为属于故意伤害罪的实行行为。

(二)行为和结果之间的因果关系是否存在

虽然被告人罗某的行为不属于故意伤害罪的实行行为,但属于过失致人死亡罪的实行行为,也即违反注意义务的疏忽大意行为。罗某是否构成过失致人死亡罪,需要先判断其过失行为与被害人莫某的死亡之间有无因果关系。

第一种观点认为,不能确认罗某的掌推行为与莫某的死亡之间具有因果关系。因为导致莫某死亡的原因是多方面的,包括莫某大量饮酒、罗某的掌推行为、莫某碰撞门框以及跌倒等。这几个因素相结合共同导致莫某死亡,无法认定罗某的掌推行为是莫某死亡的主要原因。莫某自己前行两步跌倒是距离死亡最近的因素,可以认作莫某死亡的原因。

第二种观点认为,罗某的掌推行为与莫某的死亡之间具有因果关系。罗某的掌推行为本来不会产生莫某死亡的结果,但该行为直接导致莫某头部碰撞门框及撞后倒地,这两个原因的介入引起了莫某的死亡,因此罗某的掌推行为与莫某的死亡之间具有偶然因果关系。

实际上,第一种观点采用了原因说来分析因果关系。原因说主张以某种规则为标准,从导致结果的条件中挑选出应当作为原因的条件,只有这种原因与结果之间才存在因果关系。例如,有人主张最后一个条件是原因,有人认为最有力的条件是原因。但是,要从对结果起作用的诸多条件中挑选一个条件作为原因,不仅极为困难,也不现实,而且选择的结果避免不了随意性。所以,原因说在大陆法系国家刑法理论中已经失去了地位。

应当说,第二种观点的结论是正确的,但是其说理并不十分充分。实际上,根据条件说可以对此进行论证。判断罗某的掌推行为与莫某的死亡之间有无因果关系,主要是看二者是否存在"无前者则无后者"的条件关系,如果存在,则二者具有因果关系。根据法医鉴定,莫某的死亡是生前后枕部与钝性物体碰撞及撞后倒地导致脑挫伤、蛛网膜下腔出血所致。这表明,如果没有罗某的掌推行为,则莫某的后枕部不会与钝性物体发生碰撞,也不会出现莫某倒地导致脑挫伤的结果,符合"无前者则无后者"的条件关系。因此,罗某的掌推行为与莫某的死亡之间具有刑法上的因果关系。

(三)是否存在伤害故意

虽然被告人罗某的行为与被害人莫某的死亡之间有因果关系,但是不能依此直接得出罗某需承担刑事责任的结论。确定因果关系只是解决了犯罪客观要件的问题,行为人是否承担刑事责任,还需看是否具备主观要件。

需要注意的是,司法实务中容易出现的错误是:某个日常轻微殴打行为一旦有死亡结果发生,就反过去看被告人是否"有意"地实施该殴打行为,如果是有意实施的,就认为被告人具有故意伤害罪所要求的伤害故意,最终得出被告人构成故意伤害罪的结论。其实,即便殴打、推搡行为是有意实施的,但这种有意性和故意伤害罪中基于故意实施的、应当达到一定程度的伤害并不相同。行为人即使有通过殴打让被害人遭受皮肉之苦的意思,但很难说其具有严重伤害他人生理机能的故意。①

本案中,被告人罗某并没有追求造成被害人莫某伤害或死亡结果的故意,其并没有预见到莫某会死亡,因此其并没有故意伤害罪所要求的犯罪故意。但罗某对莫某的死亡结果是否存在过失?对此,需要考察罗某对莫某的死亡是否具有预见可能性,这需要考察案发时的客观条件和罗某本人的主观认识能力。当时,罗某用右手朝莫某的左面部打了一拳,接着又用左手掌推莫某右肩,致使莫某踉跄后退。在这种情形下,罗某虽然没有预见到其行为对莫某会造成严重危害结果,但具有预见的可能性。因此,罗某存在疏忽大意的过失,应当构成过失致人死亡罪。

四、结论

莫某推了一下罗某,罗某朝莫某的左面部打了一拳,又用左手掌推莫某右肩,致使莫某在踉跄后退中后脑部碰撞到门框,罗某的行为本身属于轻微伤害行为,不属于故意伤害罪中的轻伤害行为。罗某存在疏忽大意的过失,应当成立过失致人死亡罪。

[规则提炼]

1. 实务中,对于"推人一把"引起死亡的情形,基本上都以故意伤害(致死)罪定罪,这种司法逻辑是值得商榷的。

2. 对于故意伤害罪的认定,不能简单地用结果来倒推行为的属性,如果一味根据死亡结果来认定行为的危险性,容易导致偶然责任。

3. 对于"推人一把"引起死亡这类案件,多数应当以过失致人死亡罪定罪处罚。主要理由是:从客观上看,符合故意伤害罪构成要件的行为必须对他人的生

---

① 参见周光权:《刑法各论》(第四版),中国人民大学出版社2021年版,第23页。

理机能健康具有实质的、类型化的危险性。日常生活中的轻微殴打行为对他人的生理机能健康不具有实质的、类型化的危险性,因此不属于故意伤害罪的实行行为。当这种轻微殴打行为偶然地引起严重后果时,不能以此认定行为就属于故意伤害罪的实行行为。从主观上看,这类案件的被告人并没有追求造成被害人轻伤、重伤或死亡的故意,其并没有预见到他人会死亡,因此,其并没有故意伤害罪所要求的犯罪故意。在能够肯定行为人具有预见可能性的场合,成立疏忽大意的过失,应当构成过失致人死亡罪。

第 28 题 故意伤害罪与特殊体质

（伤害行为的认定、故意的认识内容、故意与过失的区分）

[案情简介]

2007 年 8 月 8 日晚 21 时左右，朱某酒后与冯某因金钱问题发生纠纷，黄某（系冯某的丈夫）当时在家看电视，得知其妻被人欺负后，急忙赶出去。到现场后，黄某发现朱某满身酒气，走路东倒西歪，遂双手抓住朱某的肩膀，用膝盖在朱某的腹部顶了一下。朱某被顶后转身离开，摇摇晃晃走了十几米后倒下，送医院抢救无效死亡。尸检报告证实，朱某生前患有较严重的动脉粥样硬化症，并伴有腹主动脉瘤形成；死亡原因是腹主动脉瘤破裂致大失血而死，腹部外伤是造成腹主动脉瘤破裂的诱发因素。①

问题：

1. 被告人黄某的行为应认定为一般殴打行为还是伤害行为？

2. 被告人黄某的上述行为与被害人朱某的死亡结果之间是否具有因果关系？能否将被害人朱某的死亡结果归责于被告人黄某的上述行为？

3. 被告人黄某主观方面应认定为故意还是过失？本案应以故意伤害罪、故意伤害（致死）罪、过失致人死亡罪抑或无罪论处？

[分析思路]

一、被告人是否构成故意伤害（致死）罪

（一）被告人的行为性质

（二）因果关系与结果归责的判断

---

① 参见卢志刚、吴继财：《故意伤害罪的"故意"具有特定的内容》，载《人民法院报》2009 年 7 月 22 日，第 6 版。

（三）被告人主观上是否存在伤害的故意
二、被告人是否构成过失致人死亡罪
（一）被告人存在注意义务的违反
（二）死亡结果可归责于被告人行为
（三）被告人主观上存在过失
三、结论

[具体解析]

分析本案时，首先应初步判断被告人黄某可能涉嫌哪些犯罪，然后再逐个审查。根据案情，故意杀人罪显然是最先被排除的，因为故意杀人罪的构成要件行为要求是杀人行为，即具有致人死亡的紧迫危险性的行为，被告人黄某只是用膝盖顶被害人的腹部一下，这不可能被视为杀人行为。于是，本案涉及的罪名就可能是故意伤害罪、故意伤害（致死）罪、过失致人死亡罪。下面对这些罪名予以逐一审查。需要说明的是，对于此类案件的分析，必须严格遵循从客观到主观、从违法到责任的犯罪认定过程，即首先认定被告人的行为性质，其次考察该行为与死亡结果之间的因果关系与结果归责问题，最后分析被告人的主观罪过，这样才能对案件予以准确定性。

一、被告人是否构成故意伤害（致死）罪

（一）被告人的行为性质

1. 一般殴打行为与伤害行为辨析

故意伤害罪，是指故意非法损害他人身体健康的行为。以伤害造成的后果为标准，伤害分为轻伤、重伤、伤害致死三种情况，而故意伤害致人轻微伤不构成犯罪。因此，理论界和实务界致力于区分一般殴打行为和伤害行为，认为一般殴打行为虽然有的也表现出暴力行为，但这种行为只是造成他人暂时性的肉体疼痛，或者使他人精神受到轻微刺激，没有破坏他人身体组织的完整性和人体器官的正常机能。

这一区分当然具有快速识别构成要件行为的意义，能够先将生活中很多轻微暴力行为排除于"伤害行为"的范畴之外。例如，推搡身体、掌掴脸部、拳打后

背、脚踢大腿等行为,多数情况下只是造成他人暂时性的肉体疼痛或轻微伤害,根本不会作为犯罪处理,将其认定为一般殴打行为之后,大大提高了犯罪审查效率。但关于一般殴打行为的认定,并不能"放之四海而皆准",严重的暴力行为当然很好识别,可以直接认定为伤害行为,但有的轻微暴力行为看似属于一般殴打行为,其实仍归为伤害行为(例如,轻微殴打他人的耳朵部位,可能造成耳膜穿孔)。就本案而言,被告人黄某用膝盖在朱某的腹部顶了一下,这一行为看起来似乎只是一般殴打行为,但朱某确实因腹部外伤引起腹主动脉瘤破裂。此种场合,关于"用膝盖顶腹部一下"的行为,究竟应认定为一般殴打行为还是伤害行为,就并非不言自明了。

2. 被告人的行为应认定为伤害行为

区分一般殴打行为与伤害行为,应当综合考虑犯罪工具或手段,打击的部位、频次与力度,被告人与被害人的体质、体能差异,具体的时空环境等多种因素,立足于行为时社会一般人的认识能力和水平,进而判断该行为是否有损害他人生理机能的现实危险性。

(1)犯罪工具或手段。行为人是否使用犯罪工具,使用何种犯罪工具,对暴力行为的定性具有参考意义。例如,使用管制刀具、钢管、水果刀等足以在短时间内致人伤害的工具,则倾向于认定为伤害行为;没有使用任何工具,采取掌掴、推搡、扭打等方式,则倾向于认定为一般殴打行为。

(2)打击的部位、频次与力度。行为人打击身体的哪个部位,打击猛烈还是间断,下手轻重等,对暴力行为的定性具有参考意义。例如,如果打击的是人体要害部位,例如太阳穴、颈部、心脏、下体等处,动作猛烈,进攻性强,同时下手很重,对他人生理机能的损害越大,则越倾向于认定为伤害行为。反之,如果不是针对要害部位,只朝四肢、后背、臀部等非要害部位下手,且并非连续重击,则倾向于认定为一般殴打行为。

(3)被告人与被害人的体质、体能差异。双方的年龄差异、体能状态等,对暴力行为的定性具有参考意义。例如,被害人已经上了年纪,轻微程度的暴力行为就会对其造成较重伤害;被告人如果是健身教练、跆拳道高手等,在体能上占据明显优势,所实施的暴力行为就更可能造成较重伤害;被害人如果处于极度疲惫状态或者因醉酒处于神志不清状态等,对暴力行为的抵抗能力减弱,更可能遭受较重伤害。

(4)具体的时空环境。暴力行为所发生的具体时空环境,对该行为的定性也具有参考意义。例如,行为人埋伏路边突然攻击,被害人毫无防备,这种有预谋的暴力行为更可能认定为伤害行为。原因是突然袭击是在被害人无法作出及时身体反应的情况下进行的,此时其处于弱势地位,生理机能更容易受到较重损害。

本案中,被告人黄某并未使用工具,只是用膝盖顶了被害人的腹部一下,此后这个动作就停止了,对此可能有观点认为,被告人的行为应认定为一般殴打行为。这样,被告人的行为连伤害行为的标准都达不到,当然也就不构成故意伤害罪。这种说法虽有一定的道理,但说服力还远远不够。原因在于:一方面,被告人打击的部位是人体的腹部,使用的手段是用膝盖顶,膝盖比较坚硬,而小腹非常柔软,按照社会上一般人的认识能力和水平,这已经是比较严重的暴力行为了。如果力度稍微大一点,很可能会造成某些生理机能的损害。另一方面,被害人当时处于醉酒状态,走路东倒西歪,在体能上并非很好的状态,而打击腹部的行为很容易因胃内食物返流呼吸道,造成异物堵塞气管而出现窒息,这种打击的客观危险性是存在的。因此,被告人黄某的行为应认定为刑法意义上的伤害行为。

(二)因果关系与结果归责的判断

要判断因果关系,必须先明确本案的"结果"。本案除打击腹部可能引起的外伤结果之外,还存在腹主动脉瘤破裂致大失血的死亡结果,先来判断被告人的行为与死亡结果之间的因果关系。根据尸检报告,死亡原因是腹主动脉瘤破裂致大失血而死,腹部外伤是造成腹主动脉瘤破裂的诱发因素。按照条件说,如果没有被告人的行为所形成的外力作用,腹主动脉瘤就不会破裂,被害人就不会因失血过多而死亡,故被告人的行为与被害人的死亡结果之间具有条件因果关系。不过,具有条件因果关系并不代表被告人就需要对死亡结果负责,此时还需继续考察死亡结果能否归责于被告人的行为。

故意伤害罪的基本犯只是造成轻伤,如果造成死亡,则属于结果加重犯。而结果加重犯的归责要求更高,故意伤害(致死)罪的成立需伤害行为与死亡结果之间具有直接因果关系。亦即,要么是伤害行为直接造成死亡结果,要么是伤害行为造成了伤害结果,进而由伤害结果引起死亡。这两种情形都必须是伤害行为所包含的致人死亡危险的直接现实化。① 结合本案,可以发现被告人的伤害行为并未包含致人死亡的危险,既不可能认为用膝盖顶小腹一下直接造成死亡结果,也不可能认为该行为造成了伤害结果,进而由伤害结果引起死亡。因此,本案中被告人的伤害行为与被害人的死亡结果之间并不符合直接性要求,被告人无需对死亡结果负责。

排除了死亡结果的归责,被告人黄某只可能成立一般的故意伤害罪,此时再审查故意伤害罪的因果关系问题。故意伤害罪要求伤害结果至少是轻伤,轻微伤不构成犯罪。本案并不清楚被告人黄某用膝盖顶被害人小腹一下是否造成轻伤及以上伤害结果。如果只是造成身体暂时疼痛或者轻微伤害(如淤血、红肿等),由于不存在故意伤害罪的构成要件结果,根本不需要考察因果关系;如果造成了轻伤及以上伤害结果,则该伤害结果当然可以归责于被告人的行为。

(三)被告人主观上是否存在伤害的故意

成立故意伤害罪要求行为人具有伤害的故意。故意伤害罪中的"故意"与一般生活意义上的"故意"有明显区别。故意伤害罪中的"故意"具有特定的内容,具体表现为行为人对自己实施的伤害行为及伤害结果的认识与希望或者放任的态度;而一般生活意义上的"故意"只是表明行为人有意识地实施某种行为。本案中,被告人确实有意识地用膝盖去顶被害人的腹部,但是否属于故意伤害罪中的"故意"还需要仔细审查。

故意包括直接故意和间接故意,要求行为人对伤害结果具有认识,并且希望或放任这种结果的发生。因此,无论哪种故意,前提都是行为人已经预见到自己的行为会发生伤害结果,不要求行为人对伤害的具体程度有认识,只要行为人认识到自己的行为会发生轻伤以上的伤害结果并且希望或者放任这种结果的发生即可。这一认识只要求是一般性的认识即可,即只要行为人认识到自己的行为会造成并非轻微的伤害结果即可。如果行为人只是具有一般殴打的意图,旨在造成被害人暂时的肉体疼痛或者轻微的神经刺激,则不能认定为有伤害的故意。

显然,本案中,被告人黄某事先并不清楚被害人朱某患有较严重的动脉粥样硬化症,对这种特殊体质并不明知。被告人黄某在用膝盖顶被害人小腹之前,并

---

① 参见张明楷:《刑法学》(第五版),法律出版社2016年版,第858页。

没有认识到自己的行为会发生轻伤以上的伤害结果并且希望或者放任这种结果的发生,因而不会预见到其轻微暴力行为会导致被害人死亡的后果。况且本案中被告人的轻微暴力行为是否客观上造成轻伤以上的伤害结果还不清楚,更谈不上被告人提前就明知的情况。因此,被告人主观上并不存在伤害的故意,只具有一般殴打的意图。

综上所述,被告人黄某的轻微暴力行为应认定为一般殴打行为还是伤害行为存在争议,但结合本案具体情况,认定为伤害行为更具说服力。被告人的轻微暴力行为虽然属于伤害行为,但并不清楚这一行为是否造成轻伤及以上伤害结果。结合被告人主观上并不存在伤害的故意,故意伤害罪并不成立。

二、被告人是否构成过失致人死亡罪

(一)被告人存在注意义务的违反

由于被告人的轻微暴力行为能够认定为刑法意义上的伤害行为,自然也就说明被告人存在注意义务的违反。对醉酒的被害人实施暴力行为,本来就应当特别注意,无论是打击部位、频次还是力度,都应当慎重。被告人黄某虽然在打击次数上有所节制,打击了一次就停止了,但其打击的部位是小腹,使用的手段是用膝盖去顶,按照社会一般人的认识能力和水平,这很有可能会对被害人造成伤害。因此,被告人存在注意义务的违反。

事实上,近年来,由于不良的生活习惯和饮食习惯、环境变化等因素的影响,各种特殊疾病的发病率日益增高,心脏病、心血管病等隐性疾病有时候甚至被害人自己都不清楚。受工作、学业或生活压力的影响,很多人处于亚健康状态。这就要求,即便是对他人实施一般殴打行为,也应当格外注意,因为不确定普通殴打行为会不会引发对方生理机能的某些隐患。在不清楚对方是否患有特殊疾病、是否属于特殊体质的情况下,行为人应当恪守相应注意义务,避免自己的轻微暴力可能对他人身体健康乃至生命安全造成危险。

(二)死亡结果可归责于被告人行为

再来看被害人的死亡结果能否归责于被告人的注意义务违反行为。可以肯定的是,被告人黄某用膝盖顶被害人朱某小腹的行为与朱某的死亡结果之间存在条件关系,没有黄某的注意义务违反行为,就不会有朱某的死亡结果。因此，黄某的注意义务违反行为与朱某的死亡结果之间具有条件关系。在此基础上，被告人的注意义务违反行为所制造的危险进一步被现实化了。本案中，朱某患有较严重的动脉粥样硬化症，并伴有腹主动脉瘤形成，腹部只要遭受一定程度的物理撞击，便会导致腹主动脉瘤破裂，引起失血过多，甚至可能导致死亡。也因此，被告人黄某用膝盖顶朱某小腹的行为客观上具有引起朱某腹主动脉瘤破裂从而失血死亡的危险，这种危险在随后的物理撞击中得到了现实化。可以说，被害人的死亡结果是能够归责于被告人的注意义务违反行为的。

(三) 被告人主观上存在过失

本案中，被告人黄某对被害人的特殊体质并不明知，没有认识到自己的行为会发生轻伤及以上的伤害结果，因此不存在伤害的故意，只具有一般殴打的意图。但主观上不存在故意，并不代表不可能存在过失，过失只要求行为人对损害结果具有预见可能性即可。

过失分为疏忽大意的过失和过于自信的过失，前者是指行为人应当预见自己的行为可能会发生危害社会的结果，因为疏忽大意而没有预见，以致发生这种结果的心理态度；后者是指行为人已经预见到自己的行为可能发生危害社会的结果，但轻信能够避免，以致发生这种结果的心理态度。很明显，本案中，被告人黄某没有预见到自己的行为可能发生轻伤及以上的结果，因此，不属于过于自信的过失。而疏忽大意的过失要求"应当预见而没有预见"，被告人黄某应当能够想到用膝盖顶醉酒的被害人腹部，力度稍微大点，可能会损害对方生理机能，但其仍然实施此种行为。如果行为人只是施加非常轻微的动作，比如轻微的推搡、轻微的顶腹，在这种情况下，可以认为行为人没有预见可能性，作为意外事件处理。但本案中，被告人的打击手段、力度都难言适当，可以说具有疏忽大意的过失。

三、结论

被告人黄某只具有一般殴打的意图，并无伤害他人的故意，不构成故意伤害罪。但黄某存在违反注意义务的行为，死亡结果可归责于该行为，且被告人主观上存在疏忽大意的过失，其行为成立过失致人死亡罪。

[规则提炼]

1. 严重的暴力行为可以直接认定为伤害行为,有的轻微暴力行为看似属于一般殴打行为,其实仍应归为伤害行为。区分两者时,应当综合考虑犯罪工具或手段,打击的部位、频次与力度,被告人与被害人的体质、体能差异,具体的时空环境等多种因素,立足于行为时社会一般人的认识能力和水平,进而判断该行为是否有损害他人生理机能的现实危险性。

2. 故意伤害(致死)罪的成立要求伤害行为与死亡结果之间具有直接因果关系。亦即,要么是伤害行为直接造成死亡结果,要么是伤害行为造成了伤害结果,进而由伤害结果引起死亡。这两种情形都必须是伤害行为所包含的致人死亡危险的直接现实化。

3. 故意伤害罪中的"故意"与一般生活意义上的"故意"有明显区别。故意伤害罪中的"故意"具有特定的内容,具体表现为行为人对自己实施的伤害行为及伤害结果的认识与希望或者放任的态度;而一般生活意义上的"故意",只是表明行为人有意识地实施某种行为。

4. 行为人的轻微伤害行为,在被害人存在特殊体质或者患有特殊疾病的情况下,诱发被害人死亡,不宜认定为故意伤害(致死)罪,否则会出现罪刑失衡。如果行为人当时只有一般殴打、推搡的意图,并无伤害的故意,也不宜认定为故意伤害罪。如果行为人对死亡结果具有过失,应认定为过失致人死亡罪;反之,则属于意外事件。

第29题　事后抢劫与正当防卫

（事后抢劫、财产罪的保护法益、偶然防卫）

[案情简介]

某天深夜,女青年王某窜至某生活区,窃得3 000余元,在回家途中,行至一偏僻小巷时,刘某(男)从背后赶上来,意图实施强奸。在刘某靠近王某,即将用手搂住王某的腰时,王某拔出随身携带的水果刀刺瞎了刘某的左眼(后经法医鉴定为重伤)。治安巡逻人员经过,遂将两人带至派出所。刘某对强奸一事供认不讳;王某说:"我认为他(指刘某)搂住我是想扒窃我刚刚偷来的钱,就使用随身携带的水果刀刺了他的眼睛。"①

问题:

1. 王某的行为是否符合《刑法》第269条规定的事后抢劫罪的构成要件?
2. 王某的行为是否构成正当防卫?
3. 王某的行为是否构成(假想)防卫过当?
4. 对王某的行为应如何定罪量刑?

[分析思路]

一、王某的行为符合盗窃罪和故意伤害罪的构成要件

(一)王某的行为不符合事后抢劫罪的构成要件

(二)王某的行为构成盗窃罪、故意伤害罪

二、王某的伤害行为不存在犯罪排除事由

(一)王某不构成针对强奸行为的正当防卫

(二)王某构成针对盗窃行为的假想防卫过当

---

① 参见张穹主编:《人民检察院检控案例定性指导》(第二卷),中国检察出版社2002年版,第174页。

(三)王某不存在其他犯罪排除事由

三、王某应承担的刑事责任
(一)王某构成盗窃罪(既遂)
(二)王某构成故意伤害罪(未遂)
(三)对王某的伤害行为应适用防卫过当的规定

四、结论

[具体解析]

一、王某的行为符合盗窃罪和故意伤害罪的构成要件

(一)王某的行为不符合事后抢劫罪的构成要件

我国《刑法》第269条规定,犯盗窃、诈骗、抢夺罪,为窝藏赃物、抗拒抓捕或者毁灭罪证而当场使用暴力或者以暴力相威胁的,按照抢劫罪定罪处罚。该条是关于事后抢劫(也称转化型抢劫)的拟制性规定,将原本有可能按照盗窃罪等财产犯罪和故意伤害罪数罪并罚的行为拟制为抢劫罪。按照《刑法》第269条的规定,事后抢劫罪的构成要件为:(1)犯盗窃、诈骗、抢夺罪;(2)当场使用暴力或者以暴力相威胁;(3)为窝藏赃物、抗拒抓捕或者毁灭罪证。在本案中,王某实施盗窃行为,数额较大,符合盗窃罪的构成要件,满足了上述要件(1)。以下逐一检验王某的行为是否符合事后抢劫罪的其他要件。

1. 当场使用暴力或者以暴力相威胁

刑法理论认为,既然行为被拟制为抢劫罪,那么该行为就必须具有与(普通)抢劫罪相当的危害性。基于这一认识,要求事后抢劫罪的暴力、胁迫行为具备以下条件:一是暴力、胁迫行为必须达到足以压制对方反抗的程度;二是暴力、胁迫行为与盗窃等犯罪具有"当场性"。

(1)事后抢劫罪中的暴力、胁迫行为要求达到足以压制对方反抗的程度。在本案中,王某拔出随身携带的水果刀刺瞎了刘某的左眼,就暴力程度而言达到了事后抢劫的要求。但是,"足以压制对方反抗"中的"对方",虽不限于盗窃、诈骗、抢夺的被害人,但仍限于具有财产保护意思的第三人(比如目击犯罪行为并追捕行为人的周围群众、执行职务的警察等)。据此,在本案中,刘某没有保护财

产的意思,不能成为事后抢劫罪中暴力行为的对象。①

(2)事后抢劫罪中的"当场性",是指暴力、胁迫行为必须是在盗窃等犯罪的现场或者与现场具有时空密接性的延伸场所实施②;或者暴力、胁迫行为是在容易被被害人等发现,而有可能被追回财物,或是被逮捕的状况持续过程中实施。③ 在本案中,王某盗窃既遂之后,已经处在回家的途中,其平稳地支配了所盗窃的现金,难以认定其在这种场合实施暴力行为符合事后抢劫罪要求的"当场性"。

所以,在本案中,无论是暴力行为针对的对象,还是暴力行为发生的时空场合,均不符合事后抢劫罪对客观行为的要求。

2. 为窝藏赃物、抗拒抓捕或者毁灭罪证

成立事后抢劫罪,还要求行为人在主观上是为了窝藏赃物、抗拒抓捕或者毁灭罪证。在本案中,王某认为刘某是来偷自己偷来的钱,实施暴力并非出于窝藏赃物、抗拒抓捕或者毁灭罪证,因此王某的行为也不符合事后抢劫罪的主观条件。

(二)王某的行为构成盗窃罪、故意伤害罪

经过前述检验,王某的行为不符合《刑法》第269条规定的事后抢劫罪的构成要件,因此只能按照刑法分则单独评价王某的盗窃行为与伤害行为。在本案中,王某在某生活区窃得3 000余元,属于盗窃他人财物,数额较大,符合盗窃罪的构成要件。王某为了保住自己盗窃的财物,故意使用水果刀刺瞎刘某的眼睛,导致刘某重伤,符合故意伤害罪的构成要件。④

就盗窃罪而言,该行为已经既遂,且不存在犯罪排除事由,故王某最终应承担盗窃罪(既遂)的刑事责任。有问题的是故意伤害罪的认定,因为王某在实施

---

① 也有观点认为,对事后抢劫罪中暴力、胁迫的对象没有必要加以限制,对(不具有财产保护意思的)无关第三人实施暴力、胁迫也可能成立事后抢劫罪。参见张明楷:《刑法学》(第五版),法律出版社2016年版,第984页。

② 参见周光权:《刑法各论》(第四版),中国人民大学出版社2021年版,第122页。

③ 参见〔日〕山口厚:《刑法各论(第二版)》,王昭武译,中国人民大学出版社2011年版,第267—268页。进一步的论述,参见〔日〕山口厚:《从新判例看刑法(第三版)》,付立庆等译,中国人民大学出版社2019年版,第199页以下。

④ 需要说明的是,此处的犯罪故意,仅仅是指构成要件符合性阶段的故意,而非指行为人最终承担的罪过形态,若存在正当防卫等犯罪排除事由,该犯罪故意就可以被阻却。

伤害行为时,一方面存在王某保护自己所盗窃财产的防卫意思,另一方面则存在该伤害行为阻止了刘某的强奸行为的客观防卫效果,上述主客观因素是否会影响王某的刑事责任,需要进一步分析。以下就王某的伤害行为是否存在犯罪排除事由进行检验。

二、王某的伤害行为不存在犯罪排除事由

(一)王某不构成针对强奸行为的正当防卫

王某使用随身携带的水果刀刺刘某的眼睛,造成刘某重伤,符合故意伤害罪的构成要件。但是,在王某实施伤害行为时,刘某准备实施强奸行为,因此有必要在犯罪排除事由中检验王某针对刘某的强奸行为是否有成立正当防卫的余地。以下先围绕正当防卫的成立条件检验王某针对刘某的强奸行为进行反击是否构成正当防卫。

1. 防卫起因

正当防卫系"正对不正"的法秩序保全行为,以存在现实的不法侵害为起因条件。在本案中,刘某意图对王某实施强奸,且即将用手搂住王某的腰,可以认定存在现实的不法侵害。

2. 防卫时间

成立正当防卫,要求不法侵害正在进行,即不法侵害已经开始、尚未结束。所谓不法侵害已经开始,大致等同于不法侵害已经"着手"或接近于"实行的着手"[①],即法益开始面临紧迫不法危险。在本案中,虽然刘某只是准备用手搂住王某的腰,没有实施形式意义上的强奸行为,但结合行为发生的时间(深夜)、场所(偏僻的小巷)以及刘某的主观故意、双方力量的对比等情状,可以认为王某在当时已经面临被强奸的紧迫不法危险,王某对此进行防卫的契机已经具备。

3. 防卫意识

防卫意识是正当防卫成立的主观条件,指防卫人必须认识到不法侵害正在进行,为了保护法益,决意制止正在进行的不法侵害的心理状态。关于正当防卫成立的主观条件,理论上存在防卫意识不要说和防卫意识必要说的基本对立。

---

① 参见〔日〕松原芳博:《刑法总论重要问题》,王昭武译,中国政法大学出版社 2014 年版,第 121 页。

结果无价值论一般主张防卫意识不要说,认为正当防卫的成立不需要主观的正当化要素,防卫人有无防卫意识不影响正当防卫的成立;行为无价值论一般主张防卫意识必要说,认为要成立正当防卫,防卫人必须具有防卫意识。基于上述立场的对立,在欠缺防卫意识但存在正当防卫的客观条件(即偶然防卫)的场合,理论上主要存在以下处理结论:犯罪既遂说、犯罪未遂说、无罪说。①

对于防卫意识,我国刑法学通说持肯定态度,同时,从我国《刑法》第20条有关正当防卫的规定"为了使……权利免受正在进行的不法侵害,而……"的表述,也可以推导出防卫意识必要说的结论。② 笔者立足于行为无价值二元论的立场,认为在偶然防卫的场合,由于"防卫人"不具有主观的正当化要素,因此其符合构成要件的行为没有被作为正当防卫而正当化的余地。但是,在客观上看该"防卫行为"并不过当的场合,由于该行为起到了正当防卫的客观效果,其造成的结果并不被整体法秩序反对,所以该行为的结果无价值被"偶然"地消除,行为人不需要对其"防卫行为"造成的结果负责。如此一来,在客观上看该"防卫行为"并不过当的场合,偶然防卫实际上就是未遂犯罪的一种类型:行为人的犯罪行为偶然地没有导致危害结果发生,但在行为时从一般人的立场来看,该行为具有造成危害结果的高度盖然性,因此将偶然防卫作为未遂犯处理具有合理性。③

所以,在本案中,王某虽然在客观上面临着被强奸的紧迫危险,但王某对该不法侵害没有认识,因此不能成立针对强奸行为的正当防卫。④ 但是,若经过后述防卫限度的检验,如果王某的行为在客观上并无过当,则王某不需要对整体法秩序所不反对的(刘某的)重伤结果负责。

4. 防卫对象

正当防卫是"正对不正"的法秩序保全行为,故防卫对象只能是不法侵害者,不能针对与侵害无关的第三人实施。这一点在本案中不存在问题,王某针对

---

① 参见张明楷:《论偶然防卫》,载《清华法学》2012年第1期。
② 参见周光权:《刑法总论》(第四版),中国人民大学出版社2021年版,第212页。
③ 参见周光权:《刑法总论》(第四版),中国人民大学出版社2021年版,第296页。持结果无价值论的学者也可能会得出偶然防卫成立未遂犯的结论,参见黎宏:《刑法学总论》(第二版),法律出版社2016年版,第137页;〔日〕山口厚:《刑法总论》(第三版),付立庆译,中国人民大学出版社2018年版,第130页;〔日〕西田典之:《日本刑法总论(第二版)》,王昭武、刘明祥译,法律出版社2013年版,第144页。
④ 在本案中,如果结合具体情境及行为人事后的供述能够认定王某在实施伤害行为时对刘某实施的强奸行为有大概的认识,则应肯定王某针对强奸行为的防卫意识,从而肯定正当防卫的成立。

客观上实施强奸行为的刘某实施伤害行为,符合防卫对象的要求。

5. 防卫限度

前述已经论及,在偶然防卫的场合,"防卫人"只对其造成的在客观防卫限度内的构成要件结果不负责任,若"防卫行为"明显超过了必要限度,则"防卫人"仍需要对其造成的过当结果负责。因此,即使是在偶然防卫的场合,检验防卫限度仍有其必要性。在本案中,刘某实施强奸行为,属于我国《刑法》第20条第3款规定的无限防卫权的对象。在客观上,王某对正在进行的强奸行为采取防卫行为,即使造成了刘某的伤亡,也不会明显超过必要限度。

所以,结合前述关于正当防卫其他成立条件的论述,虽然王某因欠缺防卫意识不能成立针对刘某强奸行为的正当防卫,但客观上王某的行为在防卫起因、防卫时间、防卫对象、防卫限度上均与正当防卫的情形没有差别,因此王某不需要为其造成的伤害结果负责,这一点对于后述的检验无疑是重要的。

(二)王某构成针对盗窃行为的假想防卫过当

在本案犯罪排除事由的检验中,除了要考察刘某实施强奸行为这一客观事实对王某刑事责任的影响,王某误认为刘某即将实施盗窃(扒窃)行为这一主观因素对王某刑事责任的影响也需要判断。①

1. 王某的行为属于假想防卫

王某在主观上认为刘某即将对其实施盗窃行为(但客观上并无盗窃行为),并基于这一误认实施了符合构成要件的行为。对此首先要解决的问题是,王某的行为是否属于假想防卫。假想防卫的实质在于,行为人对臆想中的不法侵害实行了"防卫行为",其要求行为人在主观上认为自己系在阻止不法侵害以保护法益,正是在此意义上,防卫意识能够成为主观的正当化要素。如果行为人认为自己所实施的是犯罪行为,则无论如何不能认定其具有主观的正当化要素。

本案行为人王某所意图保护的财产系盗窃所得,站在本权说(所有权

---

① 从检验体系上来说,在犯罪排除事由阶段检验主观要素的影响也许并不妥当。因为并不存在客观的正当化情状,只能在假想防卫的前提下考虑行为人的刑事责任,而通说认为,在假想防卫的场合,行为人的犯罪故意被阻却,因此在犯罪故意中检验本部分内容可能更为合适。但是,一来我国学者在教科书中多在正当防卫章节讨论假想防卫问题,二来如后所述,在本案中还存在假想防卫过当的问题,与正当防卫有共通的问题。基于上述两点理由,本案例暂且在犯罪排除事由阶段展开本部分内容。

说)的立场,王某对该财产的占有不受保护,王某基于保护盗窃所得而实施的行为也不可能被评价为假想防卫。但是本权说并不妥当,基于周延地保护财产秩序的需要,刑法也应保护需要通过法定程序改变现状的占有或基于合理根据的占有。① 在本案中,王某的盗窃已经既遂,且王某已远离盗窃现场,已经平稳地占有赃物,此时王某对赃物的占有,从保护财产秩序的角度来看,刑法仍有保护的必要,原被害人之外的第三人若破坏了此种占有,就侵犯了财产罪的法益。所以,王某基于保护自己所盗窃之物的意思实施行为,可以认定其具有防卫意识这一主观的正当化要素,(在不法侵害实际并未存在的情况下)成立假想防卫。②

2. 王某的行为属于故意的假想防卫过当

其次需要判断的是,王某的行为是否构成假想防卫过当。假想防卫过当是指,行为人误认为存在正当防卫的客观情状,基于此进行了过当的"防卫行为",根据行为人对于过当的防卫事实有无认识,又可分为故意的假想防卫过当和过失的假想防卫过当。在理论上,对于过失的假想防卫过当,即行为人既对不法侵害有误认,又对防卫的必要限度有误认的场合,排除故意,可以认定行为人成立过失犯罪;对于故意的假想防卫过当,即行为人只是对不法侵害有误认,而对超过防卫限度这一点没有误认的场合,可以按故意犯处理。③

在本案中,王某为了保护财产法益,采取用水果刀刺瞎刘某眼睛的手段,导致刘某重伤,明显超过了必要限度造成重大损害,具有过当性;并且,王某故意使用水果刀刺向刘某的眼睛,对过当结果具有明知,因此应当认定王某的行为属于故意的假想防卫过当,应当承担故意犯的罪责。

(三)王某不存在其他犯罪排除事由

通过前述检验,可以得出王某所实施的故意伤害行为,既不能成立针对强奸行为的正当防卫,也不能成立针对盗窃行为的正当防卫的结论。在本案中,王某

---

① 对本权说的批评及肯定刑法应保护占有的观点,参见张明楷:《刑法学》(第五版),法律出版社2016年版,第940页以下;周光权:《刑法各论》(第四版),中国人民大学出版社2021年版,第102页。

② 当然,在本案中,刘某即将实施强奸行为,因此王某的行为并非完全意义上的假想防卫。但根据王某的供述,其主观上只认为刘某正在实施扒窃,对强奸行为并无认识,而强奸罪和盗窃罪又没有构成要件上的重合,因此仍然可以说,王某实施了针对盗窃行为的假想防卫。

③ 参见黎宏:《论假想防卫过当》,载《中国法学》2014年第2期。

也不存在其他犯罪排除事由,因此,王某应当对其实施的故意伤害行为承担刑事责任。

三、王某应承担的刑事责任

(一)王某构成盗窃罪(既遂)

经过前述检验,王某的行为不符合事后抢劫罪的构成要件,故对其盗窃行为和伤害行为应分别进行评价。就盗窃行为而言,王某携带凶器(水果刀)进行盗窃,盗窃数额较大,且不存在犯罪排除事由,构成盗窃罪既遂。

(二)王某构成故意伤害罪(未遂)

王某实施故意伤害行为,且不具备犯罪排除事由,应当承担刑事责任。但是,该伤害行为同时构成偶然防卫和假想防卫过当,两者均会对王某最终应承担的刑事责任产生影响,需要仔细分析。首先,王某的伤害行为属于偶然防卫的情形,按照前述分析,偶然防卫虽不能将王某的行为正当化,但却可以阻却王某对伤害结果的归责。其次,王某的伤害行为也属于故意的假想防卫过当的情形,应当对过当结果承担故意的罪责,但是由于该过当结果在偶然防卫的场合被正当化,所以王某实际上只需对故意伤害罪负未遂的责任。

(三)对王某的伤害行为应适用防卫过当的规定

还需要明确的是,王某的故意伤害行为属于假想防卫过当的情形,是否适用我国《刑法》第 20 条第 2 款关于防卫过当减免处罚的规定。主流观点认为,防卫过当可以减轻或免除处罚的理由在于,行为人针对紧迫的不法侵害实施防卫,较之单纯的法益侵害而言,违法性得以减少,同时考虑行为人在心理的压迫状态下实施防卫行为,责任也相对减少(违法责任减少说)。[1] 在假想防卫过当的场合,由于并不存在现实的不法侵害,因此不能肯定违法的减少;同时在本案故意的假想防卫过当的场合,也不能肯定责任的减少,所以就本案而言,对王某的行为不能直接适用防卫过当的减免规定。但是,在故意的假想防卫过当的场合,行为人系出于(应当减免处罚的)防卫过当的认识而实施行为的,基于责任主义的

---

[1] 参见〔日〕山口厚:《刑法总论(第三版)》,付立庆译,中国人民大学出版社 2018 年版,第 141 页;张明楷:《刑法学》(第五版),法律出版社 2016 年版,第 214 页。

要求,只能在行为人主观认识即防卫过当认识的限度之内追究其刑事责任。① 按照上述分析,对于假想防卫过当,对其科刑也只能在防卫过当的限度内进行,从而导致对假想防卫过当实际上也应适用我国《刑法》第 20 条第 2 款的减免处罚规定。所以,对于本案中王某所成立的故意伤害罪,应当减轻或免除处罚。

四、结论

王某成立盗窃罪和故意伤害罪,应当实行数罪并罚。对于故意伤害罪,应在 3 年以上 10 年以下有期徒刑的幅度内量刑,同时适用未遂犯的规定和防卫过当的规定减免处罚。

[规则提炼]

1. 事后抢劫罪中的"当场性",是指暴力、胁迫行为必须是在盗窃等犯罪的现场或者与现场具有时空密接性的延伸场所实施;或者暴力、胁迫行为是在容易被被害人等发现,而有可能被追回财物,或是被逮捕的状况的持续过程中实施。

2. 偶然防卫因欠缺主观的正当化要素不成立正当防卫,行为人仍需承担刑事责任;但由于构成要件结果被正当化,行为人不需要为其造成的结果负责。

3. 行为人误以为存在正当化事由实施符合构成要件的行为,且对过当结果具有认识的,应当承担故意犯的责任;行为人误以为存在正当化事由实施符合构成要件的行为,且对过当结果具有过失的,应当承担过失犯的责任。

4. 在假想防卫过当的场合,行为人也应当适用"应当减轻或者免除处罚"的从宽处罚规定。

5. 基于周延地保护财产秩序的需要,刑法也应保护需要通过法定程序改变现状的占有或基于合理根据的占有。

---

① 参见黎宏:《论假想防卫过当》,载《中国法学》2014 年第 2 期;相同的观点参见〔日〕山口厚:《刑法总论(第三版)》,付立庆译,中国人民大学出版社 2018 年版,第 210 页。也有学者认为,假想防卫过当与防卫过当具有部分类似性,可以类推适用我国《刑法》第 20 条第 2 款的规定,参见张明楷:《刑法学》(第五版),法律出版社 2016 年版,第 215 页。

第30题　事后抢劫与犯罪形态

（事后抢劫罪、"但书"规定、犯罪未遂）

[案情简介]

胡某为销售牟利而采用扔饭团麻醉的方式盗窃村民家的柴狗。某夜，胡某趁人熟睡之机翻院墙潜入被害人家的犬舍偷了一只柴狗，由于动静太大惊醒了农户家75岁的老大爷，老人在黑暗中发现有人偷柴狗，大喊抓小偷，胡某本就做贼心虚，听到声音后慌忙扔掉手中的柴狗准备逃跑，这时，老人跑过来站在院子门口想堵住胡某，胡某情急之下顺手推开老人逃回车里，老人由于重心不稳倒在地上，导致胳膊摔伤，经法医鉴定为轻伤。在侦查人员审讯时，被告人供述，当晚在黑夜中只听见有个男人喊"抓小偷"，以为堵在门口的是个中年男子，只想推开对方从门口逃跑。

在侦查阶段，公安机关将本案案由定为"盗窃"，移送检察机关后，检察机关在提起公诉时定的案由为"抢劫罪"。在法院审理过程中，辩护人认为柴狗价值低廉；且"推一下"不是暴力，是逃跑时的本能反应，根据《刑法》第13条"但书"的规定，本案情节显著轻微危害不大，应认定被告人不构成犯罪。①

问题：
1. 胡某是否构成犯罪？若构成犯罪，是构成抢劫罪还是盗窃罪？
2. 胡某能否根据《刑法》第13条"但书"的规定出罪？

[分析思路]

一、胡某是否构成《刑法》第269条规定的事后抢劫罪

（一）事后抢劫的成立条件

---

① 根据河南省鲁山县人民法院(2015)鲁刑初字第268号判决书改编。

（二）窃取行为

（三）当场实施暴力

（四）具有抗拒抓捕的目的

二、事后抢劫的既遂、未遂

（一）事后抢劫犯罪既遂标准的学说

（二）胡某系犯罪未遂

三、《刑法》第 13 条"但书"的含义

四、结论

[具体解析]

对于本案的处理，存在三种观点：第一种观点认为，胡某构成盗窃罪。理由是胡某进入农户家偷柴狗的行为构成入户盗窃。第二种观点认为，胡某构成抢劫罪。理由是胡某在逃跑过程中推倒被害人致其轻伤，属于转化型抢劫，符合《刑法》第 269 条的规定。第三种观点认为，行为人胡某无罪。该观点认为胡某推倒被害人的行为不是暴力行为，根据《刑法》第 13 条"但书"的规定，本案属于情节显著轻微危害不大，故被告人不构成犯罪。笔者将结合上述争议观点，按照《刑法》第 269 条事后抢劫罪的成立条件、抢劫罪既遂的标准、《刑法》第 13 条"但书"规定的含义这一顺序展开分析。

一、胡某是否构成《刑法》第 269 条规定的事后抢劫罪

（一）事后抢劫的成立条件

《刑法》第 269 条规定，犯盗窃、诈骗、抢夺罪，为窝藏赃物、抗拒抓捕或者毁灭罪证而当场使用暴力或者以暴力相威胁的，依照抢劫罪的规定定罪处罚。这是我国刑法关于准抢劫罪（事后抢劫罪）的规定，属于法律拟制，主要是考虑到实施盗窃、诈骗、抢夺行为，为窝藏赃物、抗拒抓捕或者毁灭罪证，当场使用暴力或者以暴力相威胁的情形在实践中很多，有必要对类似行为给予与抢劫罪同等的评价。构成准抢劫罪必须同时具备以下三个条件：(1) 有盗窃、诈骗、抢夺行为；(2) 当场使用暴力或者以暴力相威胁；(3) 具有特定目的，行为人使用暴力或者以暴力相威胁的目的是企图窝藏赃物、抗拒抓捕或者毁灭罪证。①

(二) 窃取行为

本案行为人胡某潜入农户家犬舍盗窃的行为,数额达不到较大的标准,能否认定为入户盗窃?

1. "入户盗窃"单独入罪的规范目的。

对于入户盗窃的定罪理由,学界的见解主要有:一是入户盗窃导致被害人危险升高;二是入户盗窃同时侵害了财产法益和住宅安宁;三是入户盗窃还侵犯了他人家庭生活的安全性和私密性。②

笔者认为,入户盗窃的不法性主要在于违反被害人的意志转移占有财产,以及入户盗窃导致被害人危险升高。理由是:

第一,入户盗窃侵犯的法益不应当包含私密性。有观点认为,入户盗窃的"户"不包括诸如花园、楼道等房屋附属的围绕之地。刑法将入户盗窃作为一种独立的入罪标准,是基于该种行为方式同时还侵犯了他人的安宁权,有更大的危险性。与房屋相连的独家院落不涉及隐私,进入这类场所行窃,对他人安宁权的侵害不大,升级为其他严重犯罪的可能性也较小。③ 但是,盗窃罪是财产犯罪,将隐私权纳入盗窃罪的保护法益存在疑问。若将私密性作为入户盗窃的法益,那么在住宅的厨房、阳台、储藏室等场所盗窃的,都可能因为未侵犯私密性而不成立入户盗窃,会过于缩小"入户盗窃"的处罚范围。因此,封闭的院落虽然缺乏私密性,但完全可以认定为"户"。

第二,侵入住宅中的封闭院落,同样侵犯了住宅安宁,也具有升级为其他严重犯罪的危险。不能认为侵入住宅院落的盗窃行为对他人安宁权的侵害不大。当被害人发现行为人在自家院子里盗窃,由于院落与外界隔离,与在住宅的房间内盗窃一样,被害人也是处于一种孤立无援的境地,若被害人发现或阻止行为人盗窃,也具有升级为其他严重犯罪的危险。

---

① 参见周光权:《刑法各论》(第四版),中国人民大学出版社2021年版,第121页。
② 参见蒋铃:《刑法中"户"的界定及其实践展开——以对〈关于办理盗窃刑事案件适用法律若干问题的解释〉的解释为视角》,载《政治与法律》2013年第9期。
③ 参见魏汉涛、戴志军:《入户盗窃之再解读》,载《云南大学学报(法学版)》2014年第3期。

2. 入户盗窃的具体认定

在本案中,主要涉及农户家的犬舍能否认定为"户"。有观点认为,犬舍是动物居住的(和住宅分离),不是供人起居的场所,功能特征和场所特征都不具备,就不是入户盗窃。本案成立抢劫罪,但不属于入户抢劫,对被告人判刑可以适度轻一些,这样可以消除一般人对于本案判刑过重的担忧。

司法解释认为,封闭的院落属于"户"。2013年最高人民法院、最高人民检察院《关于办理盗窃刑事案件适用法律若干问题的解释》第3条第2款规定:"非法进入供他人家庭生活,与外界相对隔离的住所盗窃的,应当认定为'入户盗窃'。"另外,司法解释对于入户抢劫的"入户"有专门的规定,2000年11月22日最高人民法院《关于审理抢劫案件具体应用法律若干问题的解释》(以下简称《抢劫案件解释》)第1条规定:"刑法第二百六十三条第(一)项规定的'入户抢劫',是指为实施抢劫行为而进入他人生活的与外界相对隔离的住所,包括封闭的院落、牧民的帐篷、渔民作为家庭生活场所的渔船、为生活租用的房屋等进行抢劫的行为。对于入户盗窃,因被发现而当场使用暴力或者以暴力相威胁的行为,应当认定为入户抢劫。"

"户"具有"住宅"的一面,即未经住宅权人的许可不得入内;也具有"室"的一面,即位于一定的狭小空间。应当在"住宅"意义上把握"户",其范围应与非法侵入住宅罪的对象具有一致性。因此,只要违反居住权人的真实意思(如掩盖犯罪目的进入)以及未经允许进入他人住宅,进而实施盗窃行为的,均可认定为入户盗窃。① 因此,入户盗窃的"入户"应当结合非法侵入住宅罪一并理解。尽管入户盗窃不是非法侵入住宅罪与盗窃罪的结合犯,入户行为可能并不成立非法侵入住宅罪。但是,入户行为仍具有与非法侵入住宅罪相同性质(但程度不同)的法益侵害性,即侵犯了住宅的安宁与平稳。②

本案中,孤立地评价犬舍,其确实不能满足人的生活起居、家庭生活需要,不属于"户"。但是,被告人翻墙进入封闭院落属于"入户"。司法解释将"封闭的院落"认定为"户"具有合理性。

综上,笔者认为,农户家的犬舍不具备人的生活起居功能,不是住宅生活功

---

① 参见陈洪兵、王敏:《特殊盗窃行为类型的认定》,载《金陵法律评论》2012年第2期。
② 参见熊亚文:《盗窃罪法益:立法变迁与司法抉择》,载《政治与法律》2015年第10期。

能的一部分。但是,该犬舍属于农户住宅院落中与外界隔离的场所,行为人翻墙进入农户封闭院落的盗窃行为属于"入户盗窃"。

(三) 当场实施暴力

暴力、胁迫行为是准抢劫罪的实行行为。通说认为,准抢劫罪的暴力、胁迫程度应当和抢劫罪的暴力、胁迫程度相当,即达到足以压制被害人反抗的程度。问题是,"推一下"是否属于抢劫罪中的暴力?

司法实务中有观点认为,行为人胡某虽然使用了"推"的暴力,造成了轻伤的后果。但是,被告人在主观上只想逃跑,其没有伤害他人的故意,"推"的行为是逃跑时的本能反应,这和把被害人打倒在地或用凶器致伤有本质上的区别,因此,不能将逃跑过程中慌不择路出于本能的"推一把"等行为认定为准抢劫罪中的暴力。导致被害人受轻伤的原因一方面是地面不平整,被害人本就未完全站稳,另一方面是被告人误以为是中年男子,从而使用了与之相应的侵害力度。由于被告人并无伤害被害人的主观故意,因此其致伤被害人的行为属于"过失致人轻伤",并非有意使用暴力,而根据刑法规定,过失致人轻伤并不构成犯罪。笔者认为,该观点不能成立,理由如下:

1. 抢劫罪中暴力的含义

刑法上的暴力可分为四类:最广义的暴力,包括对人暴力与对物暴力,指不法行使有形力的一切情况;广义的暴力,是指不法对人行使有形力,但不限于对人的身体行使,即使是对物行使有形力,但因此对人的身体产生强烈的物理影响时,也构成广义的暴力;狭义的暴力,是指不法对人的身体行使有形力或物理力,这种暴力也不要求物理上接触被害人的身体;最狭义的暴力,是指对人的身体行使有形力并达到足以压制对方反抗的程度。抢劫罪的暴力是最狭义的暴力。①

"推一下"是直接对人的身体行使有形力,认定为暴力行为没有问题,关键是"推一下"是否达到了压制被害人反抗的程度?本案被害老人发现胡某盗窃后,跑过来站在门口想堵住胡某,胡某逃跑时推开老人,导致老人倒在地上,胳膊摔成轻伤。笔者认为,推人导致被害人摔倒,该行为客观上已经压制了被害人反

---

① 参见张明楷:《刑法分则的解释原理》(第二版),中国人民大学出版社2011年版,第783页。

抗,应当认为属于抢劫罪中的暴力。

2. 胡某某具有使用暴力的主观故意

当场使用暴力是否必须出于故意?由于《刑法》第269条准抢劫罪是法律拟制条款,在解释时要考虑与《刑法》第263条抢劫罪不法的等价性。《刑法》第263条规定"以暴力、胁迫或者其他方法抢劫公私财物的"才可能构成抢劫罪,行为人对暴力、胁迫或者其他方法本身具有故意,难以解释为是过失实施的。因此,在解释《刑法》第269条准抢劫罪中的"使用暴力或者以暴力相威胁"时,也应当解释为对暴力和暴力相威胁有故意,如果行为人对暴力仅是过失,则难以认定为符合准抢劫罪的成立条件。

抢劫罪的暴力不要求造成伤亡后果,但需要达到足以压制人反抗的程度。在规定有暴行罪的国家,行为人推倒他人的行为,无论有无造成伤害后果,至少成立暴行罪,若造成伤害后果,则可能成立伤害罪。我国虽然没有规定暴行罪,但也需要区分暴力行为和故意伤害罪中的伤害行为。按照生理机能侵害说,故意伤害罪的法益是生理机能的健全,因此,故意伤害罪的伤害行为就必须是足以对他人生理机能的健全这一法益具有紧迫危险的行为。伤害行为是程度较高(足以损害他人的生理机能)、在伤害故意支配下实施的暴力行为。而一般的殴打行为,即给他人造成暂时性肌肉疼痛或者轻微精神刺激,但不会损害其生理机能的健全性的行为,不是故意伤害罪中的伤害行为。① 但是抢劫罪中的暴力只需要达到压制被害人反抗的程度,不需要达到具有侵害被害人生理机能危险的程度,因此,是比故意伤害的伤害行为暴力程度更轻的行为,如一般的殴打行为、对被害人的暴力捆绑行为、将被害人按倒在地的行为、一般的推倒被害人的行为②,完全可能成为抢劫罪中压制被害人反抗的暴力。

本案行为人胡某推人时的主观心态是:使用暴力推被害人是故意的,只是对造成的轻伤后果是过失。虽然过失造成轻伤后果不成立故意伤害罪,但是,这并不影响将"推一下"认定为抢劫罪中的暴力,也不影响将行为人的主观心态认定为故意使用暴力。抢劫罪中的使用暴力致人轻伤与故意伤害罪中的致人轻伤不

---

① 参见周光权:《刑法各论》(第四版),中国人民大学出版社2021年版,第21页。
② 使用较大的强力故意推倒被害人导致被害人受轻伤以上后果的,若推人的暴力程度很高,也完全可以认为是故意伤害罪中的伤害行为。

同。故意伤害罪中的轻伤,由于轻伤后果是构成要件要素,故行为人对轻伤后果也应当具有认识;而抢劫罪中的使用暴力致人轻伤,轻伤后果并非抢劫罪的构成要件要素,只需要行为人对使用暴力有故意,对造成的轻伤后果完全可以只有过失,对轻伤后果有预见可能性即可。本案中,胡某对于推倒他人可能会造成轻伤后果,不能说连预见可能性都没有,因此,不能说轻伤后果是意外事件。换言之,胡某明知被害人站在门口,也认识到自己是在推被害人,其对推人这一暴力行为是有认识和意欲的,因此对使用暴力是故意的,只是对造成轻伤害的结果有过失。

(四)具有抗拒抓捕的目的

准抢劫罪是目的犯,要求行为人实施暴力或者以暴力相威胁的目的是企图窝藏赃物、抗拒抓捕或者毁灭罪证。当然,其是否最终能够窝藏赃物、抗拒抓捕或者毁灭罪证,对成立抢劫罪没有影响。①

本案被害人发现有人偷柴狗后,大喊抓小偷,胡某慌忙扔掉手中的柴狗逃跑,老人也跑过来站在门口想堵住胡某不让其逃跑,能否认为胡某具有抗拒抓捕的目的?

有观点认为,本案行为人胡某主观上只想逃跑、摆脱被害人的抓捕,其对被害人的推搡出于本能,故不能认为具有抗拒抓捕的目的。但是,笔者认为,对抗拒抓捕的理解不能过于狭隘,抗拒抓捕的目的就是想逃跑、为了摆脱被害人的抓捕,故不能说想逃跑、想摆脱被害人的抓捕就不具有抗拒抓捕的目的。行为人逃跑的时候推被害人一下,造成被害人轻伤,这样的摆脱方式也就是抗拒抓捕。根据 2016 年 1 月 6 日最高人民法院《关于审理抢劫刑事案件适用法律若干问题的指导意见》的规定,"对于以摆脱的方式逃脱抓捕,暴力强度较小,未造成轻伤以上后果的,可不认定为'使用暴力',不以抢劫罪论处"。按照司法解释的观点,以摆脱的方式逃脱抓捕的具有抗拒抓捕的目的,只是该解释从限制处罚范围的角度考虑,认为以摆脱方式逃跑的,暴力强度较小、未造成轻伤以上后果的,可不认为是"使用暴力"。司法解释从"使用暴力"的程度这一视角去限定准抢劫罪的成立范围,而不是从"抗拒抓捕"的目的角度去限定,也印证了前述使用暴力摆脱

---

① 参见周光权:《刑法各论》(第四版),中国人民大学出版社 2021 年版,第 123 页。

方式推搡被害人的,就具有抗拒抓捕目的的观点。

二、事后抢劫的既遂、未遂

(一)事后抢劫犯罪既遂标准的学说

关于事后抢劫罪的既遂标准,日本刑法理论上存在四种学说:第一种观点认为,由暴力、胁迫的既遂与未遂,决定事后抢劫的既遂与未遂。该观点最大的问题是忽视了准抢劫罪是财产犯罪的性质。第二种观点认为,以盗窃行为的既遂与未遂,决定事后抢劫罪的既遂与未遂,这是日本理论上的通说。第三种观点认为,以最终是否取得财物为标准,决定抢劫罪的既遂与未遂。第四种观点认为,在行为人已经取得财物的场合,只要为了窝藏赃物而对他人实施暴力、胁迫,就成立事后抢劫罪的既遂;在行为人为了逃避抓捕或者毁灭罪证而实施暴力、胁迫时,只有通过暴力、胁迫取得了财物,才成立事后抢劫既遂。① 当前第一种观点和第四种观点极少有人赞成,争议主要集中在第二种观点和第三种观点。笔者赞成第三种观点,既然抢劫罪是财产犯罪,事后抢劫罪的既遂与否就应以实施暴力、胁迫后是否取得财物为判断标准。盗窃、诈骗、抢夺已取得财物,为窝藏赃物、抗拒抓捕或者毁灭罪证当场使用暴力或者以暴力相威胁,但最终财物被他人夺回的,应当认定为事后抢劫罪的未遂。

(二)胡某系犯罪未遂

行为人胡某先前的入户盗窃行为还没有既遂。本案胡某偷柴狗后,在听到老人喊抓贼后,即扔掉手中的柴狗逃跑,系犯罪未遂。盗窃罪是夺取占有的犯罪,所以在判断盗窃罪既遂与否时,应主要考虑行为人是否排除他人的占有而将财物置于自己的事实支配之下,因此,取得说是合理的。户内空间属于外人不能随意进入的空间,财物只要还没有转移到户外,就难以说被害人已经失去了对财物的控制或者说财物已经转移到行为人的控制之下。只要财物还在户内,就还属于被害人能够有效控制的财物。② 当然,这一观点也不绝对,对占有的判断是规范的判断,应以社会一般观念为标准,若将他人家中体积较小的贵重物品藏匿

---

① 参见张明楷:《外国刑法纲要》(第三版),法律出版社2020年版,第522页。
② 参见陈洪兵、王敏:《特殊盗窃行为类型的认定》,载《金陵法律评论》2012年第2期。

在主人难以发现的地方,也能认为行为人取得了占有。

就本案而言,行为人胡某盗窃的对象是柴狗,按照社会一般观念,在柴狗没有被胡某转移到户外时,还难以认为行为人取得了占有,胡某入户盗窃的行为是未遂。因此,对于准抢劫罪既遂与否的判断,无论根据上述第二种观点(以盗窃行为的既遂与未遂,决定事后抢劫罪的既遂与未遂)还是根据第三种观点(以最终是否取得财物为标准,决定抢劫罪的既遂与未遂),都应认定胡某是抢劫罪未遂。

三、《刑法》第13条"但书"的含义

实务中通常认为,行为人主观上只想逃跑,没有伤害他人的主观故意,"推"的行为与其说是暴力,不如说是逃跑时的本能反应,这和把被害人打倒在地或用凶器致伤有本质上的区别。行为人致伤被害人的行为属于"过失致人轻伤",而根据刑法规定,过失致人轻伤并不构成犯罪。不能仅考虑《刑法》分则对于具体罪刑的规定,还要考虑《刑法》总则第13条关于罪与非罪的表述,本案可以适用《刑法》总则第13条中的"但书"规定,属于情节显著轻微危害不大的情形,被告人应不构成犯罪。该观点的逻辑是,不考虑《刑法》分则的构成要件是否符合,而直接凭感觉根据《刑法》总则第13条出罪。理论上,也有观点认为,即使行为符合《刑法》分则的构成要件,也可以根据第13条"但书"的规定宣告无罪。但是,如果行为不符合《刑法》分则的构成要件,那么本身就不是犯罪,不需要根据《刑法》第13条"但书"的规定来出罪。

理论上另有观点认为,"但书"的实质是赋予司法机关出罪权,"不认为是犯罪"实质上是具备刑法规定的犯罪成立条件的犯罪行为,只是司法者考虑到该行为情节显著轻微危害不大,通过定罪判刑以外的方式即可让行为人承担刑事责任,而不作为犯罪处理。刑事责任可以通过多元化的方式实现,司法人员对符合构成要件的轻罪案件,认为行为人所应承担的刑事责任已通过与被害人和解、认罪、悔罪、退赃、退赔等方式实现,可以做出不认为是犯罪处理。[1] 笔者认为该观点值得商榷。其一,该观点过度夸大了刑事和解、认罪认罚等情节的作用。该观

---

[1] 参见孙本雄:《入罪与出罪:我国〈刑法〉第13条的功能解构》,载《政治与法律》2020年第4期。

点所列举的和解、认罪、悔罪、退赃等情节都仅仅是影响预防刑的因素,而对被告人如何定罪量刑,起决定性作用的应当是被告人的犯罪行为。不能认为事后的刑事和解、认罪、悔罪可以抵消行为人的不法和责任。其二,即使有刑事和解、认罪、悔罪、退赃情节,也只是在认为其构成犯罪的前提下,根据其情节做相对不起诉处理,而不可能直接宣告不构成犯罪。其三,该观点违反了罪刑法定原则,犯罪和刑罚必须事先由法律作出明文规定,应当按照《刑法》分则规定的构成要件进行定罪量刑,因此,不能以刑法没有规定的定罪判刑以外的方式来代替实施刑罚。

笔者认为,对"但书"规定的"情节显著轻微危害不大的,不认为是犯罪",是指行为不符合《刑法》分则各罪构成要件的规定,其原本就不构成犯罪;而不能理解为行为虽然符合犯罪成立条件,但由于情节显著轻微,所以不认为是犯罪。"但书"的规定,只是"出罪"的指导原则,而不是排除犯罪的具体标准。行为是否成立犯罪,应当以行为是否符合《刑法》分则的罪状规定,是否具备犯罪成立条件为准。行为不能作为犯罪处罚,是因为行为不符合《刑法》分则的罪状规定,不具备犯罪成立条件。在行为与《刑法》分则的规定相一致,符合犯罪成立条件的情况下,又根据"但书"的规定排除其犯罪性,这是自相矛盾的说法,没有坚持构成要件的观念,弱化了犯罪成立条件的功能,可能冲击罪刑法定原则。《刑法》分则关于罪状的规定是将具有处罚必要性的法益侵害行为类型化,根据刑法谦抑性的要求,对于情节显著轻微危害不大的行为,没有必要由立法者作出刑法反应,所以该类行为不可能成为《刑法》分则所明示的构成要件行为。"但书"规定的功能是有限的,在司法活动中,应当以行为不符合犯罪成立条件为由宣告无罪,而不能直接引用《刑法》第13条"但书"规定宣告无罪。[①]

就本案而言,需要先判断胡某的行为是否构成入户盗窃,进而再判断胡某在盗窃被发现后使用暴力抗拒抓捕的行为是否符合准抢劫罪的成立条件。如果胡某成立盗窃罪或者准抢劫罪,则不能以"但书"规定的"情节显著轻微危害不大"作为出罪事由。如果胡某的行为既不成立盗窃罪,也不成立抢劫罪,则应以胡某不符合盗窃罪或抢劫罪的构成要件作为出罪的理由。总之,"但书"规定独立适用的空间是极其有限的。

---

① 参见周光权:《刑法总论》(第四版),中国人民大学出版社2021年版,第6页。

四、结论

胡某实施盗窃行为时,明知被害人站在门口,也认识到自己是在推被害人,而故意使用暴力抗拒抓捕,因此成立《刑法》第 269 条所规定的准抢劫罪。但对其可以引用犯罪未遂的规定予以从轻或减轻处罚。

[规则提炼]

1. 抢劫罪中的暴力是最狭义的暴力,是指对人的身体行使有形力并达到足以压制对方反抗的程度,但不要求暴力程度达到故意伤害罪中对生理机能造成伤害的程度,因此,根据案件具体情况,如果"推一下"这一行为足以压制被害人反抗的,也是抢劫罪中的暴力。

2. 抢劫罪只需要行为人对使用暴力有故意,对造成的轻伤后果可以是过失,对轻伤后果有预见可能性即可。

3. 抢劫罪是财产犯罪,事后抢劫罪的既遂与否应以实施暴力、胁迫后是否取得财物为判断标准。盗窃、诈骗、抢夺到财物,为窝藏赃物、抗拒抓捕或者毁灭罪证,当场使用暴力或者以暴力相威胁,但最终财物被他人夺回的,应当认定为事后抢劫罪的未遂。

4. "但书"规定的"情节显著轻微危害不大的,不认为是犯罪",是指行为不符合《刑法》分则罪状的规定,原本就不构成犯罪;而不能理解为行为虽然符合犯罪成立条件,但由于情节显著轻微,所以不认为是犯罪。

第31题　盗窃罪中的占有

(封缄物的占有、盗窃罪与侵占罪、职务侵占罪)

[案情简介]

被告人李某系某(非国有)货运公司驾驶员,朱某、熊某系搬运工。某日,被告人李某与朱某、熊某三人按照公司的指令将一批货物从公司仓库运至上海浦东国际机场。李某负责驾驶车辆、清点货物、按单交接并办理空运托运手续,熊某、朱某负责搬运货物。当日下午4时许,在运输途中,三人经合谋共同从李某驾驶的货车内取出一箱品名为"纪念品"的货物,从该封存箱内取出30枚梅花鼠年纪念金币(价值共计16万余元)予以瓜分。后在公司的追问下,李某和朱某、熊某将30枚梅花鼠年纪念金币退至公司,由公司退还给托运人任某。①

问题:

1. 李某等人是否构成职务侵占罪?
2. 李某等人是否构成盗窃罪?
3. 李某等人是否构成侵占罪?

[分析思路]

一、李某等人构成盗窃罪

(一)李某等人的行为符合盗窃罪的客观构成要件

(二)李某等人的行为符合盗窃罪的主观构成要件

(三)李某等人不存在犯罪排除事由

二、李某等人不构成侵占罪

三、李某等人不构成职务侵占罪

---

① 参见上海市第一中级人民法院(2008)沪一中刑终字第682号刑事裁定书。

四、结论

[具体解析]

一、李某等人构成盗窃罪

(一)李某等人的行为符合盗窃罪的客观构成要件

盗窃罪的客观构成要件是,违反财产占有人的意思,取得他人所占有的(数额较大的)财物的占有。[①] 盗窃罪客观要件具体表现为以下构造:利用窃取方法→破坏原来的占有关系→确立新的占有关系。[②] 以下,逐一检验李某等人的行为是否符合上述要件。

1. 窃取方法

传统观点认为,盗窃罪中的窃取行为必须是以秘密的方式实施的,或者"行为人采用自认为不使他人发觉的方法占有他人财物"[③]。但有力观点则认为,窃取行为不限于秘密窃取,只要行为人以平和而非暴力的手段,违反占有人的意思进而取得财物,就是盗窃罪中的窃取。[④] 在本案中,李某等人将货车内的纪念金币取出,无论是采取传统观点还是有力观点,均属于盗窃罪的窃取行为。

2. 破坏原来的占有关系

(1)封缄物的占有问题

盗窃罪客观要件的重要关节是破坏他人对财物的占有,作为该前提,他人必须占有被窃取的财物。在本案中,需要分析货车内的纪念金币究竟归谁占有。由于涉案金币被放置于封存箱内,在理论上被特别地作为封缄物的占有来讨论。当特定财物(内容物)被装入容器、信封、箱子等包装物,然后被封口就形成封缄物。关于封缄物的占有,理论上主要存在以下三种学说:第一,封缄物整体的占有属于受托人,但其中的内容物属于委托人(分别占有说);第二,封缄物整体和

[①] 参见[日]山口厚:《刑法各论(第二版)》,王昭武译,中国人民大学出版社 2011 年版,第 196 页。
[②] 参见周光权:《刑法各论》(第四版),中国人民大学出版社 2021 年版,第 134 页。
[③] 参见高铭暄、马克昌主编:《刑法学》(第九版),北京大学出版社、高等教育出版社 2019 年版,第 498 页。
[④] 参见周光权:《刑法各论》(第四版),中国人民大学出版社 2021 年版,第 134 页;张明楷:《刑法学》(第五版),法律出版社 2016 年版,第 949—950 页。

内容物不可分,其整体上的占有属于委托人(委托人占有说);第三,包括内容物在内的封缄物都属于受托人(受托人占有说)。① 此外,还存在修正的区别说,即封缄物整体由受托人占有,但内容物由受托人与委托人共同占有②;以及区别对待说(德国通说),即如果封缄物非常巨大、难以移动,就只有有钥匙的人才能对其中的物件享有占有;相反,如果封缄物较小而且易于移动,就应当认定事实上支配、保管封缄物的人占有了其中的物件。③ 按德国的区别对待说,本案财物为受托人占有,故以下一并在受托人占有说中予以讨论。

　　分别占有说是日本判例和通说的立场④,日本判例认为,关于整个封缄物,虽然是受托者占有,但关于内容物,因为不是处于受托者能够自由支配的状态,所以委托者就保持着对内容物的占有。⑤ 大谷实教授认为,无论何种情况,包装物都归受托人占有,但既然将口封上不让人看见其中的内容,那么就应当说,在对其中的内容物的实际支配方面,受托人只是手段,而对其的实际支配仍然在委托人一方。⑥ 但是,分别占有说可能会造成处罚的不均衡,即如果认为封缄物整体属于受托人占有,受托人取走整个封缄物只成立较轻的侵占罪;但如果受托人只是取走其中的内容物,因内容物是委托人占有,反而构成更重的盗窃罪。面对这一批判,大谷实教授认为,出于取出其中物品的意思,在作为手段首先获得该财物的整体,该侵占行为就应该看作盗窃手段的实行行为,因此,该侵占行为就被盗窃所吸收,如此就可以避免处罚不均衡的问题⑦;我国学者黎宏教授则认为,在受托人占有封缄物整体的场合,就是对内容物的盗窃和对包装物的侵占,二者成立想象竞合关系,应当以盗窃罪处理,从而可以避免处罚的不均衡。⑧ 因此,在受托人不法取出了内容物或者将封缄物整体拿走的场合,分别占有说和委托人占

---

① 参见〔日〕大谷实:《刑法各论(新版第 2 版)》,黎宏译,中国人民大学出版社 2008 年版,第 192 页。
② 对该观点的介绍,参见张明楷:《刑法学》(第五版),法律出版社 2016 年版,第 948 页。
③ 参见王钢:《德国判例刑法(分则)》,北京大学出版社 2016 年版,第 159 页。
④ 参见〔日〕西田典之:《日本刑法各论(第六版)》,王昭武、刘明祥译,法律出版社 2013 年版,第 146 页。
⑤ 参见〔日〕大塚仁:《刑法概说(各论)(第三版)》,冯军译,中国人民大学出版社 2003 年版,第 218 页。
⑥ 参见〔日〕大谷实:《刑法各论(新版第 2 版)》,黎宏译,中国人民大学出版社 2008 年版,第 193 页。
⑦ 参见〔日〕大谷实:《刑法各论(新版第 2 版)》,黎宏译,中国人民大学出版社 2008 年版,第 193 页。
⑧ 参见黎宏:《刑法学各论》(第二版),法律出版社 2016 年版,第 317 页。

有说实际上没有区别,因为按照委托人占有说,对整个封缄物(包括内容物),委托人都继续保持其占有,受托人只不过是辅助委托人具体地实施占有,因此无论是在取出内容物还是将封缄物整体拿走的场合,受托人都成立盗窃罪。① 根据修正的区别说,也能得出与分别占有说或者委托人占有说同样的结论,因为内容物由受托人与委托人共同占有,受托人占有整个封缄物或者取出内容物,侵犯了委托人的(共同)占有,也成立盗窃罪。

相反,受托人占有说则认为,不同于民法上的占有,刑法上的占有必须是事实上的占有,在委托人将财物交付给受托人之后,就失去了事实上的控制,而受托人则在事实上支配着封缄物(包括内容物)。② 针对区别占有说,持受托人占有说的学者批评道:"区别说的弊病在于把被包装物(封缄物)的整体与其内容物完全割裂开来,认为被包装物的整体是由受托者占有,而其内容物则由委托者占有。但是,整体是由部分组成的,把组成整体的所有部分都抽掉了,那么,整体就成了虚幻的东西。就被包装物而言,如果内容物属委托者占有,剩下的就只是作为外壳的包装箱等属于受托者占有,那么这种占有就失去了实质意义。"③

通过上述分析,可以认为,关于封缄物的占有,问题的关键还是在于内容物归谁占有,即受托人或者委托人占有的问题。在封缄物整体交付之后,内容物也随着封缄物整体处于受托人的事实性支配之下,为何对其占有的归属还存在疑问?认为委托人占有内容物的观点强调,在委托人对内容物特别加锁和包装后,对物的支配手段还在,支配可能性还保留,自然对物具有现实支配力,一般社会观念也认为事实上能够支配,不失为占有。④ 但是,对于内容物所谓的现实支配力,并没有事实性的基础,因为在委托人交付封缄物之后,在不存在押运人看管的场合,即使有加锁和包装这样的措施,可以说这种现实支配力已经极其微弱。因此,认为委托人占有内容物的观点的实质理由应该在于,委托人对其经过

---

① 参见〔日〕大塚仁:《刑法概说(各论)(第三版)》,冯军译,中国人民大学出版社2003年版,第219页。不过也有学者站在区分占有说的立场认为,如果受托人不法取得了整个封缄物,但只要不能认定已经不法占有了其中的内容物(如行为人一直将封缄物整体置于自己的住宅内),被害人对内容物的占有就没有受到侵害,因此难以认定为盗窃罪。参见张明楷:《刑法学》(第五版),法律出版社2016年版,第948页。
② 参见刘明祥:《论刑法中的占有》,载《法商研究(中南政法学院学报)》2000年第3期。
③ 刘明祥:《论刑法中的占有》,载《法商研究(中南政法学院学报)》2000年第3期。
④ 参见周光权:《刑法各论》(第四版),中国人民大学出版社2021年版,第161页;相似观点参见黎宏:《论财产犯中的占有》,载《中国法学》2009年第1期。

封缄处理的内容物具有强烈的占有意思。① 于是,关于封缄物占有的问题,争论的症结在于,在事实上的支配极其微弱的场合,是否凭借强烈的占有意思就可以肯定委托人对财物(内容物)的占有?

(2)占有意思与占有的认定

上述问题涉及刑法上的占有的判断问题。刑法上的占有是指事实上的占有,而事实上的占有并非仅仅根据物理的事实或现象进行判断,而是根据社会的一般观念进行判断,因为当社会一般观念认为财物属于他人占有时,就意味着一般人认为不得擅自转移该占有。② 对此,日本判例认为"刑法中的占有,是人对物的一种实力支配关系,尽管这种支配状态会因物的形状以及其他具体情况而有所不同,但不必是实际地持有或者监视该物,只要该物处于占有人的支配力所及范围之内即可。而该物是否仍处于占有人的支配之内,则只能依据社会一般观念来决定,即,只要是社会一般人,无论是谁想必都会认同"③。刑法上的占有并非是指物理上的管理支配,否则现实中就必须将财物拿在手中或者直接放在身边,去公司上班不在家的时段,家中的所有东西都成了脱离占有物。④ 所以,刑法上的所谓事实支配(占有),并不单纯是物理性概念,其具有某种程度的观念化。⑤

由于刑法上的占有,本来就具有观念化的特征,因此占有意思作为一种可以获得强烈社会认可其占有的因素,的确会影响占有的认定,甚至具有一定独立的意义(因为无意识的占有在刑法上没有任何意义)。⑥ 特别是,当事实上的占有虽然明显松弛甚至占有人短暂脱离了占有,但他人具有的明显、强烈的支配意思,对事实上的支配起补充作用。⑦ 但是,也应当认为,"如果完全以占有意思为

---

① 参见周光权:《财物占有的意思与犯罪界限》,载《法学评论》2018年第5期。
② 参见张明楷:《刑法学》(第五版),法律出版社2016年版,第945页。
③ 〔日〕山口厚:《盗窃罪研究》,王昭武译,载《东方法学》2011年第6期。
④ 参见〔日〕佐伯仁志、〔日〕道垣内弘人:《刑法与民法的对话》,于改之、张小宁译,北京大学出版社2012年版,第185页。
⑤ 参见〔日〕佐伯仁志、〔日〕道垣内弘人:《刑法与民法的对话》,于改之、张小宁译,北京大学出版社2012年版,第186页。
⑥ 参见王钢:《德国判例刑法(分则)》,北京大学出版社2016年版,第157页;周光权:《财物占有的意思与犯罪界限》,载《法学评论》2018年第5期。不过理论上也存在认定占有不需要占有意思的观点,参见白洁:《刑法中占有的认定》,载《政治与法律》2013年第12期。
⑦ 参见张明楷:《刑法学》(第五版),法律出版社2016年版,第945页;〔日〕西田典之:《日本刑法各论(第六版)》,王昭武、刘明祥译,法律出版社2013年版,第142页。

根据,以此来肯定存在占有并不妥当"①。

(3)笔者的倾向性观点

在封缄物的场合,由于委托人采取了一定的措施将内容物封存在包装物当中,可以认为委托人对内容物还具有一定的物理性支配(尽管极其微弱),但通过封缄的措施,可以认为委托人对内容物具有强烈的占有意思,基于这种占有意思,社会观念一般能够承认委托人仍占有内容物,特别是在受托人对内容物是什么并不知情的场合。但是,这一占有意思必须通过采取一般人难以打开包装的方式(如上锁等)或明令禁止受托人打开包装的社会规范或命令来体现(如贴上封条或有明确规定),仅仅对内容物进行包扎、捆绑是不够的。根据我国《刑法》第253条的规定,"邮政工作人员私自开拆或者隐匿、毁弃邮件、电报的,构成私自开拆、隐匿、毁弃邮件、电报罪。犯前款罪而窃取财物的,依照刑法第264条的规定定罪从重处罚。正是从明令禁止邮政工作人员打开邮件的意义上将邮件内的财物视为盗窃罪的对象。② 在本案中,托运人将金币放入封存箱内,对此货运公司和李某等人并不知情,而且按照一般的货运规则,无论是货运公司还是具体负责运输的人员均不能打开封存箱,从这一意义上而言,本案中的封缄措施能够体现托运人强烈的占有意思,因而可以基于此肯定托运人对内容物的占有。所以,就本案的金币而言,应当认为其占有仍归属于托运人任某,李某等人打开封存箱,取出金币的行为破坏了他人的占有。作为假设的情形,若李某等人没有取出金币,而是将整个封存箱拿走或者直接将该封存箱卖给第三人,即使该封存箱从未被打开,也应当认为托运人的占有被破坏,因为此时托运人失去了通过一定途径追回金币或将金币送到特定地点的可能性,对金币失去了控制,也可以肯定占有的丧失。

3. 确立新的占有

在本案中,李某等人将金币从封存箱中取出并予以瓜分,不但是破坏托运人任某占有的过程,同时也是确立三人对金币新的占有的过程,因此李某等人的行为也符合该要件。

---

① 〔日〕山口厚:《刑法各论(第二版)》,王昭武译,中国人民大学出版社2011年版,第208页。
② 在此意义上,本条是注意规定,并非法律拟制。

(二)李某等人的行为符合盗窃罪的主观构成要件

李某等人采取窃取的手段,破坏了托运人任某对放置于封存箱中的金币的占有,建立了自己的占有,符合盗窃罪的客观构成要件。接下来,需要检验李某等人是否符合盗窃罪的主观构成要件。盗窃罪是故意犯罪,要求行为人对客观构成要件具有认识,此外还必须具有非法占有目的。

1. 盗窃的故意

犯罪的故意并不要求行为人准确地认识到其行为的法律意义,只要行为人对属于客观要件的事实具有认识就可以了。在本案中,虽然李某等人可能对金币的占有归属没有准确的认识,但只要李某等人认识到自己要取出的财物属于放置于封存箱中、自己又无权打开的东西,就可以认定李某等人具有破坏他人占有、建立自己占有的认识。因此在本案中,李某等人具有盗窃的故意。

2. 非法占有目的

非法占有目的,是指行为人在实施具体财产犯罪之时在主观上具有排除权利人、将他人之物作为自己的所有物,并按照该物之经济用途进行利用、处分的意思(排除意思+利用意思)。[①] 在本案中,李某等人对托运人任某的财产具有排除意思和利用意思,这一点没有疑问。

(三)李某等人不存在犯罪排除事由

在本案中,李某等人既无正当防卫、紧急避险等违法排除事由,又无欠缺责任能力等责任排除事由。

二、李某等人不构成侵占罪

侵占罪的客观构成要件是,行为人将代为保管的他人财物非法占为己有,数额较大,拒不退还,或者将他人的遗忘物、埋藏物非法占为己有,数额较大,拒不交出的行为。不同于盗窃罪属于破坏他人占有的犯罪,侵占罪在客观上的特点在于,行为人并没有侵犯他人对财产的占有,而只是侵犯了他人对财产的所有权。

在本案中,如前所述,涉案金币属于托运人任某占有的财物,因此并非侵占

---

① 参见〔日〕山口厚:《刑法各论(第二版)》,王昭武译,中国人民大学出版社 2011 年版,第 229 页。

罪的对象,所以李某等人不可能针对这些金币成立侵占罪。① 按照前述区别占有说和受托人占有说,封存箱可以作为李某等人侵占的对象,但由于成立侵占罪有数额较大的限制,因此李某等人也不可能针对封存箱成立侵占罪。

综上所述,李某等人的行为不符合侵占罪的客观构成要件,因此也就没有再检验主观构成要件以及犯罪排除事由的必要,即可直接否定李某等人构成侵占罪。

三、李某等人不构成职务侵占罪

职务侵占罪,是指公司、企业或者其他单位的人员,以非法占有目的,利用职务上的便利,将本单位财物非法据为己有,数额较大的行为。通说认为,职务侵占罪中的"侵占"与侵占罪中的"侵占"并不完全相同,职务侵占罪可以通过盗窃罪、诈骗罪、侵占罪的手段实施,而不限于侵占罪的手段。② 换言之,职务侵占罪与盗窃罪、诈骗罪、侵占罪分别存在交叉竞合关系,以盗窃罪为例,其与职务侵占罪的关系是:利用职务上的便利的盗窃既构成盗窃罪也构成职务侵占罪,属于交叉地带;与管理、经手财物等"职务"无关,只利用了熟悉地形等甚至不能评价为"工作便利""劳务便利"的纯粹便利条件的,只构成盗窃罪,不构成职务侵占罪;利用职务上的便利,采用侵吞或骗取方式将本单位财物据为己有的,只构成职务侵占罪而不构成盗窃罪(但此时又存在着职务侵占罪和诈骗罪、侵占罪之间的竞合)。③ 由于职务侵占罪与盗窃罪存在交叉竞合关系,一个行为可能同时符合职务侵占罪和盗窃罪的构成要件,所以对于本案李某等人的行为,虽然已经认定其构成盗窃罪,但也仍有可能符合职务侵占罪的构成要件,故仍有必要检验李某等人的行为是否成立职务侵占罪(若同时符合,则要通过竞合理论进一步解决)。以下围绕职务侵占罪的构成要件对李某等人的行为进行检验。

---

① 当然,如果持受托人占有说,李某等人有可能针对涉案金币成立侵占罪。
② 参见高铭暄、马克昌主编:《刑法学》(第九版),北京大学出版社、高等教育出版社2019年版,第509—510页。但也有观点认为职务侵占罪只能通过侵占罪的手段实施,利用职务上的便利窃取、骗取本单位财物的,一般只能认定为盗窃罪、诈骗罪。参见张明楷:《刑法学》(第五版),法律出版社2016年版,第1021页。
③ 参见付立庆:《交叉式法条竞合关系下的职务侵占罪与盗窃罪——基于刑事实体法与程序法一体化视角的思考》,载《政治与法律》2016年第2期。

职务侵占罪的客观构成要件表现为,单位工作人员利用职务上的便利,窃取、骗取、侵吞本单位财物,数额较大。在本案中,李某等人属于公司的员工,这一点没有疑问,其手段行为属于窃取也没有问题,主要需要检验的是:行为人是否利用了职务上的便利以及所窃取的是否为本单位的财物。

1. 利用职务上的便利

职务侵占罪中的职务上的便利,是指行为人在单位担任的职权,或者因为执行职务而产生的管理、经营、经手单位财物的便利条件。这里的"管理""经营""经手"并非普通意义上的经手,而是指对单位财物的支配与控制;或者是因本人职务所具有的自我决定或者处置单位财物的权力、职权。① 在本案中,李某等人的职责仅为保证封存箱的完好、不丢失,并运送至公司指定的地点(上海浦东国际机场),无权打开封存箱并处置箱内的金币,所以李某等人打开封存箱取出金币的行为与自身的职务无关,只是利用了工作上的便利机会,不能认为其利用了职务上的便利。②

2. 本单位财物

对于本案,还需要讨论的问题是,李某等人窃取的金币是否属于本单位财物。也就是说,此处涉及的问题是,涉案金币的所有权人是托运人任某,但却处在涉案公司的运输当中,此时能否将其认定为单位财物?

上述问题涉及对我国《刑法》第91条第2款规定的"在国家机关、国有公司、企业、集体企业和人民团体管理、使用或者运输中的私人财产,以公共财产论"的理解。如果将该规定理解为法律拟制,只适用于对国家机关等单位管理、使用、运输中的私人财物的所有权认定,而不适用于对非国有单位管理、使用、运输私人财物的场合,那么本案中的金币就不属于"本单位财物",而是托运人任某的私人财物。相反,如果将该规定理解为注意规定,那么本案中的金币就属于"本单位财物"。

笔者认为,《刑法》第91条第2款属于注意规定,之所以将国家机关等单位管理、使用或者运输中的私人财产作为公共财产,是因为"虽然属于私人所有,但当交由国家机关、国有公司、企业、集体企业和人民团体管理、使用、运输时,上述

---

① 参见张明楷:《刑法学》(第五版),法律出版社2016年版,第1021页。
② 参见周光权:《财物占有的意思与犯罪界限》,载《法学评论》2018年第5期。

单位就有义务保护该财产,如果丢失、损毁,就应承担赔偿责任"①。在非国有单位管理、使用或者运输私人财产的场合,也存在"应承担赔偿责任"这样的实质理由。② 所以,即便是非国有公司管理、使用或者运输中的私人财产,也应当将其视为单位财产。③ 所以,在本案中,涉案公司为托运人任某运输货物,对货物具有保障其安全的义务,从而需要承担货物损坏、丢失的赔偿责任,应当将运输的货物视为单位财物。

综上所述,李某等人虽然不法占有了本单位的财物,但这一过程并非通过利用职务上的便利实施的,所以不符合职务侵占罪的客观构成要件。由于李某等人的行为不符合职务侵占罪的客观构成要件,因此也就没有再检验主观构成要件以及犯罪排除事由的必要,即可直接否定李某等人构成职务侵占罪。

四、结论

李某等人盗窃他人数额巨大的财物,应按照《刑法》第 264 条的规定定罪处罚;在李某等人将金币取出时就成立犯罪既遂,事后将金币退回至公司的行为,属于犯罪既遂之后的行为,不影响犯罪形态的认定;李某等人构成共同犯罪,应当按照《刑法》总则关于共同犯罪的规定处罚。

[规则提炼]

1. 当特定财物(内容物)被装入容器、信封、箱子等包装物,然后被封口就形成封缄物。在封缄物的占有认定中,应当认为内容物为委托人占有,受托人不法占有内容物的,成立盗窃罪;受托人取走整个封缄物的,破坏了委托人对内容物的占有,也成立盗窃罪。

2. 职务侵占罪中的职务上的便利,是指对单位财物的支配与控制,或者是因本人职务所具有的自我决定或者处置单位财物的权力、职权。行为人通过与自

---

① 全国人大常委会法制工作委员会刑法室编:《中华人民共和国刑法条文说明、立法理由及相关规定》,北京大学出版社 2009 年版,第 116 页。

② 参见付立庆:《交叉式法条竞合关系下的职务侵占罪与盗窃罪——基于刑事实体法与程序法一体化视角的思考》,载《政治与法律》2016 年第 2 期。

③ 即使认为《刑法》第 91 条第 2 款是法律拟制,因为具有事物本质的相同性,在非国有单位管理、使用、运输私人财物的场合,也存在类推适用本规定的可能性。

身的职务无关的方式取得财物的,只是利用了工作上的便利机会,不能认为其利用了职务上的便利。

3. 在公司、企业等非国有单位管理、使用或者运输中的私人财产,也应当以单位财物论,进而将相应的行为认定为职务侵占罪。

第 32 题　盗窃罪的占有关系与犯罪形态

（占有关系、着手的判断、犯罪形态）

[案情简介]

2017 年 5 月 10 日 11 时许，被告人鲍某在北京市朝阳区某楼门外，发现 A 公司投放的共享型小型汽车一辆。该共享汽车安装了 GPS 定位系统，需要先扫贴于车身的二维码，用手机下载专用的共享汽车 APP 软件，然后注册账号并验证身份证、驾驶证等信息，最后再交押金才能解锁打开车门。上车后的操作与普通汽车一样，只不过车钥匙用钢丝绳拴在了车内，无法带走。鲍某利用该共享汽车车窗未完全关闭之机打开车门将车辆开走，之后割断钢丝绳取走车钥匙、将贴于车身的二维码及 A 公司标志撕下。经鉴定，被盗车辆价值 78 000 元。被告人鲍某于 2017 年 5 月 13 日被查获归案，赃物已起获并发还被害单位。①

问题：

1. 被盗车辆属于共享汽车，被告人鲍某将其随意开走，其行为是否属于盗窃行为？本案盗窃罪的着手应如何认定？

2. 被告人鲍某主张其没有盗窃和永久占用车辆的故意，只是想短暂地使用共享汽车，这种辩解是否成立？能否认定其具有非法占有目的？

3. 被盗共享汽车安装了 GPS 定位系统，此种情形下，被告人鲍某是否实际控制了该被盗车辆？其行为应认定为盗窃罪既遂还是未遂？

[分析思路]

一、盗窃罪的客观构成要件

（一）利用窃取方法

---

① 参见北京市朝阳区人民法院（2017）京 0105 刑初 1653 号刑事判决书。

(二)破坏原来的占有关系

(三)确立新的占有关系

二、**盗窃罪的主观构成要件**

(一)盗窃的故意

(二)非法占有目的

三、**被告人的行为成立盗窃罪既遂**

(一)盗窃罪既遂的认定标准

(二)盗窃 GPS 监视下共享汽车的既遂分析

四、结论

[具体解析]

一、盗窃罪的客观构成要件

盗窃罪在客观方面表现为违背财物占有人的意思,以平和手段将财物转移给自己或者第三人占有的行为。由于盗窃行为是改变原有的占有关系而试图重新设定占有的行为,因此其成立逻辑为:利用窃取方法→破坏原来的占有关系→确立新的占有关系。

(一)利用窃取方法

我国刑法学通说认为窃取行为应当以秘密方式实施,从而将盗窃罪中的"窃取"概念限定为"秘密窃取",然而,在很多案件中,行为并非为秘密窃取,也仍然成立盗窃罪。例如,在公共汽车上、火车站等场合,行为人实施扒窃时可能明知自己的行为被周围人看到,但其仍然"公然"实施扒窃,或者明知有摄像头监视,仍然"公然"地实施盗窃,此类案件在实务中都可以成立盗窃罪。由此可见,只要是以平和而非暴力的手段,违反占有人的意思而取得财物,就是盗窃罪中的窃取,无须以实施隐秘方法为必要条件。

相较于在他人注视下或者摄像头监视下,本案被盗车辆只是在 GPS 定位系统监视下,公然性更弱,既然公然实施窃取都能评价为盗窃行为,只是在 GPS 定位系统监视下实施窃取就更加符合盗窃行为了。本案汽车虽然是共享汽车,任何人都可以租用,但行为人并不是通过正当途径解锁开门,而是利用车窗未完全关闭之机打开车门将车辆开走,并实施了割断钢丝绳取走车钥匙等行为,这一系列行为无疑是盗窃行为,只不过具体哪个行为算盗窃罪的着手还需进一步考察。

(二)破坏原来的占有关系

破坏原来的占有关系是盗窃罪成立的重要环节,否则新的占有关系无法建立。占有是指对财物的事实上的支配状态,包括物理范围内的事实性支配,也包括根据社会一般观念可以推知财物由某人支配的状态。本案中,共享汽车是A公司的财物,由A公司占有,行为人私自开走汽车并割断钢丝绳取走钥匙,试图在物理上将A公司占有的财物变为自己不法所有,其行为已经破坏了原来的占有关系。

(三)确立新的占有关系

盗窃行为是破坏原有的占有关系,建立新的占有关系的过程。倘若只是单纯地破坏原有的占有关系,便不是盗窃行为。只是使他人的占有变得更为松弛或者缓和的行为,也不是盗窃行为。例如,如果只是利用共享汽车车窗未完全关闭之机打开车门,但并不开走该共享汽车的,此时并未完全破坏原有的占有关系,A公司仍然对共享汽车起到支配作用,只不过这一支配因为车门被打开而变得松弛,也无法认定为盗窃行为。

从破坏旧占有关系到建立新的占有关系,从理论上看是一个过程。着手实施盗窃行为是其中的基本环节,对于着手时点,一般认为侵害他人占有的行为开始或者行为有侵害他人占有的现实危险性时就是着手。盗窃行为的着手应当根据具体案件结合侵害占有的现实危险的有无、财产的性质、形状以及行为的样态综合判断。例如,基于盗窃目的实施撬他人房门锁的行为,只构成非法侵入住宅罪的着手和盗窃罪的预备,而不是盗窃罪的着手,因为此时尚未对内部财物产生侵害的具体危险;发现他人停放在路边的汽车内有皮包而打开车门或车窗的行为,就是盗窃罪的着手。

本案中,被告人打开车门后将车辆开走,其行为就可评价为盗窃行为。尽管共享汽车具有"共享使用"的特点,此时还分不清被告人的行为是盗用还是盗窃共享汽车,但无论哪种盗窃行为,都已经符合盗窃罪的客观构成要件了。盗窃罪的着手时点,则需要结合案件具体判断。如果该共享汽车车门、车窗都锁了,行为人实施撬车门或车窗的动作,其开始实施这一行为即为着手;如果该共享汽车车门或车窗没有锁,行为人打开车门即为着手。本案中,A公司的共享汽车的车窗未完全关闭,被告人利用空隙将车门打开,其打开车门时就具有了侵害他人占有的现实危险性,此时就是盗窃罪的着手。

二、盗窃罪的主观构成要件

(一)盗窃的故意

盗窃罪只能由故意构成。成立盗窃罪,要求行为人认识到自己所窃取的是他人占有的财物。本案中,共享汽车属于A公司占有的财物,被告人鲍某打开车门将车开走,在不看后续行为的情况下,至少已经符合使用盗窃了,而针对使用盗窃,由于行为人清楚地认识到是他人的财物,理所当然具有盗窃故意。而在参考割断钢丝绳拿走车钥匙等行为的情况下,更加说明被告人具有盗窃的故意。需要说明的是,不能以行为人误以为是遗忘物,就认定其缺乏盗窃的故意,因为共享汽车本身就是投入市场供消费者下载APP软件付费使用的,不管停在哪个地方,都不可能属于遗忘物。

(二)非法占有目的

盗窃罪的成立除要求有故意以外,还要求行为人有非法占有目的。一般认为,非法占有目的由排除意思和利用意思构成。排除意思的主要机能是,将不值得以刑罚谴责的盗用行为排除在犯罪之外,因此是指达到了可罚程度的妨害他人利用财物的意思;利用意思的主要机能在于区别盗窃罪和故意毁坏财物罪,因此是指遵从财物可能具有的用法进行利用、处分的意思。① 行为人盗用共享汽车,如果具有返还的意思,一般认为非法占有目的中利用意思是具备的,但如何解释排除意思则存在争议。有的观点可能会得出使用盗窃行为不可罚的结论,因为行为人如果在盗用后将财物及时归还,这表明其并不存在排除意思,即没有非法占有目的,不具有可罚性。但这一行为如果得不到正确的刑法评价,又似乎存在处罚的漏洞。为此,出现了非法占有目的不要说、排除意思不要说、排除意思软化解释,或将非法占有目的解释为非法获利目的等观点,试图合理规制这一类盗用行为。

---

① 参见张明楷:《刑法学》(第五版),法律出版社2016年版,第957—958页。

本案中，如果行为人只是打开车门将车开走，之后随便将其放置于某个地方，由于该机动车为共享汽车，安装了 GPS 定位系统，随便放置在某个地方一般难以认为是使用后的抛弃行为，如果解释排除意思可能还颇为棘手。有观点尝试将排除意思解释为明显或严重妨害利用的意思，在这种场合，就需要考虑行为人的行为是否对他人利用财物造成了严重影响。如果行为人虽然转移了财物的占有，但由于时间极为短暂或者其他原因，没有侵害被害人对该财物的利用可能性，此时就无需以盗窃罪论处。相反，如果行为人转移了财物的占有，明显或者严重妨害了他人对财物的利用，即使短期内归还，也应当以盗窃罪论处。但这种使用盗窃在共享汽车的情形中，是否侵害被害人对共享汽车的利用可能性，有时候未必明显，因为共享汽车具有高度替代可能性，这辆共享汽车使用不了，可以使用另外一辆，这也使得排除意思的认定较为困难。

本案并不存在上述疑问，因为被告人鲍某的行为不止于此，其将车开走后，还存在割断钢丝绳取走车钥匙、将贴于车身的二维码及 A 公司标志撕下的行为。按照共享汽车的使用流程，撕掉二维码会导致其无法被识别和开锁，即便不需要开锁，打开车门后因为车钥匙被拿走，其他人也无法继续驾驶。这些行为早已超出了盗用的范围，形成了对该共享汽车的排他性占有。被告人鲍某主张其没有盗窃和永久占用车辆的故意，只是想短暂使用共享汽车，这种辩解无法成立。被告人一系列行为足以表明其具有长期不法占有 A 公司共享汽车的意思，当然具有排除意思。本案利用意思的认定也十分明确，被告人遵从共享汽车的本来用途进行利用，便具有了利用意思。综上所述，被告人鲍某具有非法占有目的。

三、被告人的行为成立盗窃罪既遂

(一)盗窃罪既遂的认定标准

关于盗窃罪既遂的认定标准，理论上主要存在接触说、转移说、隐匿说、失控说、控制说(取得说)、失控加控制说等观点。接触说认为，接触他人的财物时即为既遂；转移说认为，财物有场所的转移时即为既遂；隐匿说认为，财物在安全的场所被隐匿时即为既遂；失控说认为，财物的所有人或占有人丧失对财物的控制时即为既遂；控制说认为，行为人获得对财物的实际控制即为既遂；失控加控制说认为,财物脱离所有人或占有人的控制,并且置于行为人的实际控制之下时即为既遂。

应当说,控制说是合理的,只要行为人控制(取得)了财物,就是盗窃罪既遂。尽管从法益侵害的角度来看,失控说似乎很有道理,因为既然所有人或占有人丧失了对财物的控制,这就说明其财产利益遭受了侵害,对这样的行为就有必要予以非难,以保护财产所有人或占有人的合法利益,但对于这种行为未必需要以盗窃罪既遂的方式论处。同时,盗窃罪的成立逻辑要求:利用窃取方法→破坏原来的占有关系→确立新的占有关系。认定盗窃罪既遂时应主要考虑行为人是否实际取得财物的控制权,即排除他人的占有而将财物置于自己的事实支配之下,这本身是罪刑法定原则的要求。因此,盗窃罪既遂的认定标准应当是控制说,而不是失控说。控制加失控说看似契合了盗窃罪的成立逻辑,但这一标准无疑是混乱的,因为失控和控制的时点未必是同一的,此时,仍然需要以其中的一个时点作为既遂的标准,最终其认定标准还是落在了控制说上。就此而言,控制说是最为合理的。

(二)盗窃 GPS 监视下共享汽车的既遂分析

本案有所不同的是,被盗共享汽车安装了 GPS 定位系统,A 公司可以通过共享汽车上的定位系统准确确定汽车的行驶轨迹和所处位置,本案中,也的确是通过该定位系统发现并追回涉案车辆的。因此,关于本案被告人鲍某的行为应认定为既遂还是未遂存在两种不同观点:

第一种观点认为被告人鲍某已实际控制了该涉案共享汽车。被告人利用该共享汽车车窗未完全关闭之机打开车门将车辆开走,并割断钢丝绳取走车钥匙、将贴于车身的二维码及 A 公司标志撕下,这已经形成了对该共享汽车的事实性支配,当然属于实际控制了该车。因此,被告人应成立盗窃罪既遂。

第二种观点认为被告人鲍某并未实际控制该涉案共享汽车。被告人的盗窃行为一直处在 A 公司的"监视"之下,由于 GPS 定位系统的存在,A 公司的利用、处分能力并未完全消失,其控制能力仍然存在。而且共享汽车本身就是随意分布在不同场所,只要 A 公司想控制,其随时可以找到该涉案车辆并取回。GPS 定位系统客观上决定了被告人鲍某不可能实际控制该共享汽车,A 公司也并未失去对该车辆的控制。因此,被告人应成立盗窃罪未遂。

应当说,第一种观点更具合理性。盗窃机动车,被害人是否对机动车设置了报警系统、GPS定位系统,是否被他人所监视,都不影响既遂的认定。原因在于:机动车所有人或占有人通过GPS等装置虽然能掌握涉案车辆的位置,但对行为人的行为并不构成实质性影响。GPS装置只是一种事后性的保护措施,在犯罪行为人将财物带离所有人或占有人的管控范围之后,所有人或占有人可通过GPS装置更为便捷地追回财物,对已经发生了的窃取结果并没有实质影响。这也意味着GPS等装置最多只可能使已经处于犯罪行为人控制下的涉案车辆的控制力得到一定程度的减弱,但无法根本性地改变行为人已经控制车辆的事实。而且发现涉案车辆的所处位置与取回又是两码事,实践中这一取回未必容易,甚至困难重重。因此,按照控制说的认定标准,本案被告人鲍某盗窃共享汽车的行为成立盗窃罪既遂。

四、结论

被盗车辆属于共享汽车,被告人鲍某将其随意开走,其行为属于盗窃行为。被告人利用车窗未完全关闭之机将车门打开,在打开车门时就具有了侵害他人占有的现实危险性,此时应认定为盗窃罪的着手。被告人割断钢丝绳取走车钥匙、将贴于车身的二维码及A公司标志撕下的行为表明,其具有长期不法占有A公司共享汽车的意思,即具有非法占有目的。按照控制说的认定标准,被告人鲍某盗窃共享汽车的行为成立盗窃罪既遂。

[规则提炼]

1. 由于盗窃行为是改变原有的占有关系而试图重新设定占有的行为,因此其成立逻辑为:利用窃取方法→破坏原来的占有关系→确立新的占有关系。盗窃罪中的窃取,无需以隐秘方法实施为必要条件。

2. 关于盗窃罪的着手时点,一般认为侵害他人占有的行为开始或者行为有侵害他人占有的现实危险性时就是着手。盗窃行为的着手应当根据具体案件结合侵害占有的现实危险的有无、财产的性质、形状以及行为的样态综合判断。

3. 盗窃罪的成立除要求有故意以外,还要求行为人有非法占有目的。一般认为,非法占有目的由排除意思和利用意思构成。在使用盗窃的场合,如何解释排除意思是难点。

4. 关于盗窃罪既遂的认定标准,控制说是合理的,只要行为人控制(取得)了财物,就是盗窃罪既遂。盗窃机动车,被害人是否对机动车设置了报警系统、GPS定位系统,是否被他人所监视,都不影响既遂的认定。

第33题　针对财产性利益的盗窃与诈骗

（偷换二维码、诈骗罪、盗窃罪）

[**案情简介**]

2017年2月间，被告人邹某先后到福建省石狮市章鱼小丸子店、柠檬奶茶店、五星菜市场等地的店铺、摊位，趁无人注意之机，将上述店铺、摊位上的微信收款二维码调换或覆盖为自己的微信二维码。商家让顾客扫描这些二维码来支付货款。顾客扫码支付后，钱款实际汇入邹某的账户。邹某共获取6 900元。①

问题：

1. 有观点认为，邹某盗窃了商家的货款，构成盗窃罪。如何评价这种观点？

2. 有观点认为，邹某诈骗了顾客，构成诈骗罪。如何评价这种观点？

3. 有观点认为，邹某欺骗了顾客，而受害人是商家，邹某构成新型三角诈骗。如何评价这种观点？

4. 邹某是否盗窃了商家的财产性利益，是否构成盗窃罪？

[**分析思路**]

一、盗窃商家货款说

二、两者间的诈骗说

（一）顾客不是受骗人

（二）顾客不是受害人

三、新型三角诈骗罪说

四、盗窃财产性利益说

五、结论

---

① 参见福建省石狮市人民法院（2017）闽0581刑初1070号刑事判决书。

[具体解析]

一、盗窃商家货款说

这种观点认为,邹某构成盗窃罪,盗窃对象是商家的货款。"被告人邹某采用秘密手段,调换(覆盖)商家的微信收款二维码,从而获取顾客支付给商家的款项,符合盗窃罪的客观构成要件。秘密调换二维码是获取财物的关键。其次,商家向顾客交付货物后,商家的财产权利已然处于确定、可控状态,顾客必须立即支付对等价款。微信收款二维码可看作商家的收银箱,顾客扫描商家的二维码即是向商家的收银箱付款。被告人秘密调换(覆盖)二维码即是秘密用自己的收银箱换掉商家的收银箱,使得顾客交付的款项落入自己的收银箱,从而占为己有。"[①]然而,该判决意见值得商榷。

第一,调换"收银箱"的比喻并不恰当。盗窃罪的构成要件行为是以非法占有为目的,将他人占有的财物通过平和手段转移为自己占有。如果认为邹某盗窃的是商家的货款,那么邹某应当将商家占有的货款转移为自己占有。如果商家的收银箱中存有货款,那么邹某"用自己的收银箱换掉商家的收银箱",意味着将商家占有的货款转移为自己占有,属于盗窃商家的货款。然而,商家的"收银箱"里尚未接收顾客的货款,里面是空的,所以邹某"用自己的收银箱换掉商家的收银箱",不等于将商家占有的货款转移为自己占有。

如果认为被告人盗窃了商家的货款,那么商家应当已经占有了顾客支付的钱款。然而,商家自始至终并没有现实地占有顾客支付的钱款,那么被告人将商家占有的钱款转移为自己占有,便无从谈起。如果顾客将钱款先打到商家账户(投入商家收银箱),被告人将该笔钱款从商家账户(收银箱)转移到自己账户(收银箱),则属于盗窃商家占有的钱款。

判决书认为,"被告人秘密调换(覆盖)二维码即是秘密用自己的收银箱换掉商家的收银箱,使得顾客交付的款项落入自己的收银箱,从而占为己有"。这表明,判决书也认为,被告人是将顾客交付的款项转移为自己占有,并不是将商家

---

① 参见福建省石狮市人民法院(2017)闽 0581 刑初 1070 号刑事判决书。

的货款转移为自己占有。

第二,盗窃罪的间接正犯的看法也不妥当。该判决书可能认为,被告人欺骗了顾客,将顾客作为盗窃罪的工具加以利用,构成盗窃罪的间接正犯。然而,间接正犯的案件中,间接正犯是幕后者,被利用者是直接实行者。例如,干洗店老板甲欺骗店员乙:"丙给我打过电话,让我们取他的衣服干洗,你去他家院子里将他的大衣取回来。"乙不知情而照办(干洗店案)。在此,受骗人乙虽然有转移占有的行为,但没有处分大衣的行为,因为乙没有处分大衣的权利与地位。由于乙没有客观处分行为,不是处分人,而是甲实施盗窃的工具,所以甲构成盗窃罪的间接正犯。被利用者店员乙是盗窃行为的直接实行者,乙将丙占有的衣服转移为自己占有(然后交给甲)。而偷换二维码案件中,顾客并不是盗窃行为的直接实行者,也即顾客并没有对商家的财产实施转移占有,因为此时商家并没有占有这笔钱款,不存在转移商家占有的钱款的问题。可能有人会认为,顾客将商家占有的财产性利益(债权)转移为自己占有。然而,这与事实不符。顾客是债务人,顾客的支付货款行为属于向商家履行债务,而非将商家的债权转移为自己占有。

二、两者间的诈骗说

该说认为,被告人邹某欺骗了顾客,使顾客产生认识错误,顾客基于认识错误而处分了钱款,导致顾客财产受损,因此构成诈骗罪。然而,该说值得商榷。

(一)顾客不是受骗人

顾客之所以没有受骗,是因为顾客对二维码的户主身份没有审核义务。有观点认为,二维码虽表面上难以分辨真伪,但是由于其中往往包含了头像、名称、位置等信息,顾客可以此为依据,向商家进行确认,要求顾客进行确认并未增加顾客的义务,而是符合当下社会观念和风险社会理念的。基于此,顾客有确认义务,却确认错误,因此顾客受骗。①

然而,这种观点值得商榷。顾客对二维码账户户主身份没有审核义务。第一,在顾客支付货款时,顾客是按照商家的指示将货款打入商家指定的账户。既

---

① 参见张庆立:《偷换二维码取财的行为宜认定为诈骗罪》,载《东方法学》2017年第2期。

然账户是商家指定的账户,则顾客没有再次审核账户户主身份的义务。这种指示行为表明,商家对账户身份具有审核义务,而顾客没有审核义务。"在向一个非债权人给付的情形,如果该非债权人因法律表象而被证明为享有权利,给付亦使债务人免责。"①第二,虽然在客观条件上,顾客具有审核账户户主身份的能力和条件,但不能由此推导出顾客具有审核义务。这就如同,具有结果回避可能性不等于具有结果回避义务。从本质上说,认为顾客有审查义务的观点混淆了审查可能性和审查义务。按照该说的逻辑,谁具有审查能力就由谁负担审查义务,那么,商家具有更强的审查能力,更应承担审查义务。从同一个理由出发可以得出相互矛盾的结论,足以说明审查可能性不能成为划分责任的标准,审查可能性与审查义务之间并无直接联系。②

(二)顾客不是受害人

顾客虽然向二维码偷换者处分了自己的财物,但是可以基于"表见代理和权利外观"的理由主张自己的付款行为有效。我国《民法典》第 172 条规定:"行为人没有代理权、超越代理权或者代理权终止后,仍然实施代理行为,相对人有理由相信行为人有代理权的,代理行为有效。"设立表见代理制度的目的是为了保护善意相对人,使得相对人在行为人无权代理的情形下,仍有权请求被代理人承担代理行为的后果,从而善意相对人不承担风险,维护交易安全。表见代理是权利外观责任的一种。

在偷换二维码案中,顾客可以主张二维码偷换者邹某构成表见代理,进而主张自己的付款行为有效。具体理由如下:

第一,邹某欠缺代理权。代理人以被代理人名义实施法律行为时,须欠缺代理权,否则便是普通的有权代理。

第二,邹某具有代理权的权利外观。代理权外观,即行为人无权代理行为在客观上形成具有代理权的外观表象。例如,被代理人曾以书面、口头或者行为方式,直接或间接向相对人通知行为人为其代理人,实际上并未向行为人授权。商家指示顾客将货款打入指定的二维码账户(实为邹某的二维码账户),表明邹某具有代理权的权利外观。

---

① 〔德〕迪特尔·梅迪库斯:《德国债法总论》,杜景林、卢谌译,法律出版社 2004 年版,第 186 页。
② 参见蔡颖:《偷换二维码行为的刑法定性》,载《法学》2020 年第 1 期。

第三，邹某具有代理权的权利外观，这一事实应归因于商家。表见代理的主旨是权衡代理权外观产生的无权代理风险和责任究竟如何分配。在此需要考虑，谁开启了这种风险，谁对这种风险具有控制、消除的能力。若是权利外观之形成归因于被代理人，则权利外观的风险和责任应归属于被代理人。偷换二维码案中，商家（被代理人）具有妥善维护自己的二维码账户的义务，也有维护自己二维码账户真实性的能力。因此，顾客可以主张，商家对二维码账户被偷换负有责任。

第四，顾客善意信赖权利外观。顾客若知道二维码账户被偷换，仍将货款打入该账户，则顾客不是善意的，顾客应承担不利后果。然而，偷换二维码案中，顾客对二维码账户被偷换是不知情的，善意信赖权利外观。

综合以上论述，二维码偷换者邹某不具有代理权，却代为行使了商家的债权，但存在代理权的权利外观，该权利外观的形成应归因于商家（被代理人），而且顾客是善意的，即不知道二维码账户被偷换。因此，顾客可以主张邹某构成表见代理，自己的民事法律行为（付款行为）有效。由于顾客的付款行为有效，因此商家不能再次向顾客主张债权。所以，顾客没有遭受财产损失，不是受害人。

三、新型三角诈骗罪说

该说认为，顾客是受骗人和处分人，处分的是自己的财物，商家是受害人，二者不是同一人，二维码偷换者邹某构成新型三角诈骗。传统的三角诈骗中，受骗人（处分人）处分的财物必须是受害人的财物，然而在新型三角诈骗中，受骗人处分的财物是受害人的财物，这一点并不重要，即使没有这一点，也不会改变受骗人、被害人以及行为人的地位。满足下列条件，行为人的行为仍然构成三角诈骗："受骗人具有向被害人转移（处分）财产的义务，并且以履行义务为目的，按照被害人指示的方式或者以法律、交易习惯认可的方式（转移）处分了自己的财产，虽然存在认识错误却不存在民法上的过错，但被害人没有获得财产，并且丧失了要求受骗人再次（转移）处分自己财产的民事权利。"[①]

然而，这种看法值得商榷。这种看法违背了财产犯罪的素材同一性原理。根据素材同一性原理，在三角诈骗中，被害人之所以能够成为被害人，是因为自

---

① 张明楷：《三角诈骗的类型》，载《法学评论》2017年第1期。

己的财物被处分人处分给了行为人。例如,甲来到乙家,乙不在家,乙的保姆在家,甲欺骗保姆:"我是干洗店的老板,你的主人给我打过电话,让我来取他的衣服。"保姆不知情,将乙的衣服交给甲。保姆是受骗人,基于职业习惯具有处分主人衣服的权利地位,因此保姆也是处分人。正是由于保姆处分的是乙的财物,乙才成为被害人。若保姆处分的是自己的财物,则保姆应是被害人,乙不可能成为被害人。

新型三角诈骗说认为,即使保姆处分自己的财物,没有处分乙的财物,但乙仍有可能成为受害人,乙成为受害人的条件是保姆具有向乙处分财产的义务。然而,这种认定被害人的标准可能混淆了民法上的受害人与刑法上的被害人的区别。民法上的受害人具有直接受害人与间接受害人之分。根据民法上的一些权利义务关系,有些受害人是间接受害人。例如,《电子商务法》第 57 条第 2 款规定:"未经授权的支付造成的损失,由电子支付服务提供者承担;电子支付服务提供者能够证明未经授权的支付是因用户的过错造成的,不承担责任。"在此,电子支付服务提供者是直接受害人,用户有可能是间接受害人。但是,在刑法上,基于素材的同一性原理,刑法只评价直接受害人,亦即直接遭受财产损失的人。新型三角诈骗说认为,若保姆具有向乙处分财产的义务,则保姆即使处分自己的财物,乙也能成为受害人。但是,此时的乙应属于间接受害人,而保姆处分了自己的财物,应属于直接受害人。直接受害人与间接受害人的认定,需要根据民法上的责任关系来确认,但这属于民法范畴的事项,与刑法的构成要件行为没有关系。

此外,三角诈骗说可能认为,在三角诈骗中,处分人处分的财物应当是被害人的财物,这一点应当得到维护;在偷换二维码案中,可以认为,顾客处分了商家的债权,由此导致商家成为被害人,基于此,二维码偷换者构成三角诈骗。然而,顾客与商家的关系是债务人与债权人的关系。所谓"债务人处分了债权人的债权",这种说法在民法上难以成立。只有债权人才能处分自己的债权,例如放弃债权、转让债权等。

最后,新型三角诈骗罪认为顾客是受骗人。然而,如前文分析,顾客对二维码账户户主身份没有审核义务,因此不存在受骗问题,不是受骗人。由于顾客不是受骗人,因此二维码偷换者便不可能构成新型三角诈骗。

四、盗窃财产性利益说

财产性利益（债权）可以成为盗窃罪的对象。例如，甲秘密登录乙的网上银行账户，将乙账户中的一笔资金（针对银行的存款债权）通过技术手段划入自己的银行账户。甲盗窃了乙针对银行的存款债权，构成盗窃罪。又如，某公司发放工资的规则是，员工在内部网上个人账户内填写一个银行卡号，可以是自己的卡号，也可以是他人的卡号。公司会计按月将工资打入该卡号。员工甲秘密登录员工乙的内部网账户，将乙的卡号修改为自己的卡号。公司会计在不知情的情况下，将乙的工资打入甲的卡号。甲对公司不构成诈骗罪。这是因为，第一，根据工资发放规则，公司对员工账户内的卡号没有审核义务，员工提供什么卡号，公司就将工资打入该卡号。因此公司不存在认识错误的问题，也即不存在被骗的问题。第二，公司将工资打入乙账户内的卡号，就履行了发工资的义务，乙无权要求公司再次发放工资，因此公司没有遭受损失，公司不是被害人。不过可以认为，甲在乙不知情的情况下，代为行使了乙对公司的债权，盗窃了乙的债权，构成盗窃罪。

同理，在偷换二维码案中，邹某构成盗窃罪，属于盗窃的直接正犯，盗窃的对象是商家的财产性利益（享有针对顾客的债权）。所有权的经济利益体现在将财物的支配归属于某权利主体，债权的经济利益体现在将债务人的给付归属于债权人，债权人因而得向债务人请求给付，受领债务人的给付。① 债权可以转让或让与，让与的主要法律后果为债权转移，新的债权人取得原债权人的地位。② 例如，商家可以基于自己的意愿将针对顾客的债权转移给甲，甲取得针对顾客的债权，顾客须向甲支付钱款。而在偷换二维码的案中，邹某偷换商家的二维码，意味着窃得商家的债权人地位，法律后果是将商家针对顾客的债权转移给自己享有。与正常的债权转让相比，这种债权转让的特点是非基于商家的意愿，而是违反商家的意愿。而盗窃行为的特点是违反权利人的意愿，将权利人占有的财物或享有的财产性利益转移为自己占有或享有。因此，邹某的行为是一种通过盗窃方式转移商家债权的行为，构成盗窃罪。笔者赞同这种主张。

需要指出的是，邹某在偷换二维码时，其盗窃行为尚属于预备行为，对商家

---

① 参见王泽鉴：《债法原理》（第一册），中国政法大学出版社2001年版，第9页。
② 参见〔德〕迪特尔·梅迪库斯：《德国债法总论》，杜景林、卢谌译，法律出版社2004年版，第551页。

的债权仅有侵犯的危险,此时邹某仅取得债权人的身份地位,尚未取得实际的财产性利益。当顾客开始向邹某的账户支付钱款时,邹某的盗窃行为进入实行阶段;当邹某的账户收到钱款时,邹某的盗窃罪既遂,此时邹某不仅享有了债权,并且实现了债权。有人可能认为,当顾客开始付款时,邹某并没有任何行为举动,如何表明其行为进入实行阶段?实际上,行为进入实行阶段并不要求行为人有积极举动。例如,甲得知总经理乙明天回办公室,今天向其办公室的酒杯里投毒。乙第二天回到办公室,喝酒后中毒身亡。甲在第一天投毒时,杀人行为尚处于预备阶段,第二天乙喝酒时,甲的杀人行为进入实行阶段。此时甲没有也不需要有积极的举动。

五、结论

盗窃行为的特点是违反权利人的意愿,将权利人占有的财物或享有的财产性利益转移为自己占有或享有。邹某构成盗窃罪,属于盗窃的直接正犯,盗窃的对象是商家的财产性利益(享有针对顾客的债权)。

[规则提炼]

1. 盗窃罪的对象必须是他人占有的财物或享有的财产性利益。在偷换二维码案中,二维码偷换者没有盗窃商家现实占有的货款。商家的财产损失,不是指事先占有的一笔货款被转移占有,而是指一笔应收账款(债权)无法实现。

2. 认定某个人是否诈骗罪的受骗人,需要考察其有无审查事项真实性的义务;若无审查义务,则不存在受骗问题。在偷换二维码案中,顾客没有审查商家二维码账户户主身份的义务,因此不存在"受骗"(认识错误)问题。

3. 新型三角诈骗说认为,受骗人甲处分自己的财物,没有处分乙的财物,但乙可以成为受害人。这种看法可能有违素材同一性原理,也可能混淆了直接受害人与间接受害人。乙可能成为受害人,但应属于间接受害人。虽然民法上承认间接受害人,但刑法上对此不予承认。

4. 在偷换二维码案中,行为人在商家不知情的情况下,代为行使了商家针对顾客的债权,导致商家的一笔债权(应收账款)无法实现,属于盗窃债权,应当构成盗窃罪。

第34题　诈骗罪的直接性要件

（诈骗罪的直接性要件、抢劫罪的当场性要件、犯罪既遂）

[案情简介]

乙从盗窃犯王某手中购买一辆赃车，并送到甲开办的修车店修理、改装。甲对该车辆产生非法占有目的，欺骗乙："警察正在追查该车辆。"乙信以为真，便不再敢找甲索要。甲将该车重新喷漆、更换车架号后出售，得款5万元（经鉴定，该车价值14万元）。某晚，甲在大街上看到丙女，感觉丙像个有钱人，便对丙实施暴力，迫使其交付财物，但丙身上没有带钱，甲便要求丙次日交付财物，否则"等着挨打！"丙因为害怕被打，次日将财物交付给甲。①

问题：

1. 诈骗罪中"被害人处分财物"与"行为人取得财物"之间是否要求直接性要件？
2. 甲对乙构成盗窃罪、侵占罪还是诈骗罪？
3. 如何理解抢劫罪中的"当场性"要件？甲对丙是否构成抢劫罪既遂？

[分析思路]

一、财产犯罪中的直接性要件

（一）否定说

（二）肯定说

二、甲对乙构成诈骗罪既遂

（一）盗窃罪的意见

（二）侵占罪的意见

---

① 根据四川省德阳市旌阳区人民法院（2014）旌刑初字第167号刑事判决书等改编。

(三)诈骗罪的意见

三、甲对丙构成抢劫罪未遂

四、结论

[具体解析]

一、财产犯罪中的直接性要件

本案中,甲的两次行为是否构成诈骗罪既遂和抢劫罪既遂,涉及财产犯罪中的直接性要件。在此以诈骗罪为例进行说明。诈骗罪的行为结构是:行为人实施欺骗行为→对方产生或维持认识错误→对方基于认识错误处分财物→行为人取得财物→被害人遭受财产损失。其中,被害人处分财物与行为人取得财物之间是否要求具有直接性,存在争议。本案中,乙的处分行为与甲的取得行为之间不具有直接性。如果不要求直接性要件,则甲对乙有可能构成诈骗罪既遂。

(一)否定说

否定说认为诈骗罪的成立不要求直接性要件,一方面,即使损害不是直接产生于处分行为,也可能成立诈骗罪。例如,在诉讼诈骗中,在法官的处分行为与行为人取得财物之间存在执行官强制执行的环节。另一方面,即使行为符合直接性要件,也不一定成立诈骗罪。例如,甲伪造合同,欺骗喝醉的乙签名,乙在不知晓合同内容的情形下稀里糊涂签了名。虽然本案符合了直接性要件,但甲不成立诈骗罪。[①] 然而,对于诉讼诈骗而言,执行官的强制执行行为必须遵照法官的处分行为来实施,它只是法官处分行为的具体实现,不具有独立地位。欺骗签名的案件中并不具备直接性要件,因为直接性要件的前提是被害人有处分行为。而主流观点认为,诈骗罪的处分行为是被害人带着处分意思实施的,也即成立诈骗罪,要求被害人具有处分意思。而欺骗签名案中的被害人由于不知晓合同内容,并没有处分意思。

(二)肯定说

肯定说认为,所谓直接性要件是指在被害人处分行为与行为人占有财物之

---

① 参见张明楷:《诈骗罪与金融诈骗罪》,清华大学出版社 2006 年版,第 156 页。

间不需介入行为人第二个违法行为。正如山口厚教授所言:"必须是通过交付行为,直接转移物或财产性利益(这也称为'直接性要件')。如果为了取得占有,对方还必须再实施占有转移行为的,就不足以称之为交付行为。"① 可以看出,直接性要件是对构成要件行为定型性的要求。在转移占有型财产罪中,如果转移占有不能通过构成要件行为直接完成,还需要借助第二个行为完成,那么所谓的"构成要件行为"就不属于真正的构成要件行为,其与第二个违法行为的关系就属于数行为的关系,需要用罪数理论来解决。从这个意义上讲,直接性要件是转移占有型财产罪的必备构成要件。

肯定直接性要件的地位会遇到一种质疑:刑法分则在转移占有型财产罪中并没有规定直接性要件,因此肯定直接性要件在构成要件中的地位,违反了罪刑法定原则。然而,刑法分则条文不可能将所有的犯罪构成要件要素都完整地描述出来。构成要件要素中有一些并没有被明文规定,属于不成文的构成要件要素,例如取得型财产罪中的"非法占有目的"。同理,将直接性要件视为转移占有型财产罪的不成文构成要件要素,并不违反罪刑法定原则。罪刑法定原则要求刑法对犯罪进行分类。出于类型化的需要,刑法中会存在一些不成文的构成要件要素。"例如,后述诈骗罪的直接性要件,就属于诈骗罪的不成文的构成要件要素。倘若行为不具备直接性要件,就不可能成立诈骗罪,只能成立盗窃罪或者其他犯罪。"② 可以看出,直接性要件是转移占有型财产罪的构成要件行为的定型性要求。

直接性要件是针对构成要件行为与转移占有而言的,因此要求行为人的行为必须符合构成要件行为的定型性。在转移占有型财产罪中,构成要件行为的共同机能是将财物由原占有人占有转移为行为人占有。一个行为如果不具备这一机能,就不能被评价为该罪的构成要件行为。

就盗窃罪而言,构成要件行为应是对财物实施转移占有的行为。例如,甲、乙驾车故意与前方丙的车辆追尾,丙下车与甲争辩,乙趁机开走丙的车辆。甲、乙实施的追尾行为不属于转移占有的行为,不属于转移占有型财产罪的构成要件行为。乙将丙的车辆开走的行为才是转移占有型财产罪(具体而言是盗窃

---

① 〔日〕山口厚:《刑法各论(第二版)》,王昭武译,中国人民大学出版社 2011 年版,第 297 页。
② 张明楷:《犯罪构成体系与构成要件要素》,北京大学出版社 2010 年版,第 148 页。

罪)的构成要件行为。因此,不能因为甲、乙实施了暴力行为(追尾行为),就认为甲、乙构成抢劫罪。又如,乙睡在公园长椅上,手里攥着金戒指。甲想将金戒指据为己有,试图拿走,但乙攥得挺紧。甲便用小树枝刮乙的手腕,乙熟睡中松开手,金戒指掉在地上。甲捡走金戒指。甲刮乙手腕的行为不是转移占有的行为,不属于转移占有型财产罪的构成要件行为。因此,虽然这种行为对乙的身体实施了有形力,但不能因此认为甲构成抢劫罪或抢夺罪。甲捡走金戒指的行为是转移占有型财产罪的构成要件行为,构成盗窃罪。

就诈骗罪而言,其中的诈骗行为必须是使对方陷入处分财物的认识错误的行为。例如,甲伪装成顾客,欺骗售货员让自己"试穿"衣服,然后趁售货员不注意而穿走衣服。甲的欺骗行为因为不是欺骗售货员做出处分行为,因此不属于诈骗罪中的诈骗行为。甲直接将财物转移为自己占有的行为属于盗窃行为。又如,甲、乙乘坐火车,火车临时停站,甲欺骗乙称"火车会停靠很长时间",乙便下车办事。火车开动后,乙没有上车。甲将乙车上的财物据为己有。甲的欺骗行为只是导致乙对财物的占有有所松弛,并没有导致乙处分财物,不属于诈骗罪中的诈骗行为。

就抢劫罪而言,其中的暴力行为必须是使对方被迫处分财物的行为。例如,在火车站候车厅,甲暗中向乙头部扔石块。乙被砸中,赶紧起身去找医生。甲趁机将乙留下的行李箱拿走。甲的暴力行为不是使对方被迫处分财物的行为,不属于抢劫罪中的暴力行为,只是导致乙对财物的占有有所松弛,并没有导致乙处分财物。甲构成故意伤害罪和盗窃罪,应并罚。概言之,被害人对财物的占有有所松弛不等于被害人处分财物。导致被害人对财物占有有所松弛的行为不属于转移占有型财产罪的构成要件行为。

二、甲对乙构成诈骗罪既遂

关于甲对乙的行为应如何认定,实务中存在不同意见。

(一)盗窃罪的意见

第一种意见是按照盗窃罪处理。理由是,诈骗罪要求处分行为与取得财物具有直接性要件,而本案中缺乏这一要件,所以不成立诈骗罪。但是,行为人取得了事实上的支配,因此成立盗窃罪。① 陈子平教授认为,在此可以将前面的诈骗行为与后面的取财行为整体评价为盗窃。② 然而,这种看法存在疑问。其一,盗窃罪也要求直接性要件,也即将他人占有的财物直接转移为自己或第三人占有。如果认为本案中不存在直接性要件,那么盗窃罪也无法成立。其二,认为后面的取财行为属于盗窃的看法与事实不符,因为盗窃的对象必须是他人占有的财物,而被害人抛弃了财物,就失去了对财物的占有。

(二)侵占罪的意见

第二种意见是按照侵占罪处理,属于侵占遗忘物。然而,按照传统观点,侵占罪的对象是他人所有、自己占有的财物,既包括他人基于自愿而脱离占有,如代为保管的财物,也包括他人非基于自愿而脱离占有,如遗忘物、埋藏物,但均有一个共同前提是他人仍拥有所有权。而本案中,被害人抛弃财物(不再索要)就意味着其不但放弃了占有,还放弃了所有权。此时的财物已经不属于侵占罪的对象。按照新的观点,侵占罪的保护法益是返还请求权。③ 乙即使丧失了所有权,但享有返还请求权,甲若拒不返还则构成侵占罪。不过,侵占罪在取得型财产罪的体系内属于补充罪名(兜底罪名)。即使甲构成侵占罪,还需要继续审查甲是否构成其他取得型财产罪。如果甲还构成诈骗罪,则根据吸收犯的原理,诈骗罪吸收了侵占罪,不需要数罪并罚。

(三)诈骗罪的意见

笔者主张按照诈骗罪处理。需要回应的质疑是,如何解释本案中诈骗罪所要求的直接性要件?所谓转移占有的直接性要件,主要是指在被害人的处分行为与行为人的取得占有之间不需要介入或借助行为人的第二个不同类型的行为。换言之,就转移占有型财产罪而言,行为人的构成要件行为必须具有转移财物为自己占有的直接效果。然而,直接性要件并不意味着要求被害人的主客观要件与行为人的主客观要件"无缝对接"。

第一,在客观上,需要具体分析被害人的处分行为。被害人既可以作出放弃占有的行为,也可以作出放弃占有并转移占有给行为人的行为。如果被害人只

---

① 参见〔日〕团腾重光:《刑法纲要各论》(第三版),创文社1990年版,第616页。
② 参见陈兴良、陈子平:《两岸刑法案例比较研究》,北京大学出版社2010年版,第12页。
③ 参见柏浪涛:《侵占罪的保护法益是返还请求权》,载《法学》2020年第7期。

作出放弃占有的行为，并不意味着行为人就只构成故意毁坏财物罪。如果被害人放弃占有行为本身就能达到行为人占有的效果，则行为人实现了转移占有。如果不能达到行为人占有的效果，行为人需要实施第二个不同类型的行为才能达到转移占有的效果，则属于数行为的问题。

因此，对于欺骗他人抛弃财物的案件，需要分两种情形讨论。一是财物在甲身边，欺骗乙告知其警方在追查该车辆，使之放弃占有。由于被权利人抛弃的财物就在甲的身旁，属于甲事实支配的领域，因此可以视为财物已经转移为甲占有。事实上的占有，是指财物处在占有人事实支配的领域，并不要求占有人随身携带或持有，可以与占有人保持相当的空间距离。取得型财产罪的既遂是指行为人取得并控制了财物，也是指行为人事实上占有了财物。这里的占有也是指财物被置于行为人事实支配的领域。例如，在火车上趁他人不注意，将其财物扔到车外预定的草丛中，属于盗窃罪既遂，行为人回头拾取的行为属于将松弛占有变为紧密占有的行为。同理，在欺骗乙抛弃财物的案件中，甲随后取得占有的行为只是将较为松弛的占有变为紧密占有而已，不需要独立评价。二是财物不在行为人身边，欺骗被害人使其抛弃财物，行为人回头来到抛弃地点捡拾该财物。由于财物抛弃地点不属于行为人事实支配的领域，不能视为财物转移给行为人占有。此时，行为人欺骗被害人抛弃财物的行为属于利用对方不知情而实施的故意毁坏财物罪的间接正犯。行为人拾取财物的行为属于民法上的不当得利。被害人基于不当得利之债享有返还请求权。行为人若拒不返还，则构成侵占罪。

第二，在主观上，需要具体分析被害人的处分意思。被害人既可以只具有放弃占有的意思，也可以具有既放弃占有又转移占有给行为人的意思。被害人只具有放弃占有的意思并不意味着行为人就只构成故意毁坏财物罪，因为行为人构成故意毁坏财物罪还是构成取得型财产罪是由行为人的主观意思决定，而非由被害人的主观意思决定。如果行为人只有排除他人支配的意思，而没有利用意思，则只构成故意毁坏财物罪；如果还有利用意思，则构成取得型财产罪。就本案而言，被害人乙只有放弃占有的意思，而没有转移占有给甲的意思，但这不能成为甲只能构成故意毁坏财物罪的理由。由于甲既具有排除支配的意思，又具有利用意思，因此构成诈骗罪而非故意毁坏财物罪。可以看出，在诈骗罪中，被害人的处分意思包括两种情形：一是既有放弃占有的意思，又有转移占有给对方的意思；二是只有放弃占有的意思。

概言之，要求被害人的客观行为与行为人的客观行为在转移占有上保持一致，"无缝对接"，或者要求被害人的主观意思与行为人的主观意思在转移占有上保持一致，"无缝对接"，是一种过剩的要求，并不是直接性要件的要求。

三、甲对丙构成抢劫罪未遂

关于甲对丙的行为定性，有观点认为，甲成立抢劫罪既遂，因为取得财物并不需要具有"当场性"要件。① 然而，对这种看法可能需要具体分析。

首先，抢劫罪是转移占有型财产罪，强制行为与取得财物之间应具备直接性要件，这是抢劫罪构成要件行为定型性的要求。如果不要求直接性要件，那么抢劫罪的强制行为与取财行为就无法结合成独立的、完整的抢劫罪的构成要件行为，就属于数行为的问题。很显然，这种直接性要件主要是指强制行为与取得财物之间在时间上应具有紧密联系性。例如，采取杀人的手段实施抢劫的，杀人行为与取得财物之间应具有时间上的紧密联系，否则，有可能演变为故意杀人罪与盗窃罪。所以，所谓取财的当场性，主要是指时间上的紧密联系性。可以看出，这里的当场主要是一个时间上的概念，而不是空间上的概念。

不过，不同观点认为，只要出于非法占有目的而实施杀人行为，且其后取得财物与杀人之间具有意思关联，即可认定为抢劫罪。例如，甲按照计划在杀害乙后赶往乙的住宅取走财物的，应认定为抢劫罪。② 这种观点只要求杀人行为与取得财物之间具有意思关联，不要求具有时间上的紧密联系。然而，如果不要求时间上的紧密联系，就会丧失抢劫罪构成要件行为的定型性，会不当地扩大抢劫罪的范围。例如，甲以非法占有目的杀死了乙，然后坐火车一天后来到乙家取走财物。对此按照上述观点也应认定为抢劫罪。这种结论令人难以接受。对此按照故意杀人罪和盗窃罪处理可能更妥当。而且上述观点内部也不统一，例如上述观点又认为，"可以肯定的是，为了继承遗产而杀害被继承人或者其他继承人的，成立故意杀人罪，不成立抢劫罪。因为这种行为并不是通过暴力行为直接进行财产的转移"③。然而，杀完人后赶往被害人住宅取财的场合，也不是通过暴力

---

① 参见张明楷：《刑法学》（第五版），法律出版社 2016 年版，第 974 页。
② 参见张明楷：《刑法学》（第五版），法律出版社 2016 年版，第 985 页。
③ 参见张明楷：《刑法学》（第五版），法律出版社 2016 年版，第 985 页。

行为直接进行财产的转移。可见,上述观点对抢劫罪的直接性要件的态度似乎没有一以贯之。

其次,既然取财的当场性主要是指时间上的紧密联系性,那么在空间上是不是当场就无关宏旨。而上述不要说却用空间上不需要当场来说明抢劫罪的取财不需要当场性。例如,《刑法》第269条事后抢劫也有"当场"的要求,也是指盗窃、诈骗、抢夺行为与使用暴力之间在时间上具有紧密联系性,至于在空间上是否属于同一现场则在所不问。例如,甲盗窃乙的财物,乙马上追赶甲,追至10千米处,甲转身对乙实施暴力,仍构成事后抢劫,因为虽然在空间上不属于当场,但是在时间上属于当场。

最后,上述不要说混淆了抢劫罪与敲诈勒索罪的构成要件行为。本案中,甲迫使丙次日交付财物,丙次日交付了财物。上述不要说认为,甲构成抢劫罪既遂,理由是强制手段与取得财物之间具有因果关系,所以不要求当场取得财物。然而,甲命令丙次日交付财物,当丙离开甲后,丙的意志自由就不会被完全剥夺,丙无法反抗的状态就解除了。被害人的不能抗拒的状态不会持续到脱离行为人强制的时候。即使丙次日交付了财物,也只是基于有瑕疵的意思,即因恐惧心理交付财物,而非因为无法反抗被迫交付财物。① 换言之,甲此时的实行行为已经不符合抢劫罪强制手段的要求了,已经降格为敲诈勒索罪的恐吓行为。即使该行为与取得财物之间有因果关系,也属于恐吓行为与取得财物之间的因果关系。对于本案,不应认定为抢劫罪既遂,而应认定为抢劫罪未遂与敲诈勒索罪既遂,数罪并罚。

四、结论

甲对乙构成诈骗罪既遂;甲对丙构成抢劫罪未遂与敲诈勒索罪既遂的实质数罪,应当予以并罚。

[规则提炼]

1. 成立诈骗罪既遂,要求被害人处分财物与行为人取得财物之间具有直接

---

① 参见〔韩〕吴昌植编译:《韩国侵犯财产罪判例》,清华大学出版社2004年版,第74页。

性要件。

2. 在诈骗罪中,要求被害人的处分行为与行为人的取得行为在转移占有上保持一致,"无缝对接",是一种过剩的要求,并不是直接性要件的要求。被害人抛弃财物的地点只要是行为人能够实际支配的领域,则能够实现转移占有的效果,能够满足直接性要件。

3. 在抢劫罪中,被害人处分财物与行为人取得财物之间的"当场性"主要是指时间上的当场性,也即时间上具有紧密联系,由此才能保证,被害人是因为无法反抗而被迫放弃财物。

第35题 诈骗罪、抢夺罪与事后抢劫

（诈骗罪、盗窃罪、抢夺罪、事后抢劫）

[案情简介]

2017年4月23日14时许,张某驾驶遮挡号牌的高档汽车至某加油站,该加油站员工程某为其所驾车辆加注了900元的汽油。张某为逃避支付油费,明知程某正用手抓住其衣服阻拦其逃跑,为摆脱程某,猛踩汽车油门加速驶离加油站,并将程某拖带倒地,导致程某受轻微伤。

对于本案,法院认为被告人属于抢夺行为转化为抢劫罪,对其既可以适用《刑法》第269条事后抢劫的规定,即抢夺后抗拒抓捕,也可以适用2013年11月11日最高人民法院、最高人民检察院《关于办理抢夺刑事案件适用法律若干问题的解释》第6条的规定,驾驶机动车"夺取他人财物时因被害人不放手而强行夺取的"应以抢劫罪定罪。①

问题:

1. 行为人张某加"霸王油"后逃离的行为性质是什么?是抢夺、盗窃还是诈骗?

2. 行为人张某是否实施了欺骗行为?若认为有欺骗行为,该行为是作为的诈骗还是不作为的诈骗?

3. 本案是否符合《刑法》第269条规定的事后抢劫罪的成立要件?

[分析思路]

一、张某加"霸王油"后迅速逃离的行为性质

(一)张某不构成抢夺罪

---

① 参见天津市第一中级人民法院(2018)津01刑终19号刑事裁定书,以及《刑事审判参考》第868号指导案例。

(二)张某不构成盗窃罪

(三)张某构成诈骗罪

二、张某实施诈骗行为后使用暴力抗拒抓捕应认定为抢劫罪

(一)张某有诈骗行为

(二)当场使用暴力或者以暴力相威胁

(三)以抗拒抓捕为目的

三、结论

[具体解析]

我国财产犯罪中的取得罪可以分为夺取罪和交付罪。夺取罪是指取得财产的过程违反被害人意志的犯罪,交付罪是被害人基于意思瑕疵而交付财产的犯罪。在本案所涉及的罪名中,抢夺罪、盗窃罪、抢劫罪属于夺取罪,诈骗罪属于交付罪。本案可能涉及事后抢劫,《刑法》第269条规定,犯盗窃、诈骗、抢夺罪,为窝藏赃物、抗拒抓捕或者毁灭罪证而当场使用暴力或者以暴力相威胁的,依照抢劫罪的规定定罪处罚。

对本案的总体判断思路是,先判断对加"霸王油"的行为如何认定,再判断在逃跑过程中使用暴力是否符合《刑法》第269条抢劫罪的构成要件。由于前一阶段张某加"霸王油"的行为定性争议比较大,故这里先对前段行为性质是否成立抢夺、盗窃或诈骗罪依次检验,再判断被告人的行为是否符合事后抢劫罪的成立条件。

一、张某加"霸王油"后迅速逃离的行为性质

(一)张某不构成抢夺罪

1. 抢夺罪的客观构成要件

抢夺罪的客观方面表现为,对他人紧密占有的财物骤然实施夺取行为,其具体行为表现为对财物在一瞬间实施腕力、有形力,即对物暴力。[①] 司法实践中常见的观点认为,盗窃罪和抢夺罪的区分关键在于,盗窃罪是秘密取得他人财

---

① 参见周光权:《刑法各论》(第四版),中国人民大学出版社2021年版,第128页。

物,抢夺罪是公然夺取他人财物。本案行为人是当着被害人的面,趁人不备驾车逃跑,将他人财物据为己有,构成抢夺罪。笔者认为,这一观点并不妥当。该观点的逻辑是,由于加"霸王油"的行为不能认定为秘密盗窃,所以只能认定为抢夺。然而,认为盗窃只能秘密窃取的观点存在诸多缺陷,盗窃行为完全可以以公开的方式进行。在很多案件中,行为并非秘密窃取,也仍然成立盗窃罪,例如,在公共汽车上明知他人(包括被害人)看着自己的一举一动而"公然"实施扒窃的,都是作为盗窃罪处理,而不定抢夺罪。只要是以平和而非暴力的手段,违反占有人的意思而取得财物,就是盗窃罪中的窃取。因此,抢夺罪与盗窃罪的最本质区别不是行为是否公开,而是行为人的行为是否存在对物的暴力。由于抢夺罪是违反被害人意志转移占有的夺取型犯罪,且其行为特征表现为对物的暴力,因此,审查的重点是看行为人在转移占有财物的过程中是否有对物的暴力以及是否违背被害人的意志。

2. 行为人是否有对物暴力

抢夺罪转移占有财物的过程要有对物的暴力,而本案行为人加油过程中,转移占有了汽油,汽油的转移占有过程是加油站工作人员将汽油加入行为人的汽车油箱中,在该过程中行为人并没有对物使用暴力,因此,行为人的行为不符合抢夺罪的客观构成要件。

(二)张某不构成盗窃罪

1. 盗窃罪的客观构成要件

盗窃罪的客观方面表现为违背财物占有人的意志,以平和手段将财物转移给自己或者第三人占有的行为。盗窃罪的成立逻辑是:利用窃取方法→破坏原来的占有关系→确立新的占有关系。盗窃罪也是违反被害人意志转移占有的夺取型犯罪,因此,审查的重点是看行为人在转移占有财物的过程是否违背被害人的意志。

2. 是否违背被害人的意志转移占有

行为人的行为不构成盗窃罪,因为转移占有汽油的过程不是违背被害人意志的,加油站工作人员将油加入行为人的汽车油箱中,该转移占有的过程是被害人自愿交付的汽油。因此,行为人加"霸王油"的行为不构成盗窃罪。

3. 行为人逃避支付油费的行为不成立对油费的盗窃罪

行为人加油后,加油站管理者享有请求顾客支付油费的权利,即享有对张某要求支付油费这一债权。但是盗窃罪要有财物或财产性利益转移占有的过程,即破坏原来的占有关系、确立新的占有关系。油费这一债权始终在加油站管理者那里,张某并没有转移占有债权。即使张某逃走了,加油站的管理者也依然享有对张某的债权。

(三)张某构成诈骗罪

1. 诈骗罪的客观构成要件

诈骗罪的客观方面表现为行为人欺骗他人,并使之处分财物的行为。诈骗罪既遂的基本构造是实施欺诈行为→使他人产生或继续维持错误认识→他人由此实施处分(或交付)财产行为→行为人获得或使第三人获得财产→被害人遭受财产损失。有观点认为,在加"霸王油"的情形下,行为人不存在虚构事实或隐瞒真相的欺骗行为,加油站员工加完油后仍向张某收钱,说明员工并未基于错误认识处分财物,而是依照惯例先加油后收钱,虽然油已经在行为人的汽车油箱里,但如果行为人不支付对价,被害人可以随时追索并恢复对财物的直接控制。笔者认为,该观点对诈骗罪的欺骗行为、占有的转移、诈骗的对象均存在误区。笔者将在下文中分析。

2. 行为人实施了欺骗行为

欺诈行为可以以作为的方式实施,也可以以不作为的方式实施。作为方式的欺诈又可分为明示的诈骗和推断的诈骗。问题在于,张某加"霸王油"的行为是作为的诈骗还是不作为的诈骗?

行为人的行为属于作为的诈骗。加"霸王油"的行为和吃"霸王餐"的行为类似。对于一开始就不想付钱的吃"霸王餐"行为,有观点指出,起初便没有付款的意思和能力,却在饭店点菜吃饭,这种行为看似是不作为的诈骗,但在通常情况下,点菜便意味着具有先吃饭后付款的意思,因而,可以理解为是由装作有付款的意思而点菜这一作为所构成的诈骗。对于赊货赖账的欺骗行为,也有判例认为,行为人原本没有付款的意思也没有付款的能力,却订购并接受商品,这就是以作为方式实施的诈骗。① 在社会生活中,人与人之间的交往需要特定的规则和习惯。根据这些规则和习惯,人们可以从某种行为中获得某种特定的信息,从

---

① 参见〔日〕西田典之:《日本刑法各论(第六版)》,王昭武、刘明祥译,法律出版社2013年版,第202页。

而在此基础上作出相应的反应。比如我们推着购物车走到超市的付款处,就说明我们想要购买这些放在购物车里的货物,而且已经准备好了要支付相关的费用。同样,顾客在正常就餐时间走进饭店要一份套餐,接受该意思说明的服务员从中可以获得的一个事实性判断,也即该顾客愿意和有能力为自己的消费买单。由此可见,这些符合事实的意思判断建立在正常的社会交往经验和规则的基础上。① 因此,吃"霸王餐"的情形,行为人的点菜举动就会使饭店服务员产生行为人用餐后会付款的事实性判断,这样的判断符合一般的社会准则。同样,加"霸王油"的情形,行为人开车到加油站装作有付钱的意思让加油站工作人员加油的举动,也会使加油站工作人员产生行为人加完油后会付钱的事实性判断。综上,加"霸王油"的情形属于以作为方式实施的诈骗。

3. 诈骗罪的"素材同一性"问题

要成立诈骗罪,有"素材同一性"的要求,即行为人取得的财产与被害人处分的财产必须具有同一性。例如,甲盗窃乙的银行存折后,冒充乙从银行柜台取款的,应认定为对存折的盗窃和对银行现金的诈骗,乙损失的是存折与债权,银行损失的是现金。本案张某加"霸王油"的行为,是对汽油这一财物的诈骗,而不是骗免油费这一财产性利益。换言之,张某的行为不是对债权的诈骗,其加完油后没有对加油站工作人员实施欺骗以免除支付加油费的行为,而是加完油后直接逃离。另外,加油站工作人员也没有陷入错误认识进而作出免除张某的加油费的处分行为,而是基于错误认识交付了汽油这一财物。前述认为加油站人员仍向张某收钱,说明其并未基于错误认识处分财物的观点,正是混淆了汽油和加油费这两种不同的素材所得出的错误结论。

4. 占有的判断

刑法上的占有是一种事实上的支配状态,占有的判断,不是根据物理的事实或现象进行判断,而是根据社会的一般观念进行的判断,同时,也要考虑被害人取回财物有无障碍。就本案而言,根据社会一般观念,被害人要恢复占有明显存在障碍,可以认为油加入张某的汽车油箱后就已经在张某的支配之下。油加入汽车油箱后很难取出来,油箱里有阀门,抽油都很困难,需要拆油箱才可以把油取出来,加油站工作人员要取回汽油是有很大障碍的。因此,前述所谓的虽然油

---

① 参见赵书鸿:《论诈骗罪中作出事实性说明的欺诈》,载《中国法学》2012年第4期。

已经在行为人的汽车油箱里,但如果行为人不支付对价,被害人可以随时恢复对财物的直接控制,这一观点既脱离实际,也不符合社会一般观念。

二、张某实施诈骗行为后使用暴力抗拒抓捕应认定为抢劫罪

《刑法》第269条规定,犯盗窃、诈骗、抢夺罪,为窝藏赃物、抗拒抓捕或者毁灭罪证而当场使用暴力或者以暴力相威胁的,依照抢劫罪的规定定罪处罚。该规定在理论上称为事后抢劫或准抢劫罪,属于拟制性的规定。事后抢劫罪的成立需要同时符合三个条件:一是有盗窃、诈骗、抢夺行为;二是当场使用暴力或者以暴力相威胁;三是具有窝藏赃物、抗拒抓捕、毁灭罪证的目的。笔者认为,本案行为人张某实施诈骗后为抗拒抓捕,使用暴力致程某轻微伤的行为符合《刑法》第269条的规定。

(一)张某有诈骗行为

在理论上,对于行为人盗窃、诈骗、抢夺数额较小的财物时,出于窝藏赃物、抗拒抓捕等目的当场使用暴力的是否成立抢劫罪,存在一定争议。有观点认为,由于抢劫罪的成立不要求数额较大,事后抢劫属于抢劫罪,因此也不要求先前的盗窃、诈骗、抢夺的财物达到数额较大,只要行为人实施了诈骗、抢夺等行为,即可以构成事后抢劫罪。① 另有观点认为,只有当行为能被评价为犯盗窃、诈骗、抢夺罪时,才能成立事后抢劫罪,犯盗窃、诈骗、抢夺罪既可以是既遂,也可以是未遂,但客观上要具有取得数额较大财物的危险性,主观上要具有盗窃、诈骗、抢夺数额较大财产的故意。②

不过,按照有关司法解释的规定,即使诈骗了几百元的油费,也可以成立事后抢劫。2005年最高人民法院《关于审理抢劫、抢夺刑事案件适用法律若干问题的意见》规定:行为人实施盗窃、诈骗、抢夺行为,未达到"数额较大",为窝藏赃物、抗拒抓捕或者毁灭罪证当场使用暴力或者以暴力相威胁,情节较轻、危害不大的,一般不以犯罪论处;行为人实施盗窃、诈骗、抢夺行为,虽未达到"数额较大",但具有"使用暴力致人轻微伤后果"这一情节的,可以依照《刑法》第269条

---

① 参见郑泽善:《转化型抢劫罪新探》,载《当代法学》2013年第2期。
② 参见张明楷:《刑法学》(第五版),法律出版社2016年版,第977页。

的规定,以抢劫罪定罪处罚。故按照司法解释的规定,即使诈骗汽油的价值为几百元,但有使用暴力导致被害人轻微伤的后果,也可以认定行为人构成《刑法》第269条规定的抢劫罪。在本案中,被告人骗取的油费价值900元,由于其暴力导致被害人轻微伤,将其行为认定为成立《刑法》第269条规定的抢劫罪是没有障碍的。

(二)当场使用暴力或者以暴力相威胁

1. 张某有使用暴力

抢劫罪的暴力是最狭义的暴力,即暴力必须针对人实施。胁迫是指告知对方将要对其予以加害,对其进行精神强制。事后抢劫罪的暴力、胁迫必须和抢劫罪的暴力、胁迫相当,即都应当达到足以压制被害人反抗的程度。① 本案张某明知程某正用手抓住其衣服阻拦其逃跑,为摆脱程某,猛踩汽车油门加速驶离加油站,并将程某拖带倒地,导致程某轻微伤,张某是利用汽车加速对被害人程某实施暴力,汽车是其实施暴力的工具,该行为足以压制被害人的反抗,属于抢劫罪的暴力。

2. 当场

当场既包括实施盗窃、诈骗、抢夺行为的现场,还包括从现场延伸的场所,即行为人刚离开现场,就被他人追捕、跟踪而被迫停留下来的场所。本案行为人张某使用暴力是在诈骗行为的现场,认定其当场使用暴力不存在疑问。

(三)以抗拒抓捕为目的

张某实施暴力的目的不是窝藏赃物,窝藏赃物包括在现场隐藏犯罪所得财物的行为,也包括为防止被害人夺回财产而实施的相应行为。本案中,油已经加入张某汽车油箱,前述已分析过,即使被害人把张某抓住了,也很难从油箱中取出油,很难说张某是为了窝藏赃物而实施暴力行为。

应当认为,本案中,将张某的目的理解为抗拒抓捕更为合适。行为人盗窃、诈骗、抢夺后逃跑,被害人在后面追行为人,是常见的抓捕形态。对抗拒抓捕不应当限制过多,不能认为只有被害人以扭送犯人到司法机关为目的的追捕才是抓捕,被害人为了让行为人付钱而抓捕行为人,行为人使用暴力摆脱被害人,也

---

① 参见周光权:《刑法各论》(第四版),中国人民大学出版社2021年版,第122页。

可以认定为抗拒抓捕。

三、结论

张某逃避支付油费的行为不构成抢夺罪,也不成立针对油费的盗窃罪,而应成立诈骗罪。张某实施诈骗行为后使用暴力抗拒抓捕的,应认定为抢劫罪。

[规则提炼]

1. 由于抢夺罪是违反被害人意志转移占有的夺取型犯罪,且其行为特征表现为对物的暴力,因此,审查的重点是看行为人在转移占有财物的过程中是否有对物的暴力以及是否违背被害人的意志。抢夺罪转移占有财物的过程要有对物的暴力,而本案行为人在加油过程中,转移占有了汽油,汽油的转移占有过程是加油站工作人员将油加入行为人的汽车油箱,在该过程中行为人并没有对物使用暴力,因此,行为人的行为不符合抢夺罪的客观构成要件。

2. 因为转移占有汽油的过程不是违背被害人意志的,加油站工作人员将油加入行为人的汽车油箱中,该转移占有的过程是被害人自愿交付汽油。因此,行为人加"霸王油"的行为不构成盗窃罪。

3. 在加"霸王油"的情形,行为人开车到加油站装作有付钱的意思让加油站工作人员加油的举动,也会使加油站工作人员产生行为人加完油后会付钱的事实性判断,因此,加"霸王油"的情形属于以作为方式实施的诈骗,诈骗的行为对象是汽油。

4. 行为人张某诈骗后为抗拒抓捕,使用暴力致程某轻微伤的行为成立《刑法》第269条规定的事后抢劫罪。

第 36 题　侵占罪的保护法益

（侵占罪的保护法益、所有权、返还请求权）

[案情简介]

甲经营一家摩托车修理店。某日，乙将一辆有故障的摩托车交给甲修理，约定次日取回。甲在修理时，根据经验猜测，该摩托车应该是乙盗窃来的。次日，乙来取回时，甲拒不返还。由于该摩托车的确是乙从丙处盗窃来的，因此乙不敢强行索取，只好自认倒霉。某日，甲在网上购买五个摩托车零部件，商家发货时搞错数量，多寄出一个零部件。商家要求甲返还该零部件，甲拒不返还。①

问题：

1. 侵占罪的保护法益是否仅限于财物的所有权？
2. 乙要取回摩托车时，甲拒不返还，是否构成侵占罪？
3. 商家要求甲返还零部件时，甲拒不返还不当得利之物，是否构成侵占罪？

[分析思路]

一、侵占罪的保护法益不限于所有权

二、甲对乙构成侵占罪

三、甲对商家构成侵占罪

四、结论

---

① 根据甘肃省白银市中级人民法院(2010)白中刑二终字第 8 号刑事判决书等改编。

[**具体解析**]

一、侵占罪的保护法益不限于所有权

我国及德、日主流观点均认为,侵占罪的保护法益是他人财物的所有权(所有权说)。① 然而,这种观点存在局限性。例如(汽车转借案),乙从汽车租赁公司租赁一辆汽车,租赁期1年,3天后乙将该车借给甲使用一个星期,一个星期后乙向甲索要,甲拒不返还。依据所有权说,由于乙对汽车没有所有权,因此甲拒不返还的行为没有侵犯乙的所有权,故不构成侵占罪。然而,这种结论并不妥当。在民法上,甲、乙之间存在借用合同,乙基于合同享有返还请求权。甲拒不返还的行为侵犯了乙的返还请求权,应构成侵占罪。由此可见,所有权并不是侵占罪保护的终极法益。侵占罪保护所有权,实际上是保护基于所有权的返还请求权。侵占罪保护的终极法益应当是返还请求权,而所有权只是返还请求权的常见基础,并非唯一基础(返还请求权说)。

对此,可能的质疑是,刑法是实体法,保护的是实体性权利,所有权是实体性权利,因此能够成为刑法的保护法益,而返还请求权属于程序性权利,难以成为刑法的保护法益。然而,这种质疑和主张可能存在误解。

请求权是要求他人作为或不作为的一项权利,在权利体系中居于枢纽地位,是一种实体性权利。② 作为实体性权利的请求权是由温德沙伊德(Windscheid)从罗马法和普通法中的"诉"(actio)的概念中发展来的。"诉"的概念着眼于程序法,而请求权着眼于实体法。③ 在罗马法中,"权利"形态需要通过相应的"诉"或程序来表现,由诉讼控告反映出来。④ 温德沙伊德认为,诉权不应当仅仅赋予权利受到侵害的人,在权利未受到侵害的状态下,权利人也应当享有一个实

---

① 参见高铭暄、马克昌主编:《刑法学》(第七版),北京大学出版社、高等教育出版社2016年版,第509页;张明楷:《刑法学》(第五版),法律出版社2016年版,第966页;〔日〕山口厚:《刑法各论(第二版)》,王昭武译,中国人民大学出版社2011年版,第336页;〔日〕大谷实:《刑法讲义各论(新版第二版)》,黎宏译,中国人民大学出版社2008年版,第269页;Wessels/Hillenkamp, Strafrecht Besonderer Teil 2, 37. Aufl., 2014, §5, Rn. 307; Kindhäuser, Strafrecht Besonderer Teil Ⅱ, 8. Aufl., 2014, §6, Rn. 1。
② 参见王泽鉴:《民法总则》,北京大学出版社2009年版,第101页。
③ 参见〔德〕迪特尔·梅迪库斯:《德国民法总论》,邵建东译,法律出版社2001年第2版,第67页。
④ 参见徐海峰:《请求权概念批判》,载《月旦民商法研究》2004年第4期。

体上的请求权。例如,买受人之所以可以要求出卖人为这样或那样的事情,是因为其享有诉权。只是在大多数情形下,买受人无须使用此种诉权,除非对方拒绝他所请求的内容。这样,从罗马法上的"诉"中便解读出一种现代的实体权利,即请求权。请求权具有要求相对方给付的实体法地位,这与向法院提出的诉权迥然有别。实体请求权先于诉讼而存在,是裁判的对象。① 诉权是一种公权利,而请求权是一种私权利。私法权利是第一位的,通过诉讼程序实现这种私法权利是第二位的,诉讼程序的任务是,当诉讼前业已存在的实体法权利(请求权)受到侵害时,可以通过诉讼使其得以实现。②

民法上关于请求权的审查顺序,存在多种观点,不过也取得了一些基本共识。③ 以下主要分析与刑法有关的请求权。

排在第一位的是基于合同的请求权,包括合同履行请求权和违约损害赔偿请求权。例如,在保管合同、借用合同中,保管人、借用人按期返还原物,是合同约定的履行事项,寄存人、出借人请求保管人、借用人按期返还原物,是一种合同履行请求权。我国《民法典》第 900 条(原《合同法》第 377 条)是其法条依据。基于合同的请求权优先于基于物权的请求权,是因为合同能够形成有权占有,有权占有可以排除基于物权的返还请求权。④

排在第二位的是物上请求权,包括基于物权的请求权和基于占有的请求权,这些请求权中均包括返还请求权。第一,基于物权的返还请求权。我国《民法典》第 235 条(原《物权法》第 34 条)是其法条依据。例如,甲窃得乙的轮胎,安装在自己的车上。轮胎并未因附合而成为甲车的不可分离的一部分,其所有权仍属于乙。乙基于所有权享有返还请求权。⑤ 乙向甲索要,甲拒不返还,应构成侵占罪。但是,由于甲事先已经构成盗窃罪,事后的侵占罪没有侵犯新的独立法益,故属于不可罚的事后行为。第二,基于占有的返还请求权。我国《民法典》第 462 条第 1 款第 1 句(原《物权法》第 245 条第 1 款第 1 句)是其法条依据。例

---

① 参见朱岩:《论请求权》,载《判解研究》2003 年第 4 辑。
② 参见〔德〕卡尔·拉伦茨:《德国民法通论》(上册),王晓晔、邵建东等译,法律出版社 2003 年版,第 323 页。
③ 参见〔德〕汉斯·布洛克斯、〔德〕沃尔夫·迪特里希·瓦尔克:《德国民法总论(第 41 版)》,张艳译,中国人民大学出版社 2019 年版,第 366—367 页。
④ 参见朱庆育:《民法总论》(第二版),北京大学出版社 2016 年版,第 565 页。
⑤ 参见王泽鉴:《民法思维:请求权基础理论体系》,北京大学出版社 2009 年版,第 99 页。

如,甲将汽车出借给乙,丙从乙家院子盗走该车。在民法上,甲是汽车的所有权人,甲可基于所有权向丙主张返还请求权。乙不是汽车的所有权人,而是汽车的占有人,乙只能基于占有向丙主张返还请求权。当乙索要,丙拒绝向乙返还,丙构成侵占罪。但是,由于丙对乙事先已经构成盗窃罪,事后的侵占罪没有侵犯新的独立法益,故属于不可罚的事后行为。当甲索要,丙拒绝向甲返还,也构成侵占罪。由于丙对甲事先不构成盗窃罪,因此丙对甲构成的侵占罪具有可罚性。又如,乙窃得甲的汽车,丙从乙家院子盗走该车。甲是汽车的所有权人,可基于所有权向丙主张返还请求权;丙拒不返还,则构成侵占罪。乙虽然是无权占有,但是《民法典》第462条保护这种无权占有,乙可基于占有向丙主张返还请求权;丙拒不返还,则构成侵占罪。

排在第三位的是基于不当得利之债的返还请求权。① 基于物权的返还请求权优先于基于不当得利之债的返还请求权,是因为后者中财物的原所有权人一般丧失了所有权,只能请求不当得利者返还利益。②

二、甲对乙构成侵占罪

根据《刑法》第270条第1款的规定,侵占罪的主要行为对象是"代为保管的他人财物"。之所以能形成这种行为对象,主要是因为所有权人与保管人之间存在保管合同、借用合同、租赁合同等。③ 所有权说认为,就这种行为对象而言,侵占罪的保护法益是所有权人的所有权。④ 然而,从请求权基础的审查顺序看,就代为保管物而言,侵占罪的保护法益不是所有权及基于所有权的返还请求权,而主要是基于合同的返还请求权。若依据所有权说,则会造成不合理的处罚漏洞。

根据所有权说,本案中,由于乙对所盗窃的摩托车不享有所有权,因此甲的行为没有侵犯乙的所有权,故不构成侵占罪,对甲只能作无罪处理。然而,这种结论并不合理。根据返还请求权说,甲与乙之间签订了维修合同,根据合同约定,乙针对摩托车享有返还请求权,这是一种合同履行请求权。甲针对摩托车负

---

① 参见[德]迪特尔·梅迪库斯:《请求权基础》,陈卫佐、田士永等译,法律出版社2012年版,第13页。
② 参见王泽鉴:《民法思维:请求权基础理论体系》,北京大学出版社2009年版,第59—60页。
③ 参见周光权:《刑法各论》(第四版),中国人民大学出版社2021年版,第157页。
④ 参见黎宏:《刑法学各论》(第二版),法律出版社2016年版,第335页。

有返还义务。甲拒不返还的行为侵犯了乙基于合同而享有的返还请求权,因此构成侵占罪。所有权说可能认为,甲的行为侵犯了车主丙的所有权,因此构成侵占罪。然而,甲拒绝向乙返还摩托车,并不意味着侵犯了车主丙的所有权。如果甲将摩托车变卖,或者丙要求甲返还时,甲拒绝向丙返还,则侵犯了丙的所有权,构成侵占罪。

反对意见可能认为,既然甲的行为属于民法上的违约行为,那么便不属于犯罪行为,刑法在此应保持谦抑性。然而,这种看法将民法与刑法的适用关系误解为对立排斥关系,实际上二者存在交叉关系。于改之教授指出:"如果某一行为既符合刑法规定的犯罪构成,也属于民事违法时,应该按照罪刑法定原则直接适用刑法(同时追究行为人的民事损害赔偿责任),而不能优先适用民商法,否定行为成立犯罪"①。张明楷教授也指出:"如果认为,只要某种案件事实符合其他法律的规定,就不得再适用刑法,那么,刑法必然成为一纸空文。例如,遇到杀人、伤害等案件时,人们都可以说:'这在民法上属于侵权行为',事实上,民法理论也经常将杀人、伤害案件作为侵权案例讨论。但是,法官绝不能以此为由,否认杀人、伤害行为构成刑法上的杀人罪、伤害罪。因为杀人行为、伤害行为既是民法上的侵权行为,也是刑法上的犯罪行为。"②

同理,民法上的违约行为与刑法上的犯罪行为不是对立关系,而是交叉关系。例如,签订合同时,行为人没有非法占有目的,但是在履行合同过程中产生了非法占有目的,在履行过程中实施欺骗行为,一方面构成民法上的违约,另一方面也构成刑法上的合同诈骗罪。又如,甲将轿车交给乙保管,期满后乙拒不返还。这种行为一方面构成民法上的违约,另一方面也构成刑法上的侵占罪。依此推之,本案中,乙将摩托车交给甲维修,其中便包含了保管义务,期满后甲拒不返还,既构成民事违约,也构成侵占罪。实际上,刑法在此考虑了谦抑性的要求,特意将侵占罪设置为告诉才处理的犯罪,给予当事人和解的机会。

三、甲对商家构成侵占罪

甲收到商家多给付的商品,构成不当得利。关于不当得利,我国《民法典》第

---

① 于改之:《法域冲突的排除:立场、规则与适用》,载《中国法学》2018 年第 4 期。
② 张明楷:《无权处分与财产犯罪》,载《人民检察》2012 年第 7 期。

122条规定:"因他人没有法律根据,取得不当利益,受损失的人有权请求其返还不当利益。"根据请求权基础的审查顺序,基于不当得利的请求权排在基于物权的请求权之后。亦即,如果权利人不能基于物权享有返还请求权,其有可能基于不当得利之债而享有返还请求权。若坚守所有权说,则无法妥当处理行为人不当得利并拒不返还的案件。

本案中,商家的发货行为属于物权处分行为。商家基于单方意思错误而实施了一项物权处分行为,亦即多交付了一个摩托车零部件。对此,第一,买家没有法律原因多获得一个摩托车零部件,构成不当得利,并且由于商家实施了交付行为,买家取得零部件的所有权。商家可以基于不当得利之债向买家主张返还请求权。若买家拒不返还,则构成侵占罪。第二,我国《民法典》第147条规定:"基于重大误解实施的民事法律行为,行为人有权请求人民法院或者仲裁机构予以撤销。"商家可基于重大误解请求撤销其物权行为。撤销后,商家的物权行为无效,这个零部件的所有权便未发生变动,然后商家可基于所有权享有返还请求权。若买家拒不返还,则构成侵占罪。

所有权说可能认为,既然商家可以基于所有权享有返还请求权,那么所有权说可以妥当处理此类案件。然而,所有权说并不是最理想的处理方案。这是因为,商家要基于所有权享有返还请求权,需要先请求撤销其物权行为,这是一项前置条件。而且民法对该前置条件设置了时间条件亦即除斥期间。根据我国《民法典》第152条的规定,重大误解的当事人自知道或者应当知道撤销事由之日起90日内没有行使撤销权的,撤销权消灭。因此,如果商家在90日内没有行使撤销权,则其物权行为便不能被撤销,由此商家无法恢复对摩托车零部件的所有权。此时若依据所有权说,则商家的利益无法得到保障。而依据返还请求权说,即使商家的撤销权消灭了,丧失了对摩托车零部件的所有权,仍可基于不当得利之债而享有返还请求权。因此,返还请求权说能更为周全地保障被害人的法益。

更何况,在有些情形下,原所有权人无法撤销其物权处分行为,此时只能依据不当得利之债行使返还请求权。例如,乙给甲找钱时,不慎多找了5 000元现金。甲到家后发现多收了5 000元。次日,乙向甲索要,甲拒不返还。基于以下两点理由,乙丧失了对5 000元的所有权,甲享有所有权:一是我国民法学界多数观点主张,对货币适用"占有即所有"的规则①;二是这种情形属于添附中的混合,亦即这 5 000 元现金与甲原有的现金无法分辨。并且,由于混合缘由,基于识别成本考量,乙即使有重大误解,也不能撤销其物权行为,亦即不能恢复其对 5 000 元现金的所有权。甲构成不当得利,乙只能基于不当得利之债享有返还请求权,而不能基于所有权享有返还请求权。甲拒不返还行为侵犯了乙的返还请求权,构成侵占罪。若依据所有权说,则甲不构成侵占罪。这显然令人难以接受。

又如,夜晚,甲男看到前方乙女一人行走,带着猥亵心理跟踪,乙女发现后面一百多米处可能有人跟踪,为了"破财消灾",将提包扔到路边草丛中,急速离去。甲上前捡走提包,次日予以变卖。首先,甲取得提包构成不当得利。乙可基于不当得利之债享有返还请求权。其次,乙的抛弃行为属于物权处分行为,处分了所有权。可能有意见认为,根据《民法典》第 150 条的规定,乙抛弃提包的行为是受到胁迫而做出的,因此乙有权撤销该行为的法律效力,基于此,乙便恢复并享有了所有权,甲拒不返还的行为便侵犯了乙的所有权。然而,《民法典》第 150 条规定:"一方或者第三人以胁迫手段,使对方在违背真实意思的情况下实施的民事法律行为,受胁迫方有权请求人民法院或者仲裁机构予以撤销。"胁迫行为是指以恶害相通告,"若不答应我的要求,我就施加恶害",以此使对方产生恐惧心理。② 甲只是远远地跟踪乙,并没有对乙实施胁迫行为。可能有人认为,甲是默示的胁迫。然而,虽然胁迫行为可以通过默示方式表达,但是也应将胁迫的内容表达出来。甲并没有将胁迫的内容"不答应我的要求,我就施加恶害"表达给乙。乙只是认知到"有人跟踪我,我有危险",但认知到有危险不等同于认知到受胁迫。胁迫他人会给他人制造危险,但他人遭受危险不等于遭受胁迫。因此,乙做出抛弃行为是因为"遇到危险",不是因为受到胁迫。由于乙的抛弃行为不符合受胁迫的要件,因此无法以受胁迫为由撤销其物权行为。由此,乙只能基于不当得利之债行使返还请求权。显然,若依据所有权说,则乙的法益无法得到保障。

---

① 对此民法学界也有不同观点。参见孙鹏:《金钱"占有即所有"原理批判及权利流转规则之重塑》,载《法学研究》2019 年第 5 期;朱晓喆:《存款货币的权利归属与返还请求权——反思民法上货币"占有即所有"法则的司法运用》,载《法学研究》2018 年第 2 期。

② 参见〔日〕西田典之:《日本刑法各论(第三版)》,刘明祥、王昭武译,中国人民大学出版社 2007 年版,第 171 页。

四、结论

侵占罪的保护法益并不局限于财物的所有权。乙要取回摩托车时,甲拒不返还的,构成侵占罪。商家要求甲返还零部件时,甲拒不返还不当得利之物的,构成侵占罪。

[规则提炼]

1. 侵占罪保护的终极法益应当是返还请求权,而所有权只是返还请求权的常见基础,并非唯一基础。

2. 《刑法》第270条第1款规定的侵占对象是"代为保管的他人财物"。保管人拒不返还财物,侵犯所有权人的法益是基于合同而享有的返还请求权,而不是基于所有权而享有的返还请求权。

3. 在行为人对财物构成不当得利的场合,被害人即使丧失了所有权,也可基于不当得利之债行使返还请求权。行为人拒不返还的,侵犯了被害人的返还请求权,构成侵占罪。

第 37 题　重大责任事故罪

（重大责任事故罪，信赖原则，管理、监督过失）

[案情简介]

　　A 矿业公司主要经营铅、锌、银、铜采矿、选矿及销售，公司及采区均取得《采矿许可证》《安全生产许可证》且证照均在有效期内。公司设有安全环保处、生产处、设备动力处等，有执行董事总经理 1 人、副总经理 5 人，其他管理人员和专业技术人员近百人，公司内部有各项安全生产章程。B 公司为 A 公司 100% 控股母公司，为上市股份有限公司，拥有 A 公司等十几家分、子公司，公司同样设有安全环保部、安全生产委员会等部门，并制定了专门的安全生产章程，对各部门和人员的职责编制了清晰的岗位说明书和权责清单。曹某为 B 公司的法定代表人。B 公司对 A 公司的财务和资金全面控制，也参与 A 公司的重要人事任免，监督 A 公司制定安全生产责任制度和完善相关安全生产配套设施、保障年度安全生产资金投入等。同时 B 公司也按相关法律法规的要求制定了相应安全生产管理制度，并定期派员对 A 公司进行巡查，但 B 公司未严格按照相关规定对包括 A 公司在内的分公司和子公司进行安全检查。

　　C 公司的经营范围主要是矿山施工承包，公司设有办公室、生产部、安全环保部等部门。C 公司的负责人章某与 A 公司签订了采矿、充填、支护、掘进及尾矿输送工程合同并进行施工。2017 年，章某授意公司司机通过微信朋友圈在某男子处购买了一辆无手续、无矿用产品安全标志且使用干式制动器的车辆，自 2018 年年初开始将该车辆作为施工期间工人上下井通勤车辆使用。根据《安全生产法》等相关法律法规和规章的规定，该车辆系地下矿山禁止使用的车辆。2019 年某日，司机在驾驶该通勤车辆经矿井副斜坡道向井下运送工人时，车辆失控，导致死伤矿工百余人。根据重大生产安全事故调查组出具的《事故调查报告》，B 公司未按制度规定每月对包括 A 公司在内的分公司和子公司进行安全检查，未能及时发现并消除

A公司及其承包单位长期存在的人员出入井管理混乱、使用违规车辆运送人员等重大事故隐患。《事故调查报告》还指出B公司"对A公司2019年春节有意隐瞒停产情况,谎报继续生产,逃避复产检查等问题失察"。①

问题:曹某是否成立重大责任事故罪?

[分析思路]

一、制造风险与信赖原则的适用

二、曹某未违反管理、监督义务

三、曹某不属于重大责任事故罪的犯罪主体

四、结论

[具体解析]

一、制造风险与信赖原则的适用

重大责任事故罪,是指在生产、作业中违反有关安全管理的规定,因而发生重大伤亡事故或者造成其他严重后果的行为。显然,重大责任事故罪是一个典型的过失犯类型。过失犯的审查架构经历了较为明显的变化。

刑法学通说的早期观点是,作为的过失犯的构成要件该当性层次需要审查四个要素:行为与结果之间是否存在依等价理论(条件关系)确认的引起关系、客观的预见可能性、客观的注意义务违反、客观归责。过失犯的违法性阶层与故意犯并无不同,责任阶层则需要审查主观的预见可能性、主观的注意义务违反性。② 此后,客观归责理论的集大成者罗克辛(Roxin)教授则以客观归责基本替代了通说认为的过失犯构成要件该当性层次的审查结构。即以客观归责理论重新架构过失犯的不法,过失犯的构成要件该当性与故意犯并没有不同,除审查行为与结果之间的因果关系外,还需要审查行为是否制造了不被容许的风险、风险是否实现以及结果是否在构成要件效力范围内。③

---

① 根据陕西省神木县人民法院(2019)陕0881刑初769号刑事判决书等改编。

② Vgl. Otto, Grundkurs Strafrecht, Allgemeine Starfrechtslehre, 7. Aufl., 2004, §10, Rn. 32.

③ Vgl. Roxin, Strafrecht, Allgemeiner Teil, Band I, 4. Aufl., 2006, §24, Rn. 3 ff.

实际上，两种不同的审查架构对于过失犯的检验来说在审查结果上基本不会出现重大歧义。相对来说，以客观归责理论建构过失犯的不法结构较为清晰，无形中已经整合了过去通说对于过失犯构成要件层次的审查要素。像是否制造不被容许的风险，实际上和所谓的客观的注意义务违反只是一体两面的关系。因此，对于过失犯的审查来说，其构成要件该当性层次除审查构成要件结果、结果与行为存在条件因果关系外，需要着重审查是否存在制造不被容许风险的行为（即违反客观注意义务的行为，行为不法的确认）以及行为人制造的风险是否实现为实害结果和结果是否在构成要件效力范围内（结果不法的确认）。

信赖原则，是指在过失犯的归责中，如果危害结果是因为行为人合理信赖不发生的因素所导致时，则行为人欠缺注意义务违反，不具有结果可归责性，进而不成立相应的过失犯罪。也就是说，在社会生活中从事某种有危险性的特定行为时，如果没有特别的线索表征他人会违反义务时，行为人就可以信赖被害人或者其他第三人也会相互配合且谨慎采取适当的行为，以避免发生危险，如果因为被害人或者其他第三人违反规则的行为而导致发生事故造成损害结果时，行为人的行为并非不法。简单言之，信赖原则是用来否定不被容许的风险制造和行为的不法性的。

在法律规范和社会交往规范为制造不被容许的风险提供或多或少的指引时，今天在交通刑法领域普遍被承认的信赖原则则是为了否认不被容许的风险提升。① 因此，对于过失犯罪的认定来说，信赖原则成为限定行为人注意义务的一道重要门槛，尤其是在现今科技高度发达、风险无处不在、社会高度分工的社会中，如果对行为人科以过多的注意义务，则社会生活势必无法顺利开展，因此以信赖原则限制注意义务的范围便显得非常必要。像体育运动、交通参与、医疗领域以及矿山企业等的生产都属于有一定风险的活动，但如果对于这些领域的参与者的注意义务不加以限制，将会导致这些领域的生产活动或社会生活完全停摆。开车行经十字路口时，尽管存在别人闯红灯的可能性，但只要没有具体的相反事实根据存在（如有球滚入路中间就意味着很可能有小朋友闯红灯），驾驶员就不需要顾虑别人可能会闯红灯而将车速降低到随时可停住，甚至停在路口观察无人时才通过，而是可以合理信赖他人会遵守相应义务要求和规则。如果

---

① Vgl. Roxin, Strafrecht, Allgemeiner Teil, Bd. I, 4. Aufl., 2006, §24, Rn.21.

正常行驶过程中因为他人突然闯红灯而导致事故发生,依照信赖原则便无须负过失犯罪的刑事责任。

本案中,依据信赖原则,作为直接发生责任事故的 A 公司控股股东 B 公司的高层,曹某并没有违反相应的注意义务,其和本次事故结果的发生之间不存在归责关系,因此不应被认定成立重大责任事故罪。在案证据确实显示 B 公司未严格按照相关规定每月对包括 A 公司在内的分公司和子公司进行安全检查,似乎制造了一定的风险,为事故的发生提供了条件因素,但是,必须注意的是,A 公司是有独立法人资格的子公司,B 公司对 A 公司的管理主要通过完备各项经营管理制度,设置对企业定期的生产经营和安全管理考核的方式进行间接管理,而非代替 A 公司对 A 公司开展的各项具体的生产活动进行全天候、事无巨细式的直接监管。B 公司和 A 公司已经制定实施的各项规章管理制度足以说明两级公司都设置了充分而详细的安全生产工作规范和管理规范,都有明确的安全生产管理机构和安全生产责任人任命,都可清晰体现上级公司对下级公司的目标责任管理模式。因此,对于诸如运送矿井工人的车辆应符合国家相关安全生产的要求等生产细节,B 公司有合理的理由信赖 A 公司自身能够通过公司的规章制度进行监管,在 A 公司与工程承包方 C 公司相关责任人员严重违背相应注意义务的前提下,应当否定 B 公司的管理人员制造了不被容许的风险,进而不应认定曹某违反了注意义务的要求成立重大责任事故罪。

同样的道理,《事故调查报告》还指出 B 公司"对 A 公司 2019 年春节有意隐瞒停产情况,谎报继续生产,逃避复产检查等问题失察",此处姑且不论 A 公司是否果真停产,即便其真实停产却予以隐瞒,但是,A 公司作为专业的矿业生产公司,B 公司有足够的基础和理由信赖 A 公司会遵照安全生产的相关规定行事,因此无法从 A 公司故意隐瞒停产逃避复产检查直接推导出 B 公司的曹某违反了注意义务的要求。

从事理上也应认为,控股股东对于子公司自身会严格按照相关安全管理规定进行生产作业有合理的信赖基础,如果子公司违反规定导致事故发生的,理应否定控股股东的注意义务违反性及与结果之间的因果关系。在现代工商社会,大型企业集团通常控股众多的子公司,如果要求控股母公司对于子公司的安全生产面面俱到地进行管理与监督,事实上既不可能也无必要,否则势必将会对企业运作的效率产生极度负面影响。反过来,如果子公司出现安全事故,动辄追究母公司负责人的刑事责任,恐怕以后将没有公司和企业家敢再控股其他企业,从社会政策角度来看,也绝非社会之幸。

因此,对于A公司和工程承包方C公司严重违反安全生产相关规章制度的要求导致本次事故的发生,不应认定作为B公司高层的曹某违反了注意义务的要求,曹某与事故结果之间没有归责关系,不应被认定为重大责任事故罪。

二、曹某未违反管理、监督义务

一方面,曹某没有违反管理义务。管理过失是指结果的发生直接归因于管理者对于企业等的安全管理体制存在管理行为瑕疵的过失形态,诸如企业对设备设置、维护以及人员建制等未设置详细、可操作的规章制度,进而导致事故的发生。也就是说,在管理过失的情形下,事故结果的发生不以从业人员的行为为媒介,而是管理制度不完善本身所造成的。

《安全生产法》第24条第1款规定:"矿山、金属冶炼、建筑施工、运输单位和危险物品的生产、经营、储存、装卸单位,应当设置安全生产管理机构或者配备专职安全生产管理人员。"需要注意的是,设置安全生产管理机构或者配备专职安全生产管理人员是二选一的关系,而非并列关系。本案中,B公司成立了"安全生产委员会"(以下简称"安委会"),明确了安委会职责,安委会明显属于安全生产管理机构。因此,B公司的安全管理制度已经符合《安全生产法》等法律法规的要求。

B公司不仅设立了安委会这一安全生产管理机构,编制了公司高层和各部门负责人的岗位说明书,说明书对各岗位的权责清单作了细致规定。B公司的诸多规章管理制度足以说明该公司在安全管理体制机制上已经履行了应尽的注意义务,即B公司的管理者曹某对于企业的安全管理体制并不存在管理行为瑕疵,不应以管理过失理论追究曹某重大责任事故罪的刑事责任。

另一方面,曹某也没有违反监督义务。监督过失是指监督者对于直接引发事故发生的行为人(被监督者)因懈怠而没有防止被监督者因疏失造成事故的过失类型,是一种对于被监督者的监督懈怠,而由监督者间接导致结果发生的过失形态。

本案中,B公司作为A公司的控股公司,其监督A公司制定安全生产责任制度和完善相关安全生产配套措施等,应当说,其已经尽可能地履行了其应尽的注意义务。B公司对A公司的种种具体监管制度足以说明B公司已经履行了对A公司的监督义务。必须指出的是,不能因为发生了责任事故便从后果反推B公司未履行监督义务,进而推定B公司管理人员曹某等人成立重大责任事故罪。

在认定B公司是否存在监督过失时,仍然需要考虑信赖原则对监督义务的限定,不能以发生事故为由笼统认定上级都有监督过失责任。A公司作为具有独立法人资格的公司实体,对于具体经营过程中的安全生产细节问题应自行有效监管,注意预防事故的发生,而B公司有合理的理由信赖A公司自身能够通过公司的规章制度对事故风险进行管控,在A公司与工程承包方C公司相关责任人员严重违背相应注意义务导致责任事故的前提下,曹某不应承担重大责任事故罪的刑事责任。

三、曹某不属于重大责任事故罪的犯罪主体

根据2015年最高人民法院、最高人民检察院《关于办理危害生产安全刑事案件适用法律若干问题的解释》第1条的规定,重大责任事故罪的犯罪主体,包括对生产、作业负有组织、指挥或者管理职责的负责人、管理人员、实际控制人、投资人等人员,以及直接从事生产、作业的人员。本案中曹某等人不符合前述司法解释所规定的重大责任事故罪的主体身份要件。

首先,曹某作为A公司的控股公司B公司的高层,毫无疑问不属于本次事故中直接从事生产、作业的人员。

其次,司法解释中所称的"对生产、作业负有组织、指挥或者管理职责的负责人、管理人员、实际控制人、投资人等人员",原则上指的是发生事故直接责任单位中对直接从事生产、作业人员具有组织、指挥或者管理职责的负责人、管理人员。否则的话,对于事故责任主体的追究将可以无限制地向直接责任单位的上级单位追溯,在现代大型工商企业存在众多层级的前提下,追究刑事责任的范围将漫无边际,势必会带来违反责任原则这一刑法基本原则的后果。本案中,对于事故发生具有直接责任的单位主体为A公司和工程承包方C公司,因此,作为A公司控股公司的B公司高层曹某,并不属于对本次事故中直接从事生产、作业的人员具有组织、指挥或者管理职责的负责人、管理人员。

最后，B 公司作为 A 公司 100% 控股的母公司，B 公司的主要负责人曹某不属于 A 公司的实际控制人和投资人。第一，根据《公司法》第 216 条第（三）项的规定，"实际控制人，是指虽不是公司的股东，但通过投资关系、协议或者其他安排，能够实际支配公司行为的人"。本案中，曹某未通过投资关系、协议或者其他安排实际支配 A 公司的行为。实际上，A 公司与 B 公司均为具有独立法人资格的公司实体，曹某作为 A 公司控股公司的法定代表人，无法实际支配 A 公司的经营管理行为，因此并不能当然地认定其为 A 公司的实际控制人。第二，B 公司是 A 公司的唯一股东，曹某对 A 公司并没有任何个人注资。尽管 B 公司是 A 公司 100% 的控股股东，但 B 公司、A 公司是两个独立的主体，不能因为曹某是 B 公司的主要负责人，便认为曹某是 A 公司的投资人。

综上，B 公司的曹某并不符合重大责任事故罪的主体身份要件。

四、结论

曹某不构成重大责任事故罪。

[规则提炼]

1. 被告人曹某作为 A 公司控股公司 B 公司的法定代表人，在履行监督指导 A 公司制定相应的安全生产管理制度等管理、监督义务后，基于信赖原则有合理理由信赖 A 公司会依照相关法律法规以及企业内部的各项安全生产操作规程从事生产。因此，对于 A 公司及工程承包商 C 公司违规操作引发的重大安全生产事故，被告人曹某未违反相应注意义务规范的要求，并未制造法律所不容许的风险，不符合过失犯的构成要件。

2. 对于司法解释所规定的重大责任事故罪的犯罪主体，必须依法严格掌握，不能任意扩大解释。

第38题 交通肇事罪与预见可能性

(公共交通管理的范围、预见可能性、结果回避可能性)

[案情简介]

2015年11月6日14时30分许,被告人方某驾驶重型货车在某钢材市场内倒车,该钢材市场实际上是允许社会车辆自由出入的,并无特别限制。方某倒车时因疏忽大意导致在其车辆正后方的电动车避让不及而被碾轧,造成电动车驾驶人郑某受伤、乘车人陈某当场死亡。

对于本案,法院认为,虽然郑某驾驶电动车违规搭载陈某,且其驾驶电动车时未与方某车辆保持必要的安全距离,但上述行为并不必然导致交通事故发生甚至乘车人陈某死亡。被害人陈某被碾轧死亡的直接原因是被告人方某在该市场出口处倒车时,疏于查看车辆后方情况所致。因此,被告人方某在该起交通事故中至少应承担主要责任,其行为构成交通肇事罪。①

问题:

1. 被告人方某构成交通肇事罪还是过失致人死亡罪?

2. 本案中郑某驾驶电动车违规搭载陈某,且其驾驶电动车时未与方某车辆保持必要的安全距离,其对交通事故的发生亦负有一定责任,此时能否还将陈某的死亡结果归责于被告人方某的注意义务违反行为?

3. 被告人方某在倒车时确实负有后方注意义务,但该注意义务究竟应履行到什么程度?本案交通事故的发生是否具有结果回避可能性?

---

① 参见上海市松江区人民法院(2016)沪0117刑初字第187号刑事判决书。

[分析思路]

一、被告人方某不构成过失致人死亡罪

（一）交通肇事罪与过失致人死亡罪的辨析

（二）"公共交通管理范围"的认定

二、被告人方某的行为符合交通肇事罪的构成要件

（一）客观构成要件

（二）主观构成要件

三、结论

[具体解析]

一、被告人方某不构成过失致人死亡罪

本案中，被告人方某由于过失行为导致他人死亡后果的发生，根据这一事实，首先出现的疑问便是：被告人方某涉嫌的是交通肇事罪还是过失致人死亡罪？事实上，本案在侦查阶段，公安机关认为被告人涉嫌的是过失致人死亡罪，因此在案发后并没有让交通管理部门对本案事故责任进行认定。且在起诉阶段，公诉机关也是指控被告人的行为构成过失致人死亡罪。然而，法院在审理阶段，认为公诉机关指控罪名不当，对其予以纠正，最终判定被告人犯交通肇事罪。由此可见，交通肇事罪与过失致人死亡罪的辨析是处理本案的首要任务。

（一）交通肇事罪与过失致人死亡罪的辨析

1. 交通肇事罪与过失致人死亡罪的共性

从犯罪构成要件上看，交通肇事罪与过失致人死亡罪之间存在一些共性：第一，过失致人死亡罪在客观方面表现为由于过失而导致他人死亡的行为；交通肇事罪在客观方面表现为违反交通运输管理法规，因而发生重大交通事故，致人重伤、死亡或者使公私财产遭受重大损失的行为。因此，两罪在客观方面均表现为违反注意义务，进而引起法益侵害结果。第二，两罪在犯罪主观方面均表现为过失，包括疏忽大意的过失和过于自信的过失。

2. 交通肇事罪与过失致人死亡罪的区分

交通肇事罪与过失致人死亡罪虽然存在一些共性，但也存在以下明显区别：

（1）保护法益不同。交通肇事罪侵犯的是交通运输安全,是针对危害公共安全行为而设立的罪名。而过失致人死亡罪侵犯的是他人的生命权,是针对保护个体生命权而设立的罪名。对于客观上不可能危害不特定或者多数人生命、健康或造成公私财产遭受重大损失的行为,此时可考虑侵犯个人法益的犯罪,而不应以交通肇事罪论处。①

（2）时空限定不同。交通肇事罪必须是在交通运输活动中违反交通运输管理法规而引起,因此,其时空限定在交通过程中以及与交通有直接关系的活动中。如果是发生在工厂、矿山、建筑工地作业或者其他非交通运输活动中,一般不构成本罪。过失致人死亡罪则对时间和空间没有限定,可以发生在任何可能的时空背景下。根据2000年11月15日最高人民法院发布的《关于审理交通肇事刑事案件具体应用法律若干问题的解释》第8条的规定,在实行公共交通管理的范围内发生重大交通事故的,依照交通肇事罪和本解释的有关规定办理。在公共交通管理的范围外,驾驶机动车辆或者使用其他交通工具致人伤亡或者致使公共财产或者他人财产遭受重大损失,构成犯罪的,分别依照重大责任事故罪、重大劳动安全事故罪、过失致人死亡罪等定罪处罚。据此,交通肇事罪的空间范围被明确限定为"实行共同交通管理的范围","公共交通管理的范围"的认定便成为区分上述两罪的关键点。若使用交通运输工具致人死亡的案件发生在公共交通管理范围内,则可能涉嫌交通肇事罪;若发生于这一范围之外,则可能涉嫌过失致人死亡罪。

（二）"公共交通管理范围"的认定

1. "公共交通管理的范围"与"道路"能否作同一理解

"公共交通管理的范围"的认定对交通肇事罪的判断具有重要意义,然而,在现实生活中,"道路"的表述反而更为常见,这是因为我国《道路交通安全法》只是使用了"道路"的概念。根据《道路交通安全法》第119条第(一)项的规定,"道路"是指公路、城市道路和虽在单位管辖范围但允许社会机动车通行的地方,包括广场、公共停车场等用于公众通行的场所。由于上述司法解释又提出了"公共交通管理的范围"的概念,其与"道路"能否作同一理解,便是需要进一步

---

① 参见周光权:《刑法各论》(第四版),中国人民大学出版社2021年版,第219页。

思考的问题。

应注意到,"公共交通管理的范围"既包括陆地区域,还包括水上和空中交通区域,因而其范围比"道路"的范围大得多。公路、水上运输人员以及其他相关人员造成公路、水上交通事故的,成立交通肇事罪;航空人员、铁路职工以外的人员造成重大飞行事故或铁路运营事故的,同样成立交通肇事罪。由此可见,"道路"只是"公共交通管理的范围"的一个子集。

不过,由于多数交通事故发生在陆地区域,"公共道路交通管理的范围"的界定毋宁说更具现实意义。既然如此,"公共道路交通管理的范围"内发生的重大交通事故,能否等同于在"道路"上发生的重大交通事故呢?从学理上来讲,尽管表述不太一样,"公共道路交通管理的范围"与"道路"的内涵却应作同一理解。既然《刑法》第133条规定交通肇事罪的成立必须发生重大交通事故,而根据《道路交通安全法》第119条第(五)项的规定,"交通事故"是指车辆在道路上因过错或者意外造成的人身伤亡或者财产损失的事件。这意味着,作为交通肇事罪成立条件的重大交通事故只能发生在"道路"上,"公共道路交通管理的范围"自然应与"道路"范围保持一致。事实上,最高人民法院、最高人民检察院、公安部于2013年12月18日联合颁发的《关于办理醉酒驾驶机动车刑事案件适用法律若干问题的意见》第1条第2款对此也予以了明确,即前款规定的"道路",适用《道路交通安全法》的有关规定。因此也可以发现,在"公共交通管理的范围"的认定上,实务界的重心其实是放在"公共交通管理的范围"的具体情形确认上。

2. "公共交通管理的范围"的具体情形

既然"道路"是指公路、城市道路和虽在单位管辖范围但允许社会机动车通行的地方,包括广场、公共停车场等用于公众通行的场所。按此定义,对于机关、企事业单位、厂矿、校园、部分住宅小区等单位管辖范围内的路段、停车场,若相关单位允许社会机动车通行,也属于"道路"范围,自然能归入"公共交通管理的范围"。

事实上,司法实践中若干典型案例已经对此予以了确认。例如,在"李启铭交通肇事案"中,法院认为,允许社会车辆通行的校园道路属于《道路交通安全法》意义上的"道路",违反交通运输管理法规,在校园道路内醉酒驾驶导致重大交通事故的,应成立交通肇事罪。① 实践中,企事业单位、校园、厂矿的厂区、园区不断扩大,很多都是开放式管理,社会车辆、行人经常借道通行,在这些路段发生的事故也越来越多,根据具体情况,考虑纳入"公共交通管理的范围"内规制,在解释学上并不存在障碍。在"廖开田危险驾驶案"中,法院同样认为,允许不特定的社会车辆通行的小区道路属于《道路交通安全法》意义上的"道路"。② 无论单位对其管辖范围内的路段、停车场采取的管理方式是收费还是免费、车辆进出是否需要等级,只要允许不特定的社会车辆自由通行,就属于"道路"。

同样,如果相应的"路段"并不允许社会车辆自由通行,例如处于施工状态的封闭道路,即便其是高速公路、城市道路也难以纳入"公共交通管理的范围"。在"李卫东过失致人死亡案"中,法院对此也予以了明确,由于本案事发地点在未开通使用的高速路上,在严格意义上,它不属于交通肇事罪所要求的"道路"范畴。因此,在这种路段发生的驾车过失致人死亡并未按交通肇事罪处理,而论以过失致人死亡罪。③

结合本案,被告人方某驾驶重型货车在某钢材市场内倒车,该钢材市场虽偶尔有物业保安对社会车辆进行指挥,但对这些车辆的出入并无限制,实际上是允许自由出入的。故该钢材市场的道路理应属于《道路交通安全法》意义上的"道路",在该领域内发生交通事故,当然也应作为交通肇事案件予以处理,被告人方某不构成过失致人死亡罪。

二、被告人方某的行为符合交通肇事罪的构成要件

(一)客观构成要件

1. 客观构成要件的初步审查

本罪在客观方面表现为违反交通管理法规,发生重大交通事故。这主要表现为三个方面:

---

① 参见陈兴良、张军、胡云腾主编:《人民法院刑事指导案例裁判要旨通纂(上卷)》(第二版),北京大学出版社 2018 年版,第 93 页。
② 参见陈兴良、张军、胡云腾主编:《人民法院刑事指导案例裁判要旨通纂(上卷)》(第二版),北京大学出版社 2018 年版,第 107 页。
③ 参见陈兴良、张军、胡云腾主编:《人民法院刑事指导案例裁判要旨通纂(上卷)》(第二版),北京大学出版社 2018 年版,第 127 页。

（1）必须发生在交通过程中以及与交通有直接关系的活动中。这一要件其实强调的是交通肇事罪的时空限定，如前所述，只要相关活动发生在"公共交通管理的范围"内，即可满足这一要件。

（2）必须存在违反交通运输管理法规的行为。这里的交通运输管理法规，主要是指公路、水上交通运输中的各种交通规则、操作规程、劳动纪律等，同时也包括铁路、航空交通运输中的各种管理法规。就公路运输而言，比较常见的如司机酒后驾驶、闯红灯、超速行驶、强行开车、疲劳驾驶，驾驶无制动装置的车辆上路，将机动车交非机动车辆驾驶人员驾驶等。① 虽然有重大事故发生，但没有违反交通运输管理法规的，不构成犯罪。

（3）必须发生重大交通事故，致人重伤、死亡或者使公私财产遭受重大损失。这也意味着违反交通运输管理法规与发生重大交通事故之间必须存在因果关系。

由于交通肇事罪是过失犯罪，上述要件其实也符合过失犯的客观构造，亦即违反客观注意义务并导致危害结果发生，结果须能归责于义务违反本身。结合具体案情，可以进行交通肇事罪客观要件的初步审查：首先，被告人方某在钢材市场内倒车时，疏于查看车辆后方情况，这违反了《道路交通安全法实施条例》第50条的规定，即机动车倒车时，应当察明车后情况，确认安全后倒车，不得在铁路道口、交叉路口、单行路、桥梁、急弯、陡坡或者隧道中倒车。故被告人方某存在违反交通运输管理法规的行为。其次，交通肇事行为导致被害人陈某被碾轧死亡，属于交通肇事罪所要求的重大交通事故。最后，被告人方某违反后方注意义务的行为与被害人陈某的死亡结果之间存在条件因果关系。因此，方某的行为符合交通肇事罪的客观构成要件。

2. 结果归责与否的审查

客观构成要件的审查并没有就此结束，此时还需继续审查结果归责于义务违反行为，而本案的难点也正在此。尽管注意义务违反行为与结果发生之间具有条件关系，但本案中郑某驾驶电动车违规搭载陈某，且其驾驶电动车时未与方某车辆保持必要的安全距离，其对交通事故的发生亦负有一定责任，此时能否还将陈某的死亡结果归责于被告人方某的注意义务违反行为？

---

① 参见周光权：《刑法各论》（第四版），中国人民大学出版社2021年版，第215页。

由于方某和电动车驾驶人郑某都存在违规行为,方某疏于查看车辆后方情况,郑某未与前车保持必要的安全距离,这些都是不容忽视的因素。在进行本案说理时,如果一方面将方某的违规行为的影响"放大",另一方面又认为电动车驾驶人没有保持合理间距影响不大,难以令人信服。同样,也不可能据此推断出方某的违规行为就是"直接原因",进而对该起事故的发生负主要责任,这些说理都有"循环论证"之嫌。该类问题的说理还需要依靠结果回避可能性理论。刑法理论上普遍认同:行为人违反刑法上的注意义务并造成法益侵害结果,但即便行为人履行了该义务,相同结果仍然发生的场合,就不宜要求行为人对该结果承担过失责任。① 由此,结果回避可能性就成为判断能否将结果归责于行为人义务违反行为所需考虑的一个要点。它运用假定的"合义务替代行为"作为分析工具,通过规范地判断义务违反关联性,从而达到结果归责的目的。因此,本案难点是进一步考察结果回避可能性的问题,即被告人方某履行了客观注意义务(合义务替代行为),结果的发生是否具有回避可能性。

很显然,本案行为人负有后方注意义务,在明确了这一点之后,就需要选择一个具体的合义务替代行为作为变数,建立假设的因果流程,考察"同一侵害结果"是否可能出现。于是,如何筛选合义务替代行为,即确立被告人方某究竟应当履行后方注意义务到什么程度,成为审查的关键。所谓合义务替代行为之筛选,其实就是在划定行为人的自由边界,一方面应尽可能地使行为人承受最小行为负担,另一方面应最大限度地维护行为人的行为利益。在此基础上,合义务替代行为的筛选规则可概括为:在预见可能性范围内,尽可能地以最小行为负担为原则,来实现行为人最大行为利益。综合来看,本案可供选择的合义务替代行为有很多:①只看后视镜然后倒车;②看后视镜然后徐徐倒车;③下车专门确认后再实施倒车;④下车确认以及看后视镜徐徐倒车;⑤不在该市场出口处倒车。如上所述,在筛选合义务替代行为时,必须考量行为人当时的行动目的。本案被告人方某当时就是为了在事发地倒车,该地点并不禁止倒车,所以必须将合义务替代行为限定在"倒车"这一行动目的范围内。于是,选项⑤可以排除。

合义务替代行为的筛选规则必须是在预见可能性范围内,如果不添加预见

---

① 参见周光权:《结果假定发生与过失犯——履行注意义务损害仍可能发生时的归责》,载《法学研究》2005年第2期。

可能性这一前提,很容易以最小行为负担为原则,而选择允许风险范围内最高风险行为,即认为本案中选项①或②是合理的。确实,一般而言,如果要实施倒车行为,通过看后视镜确认后方是否有车辆,如果没有车辆,可以开始徐徐倒车,随着车辆发出"倒车请注意"的提示音,足以避免事故发生。如果本案发生在来往车辆较少的场合,采取这样的结果避免措施,还是发生电动车碰撞事故的话,那么说明即便行为人履行了注意义务,法益侵害结果仍然无法避免,事故发生的根本原因在于电动车驾驶人未与前车保持合理距离,以至于发现倒车情况时难以及时刹车。在这种情况下,可以通过否定结果回避可能性认定被告人方某无罪。

但本案特殊之处在于,事发地为钢材市场,且允许社会车辆自由出入,车和人都很多。在这种复杂的环境下,倒车就不仅仅是看后视镜,进而徐徐倒车这种措施就足够。行为人应该了解到在这种复杂环境下,即便采取选项①或②,倒车过程中也有可能造成碾轧事故的发生。与之相应,行为人就负有信息收集义务,此时可以要求行为人下车查看后方情况。一旦行为人履行信息收集义务,便存在对后面电动车的预见可能性,进而采取暂停倒车的措施,此时结果是具有回避可能性的。这意味着,行为人如果履行后方注意义务,是可以避免法益侵害结果发生的,那么,陈某的死亡结果就可以归责于被告人方某的注意义务违反行为。

(二)主观构成要件

本罪在主观方面是过失,既可能是疏忽大意的过失,也可能是过于自信的过失。行为人也可能有意识地违反交通运输管理法规,这在日常生活中可能被视为"故意",但并不属于刑法上的故意。因为行为人往往轻信能够避免法益侵害结果的发生,在主观方面仍然是过失。本案被告人方某疏于查看车辆后方情况,没有尽到后方注意义务,在主观心理上属于过失。

三、结论

被告人方某在倒车时疏于查看车辆后方情况,没有尽到相应的注意义务,并由此导致被害人陈某被碾轧身亡的结果发生。如果行为当时方某履行了合理的注意义务,结果的发生是具有回避可能性的。本案能够将陈某的死亡结果归责于被告人方某的注意义务违反行为,综合来看,方某的行为符合交通肇事罪的构成要件,应以交通肇事罪论处。

[规则提炼]

1. 交通肇事罪的空间范围被明确限定为"实行共同交通管理的范围","道路"只是"公共交通管理的范围"的一个子集,但"公共道路交通管理的范围"与"道路"的内涵应作同一理解,是指公路、城市道路和虽在单位管辖范围但允许社会机动车通行的地方,包括广场、公共停车场等用于公众通行的场所。机关、企事业单位、厂矿、校园、住宅小区等单位管辖范围内的路段、停车场,若相关单位允许社会机动车通行,也属于"道路"范围。

2. 在判断交通肇事罪等过失犯罪的因果关系时,除审查基本的条件关系外,还需进一步审查结果归责问题。只有法益侵害结果能够归责于行为人的注意义务违反行为,才能认为其应当算到行为人头上,属于行为人的"作品"。

3. 在进行结果归责与否的判断时,结果回避可能性理论是非常重要的说理"工具",它能够起到合理限制处罚范围的作用。一般而言,它的判断规则是:行为人违反了注意义务,但事后来看,如果其履行了该注意义务,即实施了合义务替代行为,在其他既有状态保持不变的情况下,相同结果能否避免。

4. 在筛选合义务替代行为时,很容易陷入这样的误区,即对被告人违规行为过于苛刻,但对被害人违规行为则过于宽容,以至于前者的违规效果被大大凸显。合义务替代行为的筛选规则应概括为:在预见可能性范围内,尽可能地以最小行为负担为原则,来实现行为人最大行为利益。

第 39 题　交通肇事罪与客观归责

（注意义务的认定、风险升高理论、规范保护目的）

[案情简介]

2018 年 7 月 29 日晚，被告人王某在明知自己名下的面包车系客运汽车的情况下，违反《道路交通安全法》第 49 条"机动车载人不得超过核定的人数，客运机动车不得违反规定载货"的规定，指使工人将施工使用的铁锹等工具放置在车内，同时安排张某(已判刑)等 6 人同乘该车到本市某地点施工。张某驾驶该车返程途中，与甲公司车辆发生交通事故，造成乘车人李某等 5 人当场死亡。经鉴定，被害人李某符合创伤性休克死亡，贾某符合颅脑损伤合并创伤性休克死亡，齐某符合颅脑损伤死亡，安某符合颅脑损伤死亡，于某符合颅脑损伤合并创伤性休克死亡。经交通管理部门认定，张某驾驶客运机动车违反规定载货的违法行为，与本起道路交通事故的发生有因果关系，是事故发生的主要原因，甲公司车辆只负次要责任。①

问题：

1. 被告人王某作为肇事车辆的所有者及车上人员的管理者，指使他人在客运汽车内放置施工工具、人货混载的行为，确实违反了《道路交通安全法》第 49 条的规定，但该行政法规范能否成为刑法上的注意义务？违反该行政法规范是否意味着注意义务之违反？

2. 被告人违反注意义务，指使他人在客运汽车内放置施工工具、人货混载的行为与被害人死亡结果之间是否具有刑法上的因果关系？能否将死亡结果归责于行为人的注意义务违反行为？

3. 被告人王某违反了交通运输管理法规，也发生了危害结果，但这一结果的

---

① 根据江苏省宿迁市中级人民法院(2006)宿中刑终字第 0104 号判决书改编。

发生是否超出了注意规范的保护目的？

[分析思路]
一、被告人存在客观注意义务之违反
（一）行政法规范与刑法上的注意义务的关系
（二）刑法上注意义务的认定思路
二、结果归责与否的判断
（一）结果归责的重点是结果回避可能性的判断
（二）结果避免标准的选择
（三）规范保护目的理论的疑问
三、结论

[具体解析]
一、被告人存在客观注意义务之违反

本案非常疑难，对说理要求很高，但既然涉及交通肇事罪，其论证当然需符合过失犯的客观构造，亦即：违反客观注意义务并导致危害结果发生，结果须能归责于义务违反本身。因此，本案首先需要判断的是：被告人王某是否存在客观注意义务之违反？根据案情，被告人王某指使他人在客运汽车内放置施工工具、人货混载的行为，确实违反了《道路交通安全法》的相关规定，但该行政法规范能否成为刑法上的注意义务呢？要回答这一问题，必须明确行政法规范与刑法上的注意义务的关系。

（一）行政法规范与刑法上注意义务的关系

理论上普遍认同：违反交通运输管理法规不一定意味着违反了刑法上的注意义务。原因在于：在发生交通事故的场合，通常由交通管理部门认定行为人的责任，而交通管理部门只是根据交通运输管理法规认定责任，这种认定常常是出于交通管理的需要，并不是刑法上的责任。因此，法院在审理某一行为是否构成交通肇事罪时，不能直接采纳交通管理部门的责任认定，而应根据刑法所规定的交通肇事罪的构成要件进行实质的分析判断。①

同样,行政法规范之违反也不能直接评价为刑法上注意义务之违反,原因主要有以下三点:第一,目的不完全一致。行政法规范的目的是多元的,除了保护法益,也有维护管理秩序等考量,并不都直接指向法益侵害结果。而刑法的目的是保护法益,只有实施结果避免措施有助于保护他人法益的时候,才有可能上升为刑法上的注意义务。第二,责任分配机制不同。行政责任的认定原则在某种程度上也兼顾了公平原则,这就使得其责任分配未必需要遵循严格的因果关系。而刑事责任的认定始终恪守罪刑法定原则,其责任认定以行为不法为导向,需要考察严格的因果关系,且遵守严格的责任主义原则。第三,责任证明标准不同。在确定行政责任时,虽然也需通过证据证明违规行为的存在及其后果,但这种证明远达不到刑事诉讼法所要求的犯罪事实清楚、证据确实充分的程度。而刑事责任的证明标准极为严格,且存疑时作有利于被告人的处理。

(二) 刑法上注意义务的认定思路

不可否认,行政法规范上的义务与刑法上的注意义务之间存在很多联系,但前者的范围显然比后者更广。行政法规范通过总结归纳生活中的很多风险来预设规范内容,而刑法只是提取其中与法益侵害有关联的风险来预设注意义务。从这个角度来看,行政法规范能够作为刑法注意义务的判断资料。然而,两者并非简单的包含关系,有的行为即便没有违反行政法规范,也仍然可能产生刑法上的注意义务;有的行为虽然违反了行政法规范,但未必会产生刑法上的注意义务。因此,上述命题还需限定为"部分行政法规范能够作为刑法注意义务的判断资料"。

那么,如何甄选能够作为刑法注意义务判断资料的行政法规范呢？刑法的目的既然是保护法益,如果行政法规范的内容能够成为刑法上的注意义务,自然应当与法益的保护相关联。以交通管理法规为例,由于其中涉及的规范非常繁多,正确的方向是应当对这些交通法规进行分类,然后作进一步区分,看哪些是直接保护法益的,哪些是间接保护法益的,哪些与法益保护无关。与法益保护无关的行政法规范就可以迅速被剔除出去,而保留下来的与法益保护有关的行政

---

① 参见张明楷:《刑法学》(第五版),法律出版社 2016 年版,第 720 页。

法规范一般能够成为刑法注意义务的判断资料，但在内容设定上未必是原原本本地完全照搬，还需结合行政法规范内容作具体分析。

本案中，被告人王某指使他人在客运货车内放置施工工具、人货混载的行为，确实违反了《道路交通安全法》的相关规定。而禁止人货混载的规定是属于与法益保护有关的行政法规范，如前所述，与法益保护有关的行政法规范能够成为刑法注意义务的判断资料，违反该行政法规范，可以认为存在刑法上的注意义务之违反。因此，被告人王某存在客观注意义务之违反成为本案讨论的前提。

二、结果归责与否的判断

按照客观归责理论的表述，被告人王某违反了客观注意义务，制造了法所不允许的危险，且多名乘车人均因此死亡，很容易认为实现了法所不允许的危险。但这一结论似乎还过于草率，此时还需仔细判断结果归责问题。

（一）结果归责的重点是结果回避可能性的判断

刑法的目的是保护法益，因此行为人履行注意义务必须对法益保护有效。如果事后来看，行为人即便采取了妥当的结果避免措施，法益侵害结果仍然发生，此时因为法益侵害无从避免，就不应当将结果归责于行为人之行为。可以说，本案结果归责的重点在于论证是否具有结果回避可能性，即注意义务之违反与法益侵害结果之间在规范上是否具有关联性。

虽然结果回避可能性理论在说理上具有非常大的优势，且能够起到合理限制处罚范围的作用，但对其的具体适用在我国尚处于薄弱阶段。一般来讲，结果回避可能性的判断规则是：行为人违反了注意义务，但事后来看，如果其履行了注意义务，即实施了合义务替代行为，在其他既有状态保持不变的情况下，相同结果能否避免。依此规则，结果回避可能性涉及的问题包括：(1)"合义务替代行为"之筛选疑问；(2)"同一侵害结果"之认定疑问；(3)"结果避免标准"之选择疑问。

结合本案，在讨论结果回避可能性问题时，需要运用合义务替代行为作为分析工具，即假设被告人当时采取结果避免措施，比如将施工工具放置在车内后排或者用气泡膜等仔细包好，或者说干脆不允许带上车，是否会导致同一侵害结果发生。于是，本案的说理难点最终落在了结果避免标准的选择问题上。

(二)结果避免标准的选择

结果避免标准的选择长期以来都是莫衷一是,主要表现为对风险升高理论的支持与否。众所周知,反对风险升高理论的见解(否定论),一直认为该理论违反了存疑有利于被告人原则,并将实害犯的归责标准扭曲为不利于行为人的具体危险犯标准。对此,支持风险升高理论的见解(肯定论)又尝试予以反驳。具体而言:

第一,关于违反存疑有利于被告人原则的批判。这种批判认为,依照结果回避可能性理论,若行为人履行结果回避义务,实施了合义务替代行为,同一侵害结果"无法完全确认,但仍有可能"出现时,应根据存疑有利于被告人原则否定结果归责,但风险升高理论此时却能够基于风险升高标准而肯定结果归责。因此,该说违反了存疑有利于被告人原则。但这种批判站不住脚。存疑有利于被告人原则的适用前提是事实不明,而风险升高理论所针对的是规范层面的问题,并非对争执事实的认定。换句话说,风险升高理论只是对于因果关系及客观归责的建立在规范上提出较少的要求,认为只要提高风险的事实存在,即可将结果归责于行为人。一旦涉及"应如何涉及(规范上的)归责标准"这一法律问题,就当然与存疑有利于被告人原则无关。① 因此,关于违反存疑有利于被告人原则的批判无法成立,在探讨风险升高理论时应当建立在这一理论共识基础上。

第二,关于将实害犯转变为危险犯的批判。这种批判认为,按照通说观点,行为的具体危险性必须进一步实现,才能论以结果犯,但风险升高理论只要求风险升高标准,这其实是将实害犯转变为了危险犯。对此,有观点提出反驳,认为损害后果是真实发生的,并不会出现在风险升高时将实害犯转变为危险犯的情况。但这种回应仍然面临着质疑,即当存在风险升高的情况时,这种禁止的风险仍然表现为具体的危险,所谓的侵害结果的实现不过是作为一种类似于客观处罚条件的存在。过失犯作为结果犯,不仅要求注意义务违反性和法益侵害结果分别存在,而且还要求义务违反与法益侵害结果之间具有内在关联,即义务违反关联性。反驳的观点通常认为,风险升高理论并没有强调

---

① 参见蔡圣伟:《刑法问题研究(一)》,元照出版有限公司2008年版,第28—30页。

义务违反与法益侵害结果之间的关联,只是着眼于义务违反与风险升高之间的关联,实际上将结果犯的归责标准降格为危险犯的归责标准。在风险升高理论中,"结果近乎确定发生"都被转变为"结果发生的可能性",这等于说将实害犯的归责标准扭曲为具体危险犯的归责标准。因此,这一批判可谓切中风险升高理论的要害。

按照风险升高标准,本案是可以明确"指使将施工工具放置车内提升了损伤结果的风险"这一点的。事实上,鉴定意见也予以了证实,即铁锹等车载工具参与了多名乘车人员的损伤,只不过无法确定具体的参与度。而按照可避免性标准或显著的风险升高标准,二者的处理结论几乎一致,即由于难以确定施工工具对损伤的参与度,根据存疑有利于被告人原则,可以认为损害结果也同样会发生,进而否定对行为人进行结果归责。这也进一步验证了前述"全面适用风险升高标准,会使得处罚范围极为扩张"的判断。对于本案,由于不具有结果回避可能性(义务违反关联性),被告人王某应作无罪处理。

(三)规范保护目的理论的疑问

在探讨结果回避可能性问题时,其实还存在另外一种观点,即试图将结果回避可能性问题纳入注意规范保护目的的范畴中讨论,认为这些都超出了注意规范所预设的管控范围,因而无法予以归责。此时,结果回避可能性的判断基本消解于规范保护目的理论框架中。

通常情况下,在类似案件中,比如车辆没有悬挂车牌或者没有按期进行年检就上路,重视规范保护目的理论的观点通常会认为,行为人虽然违反了交通运输管理法规,也发生了危害结果,但这一结果的发生超出了注意规范的保护目的,所以不能将死亡结果归责于行为人之违规行为。此时,规范保护目的理论看起来非常具有解释力,但在本案中,它的弊端很明显暴露出来了。因为完全可以说,禁止人货混载的注意规定就是为了避免在发生交通事故时,货物对乘车人造成损伤。按照这样的思路,本案基本上是可以进行结果归责的。

规范保护目的理论的适用应当谨慎,这主要是考虑到规范保护目的的界定本身具有很大的不确定性。一方面,不排除规范保护目的界定疑难的场合;另一方面,由于各国的立法差异,规范保护目的的判断也并非完全一致。当裁判者将规范保护目的的范围限定到某个范围时,为什么是这一边界,立法上难以给予明确的提示,而这种限定也只是解释者个人的认知。不同的裁判者所认识到的规范保护目的范围也不一样,甚至存在根本性差异,所谓的规范保护目的并非放之四海而皆准的共识。在过失犯中,采用这种外延模糊的概念反而容易使得结果归责引起混乱。① 尤其是针对纯粹的结果犯的时候,规范保护目的更难确定。交通肇事毕竟与交通运输管理法规有关,可以结合交通运输管理法规予以讨论,但一旦碰到纯粹的结果犯,由于其对注意义务没有明确要求,而且行为类型也没有被具体化,此时就很难确定规范保护目的。此时,解释者具有很强的能动性,拥有很大的解释空间,"法官造法"的危险该怎样去规制?鉴于此,规范保护目的的问题意识固然值得认可,但这一理论由于风险太大,不应当因为"好用"就予以泛化的使用,其适用空间应得到限制。

三、结论

被告人王某指使他人在客运汽车内放置施工工具、人货混载的行为,违反了《道路交通安全法》第 49 条的规定,而禁止人货混载的规定是属于与法益保护有关的行政法规范,违反该行政法规范,可以认为存在刑法上的注意义务之违反。不过即便被告人王某履行了合理的注意义务,由于难以确定施工工具对损伤的参与度,根据存疑有利于被告人原则,可以认为损害结果也同样会发生,进而否定对行为人进行结果归责,王某应作无罪处理。

[规则提炼]

1. 行政法规范之违反不能直接评价为刑法上的注意义务之违反,这是因为二者的目的、责任分配机制、责任证明标准并不完全一致。违反交通运输管理法规当然也不一定意味着违反了刑法上的注意义务。法院在审理某一行为是否构成交通肇事罪时,不能直接采纳交通管理部门的责任认定,而应根据刑法所规定的交通肇事罪的构成要件进行实质的分析判断。

2. 风险升高理论并不违反存疑有利于被告人原则,但确实将实害犯转变为具体危险犯。在绝大多数场合,无论是支持可避免性标准还是显著的风险升高

---

① 参见周光权:《结果回避义务研究——兼论过失犯的客观归责问题》,载《中外法学》2010 年第 6 期。

标准,关系都不大,二者处理结论几乎一致。但全面适用风险升高标准,则可能使得处罚范围极为扩张。

3. 在进行结果归责的判断时,以规范保护目的理论取代结果回避可能性理论的做法未必妥当。注意规范保护目的的范围不明确、不具体,立法上难以给予明确的提示。解释者具有很强的能动性,拥有很大的解释空间,"法官造法"的危险难以规制。因此,在分析案件时,应尽量减少对规范保护目的理论的说理依赖。

4. 在实务案件运用中,即便不会直接运用"结果回避可能性"或"义务违反关联性"这样的专业术语,但如果能够将说理集中在阐述"被告人即使履行注意义务对避免结果也没有确定性(显著性)效果",就等于将结果避免措施的履行有效性的道理成功运用到案件说理中。

第40题　危险驾驶罪

（危险驾驶罪、紧急避险、免予刑事处罚）

[案情简介]

2018年5月8日3时许,被告人赵某酒后驾驶汽车刚行驶到某镇下辖的某村路口时,因车辆撞向路墩被民警查获。经当地公安交通司法鉴定中心检验,被告人赵某血液中酒精含量为144.2毫克/100毫升,系醉酒驾驶机动车。进一步查明的事实是:赵某于案发之前的19时左右饮酒,因其子生病,遂于次日凌晨3时驾车拟赴某儿童医院就医。①

问题:赵某是否构成危险驾驶罪?

[分析思路]

一、赵某的行为是否符合危险驾驶罪的构成要件

（一）客观构成要件

（二）主观构成要件

二、赵某的行为是否成立紧急避险

（一）紧急避险的含义

（二）赵某能够成立紧急避险

三、结论

---

① 根据北京市第二中级人民法院(2017)京02刑终460号刑事判决书改编。

[具体解析]

一、赵某的行为是否符合危险驾驶罪的构成要件

危险驾驶罪,是指以危险方式在道路上驾驶机动车,尚未造成交通事故的行为。按照《刑法》第133条之一的规定,具体表现为在道路上驾驶机动车,追逐竞驶,情节恶劣的,醉酒驾驶机动车的,从事校车业务或者旅客运输,严重超过额定乘员载客,或者严重超过规定时速行驶的,以及违反危险化学品安全管理规定运输危险化学品,危及公共安全的行为。

(一)客观构成要件

本案所讨论的是在道路上醉酒驾驶机动车,对公共安全造成抽象危险的行为。

1. 道路的含义

这里的主要问题是:追逐竞驶时的"道路"是否与醉酒驾车时的道路相同;乡村道路、小区内部道路等是否属于醉酒驾车时的道路。对道路的理解不同,会对定罪范围有影响。

《道路交通安全法》(2011年)第119条规定:"'道路',是指公路、城市道路以及虽在本单位管辖范围内但允许社会机动车通行的地方,包括广场、公共停车场等用于公众通行的场所。"本罪既处罚在道路上驾驶机动车追逐竞驶的行为,也处罚在道路上醉酒驾驶机动车的行为,但两种行为发生的场所应该有所不同。追逐竞驶时的"道路",主要是《道路交通安全法》(2011年)第119条所规定的范围。这是因为道路过于狭窄、场所过于有限时,难以实施追逐竞驶行为。但是,对醉酒驾车所通过的道路,不应该作过于严格的限制。即某些"道路"虽然不属于《道路交通安全法》(2011年)所规定的范畴,但按照通常的社会观念,即便仅能供一辆机动车通行(不可能进行追逐竞驶),在行为人醉酒后驾驶机动车通过时,该场所也应该被认定为本罪中的道路,例如,居民小区或农村村庄内的道路、校园内的道路、体育场(操场)等空旷场所、景区道路、大型厂矿区内或施工工地的道路等。在这些公共区域内醉酒驾驶的,仍然能够产生抽象的公共危险。该公共区域就是可供醉酒者驾驶机动车通行的道路。

本案的主要问题之一是,对危险驾驶罪中的"道路"如何理解?被告人赵某

的醉酒驾驶行为发生在农村的乡间小道(某村路口处)。"乡间小道"能否被认定为危险驾驶罪中的"道路",值得探讨。

我们知道,道路的范围是《道路交通安全法》(2011年)第119条明确界定的,其中"公路""城市道路"的具体范围,最高人民法院、公安部联合发布的《关于处理道路交通事故案件有关问题的通知》(1992年,已失效)第2条曾作出过规定,"公路是指《公路管理条例》规定的,经公路主管部门验收认定的城市间、城乡间、乡间能行驶汽车的公共道路(包括国道、省道、县道和乡道)"。由此,有观点认为,立法既然以列举的方式罗列了道路的范畴,这就将城市街道、国道、省道、县道和乡道以外的发生地排除在危险驾驶的发生地范围之外。换言之,在上述列举的地点以外发生的醉驾,不能被纳入危险驾驶的范畴。

然而,这种看法值得商榷。危险驾驶罪的保护法益是道路交通的公共安全,是公共危险犯。因此,对"道路"的含义不应完全依照行政法规来理解。行政法规在划分"道路"时出于行政管理的目的,对"道路"进行了一定级别的划分。但是,刑法在理解危险驾驶罪中的"道路"时,应以公共危险为衡量标准,而不应以行政法规划分的道路级别为衡量标准。因此,认定危险驾驶罪中的"道路",应考虑驾驶行为发生路段是否具有"公共性",只要具有"公共性",就应当认定为"道路"。

近年来,随着经济的发展,农村的一些道路出现了明显的公路化演变,行驶的机动车数量急剧增加,机动车在农村道路上发生的交通事故数量也大幅增加。因此,将农村中具有一定规模和较强公共性的农村道路纳入"道路"范畴不仅符合规范保护目的,而且也顺应了司法实践发展的需要。因此,将案发地认定为"道路",具有合理性。

2. 醉酒驾驶

醉酒驾驶,是指在醉酒状态下在道路上驾驶机动车的行为。

(1)醉酒

根据国家质量监督检验检疫总局、国家标准化管理委员会2011年1月27日发布的《车辆驾驶人员血液、呼气酒精含量阈值与检验》(GB 19522—2010)的规定,车辆驾驶人员每100毫升血液中的酒精含量,大于或者等于20毫克、小于80毫克时的驾驶行为,为饮酒后驾驶;每100毫升血液中的酒精含量,大于或者等于80毫克的,为醉酒后驾驶。相关司法解释采纳了这一认定标准。由此规定,在道路上驾驶机动车,血液酒精含量达到 80 毫克/100 毫升以上的,属于醉酒驾驶机动车,以危险驾驶罪定罪处罚。血液酒精含量检验鉴定意见是认定犯罪嫌疑人是否醉酒的依据。犯罪嫌疑人经呼气酒精含量检验达到上述醉酒标准,在抽取血样之前脱逃的,可以以呼气酒精含量检验结果作为认定其醉酒的依据。犯罪嫌疑人在公安机关依法检查时,为逃避法律追究,在呼气酒精含量检验或者抽取血样前又饮酒,经检验其血液酒精含量达到前述醉酒标准的,应当认定为醉酒。①

(2)驾驶

醉酒驾驶的实行行为是驾驶行为,而非醉酒状态。如果驾驶员醉酒后在车内睡觉,并未实施驾驶行为,且车子停在路边,未妨碍交通秩序,不会产生抽象的公共危险,不构成危险驾驶罪。如果行为人在醉酒驾驶一段距离之后,为了休息或为了逃避检查而停车睡觉的,则其醉酒驾驶行为构成危险驾驶罪。

醉酒驾驶的着手应是在道路上进入行驶状态。有观点认为,发动引擎尚未行驶时,就已经是醉酒驾驶的着手。"热车准备上路"作为开始驾驶阶段,应当属于驾驶人驾驶机动车的行为。② 然而,这种观点值得商榷。发动引擎只是进入行驶状态的准备工作,属于预备阶段的行为。行为人虽然发动引擎,但车辆尚未发生位移,而是处于静止状态,虽然对公共安全会产生潜在的危险,但不会产生紧迫的危险。虽然危险驾驶罪是抽象危险犯,但该危险是指紧迫危险,而非缓和危险。何况,有些危险驾驶罪的情形并不需要发动引擎。例如,甲将汽车停在坡道上,坐在车里喝酒,却不拉上手刹,汽车自行滑坡行驶,甲放任这种状态。这种行为也应属于醉酒驾驶。

(3)抽象的公共危险

在司法实践中,是否成立醉酒驾驶,认定标准大多仅仅按照行为人血液中的酒精含量这一项掌握,而没有综合考虑个人的身高、体重、健康状况、平时的酒量、醉酒的表现等因素,这种做法是否符合抽象危险犯的法理,很值得探究。

从逻辑上说,犯罪是值得科处刑罚的行为,刑罚与行政处罚具有本质区

---

① 参见 2013 年 12 月 18 日最高人民法院、最高人民检察院、公安部《关于办理醉酒驾驶机动车刑事案件适用法律若干问题的意见》。

② 参见谢望原、何龙:《"醉驾型"危险驾驶罪若干问题探究》,载《法商研究》2013 年第 4 期。

别,既然如此,行政违法与犯罪就具有本质区别。因为行政法强调合目的性,而不注重法的安定性,故可能为了达致目的而扩大制裁范围。刑法必须以安定性为指导原理,不能随意扩大处罚范围。概言之,在认定犯罪时,对构成要件要素可以进行独立判断,不需要依附于行政法规。① 对危险驾驶罪中的"醉酒",必须从刑法的立场,而不是行政法的立场来进行解释。这里的"醉酒",不是一般性的醉酒,而是指达到"不能安全驾驶程度"的醉酒。其判断,除参考行政法规中的数量指标以外,还应当结合行为人醉酒驾驶当时的具体事实来加以判断。具体来说,除具体的数值即"每100毫升血液中的酒精含量大于或者等于80毫克"的标准之外,还必须结合当时的具体事实情况进行判断,甚至可以通过步行回转、单体直立等人体平衡实验来进行评价。②

醉驾型危险驾驶罪虽然是抽象危险犯,但这并不意味着对这种危险完全不需要进行司法上的判断。需要明确的是,对抽象危险的判断,只需要一般性的、类型性的判断;而对具体危险的判断,需要个别的、具体的判断。详言之,具体危险犯与抽象危险犯是以对事实的抽象程度为标准的:具体危险犯中的危险,是"在司法上"以行为当时的具体情况为根据,认定行为具有发生侵害结果的可能性;抽象危险犯中的危险,是"在司法上"以行为本身的一般情况为根据或者说以一般的社会生活经验为根据,认定行为具有发生侵害结果的可能性。因此,不管是具体危险犯中的危险,还是抽象危险犯中的危险,都是现实的危险,因而都是需要在司法上认定和考察的,但只是对作为认定根据的事实的抽象程度不同:认定具体危险犯中的危险时,对作为判断基础的事实进行的抽象程度低;反之,认定抽象危险犯中的危险时,对作为判断基础的事实进行的抽象程度高。例如,放火罪是具体危险犯,根据行为当时的具体情况,认定使对象物燃烧的行为具有公共危险时,才能成立放火罪。盗窃枪支、弹药、爆炸物罪是抽象危险犯,根据一般社会生活经验,认定窃取枪支、弹药、爆炸物的行为具有公共危险时,便成立盗窃枪支、弹药、爆炸物罪。又如,在荒无人烟的道路上醉酒驾车,因为不具有抽象的公共危险,不构成危险驾驶罪。③

---

① 参见张明楷:《避免将行政违法认定为刑事犯罪:理念、方法与路径》,载《中国法学》2017年第4期。
② 参见黎宏:《结果本位刑法观的展开》,法律出版社2015年版,第75页以下。
③ 参见张明楷:《危险驾驶罪的基本问题——与冯军教授商榷》,载《政法论坛》2012年第6期。

对于前述分析,相关司法解释也予以认可。2017 年 5 月 1 日最高人民法院《关于常见犯罪的量刑指导意见(二)(试行)》规定:"对于醉酒驾驶机动车的被告人,应当综合考虑被告人的醉酒程度、机动车类型、车辆行驶道路、行车速度、是否造成实际损害以及认罪悔罪等情况,准确定罪量刑。对于情节显著轻微危害不大的,不予定罪处罚;犯罪情节轻微不需要判处刑罚的,可以免予刑事处罚。"

3. 机动车

这里的"机动车",根据《道路交通安全法》第 119 条的规定,是指以动力装置驱动或者牵引,上道路行驶的供人员乘用或者用于运送物品以及进行工程专项作业的轮式车辆。机动车包括:汽车、挂车、汽车列车、摩托车、轻便摩托车、拖拉机运输机组、轮式专用机械车等车辆。

本案中,赵某醉酒后在道路上驾驶机动车,符合危险驾驶罪客观构成要件的要求。

(二)主观构成要件

本罪的主观要件是故意,行为人对自身行为是危险驾驶有认识,对自己的行为可能对公共安全产生危险持希望或放任态度。

1. 能否认为危险驾驶罪主观上是过失

有观点认为,本罪的罪过形式是过失,如果行为人持故意心理则构成以危险方法危害公共安全罪。①

但是,这种观点值得商榷。一方面,我国刑法中的过失犯罪都是结果犯,以造成实害结果为前提。换言之,过失行为制造抽象危险的,不值得刑法处罚,只有产生实害结果的,才可能构成犯罪。成立危险驾驶罪不要求产生实害结果,本罪不是实害犯,而是危险犯,而且是抽象危险犯。故将本罪的罪过形式界定为过失,并不合适。另一方面,若将本罪的罪过形式界定为过失,势必将故意醉酒驾驶作为以危险方法危害公共安全罪论处。然而,以危险方法危害公共安全罪属于重罪,将故意的醉酒驾驶均作为以危险方法危害公共安全罪处理,既不符合司法实践,也会导致刑罚畸重。

还有观点认为,本罪是过失的抽象危险犯,但故意醉酒驾驶的行为没有发生

---

① 参见冯军:《论〈刑法〉第 133 条之 1 的规范目的及其适用》,载《中国法学》2011 年第 5 期。

具体公共危险的,依然成立危险驾驶罪。① 这种观点认为危险驾驶罪既可以由过失构成,也可以由故意构成。如此,会导致故意犯与过失犯适用相同的法定刑,有违罪刑相适应原则;此外,对公共安全威胁更大的重大飞行事故罪等都是结果犯,认为本罪是过失的抽象危险犯的说法,与我国刑法分则的立法体例不符。

应当认为,醉酒驾驶型危险驾驶罪应属于故意犯罪,行为人必须认识到自己是在醉酒状态下驾驶机动车。但是,对于醉酒状态的认识不需要十分具体,亦即不需要认识到血液中的酒精具体含量,只要有大体上的认识即可。一般来说,只要行为人知道自己喝了一定量的酒,事实上又达到了醉酒状态,并驾驶机动车的,就可以认定其具有醉酒驾驶的故意。认为自己只是酒后驾驶而不是醉酒驾驶的辩解,不能排除故意的成立。即使行为人没有主动饮酒,例如饮料中被他人掺入酒精,但驾驶机动车之前或者驾驶之时意识到自己处于醉酒状态,仍继续驾驶的,也应认定具有醉酒驾驶的故意。如果没有主动饮酒,也没有意识到自己处于醉酒状态而驾驶的,不具有本罪故意。②

有人认为,醉酒驾驶是故意犯,在造成死伤后果的场合,如成立交通肇事罪,则成为过失犯,因此,可能出现轻罪是故意犯,而重罪是过失犯的情况。还有人认为,危险驾驶罪的设立使交通肇事罪呈现两种类型:单纯的过失犯;作为危险驾驶罪的结果加重犯的交通肇事罪,其对基本犯持故意心理,对结果持过失心理。这两种观点都值得商榷。理由在于:第一,在个罪中,故意犯、过失犯认识的内容各不相同,不能认为故意犯一定比过失犯重。第二,危险驾驶罪是抽象危险犯,犯罪成立标准低,成立时间早。在该故意犯罪成立之后,行为人实施独立的过失犯罪,属于两个罪过、两个行为,成立数罪的情形。两个罪之间从规范的意义上(而非事实的意义上)看,不存在联系。因此,对属于两个阶段的两个犯罪,分别评价为故意犯罪和过失犯罪,完全没有问题。第三,危险驾驶罪,可能是发生交通肇事罪的起因之一(在很多时候,交通肇事和行为人之前是否实施危险驾驶行为无关),但两罪相对独立。所以,不能认为规定了危险驾驶罪,就需要对

---

① 参见梁根林:《〈刑法〉第133条之1第2款的法教义学分析——兼与张明楷教授、冯军教授商榷》,载《法学》2015年第3期。

② 参见张明楷:《危险驾驶罪的基本问题——与冯军教授商榷》,载《政法论坛》2012年第6期。

交通肇事罪的罪过进行重新解释,也不应该存在单纯过失实施的交通肇事罪和作为危险驾驶罪的结果加重犯的交通肇事罪(即对基本犯持故意心理,对结果持过失心理)的分类。因为所谓"作为危险驾驶罪的结果加重犯的交通肇事罪",实际上是在危险驾驶罪独立成立之后,在抽象危险之外,出现实害结果而成立的新罪。危险驾驶和交通肇事结果之间,不存在结果加重犯关系,也没有故意伤害通常会立即导致死伤后果这样的"类型化"的联系,将交通肇事罪作为危险驾驶罪的结果加重犯,和理论上关于结果加重犯的界定并不相符。①

2. 赵某是否具有犯罪故意

在本案中,虽然醉酒和驾车之间有时间间隔,但驾驶人明知自己仍处于醉酒状态而执意驾驶车辆,应当具有危险驾驶的故意。

二、赵某的行为是否成立紧急避险

(一)紧急避险的含义

按照《刑法》第 21 条的规定,紧急避险是违法阻却事由之一。在危险驾驶案件中,被告人能够以紧急避险作为违法阻却事由加以辩护的情形比较少见,但是,也不排除存在基于紧急情况能够排除其违法性的案件存在。然而,在实践中,司法机关经常对这样的违法阻却事由不予认可,仍然认定被告人构成犯罪,至多在量刑时予以适度考虑。

紧急避险,是指在为了保护较大的合法利益,而不得已牺牲较小利益的情形。通说认为,紧急避险阻却违法性的根据在于法益衡量说,即在价值较高的法益陷入紧急的危险状态时,为了保全法益,在紧急情形下牺牲其他较小法益以保全价值较高的法益。

危险处于紧急状态,是避险的时间条件。这里的危险,是指自己或他人的生命、健康、自由、财产等法益受到侵害或处于有侵害的危险状态。本案中,孩子生病对于被告人赵某来说,就是一种危险。紧急,是指危险正在发生而又没有结束的状态。赵某的孩子发烧,对于家长来说,就属于危险已经出现并对一定的法益形成现实的、迫在眉睫的威胁,如果不把发烧降下来,危险继续威胁着孩子的身

---

① 参见周光权:《刑法各论》(第四版),中国人民大学出版社 2021 年版,第 223 页。

体健康,甚至会对生命法益造成损害。无论出现哪种情形,都要求行为人立即采取避险措施,否则就无法阻止损害的发生。

紧急避险是采取的损害另一较小合法权益的行为,避险行为超过必要限度造成不应有的损害的,应当负刑事责任。此时,就需要进行利益衡量。在衡量紧急避险是否超过必要限度时,应当考虑:在一般情况下,凡是紧急避险行为所造成的损害小于或者等于所避免的损害的,就是没有超过必要限度的行为。就利益大小的比较而言,一般来说,人身权利大于财产权利。在人身权中,生命权大于健康权,健康权大于自由权以及其他权利。在财产权中,以财产价值的大小作为衡量的标准。

(二)赵某能够成立紧急避险

在本案中,赵某为了避免儿子发烧引发的身体健康或生命危险而危险驾驶,其行为可能引发公共安全方面的危险,似乎不存在优越法益。

但是,赵某儿子发烧已经是达到一定程度的现实侵害,同时,孩子发烧到一定程度可能有更大的危及生命的危险,而醉酒驾车所产生的危险连现实危险都不存在,仅有抽象危险,即便危险现实化,也可能仅造成财产损害。将被告人自身所遭受的现实危险与其行为可能造成的抽象危险相比,可以认为被告人利益的优越性,属于损害较小法益来保全较大法益的情形。

与此大致类似的情形是,甲在地震发生时为逃命而撞翻乙、丙,致二人重伤的,如果认为甲是为了在紧急情况下保全生命,该行为就是紧急避险,而不是犯罪。

《刑法》第21条规定,避险行为必须不得已而实施的,才能够正当化。"不得已"是相对于需要保护的利益而言的,即保护该利益是否还存在其他措施,只有在避险行为成为唯一的手段与方法时,被告人才能主张违法阻却。如果被告人还可以采用报案、寻求第三人帮助、逃跑等其他可行的方法足以避免危险,就不是不得已,不能成立紧急避险。

对于本案,实务上可能认为赵某可以打车、找代驾,也可以乘坐公共交通工具,醉酒驾车不是送孩子去医院的唯一方法。但是,这种结论没有考虑到孩子突然发烧这一事实的紧急性以及危险发生时点(凌晨3时)的特殊性,打车、找代驾、乘坐公共交通工具在白天不存在困难,行为人也应当优先选择这样的方式送孩子去医院,但是,在凌晨自驾车送孩子去医院基本是唯一选择,而且孩子生病的状况容不得行为人再耽误时间。如果考虑到这些情况,在本案中,可以认为除醉酒驾车之外,别无其他紧急送医的有效措施,故应认定赵某的行为符合避险的可行性要件,可以成立紧急避险。因此,对赵某的行为可以作无罪处理,而不是定罪免刑的问题。

三、结论

赵某醉酒后在道路上驾驶机动车,符合危险驾驶罪主客观构成要件的要求,具备构成要件该当性,但其存在紧急避险这一违法阻却事由,不构成犯罪。

[规则提炼]
1. 醉酒后在乡间小道驾驶机动车的,也符合危险驾驶罪的构成要件。
2. 危险驾驶罪的主观构成要件只能是故意而非过失。
3. 在危险驾驶的场合,行为人能够主张紧急避险等违法阻却事由的,应当作无罪处理。但是,在实务上,对类似行为大多定罪处刑,只有在少数案件中认为被告人的犯罪情节轻微,不需要判处刑罚,进而对其予以免除处罚,这一做法值得商榷。

第41题 生产、销售伪劣产品罪

（生产、销售伪劣产品罪，刑行关系，构成要件的实质解释）

[案情简介]

根据国家标准《机动车运行安全技术条件》(GB 7258—2017)对摩托车、拖拉机运输机组的外廓尺寸的要求，正三轮摩托车的整车长度不能超过3.5米。L公司生产、销售的部分型号的正三轮摩托车整车长度约为4.5米，不符合《机动车运行安全技术条件》中规定的摩托车外廓尺寸的强制性国家标准，且涉及的销售金额特别巨大。

案发后，L公司提交了国家摩托车质量监督中心等单位对涉案车辆的检验报告，报告中认为涉案车辆不存在产品性能方面的问题与安全隐患。并且，L公司认为，其加长车辆是对车辆整体结构加以改造的结果，不仅在产品性能方面不存在安全隐患，还满足了消费者对大外廓尺寸的摩托车的需求（据市场调研，正三轮摩托车的用户普遍为农村、乡镇的居民或农民，其根据生产、营业的实际需求，普遍希望摩托车货厢具有较大的尺寸），相关经销商也会对车辆的实际情况（包括车辆实际的外廓尺寸等信息）向消费者作出说明，并提供了1 000余份经销商及消费者的证人证言予以佐证。①

问题：

1. L公司的行为是否成立生产、销售伪劣产品罪？

2.《刑法》第140条规定的"不合格产品"与行政法上的"不合格产品"是否应当保持一致，两者的关系是什么？

3. L公司的行为是否成立生产、销售不符合安全标准的产品罪？

---

① 参见周光权：《产品质量标准与生产、销售伪劣产品罪》，载《法治日报》2021年5月26日，第9版。

[分析思路]

一、L公司不成立生产、销售伪劣产品罪

(一)客观构成要件

(二)主观构成要件

二、L公司不成立生产、销售不符合安全标准的产品罪

(一)客观构成要件

(二)主观构成要件

三、结论

[具体解析]

一、L公司不成立生产、销售伪劣产品罪

(一)客观构成要件

《刑法》第140条将生产、销售伪劣产品罪的罪状描述为:"生产者、销售者在产品中掺杂、掺假,以假充真,以次充好或者以不合格产品冒充合格产品,销售金额……"2001年最高人民法院、最高人民检察院颁布的《关于办理生产、销售伪劣商品刑事案件具体应用法律若干问题的解释》(以下简称《生产、销售伪劣商品解释》)第1条规定,"在产品中掺杂、掺假",是指在产品中掺入杂质或者异物,致使产品质量不符合国家法律、法规或者产品明示质量标准规定的质量要求,降低、失去应有使用性能的行为;"以假充真",是指以不具有某种使用性能的产品冒充具有该种使用性能的产品的行为;"以次充好",是指以低等级、低档次产品冒充高等级、高档次产品,或者以残次、废旧零配件组合、拼装后冒充正品或者新产品的行为;"不合格产品",是指不符合《产品质量法》第26条第2款规定的质量要求的产品。根据《生产、销售伪劣商品解释》,L公司的行为明显不属于"掺杂掺假"和"以次充好"的情形;涉案车辆虽然长度超标,但不能否认其具有使用性能(根据国家摩托车质量监督中心等单位对涉案车辆的检验报告,涉案车辆不存在产品性能方面的问题),因此L公司的行为也不属于"以假充真"的情形。L公司的行为要构成生产、销售伪劣产品罪,唯一可能属于的情形是"以不合格产品冒充合格产品"。下面对此进行分析。

1. 涉案车辆属于行政法上的不合格产品

根据《生产、销售伪劣商品解释》,"不合格产品"是指不符合《产品质量法》第26条第2款规定的质量要求的产品。《产品质量法》第26条第2款规定:"产品质量应当符合下列要求:(一)不存在危及人身、财产安全的不合理的危险,有保障人体健康和人身、财产安全的国家标准、行业标准的,应当符合该标准;(二)具备产品应当具备的使用性能,但是,对产品存在使用性能的瑕疵作出说明的除外;(三)符合在产品或者其包装上注明采用的产品标准,符合以产品说明、实物样品等方式表明的质量状况"。

在本案中,L公司生产、销售的部分型号的正三轮摩托车长度超过《机动车运行安全技术条件》(GB 7258—2017)对摩托车、拖拉机运输机组的外廓尺寸的要求,属于《产品质量法》规定的"违反国家标准"的情形。并且,在涉案车辆的机动车整车出厂合格证、车辆一致性证书上注明的整车长度均没有超过3.5米,因此属于《产品质量法》规定的"不符合产品或其包装上注明采用的产品标准"的情形。据此,L公司生产、销售的涉案产品属于不符合《产品质量法》第26条第2款规定的质量要求的产品,是行政法意义上的不合格产品。

2. 涉案车辆并非《刑法》第140条规定的不合格产品

(1)对刑法构成要件需作实质性的解释

目的是法律的创造者,法律解释需依法律规范的目的展开。行政法的规制目的主要在于实现政府对某些事项的有效管理,特别是规定产品规格的行政标准,往往具有"制式化"的特点,即以统一的标准实现对产品生产、销售等环节的监督管理。为实现统一化管理,相关行政标准必然相对形式化,因时因地的细节一般并非行政标准制定者的考虑。而刑法的目的是法益保护,只有当具体刑法规范的保护法益受到侵害时才能论罪处罚。在行政犯的场合,刑法的目的并非单纯保护行政法规范的效力,也非单纯为了保护某些抽象的行政管理秩序,而是要保护特定的法益。再者,以最为严厉的刑罚作为制裁手段的刑法,其适用有必要保持谦抑性,其打击范围不能完全与行政法相同,因此在行政犯的场合,对刑法进行限制性的解释也是论理上的理所当然。

所以,因行政法与刑法规制目的有别,又考虑刑法的谦抑性,在行政犯的场合,虽然构成犯罪以违反行政法规范为必要,但违反行政法规范的行为并非一定就构成犯罪;对刑法构成要件的解释不应由形式性的行政法规范决定,而应围绕刑法法益保护的目的实质性地展开,对刑法构成要件作出相对于行政法的限定性解释具有理论上的合理性。①

(2)涉案产品不存在使用性能上的瑕疵与安全隐患,不属于刑法意义上的"不合格产品"。

如前所述,应当围绕法益保护目的对刑法的构成要件作实质性的解释。《刑法》将生产、销售伪劣产品罪规定在分则第三章,按通说,其保护法益(犯罪客体)为社会主义市场经济秩序。② 但是,将《刑法》分则第三章规定的所有犯罪的保护法益均界定为社会主义市场经济秩序过于笼统,对具体犯罪构成要件的解释也并无指导意义。《刑法》分则第三章之下有八节不同类型的犯罪,每一类犯罪所侵害的社会主义市场经济秩序的表现形式均存在差异。所以,应当具体分析每一节甚至每一个犯罪的具体保护法益,将社会主义市场经济秩序的不同表现形式予以明确化。就《刑法》分则第三章第一节规定的生产、销售伪劣商品罪而言,应当认为国家对消费者合法权益的保护关系是社会主义市场经济秩序在该节犯罪的具体表现形式。换言之,该节犯罪的保护法益为消费者的合法权益,生产、销售伪劣产品罪的保护法益也在于此。这一点可以从前述最高人民法院、最高人民检察院颁布的《生产、销售伪劣商品解释》对生产、销售伪劣产品罪规定的"在产品中掺杂、掺假""以假充真""以次充好"的解释得到印证,在对三种行为的解释中,始终是将使用性能与产品质量作为问题,其目的就在于保护不特定或多数消费者的合法权益。同时,虽然《生产、销售伪劣商品解释》对"不合格产品"的解释没有将产品性能与消费者权益保护作为问题,但依"同类解释"原则,对该行为的解释也应当以产品性能与消费者的合法权益是否受到侵害作为解释的指导。③

---

① 必须以违法的本质(法益侵害性)为指导解释构成要件,在理论上被称为实质解释,这是由构成要件与违法性的关系(违法类型说)决定的。参见张明楷:《刑法的基本立场》(修订版),商务印书馆2019年版,第118页以下。

② 参见高铭暄、马克昌主编:《刑法学》(第九版),北京大学出版社、高等教育出版社2019年版,第365页。

③ 对此,相似的观点认为,尽管存在在产品中"掺杂"的行为,使产品不符合国家标准,但只要行为人在销售时并未标榜其销售的产品为高端产品,就不能认为行为人侵犯消费者权利,从而不能认为该行为构成生产、销售伪劣产品罪。参见高蕴嶙、周玉玲:《生产、销售不合格产品不同于生产、销售伪劣产品》,载《人民法院报》2017年5月3日,第6版。

应当注意到,行政法基于不同的管理目的,对产品规格设定了诸多标准,不符合这些标准即为行政法上的"不合格产品",比如未在产品包装上标明产品的主要指标和成分,或者标注生产日期稍有偏差的,这些产品都是行政法上的"不合格产品"。但如果这些"不合格产品"在使用性能上与合格产品完全相同、不存在任何危及消费者权益的安全隐患或其他产品问题,就不应将其作为刑法上的"不合格产品"。对行政法上的诸多"不合格产品",有必要按照其不合格的程度、实质性的产品瑕疵来认定其是否为《刑法》第140条规定的"不合格产品"。在本案中,虽然涉案产品外廓尺寸超过3.5米,不符合强制性国家标准,属于行政法上的"不合格产品"。但根据国家摩托车质量监督中心等单位的检验报告,涉案车辆不存在产品性能方面的问题与安全隐患。因此,即使涉案的车辆违反了强制性国家标准,但由于其不存在使用性能上的瑕疵、不存在任何危及消费者权益的安全隐患或其他产品问题,就失去了将其作为《刑法》第140条规定的"不合格产品"的理由。

所以,L公司生产、销售的正三轮摩托车虽然属于行政法上的"不合格产品",但其不具有危及人身、财产的不合理危险,不存在使用性能上的瑕疵与安全隐患,不属于《刑法》第140条规定的"不合格产品"。

3. L公司是否存在冒充行为存疑

生产、销售伪劣产品罪的行为方式为"在产品中掺杂、掺假""以假充真""以次充好""以不合格产品冒充合格产品"这四种类型,结合本罪的保护法益,本罪的行为必须具有对消费者的欺诈性质,从而侵犯消费者的合法权益。对于"以不合格产品冒充合格产品"的情形,也应当从欺诈消费者这一角度来理解"冒充"行为。

在本案中,虽然涉案车辆的外廓尺寸超过了国家标准,但L公司对车辆并非简单地加长,其加长车辆是对车辆整体结构加以改造的结果,不仅在产品性能方面不存在安全隐患,还满足了消费者对大外廓尺寸的摩托车的需求,所以,难以认定该行为具有导致消费者权益受侵害的"欺诈"性质。另外,对正三轮摩托车的外廓尺寸的加长,对消费者而言是一个比较显性的改变,消费者凭肉眼或简单丈量就能够对此加以认识,并且,根据L公司提交的证据,相关经销商也会对车辆的实际情况(包括车辆实际的外廓尺寸等信息)向消费者作出说明,因此涉案行为对消费者的"欺诈"性质更加难以认定。

所以，由于难以认定对消费者合法权益的侵害，涉案行为的"欺诈"性质难以认定，将其评价为《刑法》第 140 条规定的"冒充"行为也存在疑问。

(二) 主观构成要件

经过前述客观要件的检验，可以得出 L 公司并没有实施在产品中掺杂、掺假，以假充真，以次充好或者以不合格产品冒充合格产品的行为，故其行为并不符合生产、销售伪劣产品罪的客观构成要件。按照犯罪检验体系，若行为不符合客观构成要件，就没有进行下一步检验的必要，即可径直宣告行为人无罪。就本案而言，客观要件与主观要件的判断具有相通性，故下文对此进行简要说明。

《刑法》第 14 条规定："明知自己的行为会发生危害社会的结果，并且希望或者放任这种结果发生，因而构成犯罪的，是故意犯罪。"因此，要认定犯罪故意，必须确认行为人对其行为的社会危害性具有明知及意欲。生产、销售伪劣产品罪是故意犯罪，要构成本罪，行为人必须对其产品的社会危害性具有明知。在本案中，虽然 L 公司对其生产、销售的正三轮摩托车整车长度超标具有明知，但这只是其对行为违反相关行政法规范的明知，是否具有《刑法》第 140 条要求的故意仍需进行实质判断。如前所述，生产、销售伪劣产品罪的保护法益是消费者的合法权益，因此，只有相关主体对其行为会侵犯消费者权益具有明知，才能认定其对社会危害性的明知，进而认定存在本罪故意。就本案而言，L 公司认为涉案车辆不存在使用性能上的问题（而且，依前述检验报告的结论，涉案车辆的确不存在使用性能上的问题），其加长正三轮摩托车的长度系为满足消费者的实际需求。因此，L 公司对其产品会侵害消费者合法权益这一危害社会的结果不存在明知及意欲，不能认定其具有犯罪故意。

所以，L 公司因缺乏对其行为会侵犯消费者合法权益的明知，故不能认为其行为符合生产、销售伪劣产品罪的主观构成要件。

二、L 公司不成立生产、销售不符合安全标准的产品罪

(一) 客观构成要件

《刑法》第 146 条规定："生产不符合保障人身、财产安全的国家标准、行业标准的电器、压力容器、易燃易爆产品或者其他不符合保障人身、财产安全的国家标准、行业标准的产品，或者销售明知是以上不符合保障人身、财产安全的国家

标准、行业标准的产品,造成严重后果的,处……"根据该条文,生产、销售不符合安全标准的产品罪为实害犯,只有发生严重后果才能构成本罪。根据2008年最高人民检察院、公安部颁布的《关于公安机关管辖的刑事案件立案追诉标准的规定(一)》第22条的规定,构成生产、销售不符合安全标准的产品罪需符合以下条件之一:"(一)造成人员重伤或者死亡的;(二)造成直接经济损失十万元以上的;(三)其他造成严重后果的情形。"在本案中,L公司的生产、销售行为并没有造成上述严重后果,因此L公司的行为不符合生产、销售不符合安全标准的产品罪的客观构成要件。

(二)主观构成要件

L公司的行为不符合生产、销售不符合安全标准的产品罪的客观构成要件,按照犯罪检验体系,若行为不符合客观构成要件,就没有进行下一步检验的必要,即可径直宣告行为人无罪。而且,在本案中,L公司对其行为造成的实害结果没有明知,不能认定其具有犯罪故意,因此L公司的行为当然也不符合本罪的主观构成要件。

三、结论

L公司的行为不符合生产、销售伪劣产品罪的客观构成要件和主观构成要件,不构成生产、销售伪劣产品罪;其行为也不符合生产、销售不符合安全标准的产品罪的客观构成要件和主观构成要件,不构成生产、销售不符合安全标准的产品罪。

[规则提炼]

1. 基于刑法保护法益的目的,需对《刑法》第140条的构成要件进行实质性的限定解释,本条规定的"不合格产品"是指在使用性能上存在问题从而会侵犯消费者合法权益的产品,而并非指《产品质量法》规定的所有"不合格产品"。

2. "以不合格产品冒充合格产品"中的"冒充",是指对产品性能进行欺诈,进而有可能侵犯消费者合法权益的行为。

3. 只有行为人对其生产、销售的产品会对消费者的合法权益造成侵害具有明知,才能认定其具有生产、销售伪劣产品罪的故意。

第42题　保险诈骗罪

（保险诈骗罪、法秩序统一性、犯罪形态）

[案情简介]

行为人帅某分别于1998年和2000年为其母亲张某向某保险公司投保了死亡保险金为27万元的终身保险，根据保险合同，被保险人必须具备70周岁以下且身体健康的条件；2003年，张某因病身亡，经帅某索赔后，保险公司向受益人帅某支付了27万元的保险金。但事后发现，帅某在投保时隐瞒了其母的真实出生日期，并将户口本上张某的出生日期篡改为1944年11月7日（真实出生日期为1921年1月7日），将当时已经77岁的张某的年龄改为54岁，使张某符合投保条件。①

问题：

1. 帅某是否构成保险诈骗罪？
2. 保险合同的效力是否影响帅某的刑事责任？

[分析思路]

一、帅某的行为符合保险诈骗罪的构成要件

（一）客观构成要件

（二）主观构成要件

二、《保险法》关于除斥期间的规定不能将帅某的行为正当化

（一）法秩序统一性原理的一般要求

（二）关于本案处理的理论争鸣

（三）笔者的倾向性观点

三、帅某的行为不存在犯罪排除事由

---

① 参见何海宁：《难倒法官的骗保案》，载《南方周末》2005年4月14日，A6版。

四、结论

[具体解析]

一、帅某的行为符合保险诈骗罪的构成要件

(一) 客观构成要件

《刑法》第 198 条规定:"有下列情形之一,进行保险诈骗活动,数额较大的,处……:(一)投保人故意虚构保险标的,骗取保险金的;(二)投保人、被保险人或者受益人对发生的保险事故编造虚假的原因或者夸大损失的程度,骗取保险金的;(三)投保人、被保险人或者受益人编造未曾发生的保险事故,骗取保险金的;(四)投保人、被保险人故意造成财产损失的保险事故,骗取保险金的;(五)投保人、受益人故意造成被保险人死亡、伤残或者疾病,骗取保险金的。"根据该条的规定,以及结合保险诈骗罪属于诈骗罪特别法条的性质,保险诈骗罪的客观要件为:行为人实施《刑法》第 198 条规定的保险欺诈行为[①]→保险公司产生或者维持认识错误→保险公司由此交付保险金(进行理赔)→行为人获得或使第三人获得保险金→保险公司遭受财产损失。以下,就依照保险诈骗罪的客观要件对帅某的行为进行检验。

1. 投保人帅某实施了虚构保险标的的行为

根据《保险法》第 12 条的规定,人身保险是以人的寿命和身体为保险标的的保险。在本案中,投保人帅某与保险公司签订的终身保险属于人身保险中的人寿保险,保险标的是被保险人张某的寿命,人寿保险要求投保人如实申报被保险人的年龄,作为保险标的的被保险人的寿命,当然包含了被保险人的年龄情况。[②] 所以,帅某将当时已经 77 岁的张某的年龄改为 54 岁,属于虚构保险标的的行为,是《刑法》第 198 条规定的保险诈骗行为。

2. 保险公司基于认识错误交付了保险金

在被保险人张某死亡后,帅某向保险公司提出索赔,为保险诈骗罪的着

---

① 由于《刑法》第 198 条采取叙明罪状的罪状表述方式,且没有规定兜底条款,所以若行为人通过《刑法》第 198 条规定之外的行为骗取保险金的,只能构成诈骗罪、合同诈骗罪等犯罪,而不能成立保险诈骗罪。

② 参见张明楷:《诈骗罪与金融诈骗罪研究》,清华大学出版社 2006 年版,第 755 页。

手。① 保险公司中决定（核定）理赔事项的工作人员代表保险公司基于与帅某签订的保险合同，错误地认为该保险合同约定的理赔条件已经成就并进行理赔，符合"基于认识错误交付了保险金"这一要件。

3. 帅某作为受益人获得了保险金

行为人帅某作为受益人收到了保险公司支付的 27 万元保险金，属于保险诈骗罪中因果流程中的一个环节，也符合保险诈骗罪的客观构成要件。

4. 保险公司遭受了财产损失

根据帅某与保险公司签订的保险合同，被保险人必须具备 70 周岁以下且身体健康的条件。但事实上，被保险人张某在签订保险合同时的年龄为 77 岁，已经不符合投保条件。因此，若帅某没有篡改被保险人张某的年龄，保险公司就不可能与帅某签订保险合同，也就不可能基于该保险合同进行理赔，因此保险公司赔付了实际上不应赔付的保险金，保险公司存在财产损失。

但是，原《保险法》（2002 年）第 54 条第 1 款规定了保险合同解除的除斥期间②："投保人申报的被保险人年龄不真实，并且其真实年龄不符合合同约定的年龄限制的，保险人可以解除合同，并在扣除手续费后，向投保人退还保险费，但是自合同成立之日起逾二年的除外。"③在本案中，帅某与保险公司签订的保险合同分别于 1998 年和 2000 年成立，而发生保险事故（张某死亡）的时间为 2003 年，故保险公司在理赔时已经不具有合同解除权。因此，根据《保险法》的规定，即便帅某实施了保险诈骗行为，自保险合同成立之日起逾二年，保险公司也应当向帅某支付保险金，在此意义上可以说保险公司并无财产损失。

所以，上述《保险法》关于除斥期间的规定是否可以否定本案中保险公司的

---

① 相反观点（少数说）认为，行为人以骗取保险金为目的，公然开始实行《刑法》第 198 条规定的 5 种保险诈骗行为（无论有无向保险公司索赔），即为保险诈骗的着手，按照该观点，在本案中帅某为骗取保险金，篡改张某的年龄时就已经着手实施诈骗行为。参见谢望原：《保险诈骗罪的三个争议问题》，载《中外法学》2020 年第 4 期。

② 所谓除斥期间，是指法律规定或当事人依法确定的某种权利预定的存续期间，该期间届满，则权利当然消灭，故又称为权利预定存续期间。除斥期间规定的是权利人行使某项权利的期限，以权利人不行使该项民事实体权利作为适用依据；除斥期间消灭的是权利人享有的民事实体权利本身，如追认权、撤销权、解除权等形成权。

③ 2015 年修正的《保险法》第 16 条规定"自合同成立之日起超过二年的，保险人不得解除合同；发生保险事故的，保险人应当承担赔偿或者给付保险金的责任"，体现了与原《保险法》（2002 年）第 54 条相同的立法旨趣。

财产损失,进而否定帅某整个行为的法益侵害性就成为问题。在刑法理论上,围绕原《保险法》(2002 年)第 54 条关于保险合同解除的除斥期间的规定,展开了激烈的争论。对于行为人帅某的行为是否能够被正当化,将在后面进一步展开讨论,在保险公司因帅某的骗保行为交付了保险金这一意义上,暂且可以认定保险公司具有财产损失,因此也就可以认定帅某的行为符合保险诈骗罪的客观要件。

(二) 主观构成要件

保险诈骗罪的主观构成要件是故意,并且要求行为人具有非法占有保险金的目的。在本案中,帅某故意篡改被保险人的年龄,意图不法获得保险金,符合保险诈骗罪的主观构成要件。

二、《保险法》关于除斥期间的规定不能将帅某的行为正当化

(一) 法秩序统一性原理的一般要求

理论上之所以要讨论原《保险法》(2002 年)第 54 条对保险诈骗罪认定的影响,主要是基于法秩序统一性的考虑。法秩序统一性原理是被普遍接受的处理不同法域关系的重要原则,关于法秩序统一性原理的定义,我国有学者认为:"法秩序统一性原理,是指某种行为,如果不违反民事、行政法律规范,就不可能具有刑事违法性。刑法上关于犯罪的认定,以民事上构成违约或者侵权、行政法上违反行政管理法规为前提,仅从刑法独立性的立场出发进行考虑的见解是不妥当的。"[1]日本学者松宫孝明教授认为,所谓法秩序统一性,是指宪法、刑法、民法等多个法领域构成的法秩序之间不矛盾,在解释论中,不应在个别的法领域之间作出矛盾、冲突的解释。[2] 由上述定义可见,法秩序统一性原理的着力点在于维护整体法秩序的统一性,反对在进行刑法上的判断时脱离其他法域的独立思考,要求刑法上的判断不能与其他法域的判断产生矛盾,如果不同法域的规范在表面上存在矛盾,应当通过适当的解释技巧予以消解。按照法秩序统一性原理的要求,若某一行为在其他法域被评价为合法行为,那么作为法秩序最后手段的刑法

---

[1] 周光权:《刑法总论》(第 4 版),中国人民大学出版社 2021 年版,第 196 页。
[2] 参见〔日〕松宫孝明:《刑法总论讲义(第 4 版补正版)》,钱叶六译,中国人民大学出版社 2013 年版,第 81 页。

却反而将该行为评价为犯罪行为①,会在法秩序内部造成不能容忍的评价矛盾。

(二)关于本案处理的理论争鸣

对于本案,有观点基于法秩序统一性原理认为,虽然行为人存在骗保行为,但只要保险合同经过二年除斥期未被解除,那么在合同有效的前提下,请求赔偿的行为属于权利行为,不能忽视《保险法》的效力而直接认定其具有刑法上的诈骗罪的违法性。② 但是,相反观点则认为,不能机械地适用法秩序统一性原理,这是因为刑法与民商法等法律的性质与目的不同,民商法中的某些明显带有拟制性质的"不可抗辩条款"并不是表明行为合法,而只是表明对于合同相对方的权利行使进行限制,行为人不能以此主张违法性被阻却③;民商法上有关时效、程序、法律拟制的规定不影响刑法上的违法性判断,只要行为符合保险诈骗罪的构成要件,尽管保险合同有效,行为人仍然构成保险诈骗罪。④ 也有观点试图调和刑法与《保险法》的评价矛盾,通过刑法规范反向制约《保险法》的规范,认为《保险法》关于除斥期间的规定只应适用于重大过失的场合,如果投保人故意进行保险欺诈,则即使自保险合同成立之日起逾二年,保险公司仍有权撤销保险合同,此时投保人进行理赔,仍构成保险诈骗罪。⑤

应当说,上述观点均属于在坚持法秩序统一性原理的基础上的内部争鸣。第一种观点认为,既然《保险法》已经不可抗辩地赋予保险合同有效性,那么帅某基于该保险合同进行理赔,是《保险法》所允许的行为,由于刑法具有最后手段性,当然不能将其他法域认为是合法的行为作为犯罪处理。第二种观点认为,"法律行为效力与违法性评价不具有关联性"⑥,《保险法》只是认可了保险合同

---

① 林钰雄教授认为,刑法以最为严厉的刑罚作为其制裁手段,由于刑罚的痛苦性和副作用,基于比例原则的要求,只有当无其他可资利用的有效手段时,才能动用刑罚,这就是刑法的最后手段性。参见林钰雄:《新刑法总则》,元照出版有限公司 2018 年版,第 11 页。

② 参见王昭武:《法秩序统一性视野下违法判断的相对性》,载《中外法学》2015 年第 1 期;李兰英:《契约精神与民刑冲突的法律适用——兼评〈保险法〉第 54 条与〈刑法〉第 198 条规定之冲突》,载《政法论坛》2006 年第 6 期;邓子滨:《斑马线上的中国:法治十年观察》,法律出版社 2013 年版,第 60—63 页。

③ 参见周光权:《刑法各论》(第四版),中国人民大学出版社 2021 年版,第 332 页。

④ 参见于改之:《法域冲突的排除:立场、规则与适用》,载《中国法学》2018 年第 4 期。

⑤ 参见陈少青:《刑民交叉实体问题的解决路径——"法律效果论"之展开》,载《法学研究》2020 年第 4 期。

⑥ 常鹏翱:《合法行为与违法行为的区分及其意义——以民法学为考察领域》,载《法学家》2014 年第 5 期。

的效力,而并未直接就帅某行为的违法性或合法性进行评价,刑法将帅某的行为作为犯罪处理,并未与《保险法》产生矛盾,因此也就不会违背法秩序统一性原理。第三种观点则认为,在帅某案中,保险公司仍具有合同解除权,即使依照《保险法》,保险公司也不应向帅某赔付保险金,故而刑法将帅某的行为作为犯罪处理,形成的是《保险法》和刑法均对帅某的行为赋予否定的法律效果的局面,是完全遵循了法秩序统一性原理的处理结论。

(三)笔者的倾向性观点

上述观点基于法秩序统一性原理,在犯罪认定中考虑《保险法》的规定,避免各法域产生评价矛盾,这一思考路径无疑是正确的。结合上述理论争鸣,笔者对本案的处理发表如下倾向性观点:

1. 涉案保险合同有效

基于法秩序统一性原理,认定犯罪时必须考虑相关的民事权利义务关系,在本案中,首先就要求对涉案保险合同的效力作出评判。前述第一种观点和第二种观点均认可帅某与保险公司签订的保险合同的有效性,第三种观点则否认保险合同的效力。笔者认为,应当肯定帅某与保险公司签订的保险合同的效力,理由如下:

(1)将原《保险法》(2002年)第54条第1款(修正后的《保险法》第16条)的适用范围限定于重大过失的场合缺乏法律依据。《保险法》第16条规定:"……投保人故意或者因重大过失未履行前款规定的如实告知义务,足以影响保险人决定是否同意承保或者提高保险费率的,保险人有权解除合同。前款规定的合同解除权,自保险人知道有解除事由之日起,超过三十日不行使而消灭。自合同成立之日起超过二年的,保险人不得解除合同;发生保险事故的,保险人应当承担赔偿或者给付保险金的责任……"很显然,该条文并未将故意或重大过失的场合排除在除斥期间的适用范围之外。

(2)将重大过失或故意的场合排除在除斥期间的适用范围之外,不利于保护投保人的利益,在实践中有时很难区分投保人究竟是出于一般过失还是重大过失抑或是故意,如果赋予现实中处于强势地位的保险公司解除保险合同的权利(或者机会),则该权利如被滥用将导致《保险法》关于除斥期间的规定形同虚设。[①]

---

① 参见温行健:《刑民交叉实体问题破解途径探究——以"帅英骗保案"为基点》,载江溯主编:《刑事法评论:刑法方法论的展开》,北京大学出版社2019年版,第657页。

(3)《保险法》之所以设立除斥期间的规定,其主要目的是保护投保人利益,并要求保险公司积极、及时审查保险标的和保险合同的真实性,如果保留保险公司在保险合同成立二年之后的合同解除权,有可能违背《保险法》设立除斥期间的宗旨。

(4)为了追求法秩序统一的状态,允许刑法规范反向制约民法规范的适用范围[①],这一做法存在疑问。因为刑法具有最后手段性,一般而言其适用要受到民事、行政法规范的制约,以刑法中的罪刑规范限制相应的民事权利,与刑法的最后手段性相悖,也并非法秩序统一性原理的题中之意。

所以,笔者认为,即使投保人故意骗保,在经过两年除斥期间后,也应当肯定保险合同的效力。

2. 帅某依保险合同进行理赔的行为是权利行使行为

既然认为2003年帅某向保险公司进行理赔时保险合同是有效的,那么帅某依有效合同要求保险公司理赔就属于权利行使行为,该行为的正当性来自于具有法律效力的保险合同。即使保险公司在理赔前知晓帅某在投保时存在故意虚构保险标的的行为,因为已满不可抗辩的二年除斥期间,保险公司也必须进行赔付。

认定帅某进行理赔的行为属于权利行使行为的意义有二:(1)该行为因具有权利行使行为的性质而能够被正当化,基于法秩序统一性原理,民法上被允许的行为不得作为犯罪处理,因此不能将帅某的理赔行为评价为犯罪行为;(2)保险公司必须依保险合同支付保险金,因此不能认为帅某侵犯了保险公司的财产权利,保险公司的财产损失也不能被认定。

3. 帅某虚构保险标的的行为并没有被保险合同正当化

如前所述,有效的保险合同能够将帅某依保险合同进行理赔的行为正当化,但这并不意味着帅某虚构保险标的进行投保的行为也能够被正当化。因为有效合同所能正当化的只能是合同所约定的权利义务范围之内的事项,而不能将合同约定的权利义务之外所对应的行为正当化。在本案中,帅某虚构保险标的,并非是在行使合同权利,不能被经过除斥期间而有效的保险合同正当化。事

[①] 参见陈少青:《刑民交叉实体问题的解决路径——"法律效果论"之展开》,载《法学研究》2020年第4期,第73—91页。

实上,根据民法上的诚实信用原则以及《保险法》第 16 条的规定,虚构保险标的进行投保的行为,在《保险法》上也是不被允许的行为。① 所以,将帅某虚构保险标的进行投保的行为评价为犯罪行为,不存在与《保险法》发生评价冲突的问题,当然不会违反法秩序统一性原理。

可能的疑问在于,既然保险合同有效,那么使得该合同成立的要素即帅某的投保行为(要约)是否也能够被追溯性地正当化?易言之,认为帅某的投保行为违法,会产生这样的问题:一个违法行为如何能够产生一个有效的合同?对此笔者认为,使保险合同有效的并非帅某的骗保行为,而是基于法律的特别规定(关于除斥期间的规定)。《保险法》之所以设立除斥期间的规定,系出于保护被保险人以及稳定保险秩序的政策性考虑。在本案中,帅某与保险公司签订的保险合同之所以有效,也是出于上述考虑,而非直接受帅某以及保险公司的意思的影响。换言之,法律承认涉案保险合同的效力,并非出于对缔约行为是否合法的关心,而只是基于政策考虑对合同现状的认可。所以,在本案中,有效的保险合同并不能将帅某虚构保险标的进行投保的行为追溯性地正当化。

三、帅某的行为不存在犯罪排除事由

在本案中,帅某既无正当防卫、紧急避险等违法排除事由,又无欠缺责任能力等责任排除事由,因此,不需要专门就犯罪排除事由进行检验。

四、结论

在本案中,帅某基于非法占有保险金的目的,虚构保险标的以骗取保险金,单独从刑法的角度来看,符合保险诈骗罪的构成要件。但是,考虑《保险法》关于除斥期间的规定,帅某向保险公司理赔的行为能够被有效的保险合同正当化,相应的,保险公司也不存在财产损失,因此,无论如何不能让帅某承担保险诈骗罪既遂的罪责。但是,帅某基于非法占有目的,虚构保险标的的行为,属于《刑法》第 198 条规定的保险诈骗行为,应当追究其刑事责任。按照通说,保险诈

---

① 《保险法》第 16 条第 1、2 款规定:"订立保险合同,保险人就保险标的或者被保险人的有关情况提出询问的,投保人应当如实告知。投保人故意或者因重大过失未履行前款规定的如实告知义务,足以影响保险人决定是否同意承保或者提高保险费率的,保险人有权解除合同。"

罪的着手是行为人向保险公司提出理赔要求,在本案中,帅某依有效保险合同向保险公司提出理赔要求并获得保险金是实现权利的行为,故能够被正当化,因此能评价其提出理赔要求(着手)之前的虚构保险标的的行为,追究其保险诈骗罪预备的刑事责任。不过,如果认为开始实施《刑法》第198条第1款规定的5种保险诈骗行为即为保险诈罪的着手,则可以追究帅某保险诈骗罪未遂的刑事责任。

[规则提炼]

1. 根据法秩序统一性原理,在犯罪认定中不能脱离其他法域进行独立思考,刑法上的判断不能与其他法域的判断产生矛盾;若某一行为在其他法域上是被允许的,那么在犯罪认定中不能将其作为犯罪处理。

2. 即使投保人实行了虚构保险标的等犯罪行为,经过《保险法》规定的二年除斥期间,该保险合同仍有效,行为人依保险合同的理赔行为能够被正当化。

3. 经过除斥期间而发生法律效力的保险合同不能将投保人虚构保险标的等骗保行为正当化,对基于非法占有保险金的目的而实施的骗保行为,仍可追究行为人犯罪预备或未遂的刑事责任。

第43题　损害商业信誉、商品声誉罪

(互联网时代的"散布"、"严重情节"
的体系定位、"不法"程度的提升)

[案情简介]

被告人张某独立运营"A县生活通"微信公众号,专门用于发布A县当地的生活资讯。2015年4月26日,张某在乘公交车时,听到两位女士聊天,说A县味美面包店为降低成本,在食用奶油内掺工业奶油做面包,被质检部门查出来了。两人对话听起来煞有介事,张某未经核实,当天就在其微信公众号上编辑并发布了一条信息,内容为:"老板太黑心了!听说A县味美面包店老板用工业奶油冒充食用奶油制作面包出售……为了您的健康,为了大家的健康,以后不能再吃了,请转起来!"该条虚假信息被点击、浏览次数达到五千多次,给味美面包店带来了十余万元的经济损失。经当地产品质量计量检测所抽样检验,该店所用奶油均符合GB 19646—2010标准要求。①

问题:

1. 被告人张某将道听途说的信息在未经核实的情况下,就在其微信公众号上予以发布,该行为是否符合"捏造并散布虚伪事实"? 行为人只是散布他人捏造的虚伪事实,是否构成本罪?

2. "虚伪事实"应当如何去界定? 一般而言,虚伪事实属于本罪的构成要件要素,这意味着行为人如果对其产生认识错误,便会阻却构成要件故意。如果行为人认为散布的就是真实事实,能否出罪? 如果这种认识是草率地作出,又该如何处理?

3. 被告人张某的行为是否具有"重大损失或者其他严重情节"? "严重情

---

① 参见内蒙古自治区额尔古纳市人民法院(2014)额刑初字第38号判决书。

节"应当如何定位？怎样才算具有"其他严重情节"？互联网时代"散布"具有什么样的特点？它与"其他严重情节"的关系是什么样的？

[分析思路]

一、被告人的行为符合"捏造并散布虚伪事实"

（一）互联网时代"散布"的特点

（二）被告人客观上只实施了"散布"行为

（三）"虚伪事实"的认定

二、被告人的行为损害了"他人的商业信誉、商品声誉"

三、被告人的行为具有"其他严重情节"

（一）"严重情节"的体系定位

（二）本案存在"其他严重情节"

四、结论

[具体解析]

一、被告人的行为符合"捏造并散布虚伪事实"

损害商业信誉、商品声誉罪，是指捏造并散布虚伪事实，损害他人的商业信誉、商品声誉，给他人造成重大损失或者有其他严重情节的行为。单纯从法条字面含义来看，本罪的实行行为是复数行为，即捏造虚伪事实和散布虚伪事实，似乎单纯散布虚伪事实的行为，不可能成立本罪。然而，这一解释未必符合互联网时代"散布"的特点，本案就是一起典型的例证，即被告人张某并未涉及捏造，而只是将道听途说的信息予以散布。严格地讲，此时能否符合"捏造并散布虚伪事实"还需仔细审查。

（一）互联网时代"散布"的特点

相比于传统媒体的"散布"，互联网时代的"散布"表现出一些不同特点：

第一，利用互联网散布已经成为虚伪事实的主要散布途径。互联网时代，人们可以通过互联网将声音扩散到世界各地，可以说，互联网已经成为极为重要的信息生产源和传播媒介。考虑到这一点，就有必要重新审视利用互联网的"散布"。并非一涉及利用互联网,就理所当然地具有"其他严重情节",这会导致本罪的滥用。应当将与互联网有关的散布行为中更具广泛性的部分甄选出来,作为"其他严重情节",将其他不具有广泛性的行为认定为仅满足"散布"构成要件的行为即可。

第二,互联网媒体的传播更具有公开性和广泛性。互联网媒体又称为"第四媒体""新媒体",是相对于目前已经存在的报刊、广播、电视这三种传统媒体而言,通过互联网来传播的媒体。传统狭义的"互联网媒体"还只是限定在基于因特网这一传输平台来传播新闻和信息的网站,但随着智能手机的普及和"自媒体"的发展,越来越多的平台互联网媒体成为"第一新闻源"。例如微博、抖音、快手、微信公众号、贴吧、博客、论坛等网络平台都应纳入互联网媒体的评价范畴。互联网媒体的传播具有公开性和广泛性,一旦通过这一渠道进行散布,显然比普通的散布行为更具广泛性,行为不法的程度会得到明显提升。

第三,互联网时代的"散布"过程更具有复杂性。在现代网络社会,有时根本难以查明虚伪事实的具体捏造者,只能查明虚伪事实的散布者。或者说,最初的捏造者只是"捏造"了一个有偏差的事实,尚不构成犯罪,但因为持续在网络上发酵,后又转经无数人之手,进一步"加工"才发展至"虚伪事实"的程度。在上述情况下,如果认为必须查明虚伪事实的捏造者才能认定犯罪,或者捏造者本身构成犯罪才能予以追究,则对后面行为人的"散布"就都不能予以非难,这显然不利于保护法益。

(二)被告人客观上只实施了"散布"行为

本案中,被告人张某客观上只实施了"散布"行为。如果认为构成本罪必须同时具备"捏造"和"散布"行为,即只捏造虚伪事实而没有散布,或者散布的是他人捏造的虚伪事实,都不构成本罪,那么,张某的行为就很难成立犯罪。但是,如果认为本罪保护的是商业信誉、商品声誉(以下统称为"商誉"),那么亲自捏造与否似乎影响不大,重点是散布虚伪事实的行为对商誉所造成的"冲击"。结合互联网时代"散布"的特点,并基于以下理由,"散布"应作为唯一的构成要件行为。

第一,构成要件行为通常是指有现实性地导致法益侵害发生的危险的行为,单纯的捏造行为本身并不具有法益侵害的危险。比如,在日记本中捏造损害商誉的虚伪事实,根本不可能引起构成要件结果发生的危险,也不可能现实地导致法益侵害的危险。如果把它当作构成要件行为,捏造的时候就是着手了,但将写日记这样的日常生活行为都评价为犯罪的着手,显然是有疑问的。既然如此,就不能认为捏造行为属于本罪的构成要件行为,本罪具有法益侵害危险的仅为散布行为。

第二,刑法的目的是保护法益,捏造虚伪事实在小范围内散布,以及将道听途说的虚伪事实通过互联网媒体在大范围内散布,后者行为对法益侵害显然更大,若前者都论以犯罪,后者就没有理由不予以处罚。基于此,一方面坚持"捏造并散布"这一并列行为,另一方面又认为将道听途说的关系他人商誉的内容,不加核实,在其朋友圈转发的,也是捏造并散布虚伪事实,这其实是相互矛盾的。如果将道听途说的内容予以散布,都能归为"捏造并散布","捏造"一词所要求的"虚构、编造"属性已经名存实亡,毋宁说只有"散布"才是非难的重点。

总之,将"捏造"作为构成要件行为存在明显疑问,"散布"是唯一的构成要件行为。在消解法条表述障碍时,可将"捏造"理解为"明知"的特定内容,此时就可以消除"并"所带来的表述影响。损害商业信誉、商品声誉罪的罪过形式既包括直接故意,也包括间接故意,这反过来说明行为人对"捏造""散布"显然是需要"明知"的。从故意的罪过中解读出特定内容的"明知"是当然解释,在理解本罪法条文字时加上"明知"不存在任何影响。[①]

(三)"虚伪事实"的认定

虚伪事实属于构成要件要素,这意味着行为人如果对其产生认识错误,便会阻却构成要件故意,进而不构成犯罪。这一问题的棘手之处在于:如果行为人草率地认为散布的是真实事实,一律按照"事实错误阻却构成要件故意"处理,会导致行为人在散布各类事实的时候根本不去深究真伪,却能将错误论作为"保护伞"得以出罪。

如果强调"虚伪事实"客观性的一面,将其定性为记述的构成要件要素,认为通过最终的鉴定能够确定事实的真伪性,但有些情况下,一旦涉及私密的事实,就很难依靠科学鉴定去判定真伪了。例如,行为人汪某举报并散布公司领导行贿、偷税漏税、虚假竞标等情况,行为人始终认为散布的是真实事实,法院最终

---

① 参见杨绪峰:《损害商业信誉、商品声誉罪的教义学检讨》,载《政治与法律》2019年第2期。

认定散布内容未查实。① 如果侧重绝对客观性,在无法查实的情况下,根据存疑有利于被告人原则,就不能认定为"虚伪事实",此时错误论便会发挥作用,上述案件基本都处理不了,显然不合适。

实际上,"虚伪事实"属于规范的构成要件要素,应解释为:未达到客观上有相当的材料、根据而叙述的事实。这也意味着只要是散布缺乏相当资料、根据支撑的事实,就属于散布虚伪事实,行为人若对此明知,就不能阻却故意。当然,要求行为人散布事实需有相当的资料、根据支撑,并非要求行为人确切地证明事实的真实性,这对行为人来说显然是苛刻的要求,毋宁说只需要达到优势证据证明标准即可。亦即,在可能性上,它必须达到合理的程度,待证事实存在的可能性明显大于不存在的可能性,使裁判者有理由相信它很可能存在,即便还不能完全排除存在相反之可能性,也可以根据优势证据认定这一事实。因此,本案中,被告人张某散布的信息只是道听途说,客观上缺乏相当的资料、根据支撑,可以认定为"虚伪事实"。

二、被告人的行为损害了"他人的商业信誉、商品声誉"

他人,必须是具体的、特定的人或单位,不仅局限于竞争对手。某些虚伪事实无法被明确地特定化,但若通过综合判断其他事项可以予以特定化的,仍然可以认定符合"他人"这个要件。本案中,被告人张某在其微信公众号上发布"老板太黑心了!听说 A 县味美面包店老板用工业奶油冒充食用奶油制作面包出售……",看似针对的是该店的经营者个人,实际上侵犯的是该店的商誉。

在分析时,不可认为只要损害企业负责人的名誉,就是损害企业的商誉,进而将企业负责人的名誉与企业的商誉"捆绑"在一起,这种做法会导致诽谤个人与侵害商誉的界限模糊。本案中,并不是说诽谤了个人,这个人的名声影响到了其经营的企业商誉,而是从一开始直接损害的就是企业商誉。被告人张某虽然散布的是"经营者黑心""经营者违法操作"等内容,但这些内容的直接目标是味美面包店的商誉,其行为也直接损害到了该面包店商誉。

需要补充说明的是,任何企业的商业信誉、商品声誉都应受到保护,即便其

---

① 参见甘肃省陇南市中级人民法院(2016)甘 12 刑终 2 号刑事裁定书。

商誉再不堪。商誉经常被指受到信赖或有良好的称誉,但如果一个企业本身问题很大,诋毁它是不是谈不上对商业信誉、商品声誉的侵害呢?这种说法其实站不住脚。商誉不是一个有和无的概念,而是一个程度高或低的概念。作为企业,商业信誉、商品声誉是其赖以生存的必备条件,如果已经完全丧失,企业也将难以为继。所以,凡是市场中已经存在的企业,自然是具有一定程度的商誉的,即便名声不太好,也不能说明商誉没有受到损害。

三、被告人的行为具有"其他严重情节"

本案中,被告人张某在微信公众号上散布虚伪事实的行为,是否达到"严重情节"是判断的难点。法条关于"重大损失或者有其他严重情节"的表述,意味着"重大损失"和"其他严重情节"都应当属于"严重情节"的评价范畴。2010年5月7日最高人民检察院、公安部《关于公安机关管辖的刑事案件立案追诉标准的规定(二)》(以下简称《追诉标准(二)》)发布后,实务中对"严重情节"的解释基本照搬《追诉标准(二)》的规定,亦即:(1)造成直接经济损失数额在50万元以上;(2)利用互联网或者其他媒体公开损害他人商誉的;(3)造成公司、企业等单位停业、停产6个月以上,或者破产的;(4)其他严重情形。

但这种处理在具体适用时仍面临疑问,既然在互联网时代,利用互联网"散布"已经成为主要途径,在微信公众号上发布信息是达到"散布"这一构成要件行为所表征的不法,还是已经达到"严重情节"所要求的不法,还需仔细审查。本案中,被告人张某的行为给面包店带来的直接经济损失只有十余万元,尚没有达到《追诉标准(二)》所规定的"重大损失"标准。此时,其行为是否具有"其他严重情节"就成为审查的重点。

(一)"严重情节"的体系定位

本罪中"严重情节"应属于犯罪构成要件。之所以不考虑认定为客观处罚条件,主要理由在于:第一,"严重情节"确实能够具体化为结果不法或行为不法,例如本罪中"重大损失"的规定明显能反映出法益的侵害结果。一方面,认为"严重情节"表征了不法,代表着"不法"程度的提升;另一方面,又不将其作为犯罪构成要件,而认定为刑罚启动事由,这明显存在逻辑矛盾。因为既然构成要件具有违法性推定机能,这就意味着表征不法的事由均应纳入构成要件的范围。第二,客观处罚条件在我国刑法中是否有适用空间,还存在很大争议。即便主张某些现行规定属于客观处罚条件,也应当有所限定,而"严重情节"的规定在我国刑法分则中随处可见,一旦在本罪中认定为客观处罚条件,牵一发而动全身,会导致客观处罚条件适用上的泛滥。由于客观处罚条件并非行为人的认识对象,这也会导致处罚范围的极大膨胀。

之所以不作为"客观的超过要素",主要理由在于:第一,根据责任主义,行为人只对在行为时所认识到或者所能够认识到的外部事实承担责任。作为犯罪构成要件的"严重情节",自然也不能例外,行为人同样需要对其有认识或认识的可能性。第二,构成要件具有故意的规制机能,这意味着成立故意犯罪,要求行为人认识到符合客观构成要件的事实。"严重情节"属于规范的构成要件要素,当然也要求认识到符合构成要件中的规范要素的事实。第三,行为人虽然需要对"严重情节"有所认识,但并不意味着行为人要确切地认识司法解释中关于"严重情节"的具体情形和"重大损失"的具体数额,行为人只需认识到相应情节在一般的社会意义上属于严重即可。

(二)本案存在"其他严重情节"

既然"严重情节"属于犯罪构成要件,而构成要件本身是不法类型,那么"严重情节"必然彰显一定程度的不法。由于行为人散布虚伪事实本身具有一定程度的不法,构成本罪还要求具有"严重情节",这意味着"严重情节"所彰显的不法必须在原有不法的程度上有所提升。不法的量的判断是一个综合的评价过程,行为不法与结果不法共同决定着不法含量。因此,这一不法的提升还可以进一步予以类型化,即分为行为不法的提升与结果不法的提升。在某些情况下,行为本身并不严重,行为不法程度较低,但却造成了严重的实害后果,即结果不法程度较高;在某些情况下,则是行为不法较高而结果不法较低或者缺失。

本罪的保护法益是规范的商誉这一社会评价,通过财产损害以及散布广度,直接或间接地反映商誉受侵害程度。商誉本身是商业价值的体现,对商誉的侵害最直接的结果就是造成财产损害。因此,通过财产损害程度这一指标可以直接反映对本罪法益的侵害程度。从这个层面来看,财产损害的轻重体现了结果不法的高低。在有些情况下,虽未实际造成法益侵害,但具有引起法益侵害的高度危险,刑法同样予以处罚。通过散布广度可以间接反映本罪法益的侵害程度,因为散布广度越大,意味着造成商誉损害的危险性就越高。从这个层面来看,散布广度的大小体现了行为不法的高低。基于此,能够构建出本罪不法的递增模型:

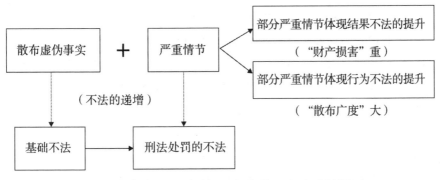

图 1 损害商业信誉、商业声誉罪不法的递增模型

构成要件行为已经彰显了基础不法,行为不法的提升则需要散布广度达到法条所要求的"严重情节"的程度。由于"散布"已经是面向不特定人或多数人了,如果要提升行为不法,必然要求更具广泛性。《追诉标准(二)》规定了"利用互联网或者其他媒体公开损害他人商誉"的严重情形,以往解读只是抓住了"利用互联网"的表述,似乎只要利用互联网的"散布"就都具有"其他严重情节",但考虑到后面紧接着"或者其他媒体",而"互联网"与"其他媒体"显然是并列规定,那么"利用互联网"就不是任何与之相关的散布行为,而应当指代"利用互联网媒体"。此种解读的优势还在于:第一,防止行为不法提升的认定漫无边际,丧失构成要件应有的批判功能;第二,防止将任何与互联网有关的行为都往"利用互联网"上套,进而出现本罪的滥用;第三,防止架空关于"重大损失"的规定,使得完全没有财产损害的行为也因此被归罪。

据此,行为不法的提升可以划分为两大类别:(1)利用媒体(互联网或者其他媒体)散布。利用媒体散布,散布性更广,客观违法性更高,侵害法益的危险性更高;(2)利用非媒体散布。微信群、QQ 群、朋友圈等无法评价为互联网媒体,但通过这些非媒体的散布同样能够对法益造成严重危险,同样可能具有广泛性、公开性,多数情况下仍需要刑法的规制。本案中,被告人张某通过微信公众号散布虚伪事实,已经符合利用互联网媒体散布的要件。由于散布性更广,客观违法性更高,当然也就能够评价为具有"其他严重情节"。

四、结论

被告人张某客观上实施了"散布"行为,损害了味美面包店的商誉。由于该散布行为是通过微信公众号这样的互联网媒体实施的,虽未给该店造成重大损失,但由于利用互联网媒体散布,客观违法性更高,侵害法益的危险性也更高,故能够被评价为具有"其他严重情节"。被告人明知自己的行为会损害他人的商誉,并且希望或者放任这种结果发生,在主观方面存在故意。综合来看,张某的行为符合损害商业信誉、商品声誉罪的构成要件,应以本罪论处。

[规则提炼]

1. 在互联网时代,利用互联网散布已经成为虚伪事实的主要散布途径。互联网媒体的传播具有公开性和广泛性,且其散布过程也体现出复杂性,一旦通过这一渠道进行散布,显然比普通的散布行为更具广泛性,行为不法的程度会得到明显提升。

2. 将"捏造"作为构成要件行为存在明显疑问,"散布"是唯一的构成要件行为。在消解法条表述障碍时,可将"捏造"理解为"明知"的特定内容,此时就可以消除"并"所带来的表述影响。

3. "虚伪事实"属于规范的构成要件要素,应解释为:未达到客观上有相当的材料、根据而叙述的事实。这也意味着只要是散布缺乏相当资料、根据支撑的事实,就属于散布虚伪事实,行为人若对此明知,就不能阻却故意。

4. 行为人散布虚伪事实本身具有一定程度的"不法",构成本罪还要求具有"严重情节",这意味着"严重情节"所彰显的不法必须在原有不法的程度上有所提升。这一"不法"程度的提升还可以进一步类型化为行为不法的提升与结果不法的提升。财产损害的轻重体现了结果不法的高低,散布广度的大小体现了行为不法的高低。

第44题　伪造身份证件罪

(伪造身份证件罪、对向犯、追诉时效)

[案情简介]

2008年4月,被告人翁巧某长期在广东东莞上学,为在广东参加高考,其提供了自己的照片和虚假的身份证信息,通过贴在墙上的小广告,联系他人办理了1张东莞市公安局签发的"翁巧某"的身份证。被告人翁巧某使用该身份证参加高考、买房、办理社保,并使用该身份证分别于2009年8月31日、2013年10月15日、2014年5月8日在广东省东莞市申请办理普通护照1本,且在2010年5月1日至2016年4月5日,因探亲及工作需要,持该普通护照先后出国30余次。公安机关于2016年9月26日受理本案并决定立案,被告人翁巧某于2016年10月10日主动到公安机关投案自首。①

问题:

1. 翁巧某是否构成伪造身份证件罪的共犯?
2. 翁巧某伪造身份证件罪是否已过追诉时效?
3. 翁巧某是否构成偷越国(边)境罪?

[分析思路]

一、购买者是否构成伪造身份证件罪

(一)对向犯理论

(二)购买者不构成伪造身份证件罪的共犯

(三)延伸思考:买卖身份证件罪属于双方都要处罚的对向犯

---

① 根据福建省泉州市安溪县人民法院(2017)闽0524刑初361号刑事判决书改编。

二、关于伪造身份证件行为的追诉时效

(一)伪造身份证件罪是状态犯,而不是继续犯

(二)伪造身份证件罪已过追诉时效

三、行为人不构成偷越国(边)境罪

(一)有罪说

(二)无罪说

(三)"部分无罪说"的合理性

四、结论

[具体解析]

一、购买者是否构成伪造身份证件罪

(一)对向犯理论

1. 立法者意思说。立法者意思说是日本理论的通说,提出者是团藤重光,该说认为,"在具有对向犯性质的 A、B 两个行为中,法律仅将 A 行为作为犯罪类型予以规定时,当然定型性地预想到 B 行为,既然立法时对 B 行为置之不理,就必须将其旨趣理解为 B 行为不构成犯罪。因此,即便 B 行为该当于 A 罪的教唆行为或者帮助行为,但只要是对 A 罪的定型的参与形式,就不允许作为 A 罪的教唆犯、帮助犯予以处罚"[①]。

立法者意思说存在的疑问是,第一,划定必要参与行为的不可罚性的定型性基准非常模糊,处罚范围必然变得不明确。例如,关于贩卖淫秽物品牟利罪,假如单纯说"卖给我",是不可罚的,但在具备什么程度的积极性就具有可罚性、是否有必要达到使本来没有贩卖意思者初次萌生贩卖意思的程度,是不明确的。第二,如果认为必要的参与行为超出通常性的范围时就成立教唆犯、帮助犯,这样的结论与认为本犯教唆他人藏匿自己也成立犯罪的观点具有一致性,即都是根据责任共犯论得出的结论,认为共犯的处罚根据在于使他人卷入犯罪的漩涡之中。因此,根据立法者意思说,在必要的参与行为超出通常性的场合,要推导

[①] 这是团藤重光的观点,转引自张明楷:《对向犯中必要参与行为的处罚范围》,载《比较法研究》2019 年第 5 期。

出将必要的共犯认定为不可罚的结论就很困难。① 第三,在解释刑法时探究立法者的意思,容易陷入主观解释的窠臼。②

2. 实质说。平野龙一是实质说的主要代表。他认为,立法者意思说的观点是有疑问的,因为什么是共犯对于正犯的行为"不可欠缺",判断起来很困难,按照这种逻辑,如果想处罚也就能够处罚。因此,在必要共犯中,实质的思考是需要的。对于必要的共犯不处罚的理由,要从该共犯的违法性或者责任有所欠缺的角度加以思考。必要共犯没有违法性的场合,主要是指其成为被害人的情形,比如,贩卖淫秽物品牟利罪的买方就是被害人。另外,在本犯指使他人窝藏自己、隐匿自己证据的情形下,本犯没有责任,因此,对其不作为相应犯罪的共犯进行处罚。③

实质说存在的问题是:第一,实质说只能解决部分对向犯的问题,即对向参与方由于是被害人而欠缺违法性或者对向参与者因无期待可能性而欠缺责任的情形。第二,如果认为贩卖淫秽物品牟利罪的保护法益是社会的善良风俗,则不能将购买者视为被害人,也就无法用实质说解决问题,在对罪名保护的法益本身就有争议的场合,实质说的根基就不稳固。

3. 并用说。西田典之认为,按照实质说,必要的共犯不可罚的根据在于欠缺违法性或者欠缺责任,那么参与行为是不是被当然预想的就没有作为问题的必要了,必要的共犯的概念就是不必要的。实质说指出了基本妥当的方向。但是,立法者意思说的必要的共犯概念还是有存在的必要性。根据实质说,被认为欠缺违法性的事例,如贩卖淫秽物品牟利罪的事例,实质说将保护法益解释为是每个人的性羞耻心,进而认为买受人处于受该罪保护的被害人地位,因此不受处罚。但是如果将其保护法益解释为超越个人的社会全体的性羞耻心的健全性,那么,必要的共犯者就从"被害人"转化为"共同加害人",结果就当然要受到处罚了。这样,实质说的理论根基就不能说一定是稳固的。因此,即使采取实质说,仍必须维持立法者意思说这一意义上的必要的共犯概念。④ 换言之,实质说

---

① 参见〔日〕西田典之:《共犯理论的展开》,江溯、李世阳译,中国法制出版社2017年版,第278页。
② 参见周光权:《行为无价值论的中国展开》,法律出版社2015年版,第308页。
③ 参见〔日〕平野龙一:《刑法总论Ⅱ》,有斐阁1975年版,第379页。
④ 参见〔日〕西田典之:《共犯理论的展开》,江溯、李世阳译,中国法制出版社2017年版,第281页。

的解释结论受制于对罪名所保护的法益的解释,在对罪名保护的法益本身就有争议的场合,其根基就不稳固。

并用说存在的问题是:一方面,上述对于立法者意思说和实质说的批评大多都适用于并用说。另一方面,对立法者意思说和实质说如何进行并用,也存在疑问。

4. 离心型犯罪说。该学说由德国学者格罗普提出,认为核心人物的行为具有离心力或者向心力,导致其行为能多次反复发生,结果发生的危险能以几何倍数快速增长。所谓离心型犯罪,是指行为人作为中心,其行为能向不特定人不断发送诱惑性的危险信息,当与需要该信息的人发生联系时,就可能导致法益侵害结果发生的犯罪类型,传播、贩卖和行使类的犯罪均属于离心型犯罪。离心型犯罪的特点是,因为它的存在,整个行为才具有了发散性,其危害性才能以几何倍数反复发生。且受其吸引或者吸引其的其他人,仅仅在与其发生关联的单次行为中,才参与制造和实现危险。该区别使作为危险源的行为人的行为和其他人的行为之间形成一种危险落差,其他人因而始终是行为事件的边缘人物。作为边缘人物的其他人的行为虽然有违法性,但结合比例原则和出于经济性的考虑,不应该处罚这些边缘参与者,处罚作为危险源的行为人就够了。按照该说,倒卖文物的教唆者或帮助者是否构成犯罪,要区分情况。若是教唆或帮助倒卖者作为危险源发散性地倒卖,应以倒卖文物罪的共犯论处;若只是教唆或帮助危险源将文物倒卖给特定的购买者,就不应成立倒卖文物罪的共犯。①

笔者认为,这一结论难言合理。在上述倒卖文物案中,既然是帮助倒卖者将文物倒卖给特定的人,就完全符合帮助犯的成立条件,不能因为帮助者仅参与了一次,就认为帮助者不具有作为危险源的发散性,而不成立犯罪。倒卖文物罪也并未要求倒卖者要以倒卖文物为业,反复实施倒卖行为,即使倒卖者打算只倒卖一次文物就"金盆洗手"的,倒卖者也成立倒卖文物罪,帮助者也成立倒卖者的帮助犯。

因此,离心型犯罪说也不能解决所有传播、贩卖、出售类型对向犯的问题,该学说只能为传播、贩卖、出售罪名类型中最低限度的对象购买行为为什么不可罚提供依据,而在超出了最低限度的参与的对向购买行为,尤其是有第三者参与的片面对向犯的情况下,该理论就无法得出合理的结论。

---

① 参见何庆仁:《论必要共犯的可罚性》,载《法学家》2017年第4期。

在片面对向犯可罚性问题上,单独适用某个理论均不能解决所有对向犯的问题。立法者意思说只能说明最低必要限度的参与不可罚,但在超出最低必要限度的参与的情况下,就不能提供可罚与否的依据。在对向参与者是被害人的情况下,即使超出了最低必要限度,但其仍然因为欠缺违法性而不可罚,因而就需要借助于实质说。然而,实质说也仅能解决必要共犯可以被评价为被害人的案件,以及必要共犯欠缺责任的情形,仍然存在相当一部分犯罪的必要共犯无法评价为被害人或者无法被认定为欠缺责任的情形。因此,笔者认为并用说具有合理性。

(二)购买者不构成伪造身份证件罪的共犯

本案行为人在2008年购买身份证的时候,当时《刑法》(2006年修正)第280条第3款只规定了"伪造、变造身份证件罪",而没有规定买卖身份证件罪。对此,司法实践中有观点认为,购买者提供了自己的照片和虚假的身份信息,成立伪造身份证件罪的共犯。对于实践中的这一理解,理论上很难予以赞同。

应当认为,在《刑法修正案(九)》颁布之前,单纯购买行为不构成伪造身份证件罪的共犯。由于当时的《刑法》第280条第3款只规定了"伪造、变造身份证件罪",按照前述的并用说:一方面,如果考虑立法者意思,可以认为在具有对向犯性质的伪造身份证件和购买身份证件的两个行为中,立法者仅将伪造身份证件行为作为犯罪类型予以规定时,当然定型性地预想到购买行为,既然立法时对购买行为不予过问,就应当理解为购买行为不构成伪造身份证件罪。另一方面,如果考虑到单个购买者的危害性较小,购买伪造的身份证往往是出于日常生活的紧迫需要,必要共犯欠缺可罚的违法性或者欠缺责任,因此,没有必要将其作为伪造身份证件罪的帮助犯或教唆犯予以定罪处罚。

(三)延伸思考:买卖身份证件罪属于双方都要处罚的对向犯

处理本案时需要进一步思考的问题是,如果案件发生在《刑法修正案(九)》颁布之后,《刑法》第280条第3款修改为"伪造、变造、买卖身份证件罪",行为人的行为是否构成买卖身份证件罪?买卖身份证件行为是否包含单纯购买?是否需要对"买卖"的含义进行限定?

1. 理论分歧

《刑法修正案(九)》将《刑法》第280条第3款修改为"伪造、变造、买卖身份证件罪",行为方式在原来伪造、变造的基础上,增加了买卖行为。但是实践中,对于单纯购买身份证件的行为是否成立买卖身份证件罪,观点不一,既有认定为犯罪的,也有不处罚的。理论上也存在分歧意见:第一种观点认为,买卖是指买入或者卖出,既包括买入他人真实身份证件与卖出自己或者他人的真实身份证件的行为,也包括买入或者卖出伪造、变造的身份证件的行为。"甲将身份信息提供给乙,让乙为自己伪造居民身份证件,并给予乙报酬的,对甲、乙均应以买卖身份证件罪论处。"①第二种观点认为,这里的买卖,既包括出售、贩卖,也包括为出卖而购买的行为。对于实践中单纯购买伪造、变造的身份证件的行为,不宜以本罪定罪,但对其购买后实际使用的行为,可以按照使用虚假身份证件罪定罪处罚。② 第三种观点认为,单纯提供照片、处于边际参与角色的购买伪造的居民身份证行为,既不处于犯罪的危险源,也未引发犯罪的"增幅效应",不应根据共同犯罪理论加以处罚。在对《刑法》第 280 条进行体系解释时,应对购买伪造的居民身份证行为进行限缩解释,以贩卖或意图实施违法犯罪而购买伪造的身份证行为,构成买卖身份证件罪;购买伪造的身份证供生活自用的,属于治安管理处罚法的范畴;购买伪造的身份证用于国家规定的提供身份证明的活动中的行为,同时触犯贩卖身份证件罪和使用虚假身份证件罪,应以买卖身份证件罪处罚;为了卖而买的行为,也处罚单纯的购买行为,即对出售者和购买者都要处罚。③

上述第二种观点和第三种观点均对购买身份证件行为入罪进行了不同程度的限缩。第二种观点认为,仅有为出卖而购买的行为才构成买卖身份证件罪。④ 但其合理性存在疑问。第三种观点认为,以贩卖或意图实施违法犯罪而购买伪造的身份证行为,构成买卖身份证件罪,但是,该观点以购买身份证后的用途来确定购买者是否成立伪造居民身份证罪的共犯,这一结论并不合适。即使购买者购买身份证后用于犯罪活动,也不会使其处于伪造居民身份证件罪的危

---

① 参见张明楷:《刑法学》(第五版),法律出版社 2016 年版,第 1042 页。
② 参见周光权:《刑法各论》(第三版),中国人民大学出版社 2016 年版,第 343 页。
③ 参见时延安、王烁、刘传稿:《〈中华人民共和国刑法修正案(九)〉解释与适用》,人民法院出版社 2015 年版,第 209 页。
④ 参见李婕:《不只是共犯:购买伪造的居民身份证行为入罪之检讨》,载江溯主编:《刑事法评论:刑法方法论的展开》,北京大学出版社 2019 年版,第 231 页。

险源,不会加深其在伪造罪中的不法程度。

2. 购买身份证件的行为构成买卖身份证件罪

笔者认为,上述第一种观点具有合理性。即买卖是指买入或者卖出,单纯购买的行为也成立买卖身份证罪,并且不需要对购买行为进行限缩解释。理由如下:

第一,"买卖"和"销售""出售"的含义不同,"销售""出售"仅处罚卖方,而"买卖"处罚双方。《刑法修正案(九)》颁布以后,出卖身份证件和购买身份证件的双方对向行为,均应以买卖身份证件罪处罚。所谓买卖,理应包括购买和销售两种行为。

第二,前述认为单纯购买身份证件不能解释为买卖的观点存在的疑问是,为何此处的"买卖"不包含购买行为,论者并没有提供充分的理由。另外,如果购买行为解释为"为出卖而购买",那么一些诈骗团伙,为了实施诈骗行为而大量购买了伪造的身份证件,抓获时又尚未使用这些身份证件,不能认定为使用虚假身份证件罪,此类情况该如何处理?如果能够查明确实是为了实施诈骗行为而购买的,可以认定为诈骗罪的预备,但无法查明购买大量身份证件用于实施何种犯罪时,则无法对其认定合适的罪名。

第三,在解释《刑法》第 280 条第 3 款"买卖"的含义时,要考虑到和《刑法》第 280 条第 1 款相协调。《刑法》第 280 条第 1 款和第 3 款是法条竞合关系,第 1 款是普通法条,第 3 款是特别法条。根据体系解释,《刑法》第 280 条第 1 款和第 3 款的含义应当相同。通常认为,《刑法》第 280 条第 1 款的买卖国家机关公文、证件、印章罪,包括购买、出卖以及既购买又出卖,并不需要对"买卖"的含义进行限缩。若仅对《刑法》第 280 条第 3 款的"买卖"进行限缩解释,会导致《刑法》第 280 条第 1 款和第 3 款中"买卖"的含义不同,使得两个条文不协调,不符合体系解释的要求。

二、关于伪造身份证件行为的追诉时效

(一)伪造身份证件罪是状态犯,而不是继续犯

有观点认为,行为人翁巧某构成伪造身份证件的共犯,公安机关于 2016 年 9 月立案,翁巧某于 2009 年 8 月 31 日至 2014 年 5 月 8 日期间使用伪造的身份证

办理护照出国,追诉时效应从最后一次犯罪起算,未超过5年时效期限。但是,即便勉强能够认定被告人构成本罪共犯,也应该认为,伪造身份证件罪是状态犯,而不是继续犯,在伪造身份证件行为终了后,国家机关对居民身份证的管理活动被侵害的抽象危险在持续,但伪造行为已经既遂。另外,由于伪造身份证件罪的构成要件行为不包括使用身份证件的行为,故本罪的时效不能按照使用伪造身份证件的时间起算。因此,追诉时效的起算时点应当在伪造行为终了时。

(二)伪造身份证件罪已过追诉时效

本案伪造身份证件罪所对应的法定最高刑是3年有期徒刑,根据《刑法》第87条第(一)项的规定,法定最高刑不满5年有期徒刑的,追诉时效为5年。行为人翁巧某于2008年4月向他人购买伪造的证件,侦查机关在2016年9月才发现并立案,已过5年追诉时效。

三、行为人不构成偷越国(边)境罪

行为人翁巧某使用购买的身份证办理真实的护照后出国的行为是否构成偷越国(边)境罪?对此,存在不同观点。

(一)有罪说

有罪说认为,传统意义上的偷越国(边)境,是指使用伪造、变造的假证件在设关处越境,或者在不设关处秘密越境。但是,目前越来越多的情况是"骗证出境",即隐瞒真实的出入境意图,编造出入境事由,骗取合法的出入境证件出境,例如,以旅游、考察等名义,弄虚作假,骗取出入境证件后非法滞留国外打工或者以第二国为中转,前往第三国。对骗取证件出境的应认定为"偷越国(边)境"。主要考虑:一是从目前司法实践看,采用无证或者伪造、变造、无效的证件出入国(边)境的已极为少见,更多的是骗取证件出境。对此类行为若不认定为偷越(国)边境,不利于维护边境管理秩序,也无法满足司法实践的需求。二是骗取的证件尽管形式合法,但实质与伪造、变造、无效的证件无异,行为人持骗取的证件出入境,同样规避了有关机关的监管,扰乱了国(边)境管理秩序,损害了我国的国际形象。三是骗取出境证件罪以"为组织他人偷越国(边)境使用"为构成要件,骗取出境显然也属于偷越国(边)境罪,否则,骗取出境证件罪在任何情

况下都不能成立,该罪名就形同虚设。①

(二) 无罪说

无罪说主要有两种观点,其中的"全面无罪说"主张,骗取证件出境的行为,只要持有形式上有效的出境证件,均不构成偷越国(边)境罪。主要理由有:(1)《出境入境管理法》没有明文规定何谓偷越国(边)境,但根据其第 9 条以及《中华人民共和国公民出境入境管理法实施细则》第 23 条的规定,大体可以肯定的是,除不在出入境口岸、边防站等规定的地点出入境外,只有未持有出入境证件而出入境、使用伪造或涂改的出入境证件、使用无效的出入境证件或者冒用他人证件出境、入境的,才属于偷越国(边)境。使用欺骗手段取得的出入境证件出境的,不属于使用无效证件出境。因为根据同类解释规则,无效证件的范围必须是与伪造、涂改的出境证件相当的证件。使用欺骗手段取得的出境证件(尤其是签证),其形式上完全真实,不能与伪造、涂改的出境证件相提并论。过期的出境证件、已经被宣布吊销、作废的出境证件,才是与伪造、涂改的出境证件相当的无效出境证件。在没有权威机关确认的情况下,不能将骗取的签证视为无效证件。而且若没有利用该签证实施违法犯罪,就不符合宣布吊销、作废的条件。因此,行为人使用欺骗手段获得有权机关颁发的出入境证件后,进出国境的,不成立偷越国(边)境罪。(2)对于出境所要求的出境证件,进行形式判断即可,刑法上没有必要进行实质判断。而且对出境证件进行实质判断也几乎不可能。因为在我国,公民取得护照并不需要特别条件,出境的关键证件便是签证。但签证由国外相关机构颁发,所以,即使是出入境管理机构,也不可能将每一个人的签证交由外国相关机构确认。事实上,只要形式上真实,就应认定为有效的出境证件。② (3)骗取证件出境所骗取的证件通常指"护照"和"签证"。由于目前中国公民可以自由申领护照,因此,公民为了出境骗领护照的情形已经极为少见,较为普遍的情形是骗取签证出境。既然签证是他国政府发给本国公民的许可入境的签注,那么骗取签证而入他国国境的行为并没有侵害本国的国(边)境管理秩序。原因在于:一方面,某国以国内法上的规定认定本国国民的行为在外国法上

---

① 参见陈国庆、韩耀元、吴峤滨:《〈关于办理妨害国(边)境管理刑事案件应用法律若干问题的解释〉理解与适用》,载《人民检察》2013 年第 3 期。

② 参见张明楷:《刑法分则的解释原理》(第二版),中国人民大学出版社 2011 年版,第 367 页。

的合法性缺乏根据。"骗"的行为对象是他国(政府),而非本国,这种"骗"的行为是否构成违法和犯罪,则需以他国法律而定,本国(主权国)没有义务认定本国公民在国外法上的合法性问题。即使本国公民在国内的行为违反了外国法律,应当受到法律制裁,也应依双边引渡协定或本国所承担的国际法的义务(普遍管辖权)对本国国民予以法律上的制裁,但骗取签证的行为不是国际法上可以行使普遍管辖权的行为对象。另一方面,持骗取的签证出境没有构成对本国国(边)境管理秩序的损害。因此,对于骗取他国签证出境的行为不可能构成对本国出入境管理秩序的侵害。①

无罪说中的"部分无罪说"则认为,对于有瑕疵的行政许可的效力,刑法上应当进行实质判断。刑法对实质违法性的判断并不依附于行政法上的许可是否有效或被吊销。对于通过欺骗、贿赂等手段取得的控制性许可,其出罪功能是否受到欺骗手段的影响,不能一概而论,而是需要着眼于刑法的具体规范的目的,以及欺骗和贿赂的具体事项,结合具体个案具体分析。当欺骗行为仅仅体现了一种对国家管理制度的蔑视和对抗时,许可就是阻却构成要件该当性,瑕疵不影响其发挥阻却构成要件该当性的功能;当欺骗行为会产生法益侵害的现实危险时,或者说一种本该禁止的危险行为通过欺骗手段得到了许可时,许可就是阻却违法性,存在欺骗等瑕疵就会取消许可的正当化功能。② 据此,出入境证件属于控制性许可,并非以欺骗手段取得的都是无效的,只有在骗得证件之后实施的行为有客观危害性时才定罪。

(三)"部分无罪说"的合理性

笔者赞成"部分无罪说"。首先,全面肯定犯罪成立的有罪说的理由无法成立。有罪说认为所有骗取证件出境的行为均构成偷越国(边)境罪,但是有罪说的几点理由不能成立。一方面,不能因为骗取证件出境的情况多,就必须认定为犯罪。刑法的任务是保护法益,而骗取外国签证,并没有侵犯我国的国(边)境管理秩序。另一方面,不能认为骗取的证件在实质上与伪造、变造、无效的证件一样,骗取的出境证件在未被相关部门撤销前在行政法上就是合法的,与伪造、变造、无效的证件具有本质上的不同。

---

① 参见姜俊山:《组织他人偷越国(边)境罪相关问题探析》,载《法学杂志》2015年第9期。
② 参见车浩:《阶层犯罪论的构造》,法律出版社2017年版,第245—247页。

其次,全面无罪说的观点虽然具有一定的合理性,但如果按照其观点,只有传统意义上的"偷越国(边)境"才能定罪,即使用伪造、变造的假证件在设关处越境,或者在不设关处秘密越境,而只要骗取证件出境的,一律无法认定为偷越国(边)境,这会导致骗取出境证件罪形同虚设。按照《刑法》第 319 条规定骗取出境证件,为组织他人偷越国(边)境使用的,才能认定为骗取出境证件罪。如果认为通过骗取出境证件的方式出境的行为一律不能认定为偷越国(边)境行为,骗取出境证件罪则几乎无适用的余地。

最后,不能认为骗取外国签证的行为只侵犯了外国的出入境管理秩序,而没有侵犯我国的出入境管理秩序。根据《出境入境管理法》第 12 条的规定,中国公民不准出境的情形有:(1)未持有效出境入境证件或者拒绝、逃避接受边防检查的;(2)被判处刑罚尚未执行完毕或者属于刑事案件被告人、犯罪嫌疑人的;(3)有未了结的民事案件,人民法院决定不准出境的;(4)因妨害国(边)境管理受到刑事处罚或者因非法出境、非法居留、非法就业被其他国家或者地区遣返,未满不准出境规定年限的;(5)可能危害国家安全和利益,国务院有关主管部门决定不准出境的;(6)法律、行政法规规定不准出境的其他情形。据此,刑事案件的犯罪嫌疑人或民事案件中被法院决定不准出境的"老赖",如果通过欺骗的方式取得他国签证后出境,其行为不仅侵犯了司法秩序,也违反了我国《出境入境管理法》的规定,当然侵犯了我国的出入境管理秩序,应当认定为偷越国(边)境行为。

因此,"部分无罪说"的观点具有合理性,即当骗取证件出境的欺骗行为有法益侵害,抵消了行政许可的正当化功能时,应认定为犯罪,即将刑法规定的偷越国(边)境行为限于骗取证件之后实施的非法偷渡行为。

综上所述,由于本案行为人翁巧某使用伪造的身份证办理护照出国的行为不会产生法益侵害,因此,取得护照这一控制性许可就发挥了阻却偷越国(边)境罪构成要件该当性的功能,行为人不构成偷越国(边)境罪。

四、结论

行为人购买身份证件的行为,构成买卖身份证件罪;行为人使用伪造的身份证办理护照出国的行为,不构成偷越国(边)境罪。

[规则提炼]

1. 在片面对向犯可罚性的问题上,单独适用某个理论均不能解决所有对向犯的问题,立法者意思说与实质说并用的学说具有合理性。

2. 在《刑法修正案(九)》颁布之前,单纯的购买伪造、变造身份证件的行为不构成伪造、变造身份证件罪的共犯。《刑法修正案(九)》颁布后,《刑法》第280条第3款修改为伪造、变造、买卖身份证件罪,买卖身份证件罪属于买卖者双方都受处罚的对向犯,单纯购买身份证件的行为构成买卖身份证件罪。

3. 伪造身份证件罪是状态犯,追诉时效的起算时点应当在伪造行为终了之时。

4. 骗取证件出境的行为不宜全部认定为构成偷越国(边)境罪,只有当骗取证件出境的欺骗行为有法益侵害性时才能抵消许可的正当化功能。

第 45 题 招摇撞骗罪

(招摇撞骗罪、诈骗罪、犯罪竞合)

[案情简介]

1. 2001年11月,甲与乙相识,甲谎称自己是安徽省公安厅刑警队重案组组长,骗得乙与其恋爱并租房同居。期间,甲又先后对乙谎称自己任省公安厅厅长助理、池州市公安局副局长等职。为骗取乙及其家人、亲戚的信任,甲先后伪造了安徽省公安厅文件、通知、荣誉证书、审查登记表;印制了职务为池州市公安局副局长的名片和刑警执法证;购买了仿真玩具手枪等;2001年10月至2002年8月甲多次从合肥、池州等地公安机关盗取数件警服、警帽等;多次租用京GD6798号出租车,冒充是省公安厅为其配备。在骗取乙及其家人、亲戚的信任后,2002年4月至2002年8月期间以种种谎言骗得乙家人及亲戚现金50万元,并挥霍。

2. 2002年5月,甲又冒充安徽省公安厅刑警,骗取另一受害人丙与其恋爱并发生性关系。后以请人吃饭为由,骗取丙现金500元。

3. 2002年8月初,甲冒充池州市公安局副局长前往潜山县,骗取了该县人大、公安局有关领导的信任,陪同其游玩。

对于本案,法院判决被告人甲犯招摇撞骗罪,判处其有期徒刑10年。①

问题:被告人是否构成招摇撞骗罪?其行为应当成立几个犯罪?不同犯罪之间的关系如何处理?

[分析思路]

一、甲可能构成的犯罪

(一)甲的行为可能触犯的罪名

---

① 参见《刑事审判参考》第264号指导案例。

（二）司法实务中常见的观点

二、犯罪竞合关系分析

（一）伪造证件罪、盗窃罪与招摇撞骗罪之间的关系

（二）多次招摇撞骗是否为连续犯

（三）招摇撞骗罪与诈骗罪的关系

三、结论

[具体解析]

一、甲可能构成的犯罪

（一）甲的行为可能触犯的罪名

1. 伪造国家机关的文件、印章的行为

甲实施了伪造安徽省公安厅文件、通知、刑警执法证等行为，其行为构成伪造国家机关证件罪。

2. 盗窃行为不构成盗窃罪

行为人甲多次从合肥、池州等地公安机关盗取数件警服、警帽、持枪证以及相关材料，其行为不构成盗窃罪。虽然是多次盗窃，但由于当年没有多次盗窃的规定，盗窃警服、警帽、持枪证的财物价值也未达到盗窃罪数额较大的要求，故甲的盗窃行为不构成盗窃罪。

3. 欺骗乙的行为构成招摇撞骗罪和诈骗罪

甲冒充安徽省公安厅刑警队重案组组长、省公安厅厅长助理、池州市公安局副局长等国家工作人员身份，骗乙与其同居并以种种谎言骗得乙家人及亲戚现金50万元，该行为同时构成招摇撞骗罪与诈骗罪。

4. 欺骗丙的行为构成招摇撞骗罪

2002年5月，甲又冒充安徽省公安厅刑警，骗取另一受害人丙与其恋爱并发生性关系，并骗取丙现金500元，该行为构成招摇撞骗罪。由于诈骗数额500元达不到诈骗罪数额较大的要求，故该起事实不成立诈骗罪。

5. 冒充领导骗取招待的行为构成招摇撞骗罪

2002年8月初，甲冒充池州市公安局副局长前往潜山县，骗取了该县人大、

公安局有关领导的信任,陪同其游玩,该行为构成招摇撞骗罪。

(二)司法实务中常见的观点

本案涉及的竞合关系较为复杂,司法实务中有观点认为:第一,伪造国家公文、印章罪,盗窃罪与招摇撞骗罪是手段行为与目的行为的牵连关系,按照从一重罪论处,以招摇撞骗罪论处。第二,招摇撞骗罪是由两次招摇骗色、两次招摇骗财、一次招摇骗得服务(招待)行为构成,是一个连续行为,成立连续犯,仅按照一个招摇撞骗罪论处。第三,招摇撞骗罪与诈骗罪是法条竞合关系。甲的两次骗财行为成立诈骗罪,由于招摇撞骗罪与诈骗罪是法条竞合关系,应当按照特别法条招摇撞骗罪论处。因此,本案最终仅认定为招摇撞骗罪(连续犯)。

笔者认为,上述观点存在诸多不妥当之处,后文将围绕本案涉及的争议问题——牵连犯、连续犯的认定以及诈骗罪和招摇撞骗罪的关系展开讨论。

二、犯罪竞合关系分析

(一)伪造证件罪、盗窃罪与招摇撞骗罪之间的关系

牵连犯,是指犯罪的手段行为与目的行为,或者结果行为与原因行为分别触犯不同罪名的情况。关于牵连关系,理论上有不同观点。主观说认为,只要行为人主观上将某种行为作为手段行为或作为结果行为,就成立牵连犯。客观说认为,根据犯罪行为的性质,行为人采取的手段,通常是该犯罪所采取的手段时,就具有牵连关系。但如果只是一种偶然的手段与目的、原则与结果的关系,则不是牵连犯,必须具有类型化的牵连关系,即根据经验法则,某种犯罪通常是另一种犯罪的手段或结果时,就认为是牵连犯。[①] 客观说中的类型说具有合理性,因为牵连犯原本就是数罪,只有在手段行为与目的行为、原因行为与结果行为具有密切的类型性关联时,才有将其作为一罪处断的合理性,若不具有通常的类型性关联,对手段行为和目的行为所触犯的不同罪名还是应当数罪并罚。因此,认定牵连犯的关键在于审查手段行为与目的行为、原因行为与结果行为之间是否具有通常的类型性的关联。

---

① 参见张明楷:《外国刑法纲要》(第三版),法律出版社2020年版,第322页。

1. 伪造公文、证件与招摇撞骗是牵连关系

伪造国家机关的文件、工作证件等行为冒充省公安厅领导招摇撞骗,伪造公文、证件的行为是实施招摇撞骗时经常使用的手段,可以认为手段行为与目的行为存在类型性的关联,成立牵连犯,对牵连犯应从一重罪处罚,最终定招摇撞骗罪。

2. 盗窃与招摇撞骗不是牵连关系

由于2001年时《刑法》第264条中并没有"多次盗窃"的规定,盗窃警服、警帽、持枪证的财物价值也未达到盗窃罪数额较大的要求,故甲的盗窃行为不构成盗窃罪。即便其行为构成盗窃罪,该罪与招摇撞骗罪能否认为存在牵连关系,也是值得探讨的。笔者认为,盗窃和招摇撞骗难以认为存在类型性的牵连关系。一方面,盗窃行为并不是常见的招摇撞骗的手段;另一方面,在通过伪造国家机关文件、证件冒充国家工作人员招摇撞骗的情况下,由于手段行为本身违法程度很轻,作为牵连犯处理,对量刑也不会有太大影响,不会导致罪刑明显不相适应。但在手段行为是盗窃的情况下,就会出现罪刑明显不适应的情况。例如,假如甲不是盗窃警服、警帽等物品,而是为了招摇撞骗盗窃了一辆价值30万元的警车,若仅对甲定盗窃罪,按照现在的盗窃罪数额标准,量刑是3~10年有期徒刑,比定招摇撞骗罪3年以下有期徒刑量刑要重,如果认定为牵连犯,即使从一重处理,只定一个盗窃罪,完全不评价招摇撞骗行为也明显不合适,必然导致罪刑不相适应。因此,为了招摇撞骗而盗窃财物的,盗窃罪应单独评价,实行数罪并罚。

(二) 多次招摇撞骗是否为连续犯

本案的多次招摇撞骗行为能否认定为连续犯,涉及罪数的判断顺序,判断顺序不同,得出的结论也不同。若成立连续犯,则判断顺序上要先将数个连续行为认定为一个罪,然后再与其他不同的罪并罚。就本案而言,若三次招摇撞骗行为是连续犯,则作为一个招摇撞骗罪与诈骗罪想象竞合。若不能成立连续犯,而是成立同种数罪,虽然同种数罪不并罚,但仍然应该将每一起犯罪单独判断,这便涉及三起招摇撞骗罪的同种数罪与诈骗罪的竞合如何处理的问题。

1. 连续犯的成立要件

连续犯,是指行为人基于同一犯罪故意,连续实施数个性质相同的犯罪行为

的情形。连续犯具有以下特征:(1)基于相同的犯罪故意。即行为人在着手实行犯罪前,就有连续实施数个犯罪的意图。(2)连续实施了数个性质相同的犯罪行为。(3)数个犯罪行为之间具有连续性。(4)数个犯罪行为触犯同一罪名。①

有观点认为,在本案中,甲虽然先后实施了数次招摇撞骗行为,但数次行为均是在同一犯意支配下实施的,符合连续犯的特点,因此,应当将数次行为作为一罪综合评价,而不能分割评价、实行数罪并罚。

笔者认为,本案三起招摇撞骗事实间隔时间较长,难以认定为存在连续性。连续犯的认定不宜太过宽泛。陈兴良教授指出,连续犯概念是以限制同种数罪并罚范围为目的而创设的一个法律概念,但连续关系的认定范围不太明确。德国取消连续犯,是因为越来越坚持同种数罪并罚的立场,在同种数罪完全并罚的情况下,以限制同种数罪并罚为目的而创设的连续犯概念就丧失了存在的必要性。在我国,同种数罪从来不并罚,因此,连续犯在我国法律语境中没有意义。②

笔者认为,对连续犯的成立范围要限定,若认定太过宽泛,则与同种数罪相混淆。当然,笔者也并不赞同连续犯在我国法律语境中没有意义的观点,一方面,《刑法》第89条规定"犯罪行为有连续或者继续状态的,从犯罪行为终了之日起计算",连续犯的追诉时效计算是有刑法依据的。另一方面,实务中也一直承认并使用连续犯的概念,因此,还是应当承认连续犯的存在意义并对连续犯的成立条件进行限制。因为过于扩张连续犯的范围,认定得太宽泛,把相隔数月甚至数年的行为都作为连续犯处理,产生的一大弊端是会造成因追诉时效的无限延长,对被告人造成不利后果。故对连续犯的认定应当限定在一定时空内。

2. 连续犯是行为单数还是行为复数

对于连续犯是行为单数还是行为复数,我国学者存在不同观点。一种观点认为,连续犯是多次触犯同一法条,属于行为复数但法条单数。③ 连续犯的概念没有任何意义,连续犯其实就是同种数罪,应当按照同种数罪来并罚。只有对连续犯数罪并罚,才能体现连续犯的罪数本质。根据犯罪构成的罪数标准,连续犯是数个独立的犯罪行为分别符合同一罪名,亦即能够数次充分满足相同的犯罪

---

① 参见周光权:《刑法总论》(第四版),中国人民大学出版社2021年版,第393页。
② 参见陈兴良:《从罪数论到竞合论——一个学术史的考察》,载《现代法学》2011年第3期。
③ 参见陈兴良:《从罪数论到竞合论——一个学术史的考察》,载《现代法学》2011年第3期。

构成,属于实质的数罪。① 另一种观点认为,行为单数和行为复数的区分不仅仅在于生理性的身体动作。因为,刑法行为不是自然科学意义上的概念,而是社会意义关联上的概念。因此,构成要件行为单数的认定只能是采取一种规范性的判断标准,即我们同意将事件过程作为一个整体而不是分开来处理。在一定时间跨度内基于同一行为决意所进行的多个连续、反复行为,虽然在形式上具有一定复数性的特征,但在规范判断上仍然属于一个整体,可以被整体性地评价为一个构成要件行为单数。②

日本刑法学是将连续犯归入包括的一罪中讨论的。对于包括的一罪,是属于一罪还是数罪也存在争议。一种观点认为,包括的一罪类似于单纯一罪、法条竞合那样实质的一罪,另一种观点认为,包括的一罪更接近想象竞合、牵连犯那样的科刑上的一罪。较为折中的观点认为,包括的一罪这一概念,归纳的是那种"虽不能作为单纯的一罪来处理,但也没有必要勉强作为并合罪(数罪并罚)来处理"的类型,因而其包含诸多类型。在包括的一罪中,同时存在接近于实质的一罪的类型、接近于科刑上的一罪的类型等数个类型,应就各个类型分别探讨将其认定为包括的一罪的根据及要件。③ 笔者认为,将连续犯归入行为复数的观点具有合理性。认为连续犯是行为复数的见解,是从事实层面来认定行为的单复数的。认为连续犯是行为单数的见解,是从规范性的视角将其整体性地评价为行为单数,换言之,不是在自然科学意义上认定刑法行为的单复数,而是从社会意义关联上考虑。但是这种过于规范化的认定行为单数的径路,是由于德国删除了连续犯的规定,而完全不承认连续犯或将所有的连续犯都作为并合罪处理又会带来诉讼程序上的麻烦,故通过建构宽松的评价整体来扩张适用构成要件的行为单数。④ 但是,我国刑法实务和理论均承认连续犯、集合犯概念,不需要将行为单数的范围认定得如此宽泛。另外,无论连续犯是属于行为单数还是行为复数,没有争议的是,连续犯最终在处断上是一罪。

---

① 参见庄劲:《论连续犯概念之废除——兼论同种数罪的并罚模式》,载《求索》2007 年第 1 期。
② 参见王华伟:《网络语境中的共同犯罪与罪量要素》,载《中国刑事法杂志》2019 年第 2 期。
③ 参见桥爪隆:《论包括的一罪》,王昭武译,载《苏州大学学报》(法学版)2017 年第 2 期。
④ 参见王华伟:《网络语境中的共同犯罪与罪量要素》,载《中国刑事法杂志》2019 年第 2 期。

3. 连续犯和同种数罪在诉讼法上的差别

我国很多学者认为,由于我国同种数罪不并罚,故连续犯和同种数罪的区分没有意义。但笔者认为,连续犯和同种数罪的区分,在诉讼法上具有意义。

刑事诉讼法理论上认为,对于一个单一的诉讼客体,只有一个刑罚权,即仅能进行一次判决。对于案件单一性的认定,我国台湾地区和日本的通说认为,应以"刑罚权"的个数作为判断案件是否具有单一性的基准,以犯罪主体单一与犯罪事实单一两要件作为判断案件是否具有单一性的具体标准。犯罪是否单一主要是由刑法理论中的罪数理论决定的。具体而言,一罪并不仅限于单纯的一罪,实质上的一罪如接续犯、继续犯等,在实体法上仅构成一罪,在诉讼法上为一个诉讼客体,不可分割,故属单一犯罪事实;而裁判上的一罪,如牵连犯、连续犯,其构成要件虽属数个,而因法律规定从一重处断或一罪论,在科刑上仅作一罪处置,在诉讼法上作为一个诉讼客体无从分割,亦属单一犯罪事实。我国刑事诉讼客体单一性,也应当以实体法上刑罚权的个数为基准。①

如前所述,虽然目前对于连续犯是属于行为单数还是行为复数还存在一定的争议,但没有争议的是,它在最终处断上是一罪,那么实体法上也只有一个刑罚权,受一事不再理原则的约束。② 对于具有单一性的诉讼客体,在作出生效判决以后,不得再进行追诉。既判力中实质的法律确定力,又称为封锁效力,是指一确定判决之案件不得再为另一诉讼程序之标的,因为刑事诉讼权力已经耗尽。对于实体法上仅有一个刑罚权的事实,特别是根据实体法的规定仅构成一个刑罚权的多个行为,如连续犯、牵连犯等情形,如果通过数个独立的诉讼程序进行分割处理,很有可能形成多个有罪判决,造成犯罪行为人被科处数个刑罚的后果。这显然有违罪刑法定原则。③

因此,行为人实施数个罪名相同的犯罪的情形,如果认定成立连续犯,则只有一个刑罚权;若认定成立同种数罪,则有数个刑罚权。例如,如果认定行为人连续实施的20次诈骗成立连续犯,在一次起诉和判决中,由于仅查实了10起诈骗事实,故法院仅对10起诈骗进行了判决,一年后,侦查机关又查实了其另10起

---

① 参见张小玲:《刑事诉讼客体论》,中国人民公安大学出版社2010年版,第86页。
② 需要注意的是,虽然同种数罪不并罚,但与连续犯这种裁判上的一罪还是有区别的。
③ 参见张小玲:《刑事诉讼客体论》,中国人民公安大学出版社2010年版,第94、203页。

诈骗事实的,不得再进行起诉、判决。因为,行为人的20起事实作为一个连续犯,仅是一个诉讼客体,仅有一次刑罚权,禁止重复追诉。禁止重复追诉既是维护法的安定性、判决的既判力的要求,也是程序上对诉讼经济价值的追求,避免司法资源的重复耗费,更重要的是,具有保障被告人人权的意义,避免其反复陷入讼累、重复受到身心的折磨。当然,在此意义上,也可以说对连续犯的成立条件进行限制是必要的,避免因宽泛的认定连续犯导致放纵对犯罪的追诉。

综上所述,笔者认为本案的三起招摇撞骗事实由于时间跨度太长,空间上也不具有连续性,被害人也不同,甲骗色侵犯的法益还具有一定的人身专属性,故完全不符合连续犯的成立条件。本案三起招摇撞骗事实应当认定为同种数罪,虽然在我国同种数罪不并罚,但仍然应该将每一起犯罪分开判断,先在每一起案件中判断各罪之间的关系,然后最终确定罪数。

(三) 招摇撞骗罪与诈骗罪的关系

1. 法条竞合与想象竞合的区分

法条竞合,是指一个行为同时符合刑法分则的数个规定,在裁判上只能适用其中的某一罪名,从而排斥其他法条适用的情形。想象竞合犯,是指行为人基于一个罪过,实施一个危害行为,触犯数个罪名的犯罪形态。例如,为杀害仇人,对准仇人所在的人群扔炸弹的,可能同时构成故意杀人罪和爆炸罪,这些都是想象竞合犯的适例。

法条竞合与想象竞合的区别主要在于以下三个方面:

第一,立法者的价值设定。法条竞合,纯粹是因为针对同一犯罪行为的刑法分则规定整体或者部分重合,导致法律适用复杂化。想象竞合,是行为人的一个行为偶然地符合多个罪名,它与法律条文本身如何规定无关,而与犯罪人实施犯罪时的选择有关,行为触犯的两个罪名在保护法益上完全可以不同,所以是一种动态竞合。

第二,法益同一性。法条竞合不仅是法条之间形式上的逻辑关系,具有包含或者交叉关系的法条还必须是为了保护同一法益的目的而设立时,才属于法条竞合。对于某些形式上存在包含、交叉关系的法条,如果法益不同一的,应否定法条竞合关系,而认定为想象竞合。换言之,法条竞合是一行为侵害一法益而触犯数罪名;想象竞合则是一行为侵害数法益而触犯数罪名。

第三,法律适用。在适用法律时,因为法条竞合仅仅是在形式上存在竞合关系,司法判决上只需要列举适用的罪名即可,对于没有适用的犯罪,完全可以不予理会。换言之,对于法条竞合,法官无须列举被排斥的罪名。对于想象竞合,在一个说理充分的判决书中,应当分别列出罪名,然后从一重罪处断。这是因为想象竞合存在两个违法事实和责任,那么,在判决宣告时,必须将这些事项逐一清晰地列举出来,以实现刑法的充分评价,并有效发挥想象竞合的澄清功能。①

2. 招摇撞骗罪与诈骗罪之间是想象竞合关系

一种观点认为,招摇撞骗罪与诈骗罪是法条竞合关系,招摇撞骗罪是特别法条,特别法条优先于一般法条适用,故应认定为招摇撞骗罪。另一种观点认为,法条竞合原则上适用特别法条,但在特殊情况下也可以适用重法优于轻法的原则。

笔者认为,招摇撞骗罪和诈骗罪是想象竞合关系。理由在于:第一,诈骗罪规定在《刑法》分则第五章,保护的是财产权;而招摇撞骗罪规定在《刑法》分则第六章妨害社会管理秩序罪的第一节扰乱公共秩序罪,保护的法益是国家机关的威信及其正常活动,两罪法益不同,故不是法条竞合关系,而是想象竞合关系。只有认定为想象竞合,在判决书中列明行为人同时触犯招摇撞骗罪和诈骗罪,才能全面评价行为的不法内容。第二,通说认为,法条竞合应当按照特别法条优于一般法条的原则处理。若认定为法条竞合关系,招摇撞骗罪为特别法条,按招摇撞骗罪量刑在本案中会得出明显不合理的结论。即使将第一起事实认定为招摇撞骗罪"情节严重",也只能处 3 年以上 10 年以下有期徒刑,若将第一起事实按照诈骗罪量刑,则是数额特别巨大,处 10 年以上有期徒刑或者无期徒刑,并处罚金或没收财产,罪刑明显不相适应。但是,肯定两罪是想象竞合关系,能够克服上述弊端,本案行为人甲符合两个罪的构成要件,最终成立想象竞合,按其中的重罪即诈骗罪处理。

三、结论

由于本案三起招摇撞骗事实不成立连续犯,而是同种数罪,并且第一起犯罪事实同时成立诈骗罪,那么,如何判断罪数关系就有两种不同的判断思路:一种

---

① 参见周光权:《刑法总论》(第四版),中国人民大学出版社 2021 年版,第 404 页。

观点认为,甲虽然成立三个招摇撞骗罪,由于同种数罪不并罚,只定一罪,招摇撞骗罪和针对第一个被害人的诈骗罪想象竞合。另一种观点认为,虽然同种数罪不并罚,但由于本质上是数罪,所以还是应该将每一起犯罪分开判断,先在每一起案件中判断各罪之间的关系,然后最终确定罪数。笔者赞同第二种观点,具体判断过程如下:

第一起事实,甲冒充安徽省公安厅领导,骗乙与其同居并骗得乙家人及亲戚现金50万元,该行为同时构成招摇撞骗罪与诈骗罪,两罪是想象竞合关系,从一重罪处断,由于诈骗数额巨大,按照诈骗罪应处10年以上有期徒刑,而按照招摇撞骗罪情节严重只能处3年以上10年以下有期徒刑,故按照诈骗罪处理。

把第一起事实认定为诈骗罪后,再将其与第二起、第三起招摇撞骗罪进行数罪并罚,最终的处理结论应当是诈骗罪与招摇撞骗罪的数罪并罚。

笔者认为,只有这样判断才能做到不遗漏评价,若将本案的三起招摇撞骗的同种数罪先认定为一个招摇撞骗,再与诈骗罪进行想象竞合从一重处罚,最终仅定诈骗罪,则完全没有评价甲的第二起、第三起招摇撞骗事实,存在评价不足的弊端。

也许有人认为,按照第一种观点仅认定为招摇撞骗罪,由于想象竞合也是有明示机能的,所以也不会遗漏评价。但是,一方面,我国的判决书中其实很少会列明行为人同时触犯两个罪名并把想象竞合关系写清楚。另一方面,本案三起事实确实是数行为数罪,在能够数罪并罚的情况下,当然应该优先考虑数罪并罚。虽然在司法实践中对同种数罪是不并罚的,但笔者认为在类似于本案的情形中,同种数罪还是应当并罚的。

[规则提炼]

1. 连续犯,是指行为人基于同一犯罪故意,连续实施数个性质相同的犯罪行为的情形。对连续犯的成立要严格限定,与同种数罪相区别。

2. 连续犯和同种数罪在追诉时效和刑罚权的个数方面均存在区别。行为人实施数个罪名相同的犯罪的情形,如果认定成立连续犯,则只有一个刑罚权;若认定成立同种数罪,则有数个刑罚权。

3. 招摇撞骗罪与诈骗罪是想象竞合关系,而非法条竞合关系。

4. 同种数罪本质上是数罪,应该将每一起犯罪分开判断,先在每一起案件中判断各罪之间的关系,然后最终确定罪数。

第46题 破坏计算机信息系统罪

(破坏计算机信息系统罪、刑法解释、罪刑法定原则)

[案情简介]

COD,即化学需氧量,是在一定的条件下采用一定的强氧化剂处理水样时,所消耗的氧化剂量。它反映了水中受物质污染的程度,化学需氧量越大,说明水中受有机物的污染越严重。在水质环境监测作业中,COD值是水质污染程度的一个重要指标。

王某为完成公司交给其的改善河路水质任务,某年8月10日,其到某村支部书记张某家借来浇地用的软水管,组织房某、程某等人将软水管一端接在某河流水质监测站院内的砂井潜水泵上,另一端安装上一截3.98米的硬塑料水管引入河中,并固定在监测设备上,硬塑料水管的出水口正对着监测设备的水样取水口处,由此使得水质中的COD数值降低。8月10日至9月5日期间,王某组织人员每日在监测设备自动取水的六个时间点前十五分钟左右,打开砂井潜水泵的电源开关,通过安装的水管将抽取的地下水冲到监测设备的取水口处,干扰监测设备水质采样,使得水质监测设备无法客观反映所在河段的真实水质情况,造成水质监测数据严重失真。9月5日,王某等人被某市公安局食药环侦大队当场抓获。①

问题:

1. 王某是否成立破坏计算机信息系统罪?
2. 如何理解司法解释和《刑法》第286条之间的适用关系?

---

① 根据最高人民法院第104号指导案例以及海南省琼中黎族苗族自治县人民法院(2020)琼9030刑初23号刑事判决书改编。

[分析思路]

一、王某的行为不符合破坏计算机信息系统罪的构成要件

（一）王某客观上实施了干扰环境监测数据的行为

（二）王某的行为不符合破坏计算机信息系统罪的客观构成要件

二、司法解释和《刑法》第286条之间的关系

（一）王某的行为形式上符合相关司法解释的规定

（二）司法解释不能违反罪刑法定原则

三、结论

[具体解析]

一、王某的行为不符合破坏计算机信息系统罪的构成要件

（一）王某客观上实施了干扰环境监测数据的行为

水质监测站的水质取样分析设备具有自动取样后检测分析水质中各种化学元素含量等，并将分析检测结果通过网络自动上传至相关环境监管部门的计算机信息系统数据库中的功能。

王某采取组织他人抽取无污染的地下水喷淋到水质监测站中的水样取水口附近，在客观上确实使得水质监测站水样取水口附近的水质发生了改变，致使水质中的COD数值检测失真，干扰了环境监测数据。其行为似乎符合破坏计算机信息系统罪的犯罪构成。接下来让我们一起看看王某的这一行为究竟是否构成破坏计算机信息系统罪。

（二）王某的行为不符合破坏计算机信息系统罪的客观构成要件

1.《刑法》第286条第1款

根据《刑法》第286条破坏计算机信息系统罪的规定，该条文三款的内容分别对应三种行为方式与构成要件。其中，第286条第1款规定的行为方式为违反国家规定，对计算机信息系统功能进行删除、修改、增加、干扰，造成计算机信息系统不能正常运行，后果严重。

王某的行为不符合《刑法》第286条第1款规定的破坏计算机信息系统功能的构成要件。该款规定的是破坏计算机信息系统功能的行为，是指违反计算机信息系统安全保护、计算机软件保护法规等国家规定,对于计算机中按照一定的应用目标和规则对信息进行采集、加工、储存、传输、检索的功能,加以删除、修改、增加、干扰,使得计算机信息系统不能运行或者不能按原来的设计要求运行。① 因此,该款规定的行为必须是不法侵入(个别情况下,包括有权使用计算机的人进入)计算机信息系统内部,对系统的功能本身进行破坏,从而使得计算机信息系统不能运行或者不能按原先的设计要求运行。

很明显,本案中王某的行为并没有侵入计算机系统内部。王某仅仅是改变了水质监测设备取样的外部物理环境,但其从未通过技术手段侵入环境监测计算机系统的内部,并未通过改变或干扰监测系统内部应用程序的功能来改变水质监测结果。

此外,王某的行为也没有造成水质监测设备及计算机系统不能正常运行。尽管王某改变监测设备外部环境的行为可能会影响监测结果,但无论如何可以肯定的是,监测设备预先设定的系统运行程序和功能没有受到任何的影响和破坏,样本进入监测设备内部后,监测设备仍能按预定的程序和规则分析出采样结果,并将采样结果自动传输给相关监管部门。

据此,王某的行为不符合《刑法》第286条第1款规定的破坏计算机信息系统功能的构成要件。

2.《刑法》第286条第2款

第286条第2款所规定的破坏计算机信息系统罪的行为方式为对计算机信息系统中存储、处理或者传输的数据和应用程序进行删除、修改、增加的操作,造成严重的后果。该款规定的是破坏"计算机信息系统中"的数据和应用程序的行为,是指违反国家相关规定,对计算机信息系统中已经存储、处理或者传输的文字、符号、声音、图像等数据和应用程序进行全部或者部分删除、修改、增加的操作。显然,要符合该款规定的构成要件,行为人必须是针对计算机信息系统中已经存在的数据和应用程序进行诸如删除、修改或增加的操作。

但是,王某的行为仅仅是改变了环境监测设备外部取样的物理环境条件,其并未通过相应的技术手段侵入环境监测设备系统内部进行数据和应用程序的删除或修改,不属于"对计算机信息系统中"的数据和应用程序进行非法操作。因

---

① 参见周光权:《刑法各论》(第四版),中国人民大学出版社2021年版,第405页。

此,王某的行为不符合《刑法》第 286 条第 2 款规定的破坏计算机信息系统中的数据和应用程序的构成要件。

3.《刑法》第 286 条第 3 款

第 286 条第 3 款所规定的破坏计算机信息系统罪的行为方式为故意制作、传播计算机病毒等破坏性程序,影响计算机系统正常运行,后果严重。很明显,王某的行为并没有通过制作、传播计算机病毒等破坏性程序的技术手段影响计算机信息系统的运行。

综上,王某的行为不符合《刑法》第 286 条所规定的破坏计算机信息系统罪的任何一种不法构成要件类型,不构成破坏计算机信息系统罪。

二、司法解释和《刑法》第 286 条之间的关系

(一)王某的行为形式上符合相关司法解释的规定

最高人民法院、最高人民检察院颁布并于 2017 年 1 月 1 日起施行的《关于办理环境污染刑事案件适用法律若干问题的解释》第 10 条规定:"违反国家规定,针对环境质量监测系统实施下列行为,或者强令、指使、授意他人实施下列行为的,应当依照刑法第二百八十六条的规定,以破坏计算机信息系统罪论处:(一)修改参数或者监测数据的;(二)干扰采样,致使监测数据严重失真的;(三)其他破坏环境质量监测系统的行为。"

对于本案,有疑问的是,能否直接适用上述司法解释的第(二)项"干扰采样,致使监测数据严重失真的"的规定?从形式上看,王某抽取地下水喷淋在河流环境监测设备的水样检测取样口,事实上改变了监测设备的监测数据,似乎符合了前述司法解释的规定,可以认定为破坏计算机信息系统罪。由此,便涉及司法解释和实定法的关系和适用逻辑问题。

(二)司法解释不能违反罪刑法定原则

罪刑法定原则对于刑事司法领域的人权保障起着至关重要的核心作用,是现代法治国家刑事司法不可动摇的基石原则。为了确保国民对于自己的行为效果有明确的预期以保障国民的行动自由,对于刑法文本的解释必须不能超出刑法用语可能具有的含义范围,这是罪刑法定原则的当然要求。而司法解释是司法机关在适用法律过程中对法律文本的解释,当然也必须遵循罪刑法定原则的

要求。因此,司法解释不能突破刑法文本用语所可能具有的含义范围,否则司法机关便不当地僭越了立法权限。也就是说,对司法解释的理解也必须在刑法文本的框架下进行。

因此,对于前述司法解释中规定的"干扰采样,致使监测数据严重失真的"行为论以破坏计算机信息系统罪,也仍然不能超过《刑法》第286条这一规范文本划定的含义范围。与司法解释的该项规定相对应的刑法文本应是指《刑法》第286条第1款的规定,即对计算机信息系统功能进行删除、干扰等操作,造成计算机信息系统不能正常运行。由于《刑法》第286条第1款规定的破坏计算机系统功能是以侵入计算机信息系统内部对系统功能进行干扰等操作,并且要造成系统不能运行或者不能按原来的设计要求运行为前提,因此,对于干扰环境质量监测系统采样的行为论以破坏计算机信息系统罪,同样必须要求行为人以技术手段侵入环境质量监测系统的内部,通过对系统本身的功能进行干扰、删除等方式影响检测结果,并且同时还要造成环境质量监测系统不能正常运行。然而,本案中王某的行为并没有侵入环境质量监测系统的内部,更为重要的是,其改变监测系统取样外部物理环境的行为根本没有对监测系统本身的功能造成任何破坏,并未造成环境质量监测系统不能正常运行。

此外,不能认为将行为人通过改变环境质量监测系统取样的外部物理环境的方式干扰取样论以破坏计算机信息系统罪,是对《刑法》第286条的扩大解释,而非类推解释。类推适用(解释),是指将法律条文扩展适用于法律没有规定的情形或是法律条文文字无法包含的情形。[①] 由此,对于扩大解释还是类推适用的区分,必须以是否超出了文字所可能有的最大含义为界限。如果超出一般人对于文字字面含义的理解,则应视为类推适用,而非扩大解释。因为一旦超出一般人对文字字面含义的理解,意味着超出了国民的预测可能性,违背了罪刑法定原则保障公民行动自由的宗旨。行为人通过改变环境质量监测系统取样的外部物理环境以干扰取样的行为尽管字面上符合上述司法解释规定的"干扰采样,致使监测数据严重失真的",但是由于刑法文本本身规定"对计算机信息系统功能进行删除、修改、增加、干扰,造成计算机信息系统不能正常运行",很清楚的是,一般人对于该款刑法规定的理解也会是行为人的干扰采样行为侵入了环境

---

① Vgl. Wessels/Beulke/Satzger, Strafrecht Allgemeiner Teil, 43 Aufl., 2013, §2, Rn.53.

质量监测系统的内部,对监测系统的功能本身进行干扰,并且要造成监测系统不能正常运行。所以,如果不以《刑法》第286条的文本规定为前提理解司法解释规定的"干扰采样,致使监测数据严重失真的",将会严重违反罪刑法定原则。

三、结论

对于最高人民法院、最高人民检察院《关于办理环境污染刑事案件适用法律若干问题的解释》第10条规定的"干扰采样,致使监测数据严重失真的"行为论以破坏计算机信息系统罪的理解,也必须以《刑法》第286条破坏计算机信息系统的文本规定为前提进行,即必须理解为:进入计算机信息系统后的"干扰采样,致使监测数据严重失真的",才有构成本罪的余地。王某的行为只是通过改变环境质量监测系统采样的外部物理环境的方式干扰采样,但其行为并没有侵入监测系统的内部,更没有造成监测系统不能正常运行。将王某的行为适用上述司法解释第10条的规定论以破坏计算机信息系统罪,属于罪刑法定原则所禁止的类推适用。我国司法实务对于同王某行为类似的情形适用上述司法解释和《刑法》第286条的规定,认定为构成破坏计算机信息系统罪,动摇了作为"铁则"的罪刑法定原则。

[规则提炼]

1. 适用司法解释的前提必须是在刑法文本所规定的框架下进行,否则便可能存在冲击作为刑法基石的罪刑法定原则之嫌。

2. 对最高人民法院、最高人民检察院《关于办理环境污染刑事案件适用法律若干问题的解释》第10条规定的"干扰采样,致使监测数据严重失真"的理解必须以《刑法》第286条的规定为前提,不能突破刑法文本本身的含义范围。

3. 通过改变环境监测设备外部物理取样的方式改变环境监测数据,并未进入计算机信息系统"干扰采样,致使监测数据严重失真",不符合《刑法》第286条规定的破坏计算机信息系统罪的不法构成要件,不构成本罪。将在外部干扰环境监测采样的行为认定为破坏计算机信息系统罪,有违反罪刑法定原则之嫌。

第47题 虚假诉讼罪

（虚假诉讼罪、帮助伪造证据罪、滥用职权罪）

[案情简介]

2016年，被告人张某与某法院庭长林某合谋，为帮助不符合某市住房限购规定的买卖双方实现房产过户并从中牟利，让当事人根据张某提供的虚假的买卖双方存在债权债务关系的借款协议、借据、合作协议书等材料向林某所在的法院提起民事诉讼。事后，林某对该案件违规立案，在买卖双方均未参与诉讼的情况下，制作虚假的《开庭笔录》《民事调解书》等法律文书，并将上述法律文书携带至某市，由被告人张某组织房屋买卖双方在法律文书上进行虚假签名，再违反执行规定，向某市房地产权登记中心制发《协助执行通知书》，要求该市房地产权登记中心协助进行房产过户。

事后经查证，被告人张某伙同林某按照上述方式制作《民事调解书》《民事决定书》以及《协助执行通知书》各106份，某市房地产权登记中心已按照《协助执行通知书》载明的内容转移过户房产241套，因涉案房产按上述法律文书确定的价格过户，其缴纳的税款低于相应房产按照实际成交价计算应缴纳的税款，由此造成国家税款能够核算的损失共计1 000余万元。①

问题：
1. 如何认定张某的刑事责任？
2. 如何认定林某的刑事责任？

---

① 详细案情请参见李果、梁伟谊：《利用虚假诉讼规避房屋"限购令"》，载《人民法院报》2020年6月12日，第3版。

[分析思路]

一、张某和林某构成虚假诉讼罪的共同犯罪

（一）客观构成要件

（二）主观构成要件

（三）二人构成共同犯罪

二、张某构成帮助伪造证据罪

（一）客观构成要件

（二）主观构成要件

三、张某和林某不构成诈骗罪

（一）诉讼欺诈行为应当按照诈骗罪处理

（二）张某和林某实施的行为不构成诉讼欺诈型的诈骗罪

四、张某和林某构成滥用职权罪的共同犯罪

（一）客观构成要件

（二）主观构成要件

（三）二人构成共同犯罪

五、结论

[具体解析]

一、张某和林某构成虚假诉讼罪的共同犯罪

《刑法修正案（九）》第35条增设了虚假诉讼罪。根据该条规定,虚假诉讼罪的构成要件包括以下内容:行为主体为自然人或单位;实行行为是(故意)以捏造的事实提起民事诉讼;结果是妨害司法秩序或者严重侵害他人合法权益。① 下面就围绕虚假诉讼罪的构成要件,对张某和林某的行为进行检验。

（一）客观构成要件

虚假诉讼罪的实行行为是以捏造的事实提起民事诉讼,张某和林某并没有直接实施这一行为,因此只能根据刑法总则关于共同犯罪的规定来扩张性地适

---

① 参见张明楷:《虚假诉讼罪的基本问题》,载《法学》2017年第1期。

用虚假诉讼罪的构成要件。在本案中,直接实施虚假诉讼罪的行为人是向法院提起民事诉讼的当事人,因此首先要判断直接实行人的构成要件符合性。

1. 以捏造的事实提起民事诉讼

在本案中,当事人根据张某提供的虚假的借款协议、借据、合作协议书等材料向法院提起民事诉讼,其中的借款协议等材料属于使民事法律关系产生、变动或消灭的"事实",以虚假的材料作为证据向法院提起诉讼,就是虚假诉讼罪的实行行为,具体而言,该行为属于"与他人恶意串通,捏造债权债务关系和以物抵债协议的"这一类型的虚假诉讼行为。①

2. 妨害司法秩序或者严重侵害他人合法权益

根据《刑法》第 307 条之一的规定,成立虚假诉讼罪,还要求存在妨害司法秩序或者严重侵害他人合法权益的结果。在本案中,当事人实施虚假诉讼行为,由法官林某对这些案件违规立案并制作了相关法律文书,可以认定该行为妨害了司法秩序。

(二) 主观构成要件

经过前述检验,可以认定涉案当事人的行为符合虚假诉讼罪的客观要件。同时,提起民事诉讼的当事人在明知借款协议等材料系虚假的事实的情况下,向法院提起民事诉讼,也可以认定其具有虚假诉讼罪的犯罪故意,从而符合虚假诉讼罪的主观构成要件。

(三) 二人构成共同犯罪

张某和林某虽未直接实施虚假诉讼行为,但二人与提起民事诉讼的当事人具有提起民事诉讼的共同故意,而且张某为当事人伪造了民事诉讼的证据,林某作为法官对这些案件违规立案,因此可以认定张某和林某构成虚假诉讼罪共同犯罪,林某作为法官参与了虚假诉讼行为,按照《刑法》第 307 条之一第 4 款的规定,应当从重处罚。

二、张某构成帮助伪造证据罪

根据《刑法》第 307 条第 2 款的规定,帮助伪造证据罪是指,(故意)帮助诉讼

---

① 参见最高人民法院、最高人民检察院《关于办理虚假诉讼刑事案件适用法律若干问题的解释》(法释〔2018〕17 号)第 1 条。

活动的当事人伪造案件的证据,情节严重的行为。下面就围绕该罪的构成要件对张某的行为进行检验。

(一)客观构成要件

1. 诉讼活动的当事人是他人

帮助伪造证据罪,要求帮助的是作为诉讼当事人的他人,行为人伪造自己作为当事人的证据不构成本罪。① 在本案中,张某并非诉讼当事人,符合帮助他人这一要件。

2. 帮助伪造了案件的证据

通说认为,帮助伪造证据罪涉及的案件,不仅指刑事案件,也包括民事案件和行政案件。② 在本案中,张某帮助向法院提起民事诉讼的当事人伪造借款协议、借据、合作协议书等材料(书证),符合帮助伪造证据罪的行为要件。

3. 情节严重

在本案中,张某不仅多次帮助不同的当事人伪造证据,而且与法官林某串通,由林某以伪造的证据为事实依据制作《开庭笔录》《民事调解书》等法律文书,故可以认定符合情节严重这一要件。

(二)主观构成要件

帮助伪造证据罪是故意犯罪,要求行为人认识到自己伪造的是有关当事人诉讼活动的证据,进而认识到自己的行为会妨害司法活动的客观公正性。③ 在本案中,张某的行为完全符合帮助伪造证据罪的主观构成要件。

三、张某和林某不构成诈骗罪

(一)诉讼欺诈行为应当按照诈骗罪处理

行为人进行虚假诉讼,若符合以下事实构造,在理论上就被称为诉讼欺诈或

---

① 这一方面是出于期待可能性的考虑,因为伪造有利于自己的证据的行为,一般而言是缺乏期待可能性的;另一方面也是基于罪刑法定原则的考虑,因为"帮助"一词,已经在客观上将为自己伪造证据的行为排除在外,因此在解释论上不得将(即使具有期待可能性)为自己伪造证据的行为作为本罪处理。

② 参见高铭暄、马克昌主编:《刑法学》(第九版),北京大学出版社、高等教育出版社2019年版,第553页。但也有观点认为,帮助伪造证据罪仅限于帮助伪造刑事诉讼证据的场合,参见张明楷:《刑法学》(第五版),法律出版社2016年版,第1088页。

③ 参见张明楷:《刑法学》(第五版),法律出版社2016年版,第1090页。

诉讼诈骗:行为人基于非法占有目的→以捏造的事实提起民事诉讼→法院受骗作出错误裁判→被害人遭受财产损失或面临财产损失的危险→行为人获得财产或可能获得财产。对于诉讼欺诈,尽管也有观点否定行为人构成诈骗罪,①但多数观点还是认为行为人可以构成诈骗罪②,在我国司法实践中也多将诉讼欺诈行为作为诈骗罪处理③。

诉讼欺诈属于三角诈骗,对其应当以诈骗罪定罪处罚。具体而言,在诉讼欺诈中,遭受财产损失的被害人并没有陷入认识错误,因此诉讼欺诈不符合诈骗罪的典型构造。但是,在受骗人与被害人不同一的场合,只要"受骗人具有可以替被害人处分其财产的权能或地位"④,就成立(三角)诈骗。所以,正如日本学者大塚仁所言,"关于诉讼诈骗,虽然可以看到其不同于欺诈罪的一般情形的一面,但是,其基本事例包含着欺骗裁判所、使其陷入错误、基于财产性处分行为、使败诉者交付财物这种一系列过程,应该认为它仍然是欺诈罪(诈骗罪)的一种形态"⑤。作出民事裁判的法院(法官),其作出的裁判具有使当事人的权利义务发生变更的法律效果,属于有权处分被害人财产的主体,因此基于行为人提起诉讼这一诈骗行为,法院(法官)作出错误裁判文书,导致被害人财产损失的,可以成立(三角)诈骗罪。

(二)张某和林某实施的行为不构成诉讼欺诈型的诈骗罪

在本案中,需要特别关注的是,由于张某和林某实施的虚假诉讼行为,导致涉案房产按法律文书确定的价格过户,相关当事人所缴纳的税款低于相应房产

---

① 否定诉讼欺诈构成诈骗罪的观点参见高铭暄、陈冉:《论"诉讼欺诈"行为的定性——与"诉讼欺诈"定性诈骗论者商榷》,载《法学杂志》2013年第4期;王志亮:《虚假诉讼行为入罪初探》,载《东方法学》2016年第4期;杨兴培、田然:《诉讼诈骗按诈骗罪论处是非探讨——兼论〈刑法修正案(九)〉之诉讼欺诈罪》,载《法治研究》2015年第6期。

② 肯定诉讼欺诈成立诈骗罪的观点参见肖怡:《〈刑法修正案(九)〉虚假诉讼罪探析》,载《法学杂志》2016年第10期;李翔:《虚假诉讼罪的法教义学分析》,载《法学》2016年第6期。

③ 参见杭州市中级人民法院(2013)浙杭刑再终字第1号刑事裁定书、佛山市中级人民法院(2016)粤06刑终1084号刑事裁定书、常熟市人民法院(2014)熟刑二初字第0245号刑事判决书、湖北省房县人民法院(2015)鄂房县刑初字第00174号刑事判决书、上海市奉贤区人民法院(2015)奉刑初字第1856号刑事判决书、浙江省金华市中级人民法院(2014)浙金刑一终字第35号刑事裁定书、绍兴市柯桥区人民法院(2014)绍刑初字第53号刑事判决书,等等。

④ 〔日〕山口厚:《刑法各论(第2版)》,王昭武译,中国人民大学出版社2011年版,第305页。

⑤ 〔日〕大塚仁:《刑法概说(各论)(第3版)》,冯军译,中国人民大学出版社2003年版,第282页。

按照实际成交价计算应缴纳的税款,由此造成国家的税款损失这一事实。就上述事实而言,既然是通过了法院的错误判决造成了国家的财产损失,那么就有可能符合三角诈骗的构造,从而将该行为认定为诈骗罪。

但是,基于下述理由,笔者认为不应将张某和林某的行为作为诈骗罪处理:

其一,在本案中,张某与法官林某勾结,林某本身就是虚假诉讼罪的共犯,并非出于认识错误作出裁判,张某和林某的行为并不符合三角诈骗罪的构造,因此就难以构成诈骗罪。

其二,诈骗罪所侵害的是财产法益,要构成诈骗罪,必须存在可归责于诈骗行为的财产损失结果。在本案中,虽然基于虚假诉讼行为导致法律文书确定的过户价格过低,但该税款的损失与法官的裁判文书之间并没有直接因果关系,因为核定税款的是税务部门而非法院,原则上法院的裁判文书并非税款核定的依据,因此税款的损失难以归责于法院的裁判行为,当然也更难以归责于虚假诉讼行为。既然不存在可归责于诈骗行为的财产损失结果,那么诈骗罪等财产犯罪也就难以成立。①

四、张某和林某构成滥用职权罪的共同犯罪

在本案中,张某伙同作为法官的林某,由林某对当事人提起的虚假诉讼进行违规立案并作出虚假的《开庭笔录》《民事调解书》《协助执行通知书》等法律文书,该行为有可能构成滥用职权罪。下面就围绕滥用职权罪构成要件对张某和林某的行为进行检验。

(一)客观构成要件

根据《刑法》第 397 条的规定,滥用职权罪的客观要件为,国家机关工作人员超越职权,违法决定、处理其无权决定、处理的事项,或者违反规定处理公务,致使公共财产、国家和人民利益遭受重大损失。

1. 国家机关工作人员身份

林某作为某法院的庭长,系从事公务的国家机关工作人员,符合滥用职权罪

---

① 在"赵某甲滥用职权案"一案中,法院否认赵某甲的行为构成诈骗罪,正是基于上述理由,参见河北省灵寿县人民法院(2014)灵刑一初字第 00083 号刑事判决书。

的主体要件。

2. 实施了超越职权的行为

林某作为法官,其职权是依法从事审判等工作,但林某与张某勾结,对以捏造的事实提起的民事诉讼违规立案,并制作虚假的法律文书,属于违反规定处理公务,因此可以认定其实施了超越职权的滥用职权行为。

3. 造成国家利益的重大损失

要构成滥用职权罪,行为人还必须造成公共财产、国家和人民利益的重大损失。在本案中,林某作出虚假的法律文书,间接导致国家税款损失超过1000万元,能否将这一结果归责于林某的滥用职权行为,成为认定滥用职权罪的关键。

如前所述,由于核定税款的是税务部门而非法院,因此在诈骗罪的认定中,难以将税款的损失归责于法院的裁判行为。但是,不同于诈骗罪等财产犯罪,相关司法解释对滥用职权罪的危害结果作了相对宽泛的理解,不仅以被害人的死伤、具体的财产损失作为衡量标准,"造成(特别)恶劣社会影响"也属于滥用职权罪的危害结果。① 从司法解释的精神可以看出,滥用职权罪对结果的归责的要求比财产犯罪要低,一些不具有直接性、相当性,但具有一定相关性的危害结果也可以实现滥用职权罪的结果归责。② 正因如此,有观点认为,滥用职权罪中的因果关系与结果归属具有自身的特点,一般采取条件说的标准也可以肯定因果关系与结果归责。③

在本案中,林某的滥用职权行为虽未直接导致国家的税款损失,但其行为与国家税款损失的条件关系不能否认,因此房屋不法过户中的税款损失虽然不能

---

① 参见最高人民法院、最高人民检察院《关于办理渎职刑事案件适用法律若干问题的解释(一)》第1条。

② 比如"造成恶劣社会影响"一般要通过其他人的行为来实现,其与滥用职权的行为之间的因果联系不具有直接性、相当性,且具有模糊性。在我国司法实践中,有判决(如吴庆霞滥用职权案)明确指出,《刑法》第397条规定的"致使公共财产、国家和人民利益遭受重大损失",不仅包括造成重大的经济损失,还包括"造成恶劣社会影响",对行为人"涉嫌滥用职权一案没有造成任何损害结果及其行使职权的行为与公诉机关所称的损失不具有刑法上的因果关系"的辩解意见及其辩护人"被告人的行为没有导致重大损失的产生,不具备滥用职权的结果条件"的辩护意见不予采纳,而将滥用职权行为引发多次纠纷,并发生肢体冲突、造成了恶劣社会影响(拉横幅等)等作为滥用职权的危害结果,参见山东省菏泽市中级人民法院(2016)鲁17刑终431号刑事裁定书。

③ 参见张明楷:《刑法学》(第五版),法律出版社2016年版,第1240页。

在财产犯罪中实现结果归责,但却可以在滥用职权罪中实现归责。所以,就林某的滥用职权行为而言,可以认定其造成了国家利益的重大损失,从而符合滥用职权罪的结果要件。①

(二) 主观构成要件

滥用职权罪是故意犯罪,要求行为人对自己职权的不正当行使可能损害公共财产、国家或个人利益有所认识,而追求或放任这种结果的发生。② 在本案中,林某与张某勾结,明知相关民事诉讼的证据为虚假的事实,仍作出虚假的法律文书,并且也认识到了滥用职权的行为有可能造成国家税款损失的结果,因此可以认定其具有滥用职权的故意。

(三) 二人构成共同犯罪

张某虽不具有国家机关工作人员的身份,不能构成滥用职权罪的正犯(实行犯),但张某与林某勾结,参与了林某的滥用职权行为,可以构成滥用职权罪的共犯,所以对张某也应当以滥用职权罪定罪处罚。

五、结论

在本案中,张某成立虚假诉讼罪、帮助伪造证据罪、滥用职权罪,但由于其实施上述犯罪的行为大部分重合,可以认定其只实施了一个行为③,一行为符合数个犯罪的构成要件,构成想象竞合,应择一重罪处罚。林某成立虚假诉讼罪、滥用职权罪,基于同样的理由,也应择一重罪处罚。

---

① 根据司法解释的相关规定,造成经济损失 150 万元以上的,属于情节特别严重。所以,若符合其他要件,且不存在犯罪排除事由,林某滥用职权,造成国家税款损失超过 1 000 万元,应当适用 3 年以上 7 年以下有期徒刑这一法定刑。

② 参见周光权:《刑法各论》(第四版),中国人民大学出版社 2021 年版,第 576 页。但也有观点认为,不应当要求行为人对"致使公共财产、国家和人民利益遭受重大损失"具有故意,这一要素是客观超过要素,对此具有认识可能性,就可以肯定滥用职权的故意,参见张明楷:《刑法学》(第五版),法律出版社 2016 年版,第 1246—1247 页。

③ 想象竞合不要求符合数个犯罪构成要件的行为完全重合,在相竞合的刑法法规的客观构成要件中的行为具有部分一致性就可以认定行为单数,从而构成想象竞合,参见〔德〕汉斯·海因里希·耶塞克、〔德〕托马斯·魏根特:《德国刑法教科书》,徐久生译,中国法制出版社 2017 年版,第 982 页。

[规则提炼]

1. 与他人(包括法官)恶意串通,捏造债权债务关系向法院提起民事诉讼的,妨害司法秩序或者严重侵害他人合法权益,构成虚假诉讼罪。当然,与他人恶意串通并非虚假诉讼罪成立的必要条件,当事人单方以捏造的事实提起民事诉讼的,也可能成立虚假诉讼罪。

2. 符合以下构造的行为属于诉讼欺诈:行为人基于非法占有目的→以捏造的事实提起民事诉讼→法院受骗作出错误裁判→被害人遭受财产损失或面临财产损失的危险→行为人获得财产或可能获得财产。诉讼欺诈属于三角诈骗,应当以诈骗罪定罪处罚。

3. 在通过虚假诉讼不法过户房屋的案件中,若行为人与法官勾结,即使最终造成了国家税款的损失,行为人也难以构成诈骗罪。

4. 滥用职权罪中的因果关系与结果归责具有自身的特点,一般采取条件说的标准也可以肯定因果关系与结果归责。

第48题 非法行医罪

（非法行医罪、过失致人死亡罪、因果关系）

[案情简介]

行为人张某（女）原系某市纺织厂下岗工人。2001年至2004年间，张某在未取得行医资格的情况下，多次为他人非法治病。2004年4月26日，被告人张某开始为高位截瘫的王某（9岁时患脊髓蛛网膜粘连，殁年39岁）按摩治病。2004年6月13日8时许，被告人张某在给被害人王某治病过程中，张某扶着被害人王某，让其盘腿坐在床上，因王某坐不稳，上身往后倒，被告人张某便用双手扶住王某后背，并双手用力推了王某后背一下，被害人王某当时就喊"腿断了"。当日，王某被送到医院检查，医生诊断为右股骨骨折。由于在医院接骨治疗需要数万元的高昂治疗费，被害人王某家境贫困，家属无力负担医疗费，遂在家静养调理并打算找游医接骨。后由于被害人高烧9日不退，2004年6月27日上午11时，在被害人家属的要求下，被告人张某为被害人王某办理了住院手续，并交了2 000元押金，将被害人送往医院住院治疗。6月28日凌晨3时许，被害人王某经抢救无效死亡。经某市公安局法医鉴定中心鉴定，被害人王某系右股骨骨折形成肺动脉血栓性栓塞导致死亡，王某右股骨骨折属轻伤。①

问题：

1. 行为人张某是否构成非法行医罪？是否属于非法行医造成就诊人死亡的情形？
2. 行为人张某的行为和以放松身心为目的的普通按摩推拿有何区别？
3. 非法行医罪与过失致人死亡罪是什么关系？

---

① 根据辽宁省丹东市中级人民法院(2005)丹刑终字第63号刑事裁定书改编。

[分析思路]

一、被告人是否成立非法行医罪

(一)客观构成要件

(二)主观构成要件

二、被告人是否成立非法行医罪致人死亡

(一)结果加重犯的因果关系

(二)对死亡结果的过失

三、被告人是否同时构成过失致人死亡罪

(一)过失致人死亡罪的构成要件

(二)非法行医罪与过失致人死亡罪的关系

四、结论

[具体解析]

一、被告人是否成立非法行医罪

非法行医罪,是指未取得医生职业资格的人非法行医,情节严重的行为。《刑法》第336条第1款规定,未取得医生执业资格的人非法行医,情节严重的,处3年以下有期徒刑、拘役或者管制,并处或者单处罚金;严重损害就诊人身体健康的,处3年以上10年以下有期徒刑,并处罚金;造成就诊人死亡的,处10年以上有期徒刑,并处罚金。

(一)客观构成要件

1. 非法行医行为

非法行医罪是业务犯,张某在未取得医生执业资格的情况下,平时以治病为业,符合业务犯的特征。非法行医罪要求行为人将行医作为业务(或者职业)反复实施。行为人具有反复从事医疗行为的意思,只开展一次行医活动就导致就诊人重伤、死亡的,也构成非法行医罪。[1] 业务是基于社会生活上的地位反复从事的事务,本案张某的行为具备这种业务性(职业性)特征。本案多名证人的证

---

[1] 参见周光权:《刑法各论》(第四版),中国人民大学出版社2021年版,第487页。

言均能证明张某平时主动出门寻找病人,将点穴、按摩作为治疗疑难杂症的医疗手段,经常有人到张某家里看病。因此,张某不是偶然地仅为特定人实施一次治疗,其行为属于以非法行医为业的行为,具有反复实施医疗活动的特征。

2. 被告人的行为与普通按摩的区别

实务中,有的办案人员可能倾向于认为张某的行为属于普通推拿按摩。但是,这种观点值得商榷。根据最高人民法院《关于审理非法行医刑事案件具体应用法律若干问题的解释》(以下简称《非法行医司法解释》),在认定"医疗活动""医疗行为"时,应参照《医疗机构管理条例实施细则》(以下简称《实施细则》)对"诊疗活动"的相关规定。根据《实施细则》,诊疗活动是指通过各种检查,使用药物、器械及手术等方法,对疾病作出判断和消除疾病、缓解病情、减轻痛苦、改善功能、延长生命、帮助患者恢复健康的活动。卫生部、国家中医药管理局发布的《关于中医推拿按摩等活动管理中有关问题的通知》(国中医药发〔2005〕45号)进一步明确以治疗疾病为目的,在疾病诊断的基础上,实施的中医推拿、按摩、刮痧、拔罐的活动都属于医疗活动。从张某实施的行为来看,其实际从事的是使用药物、器械及手术以外的其他方法,以治疗疑难杂症为目的的康复性医疗活动。

张某的行为并非普通推拿按摩,应当认定为医疗行为,其在偶然为他人进行普通推拿治疗腰肌劳损等轻症之外,还宣传自己能治脑栓塞、癌症、高位截瘫等重病患者,并主动拉病人到其家中进行治疗。因此,其行为不仅形式上符合上述《实施细则》对医疗行为的规定以及《关于中医推拿按摩等活动管理中有关问题的通知》,而且实质上就应当评价为实施医疗行为。

从本罪的保护法益看,非法行医罪虽然是危害公共卫生的犯罪,但其保护的并不仅仅是公共卫生管理秩序。一方面,社会法益大多可以还原为个人法益。虽然法益包括个人法益、社会法益与国家法益(公法益),但是,社会不是独立于个人之外的实体,而是个人的利益与行为的各种过程与作用的总和,终究是由个人的利益与行动支撑的,因而并不存在超越个人的"社会"利益与价值。因此,只有当某种公法益与个人法益具有同质性,能够分解成或者还原成个人法益,是促进人类发展的条件且具有重要价值时,才是值得刑法保护的法益。① 据此,应当

---

① 参见张明楷:《宪法与刑法的循环解释》,载《法学评论》2019年第1期。

认为刑法规定非法行医罪,所保护的法益除公共卫生管理秩序外,还应当还原为个人法益,即保护公共卫生管理秩序是为了更好地保护社会公众的身体健康和生命安全。另一方面,非法行医罪的第二档法定刑要求"严重损害就诊人身体健康"、第三档法定刑要求"造成就诊人死亡",充分表明非法行医罪的法益同时具有保护身体、生命的性质。对法益进行说明,是为了进一步明确本案张某的行为性质和一般以放松身心、舒缓疲劳为目的的普通按摩存在重大区别。对张某认定为非法行医罪也并非仅仅根据其"吹牛"、夸大治疗效果的意思表示,而是要进行客观判断。在日常生活中,针对普通正常人(而非专门针对特殊的病人)进行的普通按摩保健活动通常不存在造成人身体健康损害的危险。但张某经常以脑栓塞、高位截瘫这些重症病人为治疗对象,而被害人王某体质特殊,患脊髓蛛网膜粘连、高位截瘫,这是客观情况,给这类病人进行推拿按摩,是非常危险的,存在着推拿过程中用力不均导致被害人身体受伤的风险。因此,不能认为以推拿按摩方式非法行医的行为不具有法益侵害危险性。对于瘫痪、骨质特别脆弱等的特殊病人来说,这样的按摩方式存在特殊危险。因此,张某专门寻找疑难杂症病人进行点穴、按摩治疗的行为,与普通舒缓疲劳的按摩存在本质的区别。

(二)主观构成要件

被告人张某对于基本犯即非法行医具有故意,存在反复实施非法医疗行为的意思。

二、被告人是否成立非法行医罪致人死亡

(一)结果加重犯的因果关系

需要进一步讨论的是,本案被告人是否成立非法行医罪致人死亡。这涉及结果加重犯的因果关系问题。

1.理论分歧

对于结果加重犯的因果关系判断,存在不同的观点,主要有以下几种学说:

(1)相当因果关系说。该说主张,基本犯罪行为与加重结果存在相当因果关系即可。"相当"是指该行为产生该结果在日常生活中是正常的。相当因果关系说存在的问题是,无法限制结果加重犯的处罚范围,可能违反罪刑相适应原则。相当因果关系说曾经是日本刑法理论的通说,后来由于"大阪南港事件",出现了

"相当因果关系说的危机"。该案中,被告人对被害人实施暴力(第一暴行),造成被害人产生内因性高血压性脑桥出血后,将其置于大阪南港的材料放置点并离去,但被害人在材料放置点被第三人殴打头部(第二暴行),脑出血扩大,多少存在使被害人死亡时间提前的可能性。被害人在次日凌晨因内因性高血压性脑桥出血死亡。日本最高裁判所的判决明确:即便存在异常的介入因素,但由于实行行为对结果的发生产生了决定性影响的,仍肯定最初的实行行为和结果之间的因果关系,从而就动摇了以往通过相当因果关系说解决问题的路径,"危险现实化说"得到了有力主张。①

(2)危险现实化说。实行行为是具有结果发生的具体危险性的行为,实行行为与结果发生之间的因果经过,在能够评价为内含于实行行为中的危险性已经作为结果实现时,承认刑法上的因果关系。②

(3)直接性说。该说认为,加重结果不仅应当归属于基本犯罪行为,而且与基本犯罪行为之间具有直接性关联。结果加重犯的成立,要求加重结果是由伤害结果演化而来,是基本行为的高度危险的直接现实化。

(4)特殊的危险关联说。德国的司法判例认为,只要在伤害行为与死亡结果之间存在特定的风险关联,就足以成立身体伤害致人死亡,如果被害人的行为是由行为人的伤害行为所引起,或者根据一般的生活经验,是对行为人伤害行为的典型反应,此时被害人的行为由于欠缺自我答责性,不能中断伤害行为与死亡结果之间的特殊风险关联。③ 按照该说,第一,按照一般的客观归责原理,能够将死亡结果归属于行为人的行为;第二,行为人的行为与加重结果之间具有特殊的危险关联。

前述四种学说中,前两种存在明显弊端,被更多人赞同的是后两种学说。单纯从理论上说,直接性说基于结果加重犯法定刑高、处罚重的现实,相对严格地限定结果加重犯的成立范围,是比较合理的理论。但是,直接性说要求结果与基本行为之间存在直接关联,等于是要求基本行为和加重结果之间存在"直接的"因果关系,例如,故意伤害的场合下手很重,被告人使用凶器砸中被害人大腿部

---

① 参见〔日〕桥爪隆:《当前的日本因果关系理论》,高翔译,载《刑事法评论》2017年第1期。
② 参见〔日〕桥爪隆:《当前的日本因果关系理论》,高翔译,载《刑事法评论》2017年第1期。
③ 参见王钢:《德国判例刑法(分则)》,北京大学出版社2016年版,第86页。

位,导致后者送医截肢后伤口大面积感染死亡的,可以认为伤害行为特别危险,直接导致结果发生。如果按照这种逻辑才能成立结果加重犯,势必会导致其成立范围很狭窄。因此,特殊的危险关联说在一定程度上对直接性说进行缓和,即行为有一定危险性,被害人的反应属于对基本行为的典型反应的,就可以认为存在这种危险关联性,例如,连续拘禁被害人,被害人虽然没有到生不如死的程度,但在神情恍惚的情况下跳楼自杀的,被告人也需要对非法拘禁致人死亡的结果负责。

2. 本案死亡结果的归属

对于本案被告人是否属于非法行医"造成就诊人死亡"的讨论,笔者认为,无论是按照直接性说还是特殊的危险关联说展开分析,都能够得出应当肯定结果加重犯的结论。一方面,必须承认,根据条件说,张某的行为与被害人王某的死亡结果具有事实上的因果关系。根据法医鉴定,王某右股骨中上段完全性骨折,断端完全错位,死者脊柱胸段侧弯畸形。经鉴定,王某右股骨骨折属轻伤,王某系右股骨骨折形成肺动脉血栓性栓塞导致死亡。因此,根据条件说,张某的行为与被害人王某的死亡结果具有事实上的因果关系。另一方面,可以认为张某的非法行医行为与被害人王某的死亡结果之间存在直接性关联,能够肯定结果归属。

从直接性说的角度看,张某的非法行医行为具有高度危险性,死亡结果是由伤害结果演化而来,是非法行为的高度危险的直接现实化。对行为的危险性应当进行客观判断。被害人王某体质特殊,患脊髓蛛网膜粘连,高位截瘫,这是客观情况,给这样的病人进行推拿按摩,是非常危险的,存在着推拿过程中用力不均导致被害人骨折的风险。因此,基本的非法行医行为具有高度危险性是可以肯定的。不能说推拿按摩方式的非法行医方式不具有高度危险性,对于瘫痪、骨质特别脆弱等的特殊病人来说,这样的按摩方式有危险性。例如,行为人甲非法行医给人治疗肠胃炎,病人来了都是给病人打吊瓶,输入葡萄糖,正好碰到病人乙有严重的糖尿病,甲给乙治病过程中,连续多天给乙打吊瓶,输入葡萄糖,导致乙死亡。在这个案件中,不能说在普通人看来,给病人输入葡萄糖不具有致人死亡的高度危险,无法得出甲构成非法行医罪的结论。行为的危险性也要结合客观情况,包括结合被害人的特殊体质进行判断。例如,妻子想谋杀丈夫,知道丈夫有血友病,在给丈夫刮胡子时,故意把丈夫的脸部皮肤划破。这个案件中,普通人看来,在一般情况下,划破一点皮肤不具有致人死亡的高度危险,但不能说,妻子把患有血友病的丈夫的脸划破的行为不具有高度危险性。即使按照特殊的危险关联说,也可以认定张某的非法行医行为与被害人王某的死亡结果之间存在特殊的危险关联,也能够肯定结果归属。按照特殊的危险关联说,就在肯定非法行医行为有一定危险性的前提下,进一步考虑被害人或者第三人的介入行为是异常、偶然反应,还是通常、典型的反应。在本案中,被害人王某就是右股骨骨折形成肺动脉血栓性栓塞导致死亡,是非法行医行为导致骨折后危险流向前发展导致死亡危险的现实化。根据2004年12月28日某市公安局法医鉴定中心《对王某死亡原因的分析意见》,王某右股骨骨折形成肺动脉栓塞导致死亡。股骨骨折可以导致下肢静脉损伤致血栓脱落,也可以是损伤的小血管引起凝血机制变化出现高凝血反应形成血栓,最终血栓进入肺动脉致使肺动脉栓塞导致死亡。肺动脉血栓性栓塞是股骨骨折常见的并发症。

对此有争议的是,有观点认为,王某未被及时送医治疗是导致其死亡的原因。另外,某市公安局法医鉴定中心《对王某死亡原因的分析意见》中认为,骨折后经过正规医院的治疗有可能避免肺动脉栓塞的发生,王某伤后应该及时到正规医院治疗,这样就有可能避免死亡后果的出现,但其骨折后贻误治疗14天(其中高烧9天),未能进行有效治疗,最终因肺动脉栓塞而死亡。因此,争议焦点就在于,能否将"延误治疗"视为介入了被害人或第三人特别的异常行为而否定将结果归属于行为人张某?

对此,德国类似判例的处理方式值得借鉴:行为人使年迈的被害人从3.5米高的瞭望台上摔下造成脚踝骨折,被害人在医院经过手术治疗后,医生过早地让被害人出院,没有给予其必要的药物也未复诊,数周后被害人因伤势久未痊愈引起肺栓塞和肺炎而死亡。德国联邦最高法院认为,虽然行为人的伤害行为最初仅造成不足以危及生命的脚踝骨折,但其行为本身却蕴含着致人死亡的危险,而且行为人在行为时也能预见到死亡结果,故应当肯定是伤害行为的特殊风险在被害人死亡结果中实现。至于医生未妥当治疗,不足以中断这种特殊风险关联,行为人构成身体伤害致死罪。[①]

就本案而言,应当认为被害人及其家属的"延误治疗"并不异常,所起的作用

---

① 参见王钢:《德国判例刑法(分则)》,北京大学出版社2016年版,第87页。

也很轻微,难以据此否定结果归属。伤害他人后,被害人在医院几个月后病情自然向前发展恶化导致死亡的案例有很多。介入因素必须是介入诸如另外的伤害行为、被害人自残、医院火灾、中途车祸、医生治疗重大失误等。由于被害人没钱治疗,或者由于宗教信仰等原因不想去医院,最后不治死亡的,死亡结果也应算到最初的行为人头上。本案被害人家属因经济困难、无力支付医疗费,未及时送王某去医院治疗,由于这种经济困难原因未及时就医的情况在一些条件不好的地区、农村或者较为贫困的家庭也很常见,并非异常,治疗不及时不能否定结果归属。

对于本案,也不能适用被害人自我答责的法理。自我答责法理的运用场景是,行为人的行为虽然是结果发生的条件,但被害人有意识且负责任地自我实现损害时,该结果不能归责于行为人。这种情况下导致的后果由被害人自己承担。例如,乙欲跳楼自杀,围观者甲大喊:"你怎么还不跳?"乙后来果真跳楼摔死的,不能将死亡结果归属于甲的行为。又如,甲拒绝乙的求爱,乙说:"如果你不答应,我就跳河自杀。"甲明知乙可能跳河仍然不同意,乙后来果真跳河溺亡的,不能认为甲构成故意杀人罪。也就是说,自我答责法理是运用在被害人自己实施自我损害的场合。而本案中,被害人王某及其家属延误治疗,并不能等同于自我损害,在延误治疗的情况下,被害人并未实施任何自我损害的行为,因此,不适用被害人自我答责的法理。

(二)对死亡结果的过失

被告人张某对于基本犯即非法行医具有故意,但对加重的死亡结果存在过失。对于被害人死亡的结果,可以认定张某是有预见可能性的,因为被害人王某体质特殊,患脊髓蛛网膜粘连、高位截瘫,张某对被害人的特殊体质明知,对于这一点在案证据可以证实。因此,不能说王某的死亡是完全没有预见可能性的意外事件。

综上所述,本案属于非法行医"造成就诊人死亡"的情形,应当适用第三档法定刑,应当对被告人判处 10 年以上有期徒刑。

三、被告人是否同时构成过失致人死亡罪

(一)过失致人死亡罪的构成要件

过失致人死亡罪,是指由于过失而导致他人死亡的行为。过失行为与死亡

结果之间应当有因果关系。根据前述对非法行医致人死亡的因果关系分析,已经得出行为人的非法行医行为与死亡结果之间存在因果关系,因此,同样能够肯定过失致人死亡罪的因果关系。行为人的行为符合过失致人死亡罪的构成要件。问题是,行为人在已经构成非法行医罪的情况下,能否再认定为过失致人死亡罪?非法行医罪与过失致人死亡罪是什么关系?

(二)非法行医罪与过失致人死亡罪的关系

过失致人死亡和非法行医"造成就诊人死亡"的结果加重犯是一般法条和特别法条的关系,两个法条构成法条竞合。本案已经构成非法行医罪的结果加重犯,那么就不能再认定为过失致人死亡罪了,因为法条竞合关系中特别法条优先适用。

值得讨论的是,假设本案不能认定为非法行医"造成就诊人死亡"的情形,能否再认定为过失致人死亡罪?

笔者认为,行为人在非法行医的过程中,发生就诊人死亡结果的,如果不构成非法行医罪的结果加重犯,那么也不构成过失致人死亡罪。不能认为,死亡结果不能归属于被告人,被告人不构成非法行医罪的结果加重犯,反过来认为被告人构成过失致人死亡罪,在此非法行医行为和致人死亡结果之间的因果关系同样无法肯定。比如,司机在马路上开车撞死了人,司机如果没有任何违章行为(交通肇事罪要求违反交通法规),那么,司机不成立交通肇事罪,就不能反过来再去认定司机成立过失致人死亡罪,这里也有一个交通肇事罪和过失致人死亡罪存在法条竞合关系及特别法条优先适用的问题。

四、结论

行为人张某构成非法行医罪,属于非法行医造成就诊人死亡的情形。

[规则提炼]

1. 非法行医罪是业务犯,要求行为人将行医作为职业,具有反复实施医疗行为的特征。

2. 非法行医罪的保护法益不仅包括社会管理秩序,还包括被害人的身体健康和生命。行医行为与普通按摩存在本质区别。以高位截瘫的重症病人为治疗对象,这种按摩方式具有特殊危险性,属于行医行为,与日常生活中为普通公众提供的普通按摩保健活动存在根本差别。

3. 结果加重犯的直接性说和特殊的危险关联说在结果加重犯的成立范围上会有一定差别。但就对体质特殊的被害人提供按摩治疗服务致人死亡的情形而言,无论是按照结果加重犯的直接性说还是特殊的危险关联说,都能够得出被告人需要对死亡结果承担过失责任的结论。

4. 过失致人死亡罪和非法行医罪"造成就诊人死亡"的结果加重犯是法条竞合关系,对特别法条应优先适用。

第49题　贪污罪的共犯

（诈骗罪、贪污罪、罪数认定）

[案情简介]

被告人吴某、潘某、卢某事先共谋，商定采取对加油机更换芯片，通过芯片控制加油机减少对客户的发油量以牟取利益，吴某、潘某负责联系加油站站长或内部员工，卢某负责提供芯片及技术支持。共谋后，吴某、潘某与某国有加油站工作人员陈某取得联系并更换芯片，之后陈某在加油过程中利用客户对加油机流量数据的信任，对不特定的客户实施了减少发油量的行为，从而达到骗取客户汽油的目的，事后吴某等人通过陈某将骗取的汽油变现以牟取非法利益，犯罪数额巨大。①

问题：

1. 被告人吴某等人采取用芯片控制加油机减少对客户的发油量，以牟取利益的行为，构成何种犯罪？

2. 被告人吴某等人事后将汽油变现以牟取非法利益的行为，构成何种犯罪？

3. 被告人吴某等人符合数个犯罪的构成要件，最终应如何定罪处罚？

[分析思路]

一、控制加油机使客户多付油费，成立诈骗罪

（一）客观构成要件

（二）主观构成要件

二、控制加油机使客户多付油费，不成立盗窃罪

三、将国有加油站的汽油非法变现，成立贪污罪

---

① 根据青海省格尔木市人民法院(2016)青2801刑初243号刑事判决书改编。

（一）客观构成要件

（二）主观构成要件

四、数个行为侵害数个法益，原则上应数罪并罚

（一）罪数处理的一般原则

（二）本案原则上应数罪并罚

五、结论

[具体解析]

一、控制加油机使客户多付油费，成立诈骗罪

在本案中，吴某、潘某、卢某经过事先通谋，勾结加油站工作人员陈某，通过技术手段控制加油机减少对客户的发油量，从而使客户支付了超过实际加油量价值的油费，侵害了客户的财产法益。既然侵害了财产法益，行为人就存在构成财产犯罪的可能性。但是否构成以及构成何种财产犯罪，不是可以直接从法益侵害这一点得出结论的，而必须结合具体犯罪的构成要件加以分析。就本案事实而言，行为人取得客户（多支付的）油费并非通过暴力、胁迫等方式，因此从预判上可以将构成要件检验的范围限定于诈骗罪和盗窃罪。以上述判断为基础，首先检验相关行为是否构成诈骗罪。

（一）客观构成要件

既遂形态的诈骗罪的客观构成要件表现为以下构造：行为人实施了欺诈行为→被害人基于该欺诈行为产生或者维持认识错误→被害人由此处分（或交付）财产→行为人获得或使第三人获得财产→被害人遭受财产损失。[①] 下面就逐一检验本案行为人的行为是否符合上述要件。

1. 欺诈行为

吴某等人伙同加油站工作人员陈某通过芯片控制了加油机，使加油机显示的发油量与实际发油量不一致，该行为具有使加油的客户产生认识错误从而多支付油费的性质，系属于诈骗罪客观构成要件的欺诈行为。

[①] 参见周光权：《刑法各论》（第三版），中国人民大学出版社2016年版，第124页以下。

值得注意的是,属于诈骗罪客观构成要件的欺诈行为并非包括一切使被害人产生认识错误的行为,而必须具有使被害人错误交付财产(财产的占有终局性的转移)的危险性,若只是使被害人的财产错误地处于"占有松弛"的状态,则该行为并非属于诈骗罪客观构成要件的欺诈行为。① 本案中吴某等人的行为具有使客户基于认识错误多支付油费的危险性,属于诈骗罪构成要件中的欺诈行为。

2. 被害人的认识错误

吴某等人通过芯片控制加油机,使加油机显示的发油量少于实际的发油量,但客户却信赖加油机的流量数据,认为自己应支付加油机显示的流量数据对应的油费,此系诈骗罪构成要件中的被害人认识错误。

3. 被害人基于认识错误而交付财产

要成立诈骗罪既遂,上述诈骗罪客观构成要件的诸要素不但需要齐备,而且还必须依特定顺序发生。财产的交付必须系基于被害人的认识错误发生,而被害人的认识错误又必须由行为人的欺诈行为引起。在本案中,若客户支付油费发生在加油之后,则被害人基于认识错误而交付财产这一点可以被无疑义地认定。但现实情况也可能是,客户先将油费支付给加油站,加油站再给客户的机动车加油。在后一场合,似乎财产的交付行为发生在先,被害人的认识错误发生在后,不符合诈骗罪的客观因果流程。但事实上,客户之所以会支付特定金额的油费,系因为信赖加油站会将约定数量的汽油输入自己的油箱,吴某等人通过芯片控制加油机,但客户仍基于上述信赖支付油费,客户所信赖的事实与客观事实不符。由此可以认为,客户在交付油费之前(际)便已经产生了认识错误,并基于该认识错误交付了油费。当然,该认识错误并非由吴某等人的言语导致,而是由吴某、陈某等人通过默示的举动(在加油站通过受控制的加油机给客户加油)导致。所以,不论在哪一场合,本案中的客户均系由吴某等人的欺诈行为产生了认识错误,然后基于该认识错误交付了财产。②

---

① 比如行为人以做法事为幌子,让被害人将现金放入塑料袋,随即将塑料袋调包的行为,虽然行为人实施了一定的欺诈行为,但被害人将现金放入塑料袋的行为并非财产的交付行为,该欺诈行为不具有使被害人错误交付财产的危险性,因此不是诈骗行为。就该行为而言,其取得财产系通过违背被害人的意志转移财产的方式(秘密调包)实现的,符合盗窃罪的构成要件。

② 可以说,在先加油后支付油费的场合,系行为人虚构过去的事实进行诈骗;在先支付油费的场合,系行为人虚构将来的事实进行诈骗。无论是虚构过去的事实或现在的事实,抑或是虚构将来的事实,均可以被评价为诈骗行为。

4. 行为人获得或使第三人获得财产

行为人实施欺诈行为后,被害人交付财产,一般而言是行为人直接获得财产。但因为就被害人而言,其基于认识错误交付财产,交付对象是行为人还是第三人,对行为的法益侵害性没有任何影响。所以,在诈骗罪等财产犯罪的认定中,即使是第三人获得的财产,也不影响犯罪既遂的认定(同样的,如后所述,也不影响非法占有目的的认定)。在本案中,吴某等人采取欺诈行为使客户基于认识错误多支付了油费,尽管上述多支付的油费进入加油站账户,吴某等人并不能直接取得这些油费,但由于加油站作为第三人获得财产并不影响诈骗罪(既遂)的认定,所以在客户将油费交付给加油站,加油站收到该笔油费时,吴某等人的诈骗罪即告既遂。

5. 被害人遭受财产损失

吴某等人通过芯片控制加油机减少发油量,使客户多支付了油费。就本案事实而言,吴某等人的诈骗数额就是客户所遭受的财产损失,即客户支付的超过实际发油量价值的油费。由于吴某等人涉案汽油数额巨大,因此也可以认定诈骗罪的数额巨大,吴某等人的行为已经达到了诈骗罪的定罪数额。

(二)主观构成要件

经过前述检验,得出吴某等人的行为符合诈骗罪客观构成要件的结论。但要构成犯罪,还必须要求行为人对其实施的客观不法行为具有主观责任,因此接下来还必须检验吴某等人的行为是否符合诈骗罪的主观构成要件。诈骗罪的主观构成要件一方面要求行为人具有犯罪故意,另一方面还要求行为人具有非法占有目的。下面就逐一检验本案行为人的行为是否符合上述要件。

1. 诈骗故意

吴某、潘某、卢某对诈骗罪具有事先通谋,对诈骗行为的实施进行了分工,之后加油站的工作人员陈某也参与实施诈骗行为,各行为人对共同实施的行为的性质和可能造成的危害结果均具有明知,并积极实施行为,追求危害结果的发生。因此,根据我国《刑法》第14条的规定,可以认定吴某、陈某等人具有诈骗罪的共同故意。各行为人在共同故意的范围内,制订犯罪计划、分担犯罪行为,共同支配了诈骗罪的因果流程,均为诈骗罪的共同正犯,共同对诈骗结果负责。

2. 非法占有目的

非法占有目的是取得型财产犯罪共同的主观构成要件,要求行为人在实施具体财产犯罪之时在主观上具有排除权利人、将他人之物作为自己的所有物,并按照该物之经济用途进行利用、处分的意思(排除意思+利用意思)。① 在本案中,吴某等人对加油客户的财产具有排除意思和利用意思,这一点没有疑问。

需要明确的问题是,非法占有的目的既包括使行为人自己不法占有的目的,也包括使第三者(包括单位)不法占有的目的。② 吴某等人的行为虽不能使自己直接获得被害人的财产,但却可以使加油站获得被害人的财产,因此可以认定吴某等人具有非法占有目的。③

综上所述,吴某等人基于非法占有目的故意实施了欺诈行为,加油客户由此产生了认识错误并基于该认识错误向加油站多支付了油费,客户因此遭受了财产损失。吴某等人的上述行为符合了诈骗罪的构成要件,且不存在犯罪排除事由,成立诈骗罪。吴某、潘某、卢某和加油站工作人员陈某基于共同犯罪故意,共同实施了诈骗行为,构成诈骗罪的共同犯罪。当客户将油费交付给加油站时,被害人对财产失去控制,吴某等人的诈骗罪既遂,犯罪数额为客户多支付的油费。综上,对于本案事实,吴某等人构成诈骗罪(既遂)的共同犯罪,应当按照我国刑法关于诈骗罪和共同犯罪的规定承担刑事责任。

二、控制加油机使客户多付油费,不成立盗窃罪

根据取得被害人财产的方式,不能排除吴某等人的行为构成盗窃罪的可能性。因此,还需根据盗窃罪的构成要件对吴某等人的行为进行检验。

盗窃罪的客观构成要件是指,行为人违背被害人的意志,直接破坏被害人对财产的占有从而建立自己或第三人对财产的占有的行为。在本案中,对于客户的油费而言,系客户基于认识错误交付给加油站的,并非由行为人通过直接破坏占有的方式侵害,因此对油费的不法占有而言,吴某等人的行为不符合盗窃罪的

---

① 参见〔日〕山口厚:《刑法各论(第2版)》,王昭武译,中国人民大学出版社2011年版,第229页。
② 参见张明楷:《刑法学》(第五版),法律出版社2016年版,第959页。
③ 我国司法实践也认为"非法占有目的"包括"使第三者不法占有的目的"。参见张星:《如何理解职务侵占罪中的"非法占有的目的"》,载中国法院网(https://www.chinacourt.org/article/detail/2017/06/id/2889704.shtml),访问日期:2017年6月14日。

构成要件。对于汽油而言,由于吴某等人并没有破坏客户对汽油的占有,因此吴某等人的行为也就不可能符合盗窃罪的客观构成要件,从而不成立盗窃罪。

三、将国有加油站的汽油非法变现,成立贪污罪

吴某等人采取诈术骗取了客户的油费,但该行为并不能使吴某等人直接获利,因此吴某等人事后实施了将加油站(少发放)的汽油变现从而牟取利益的行为。由于该行为所涉及的是国有加油站所有的汽油,吴某等人与加油站工作人员陈某勾结将汽油变现,可能符合贪污罪的构成要件。以下就围绕贪污罪的构成要件,对吴某等人将加油站汽油非法变现的行为进行检验。

(一)客观构成要件

贪污罪的客观构成要件表现为,国家工作人员利用职务上的便利,侵吞、窃取、骗取或者以其他手段不法取得公共财物。以下就逐一检验本案中行为人的行为是否符合上述要件。

1. 国家工作人员身份

涉案加油站为国有加油站,因此该加油站的工作人员陈某具备国家工作人员身份,符合贪污罪的主体条件。即使陈某不具有国有单位的正式编制,根据"公务说",只要陈某实际从事公务,即在国有加油站从事管理、经手汽油的业务,即属于国家工作人员。据此,陈某具有国家工作人员身份,可以成为贪污罪的正犯。吴某、潘某、卢某虽不具有国家工作人员身份,但三人与陈某勾结,可以成立贪污罪的共犯。

2. 管理国有单位汽油的职务便利

陈某在给客户加油、收费及对加油站汽油的日常维护工作中具有对单位所有的汽油的管理权限,该管理权限体现了一定的管理性,与一般劳务有别(正因如此,陈某才能轻易地将加油站的汽油取出并变现)。据此,可以认定陈某具有管理单位汽油的职务便利,其利用职务便利将汽油取出并变现,属于贪污罪的正犯行为。吴某等三人与贪污罪正犯陈某勾结,通过陈某管理国有单位汽油的职务便利,也参与了贪污行为,可以构成贪污罪的共犯。

3. 贪污行为

贪污罪的主要实施方式是侵吞、窃取、骗取行为。在本案中,若加油站的汽

油完全由陈某管理,则可以认为陈某根据单位授权,作为单位的"手足"占有了单位的汽油,其利用职务便利将汽油变现的行为属于侵吞行为;若陈某系与其他工作人员共同管理单位汽油,那么其利用职务便利将汽油变现的行为属于窃取行为。无论如何,陈某将单位的汽油变现的行为,完全可以评价为贪污行为。吴某等三人参与了贪污行为,可以构成贪污罪的共犯。

需要说明的是,虽然陈某侵吞、窃取加油站汽油的行为也同时符合侵占罪或盗窃罪的构成要件,但由于贪污罪的行为方式包含了侵占行为和盗窃行为,贪污罪与侵占罪、盗窃罪成立法条竞合关系,《刑法》第382条作为特别法条排斥侵占罪和盗窃罪的适用,因此只需要对陈某以贪污罪进行评价。同样的,根据共犯从属性原理,吴某等人也只能从属于正犯陈某的贪污行为,构成贪污罪的共犯,而非构成盗窃罪或侵占罪。

4. 公共财物

涉案汽油虽系吴某等人伙同加油站工作人员陈某少发放给客户的汽油,加油站实际上已经取得了这些汽油的对价,因此这些汽油实质上也可以说已经"出售给了客户"。但是,基于以下理由,应当认为涉案汽油为加油站所有的公共财物:其一,这些汽油并未实际交付给客户,并非客户的财产,因此只能将其认定为加油站所有;其二,即使认为客户是涉案汽油的所有权人,在客户通过民事途径等取得这些汽油之前,涉案汽油仍处在加油站的管理之中,根据我国《刑法》第91条第2款的规定,涉案汽油以公共财产论。所以,毫无疑问的是,涉案汽油是国有加油站所有的公共财物,陈某等人利用职务便利将其变现,属于贪污行为,贪污的数额应当按照变现期间汽油的市场价计算。

(二) 主观构成要件

经过前述检验,可以得出加油站工作人员陈某将汽油变现的行为符合贪污罪的客观构成要件,吴某等三人参与了贪污的客观不法行为的结论。接下来需要检验本案行为人是否具备贪污罪主观构成要件,以判断行为人是否需要承担贪污罪的刑事责任。

1. 贪污故意

贪污罪是故意犯罪,要求行为人对前述客观要件具有认识,并追求或放任犯罪结果的发生。就本案事实而言,加油站工作人员陈某对自己的身份、行为的性质、危害结果的性质具有明知，认定其具有贪污故意没有问题。吴某等三人与陈某共同实施汽油变现行为，也可以认定其具有贪污罪（共犯）的故意。

2. 非法占有目的

除此之外，贪污罪本质上是一种特殊的财产犯罪，要成立贪污罪，要求行为人在主观上对国有单位的财产具有非法占有目的。在本案中，陈某和吴某等人将加油站所有的汽油取出并变现，排除意思和利用意思均存在，因此可以认定其对加油站的汽油具有非法占有目的。

综上所述，具有国家工作人员身份的加油站工作人员陈某利用职务上的便利，将国有加油站所有的汽油不法据为己有（将其变现牟取不法利益），该行为符合贪污罪的构成要件，且不存在犯罪排除事由，成立贪污罪。吴某、潘某、卢某虽不具有国有工作人员的身份，但基于共同的犯罪故意参与了贪污行为，可以构成贪污罪的共犯。当上述行为人将加油站的汽油取出变现之时（是否取得变现的对价在所不问），贪污罪即告既遂，贪污的数额按照取走汽油之时的市场价计算。

四、数个行为侵害数个法益，原则上应数罪并罚

（一）罪数处理的一般原则

行为人的行为符合数个犯罪的构成要件，最终应如何定罪量刑，是罪数论或竞合论要解决的问题。行为符合数个犯罪的构成要件，从对行为的不法进行充分评价的角度，应该就数个构成要件对应的罪名进行数罪并罚；但倘若对所有符合数个构成要件的行为都进行数罪并罚，也有可能存在重复评价的问题。所以，为了既对行为的不法做到全面充分的评价，又避免重复评价，罪数论或竞合论发展出一套复杂的规则。一般而言，在一行为的场合（行为单数），要么对行为人以单纯一罪处理，要么以想象竞合或法条竞合的规则定罪量刑；在数行为的场合（行为复数），要么以事前（后）不可罚行为的规则处理，要么对行为进行数罪并罚。[1] 在行为复数的场合，也有观点认为若数行为存在类型性的手段行为与目的行为、原因行为与结果行为的牵连关系，则构成牵连犯，对于牵连犯，应择一重罪处罚。

---

[1] 参见周光权：《刑法总论》（第四版），中国人民大学出版社 2021 年版，第 394 页以下；林钰雄：《新刑法总则》，元照出版有限公司 2018 年版，第 568 页以下。

(二)本案原则上应数罪并罚

就本案而言,行为人存在两个行为:(1)控制加油机使客户多支付油费;(2)将国有加油站的汽油非法变现,其中前一行为构成诈骗罪,后一行为构成贪污罪。

在行为人实施了数个行为的场合,若存在事前不可罚或事后不可罚的行为的情形,则只需要以一罪定罪处罚。之所以不处罚某些事前行为或事后行为,是因为将其中一个行为认定为犯罪就足以评价所有行为的法益侵害性,不再需要单独处罚事前行为或事后行为。① 在本案中,吴某等人实施的两个行为侵害了不同被害人的财产法益,将任何一行为作为不可罚的事后行为或不可罚的事前行为均不能做到对行为法益侵害性的充分评价,所以对吴某等人实施的两个行为不能按照事前(后)不可罚行为的规则处理。

同样,也不宜将吴某等人的数行为作为牵连犯处理。理由之一在于,牵连犯的概念本身就饱受诟病,将侵害复数法益的数行为认定为牵连犯,往往会遗漏对行为法益侵害性的评价,在本案中,吴某等人的行为既侵害了客户的财产法益,又侵害了加油站的财产法益,将两行为认定为牵连犯,有放纵犯罪之虞。理由之二在于,牵连犯的成立要求数行为之间存在类型性的手段行为与目的行为、原因行为与结果行为关系,在本案中,吴某等人实施的两个行为是否存在类型性的牵连关系也不无疑问。

五、结论

被告人吴某等人采取用芯片控制加油机减少客户的发油量,牟取利益的行为,构成诈骗罪;吴某等人事后将汽油变现以牟取非法利益的行为,构成贪污罪,对各被告人应当数罪并罚,因为两个行为侵害不同的法益,不属于不可罚的事前(后)行为的情形,也不属于牵连犯,对吴某等人数罪并罚是合理的。

---

① 比如盗窃既遂之后的销赃行为(明确告知对方销售对象是赃物),因为销赃行为系盗窃等财产犯罪之后依照一般社会经验通常会伴随的行为,且销赃行为并没有侵害新的财产法益,以盗窃罪对行为人定罪处罚足以充分评价行为的法益侵害性,故将销赃行为作为事后不可罚的行为,不再单独评价。

[**规则提炼**]

1. 实施欺诈行为,使被害人基于认识错误向第三人交付财产的,构成诈骗罪,被害人向第三人交付财产完成之时为诈骗罪的既遂时点。

2. 财产罪等犯罪中的非法占有目的,既包括使行为人自己非法占有的目的,也包括使第三者(包括单位)非法占有的目的。

3. 单位工作人员利用职务便利,侵吞或窃取单位财物的,构成职务侵占罪或贪污罪;其他人员参与上述行为的,构成相应的共犯。

4. 为实现对法益侵害性的充分评价,对数个行为侵害数个法益的情形,原则上应数罪并罚。

第 50 题　受贿罪的认定与量刑

（受贿罪、滥用职权罪、禁止重复评价）

[案情简介]

王某系某县县委书记，在该县组织的国有医院大型医疗设备招投标过程中，其全力主导并最终决定此项工作。在接受 5 家投标单位负责人请托后，王某私自篡改标书，致使该 5 家不符合条件的单位顺利进入投标环节，共收取请托人贿赂 160 万元。后因标书露出破绽，引起其他 40 余家合格投标人抗议、举报，导致该次投标活动被取消，严重侵犯了其他投标人合法权益，破坏了国家机关公信力，造成了恶劣社会影响。①

问题：对王某应以受贿罪、滥用职权罪数罪并罚，在 10 年以下处刑？还是认定其受贿 160 万元并"造成恶劣社会影响"，进而对其判处 10 年以上有期徒刑？

[分析思路]

一、禁止重复评价的基本要求

二、对受贿罪的定罪情节不能再作为量刑情节使用

三、禁止重复评价原则与罪数认定

（一）受贿罪与滥用职权等渎职犯罪的关系

（二）受贿罪与徇私枉法等罪的关系

四、结论

[具体解析]

受贿罪与滥用职权、徇私枉法等罪的关系较为复杂，需要坚持的一点是：对

---

① 根据云南省大理白族自治州中级人民法院（2019）云 29 刑初字第 124 号判决书改编。

罪数关系的判断不得违背禁止重复评价的法理。

一、禁止重复评价的基本要求

刑法上的重复评价,是将一个定罪量刑事实反复进行评价,其所得出的结论可能违背罪刑相适应原则,使被告人承担明显不利的后果,因而在刑法解释和适用上应该被禁止。重复评价,包括定罪上的重复评价和量刑上的重复评价。定罪上的重复评价,是指对于某一事实,如果已经成为认定甲罪的构成事实,当然地就不能再拿来作为认定乙罪的事实,即不得重复论罪。例如,使用暴力强制猥亵被害人,然后趁被害人穿衣服的瞬间拿走其财物的,对一个暴力行为不能同时评价为强制猥亵罪、抢劫罪的手段行为,而只能认定被告人不是通过暴力取财,最终对取得被害人财物的行为认定为盗窃罪,将其与强制猥亵罪并罚。量刑上的重复评价,是指犯罪构成要素(定罪情节)在定罪过程中已经被评价,将其再次作为裁量刑罚所应考虑的因素或情节重复使用的情形。例如,过失致人死亡的死亡后果、强奸罪的暴力行为,都已经被评价为定罪事实,作为构成要件要素的一部分加以评判,如果再作为量刑事实评价,会得出对被告人双重不利的结论,就是重复评价。[1]

具体到贪污受贿罪中,数额较大或者具有其他较重情节的,处3年以下有期徒刑;数额巨大或者有其他严重情节的,处3年以上10年以下有期徒刑;数额特别巨大或者有其他特别严重情节的,处10年以上有期徒刑或者无期徒刑。贪污、收受数额较大的财物这一事实,一旦被作为认定犯罪的依据起作用之后,就不能再将其视作量刑情节加以评价;数额巨大或者有其他严重情节是法定刑升格条件,符合该条件的事实是选择3年以上10年以下有期徒刑这一档法定刑的情节,不能再将其作为这一档法定刑幅度内的从重处罚情节看待;同样,数额特别巨大或者有其他特别严重情节也是选择法定刑的情节。只有除此之外的其他情节,才有可能成为相应法定刑幅度之下影响量刑的情节。按照上述理解,应该认为,行为人贪污或者受贿同时符合"数额巨大"和"有其他严重情节"(例如,贪污救灾款100万元)这两个条件的,可以将数额巨大(100万元)作为法定刑升格

---

[1] 参见周光权:《刑法客观主义与方法论》,法律出版社2013年版,第283页。

条件,将贪污救灾款这一"其他严重情节"作为在升格后的法定刑幅度内从重处罚的理由,这样做并不违反禁止重复评价原则。

二、对受贿罪的定罪情节不能再作为量刑情节使用

犯罪情节的性质不同,其功能也就有所区别,按照禁止重复评价的法理,不能将定罪情节和量刑情节混同,因此,在适用受贿罪的情节规定时,需要区分定罪情节和量刑情节,防止将某一情节同时在定罪和量刑时使用,从而陷入"一事两头沾"的误区,违反禁止重复评价原则。

受贿罪中的情节大多属于量刑情节。例如,在贪污受贿数额为10万元以上不满20万元、150万元以上不满300万元的场合,又有特殊情节的,法定刑提升一档,该特殊情节就是足以引起法定刑升格的量刑情节,而非定罪情节。类似的量刑情节规定还有很多,例如,2016年4月18日最高人民法院、最高人民检察院发布的《关于办理贪污贿赂刑事案件适用法律若干问题的解释》(以下简称《贪污贿赂解释》)第15条第2款规定,国家工作人员利用职务上的便利为请托人谋取利益前后多次收受请托人财物,受请托之前收受的财物数额在1万元以上的,应当一并计入受贿数额。"一并计入受贿数额"意味着行为人在受请托之前收受的财物并不能单独成立犯罪或独立影响定罪,而是在查明国家工作人员利用职务上的便利为请托人谋取利益,索取或收受财物,构成受贿罪的前提下,其"受请托之前收受的财物"才能计入犯罪总数额中,成为影响量刑的因素。再如,《贪污贿赂解释》第16条第1款规定,国家工作人员出于贪污、受贿的故意,非法占有公共财物、收受他人财物之后,将赃款赃物用于单位公务支出或者社会捐赠的,不影响贪污罪、受贿罪的认定,但量刑时可以酌情考虑。这一规定清晰表明将贪污受贿所得的赃款赃物用于单位公务支出或者社会捐赠的行为属于量刑情节。对于量刑情节的适用,一般不会涉及重复评价问题,因而在司法上争议不大。

在《贪污贿赂解释》的情节规定中,少数情节足以影响定罪,例如,《贪污贿赂解释》第1条第2款、第3款规定,贪污受贿数额在1万元以上3万元以下,又有特殊情节的,应当定罪处罚,这里所规定的情节就是定罪情节。此外,《贪污贿赂解释》第13条第2款规定,国家工作人员索取、收受具有上下级关系的下属或者

具有行政管理关系的被管理人员的财物价值 3 万元以上,可能影响职权行使的,视为承诺为他人谋取利益。如果仅根据该事实对被告人定罪的,该规定所涉及的情节,应当属于定罪情节,即当事双方具有"上下级或管理关系"这一情形的存在足以影响定罪。

定罪情节的功能是该情节在确定罪与非罪时发挥作用,那么,其在量刑时就不能再被使用,因此,甲收受乙 1 万元,后为乙谋取职务提拔、调整的,甲"为他人谋取职务提拔、调整",乙"通过行贿谋取职务提拔、调整"这一情节,都是在定罪时加以考虑的情节(如果不考虑这一情节,对甲的定罪数额就应当是 3 万元,对乙的定罪数额也是 3 万元),那么,在量刑时显然就不能认为甲居然受贿后还为他人谋取职务提拔、调整,乙通过行贿被提拔,其谋取的是非法利益,两个行为人的犯罪情节都比较严重,因此在量刑时要从重处罚。否则,就是将刑罚适用建立在相关事实或情节之前已经或多或少被评价的前提下,因此,将"买官卖官"作为量刑情节会明显加重被告人的刑罚负担,与罪刑均衡原则的内在精神不一致。把作为定罪事实的情节在量刑时再加以考虑,绝对违反禁止重复评价原则,这种倾向在司法实务中其实一直是存在的,但需尽可能予以防止。

三、禁止重复评价原则与罪数认定

(一)受贿罪与滥用职权等渎职犯罪的关系

《贪污贿赂解释》第 17 条规定,同时构成受贿罪的渎职犯罪的,除法律有特别规定的以外,应当数罪并罚。值得注意的是,这一规定是以行为"同时构成"受贿罪和渎职犯罪为前提的。按照反对解释,如果行为并不"同时构成"受贿罪和渎职犯罪,当然不能数罪并罚。

在渎职犯罪的构成要件中,对危害结果基本上都有要求,即行为"致使公共财产、国家和人民利益遭受重大损失"。而在 1997 年《刑法》关于受贿罪的构成要件中,并无行为符合特定情节要求、造成一定后果的才构成受贿罪的限制,收受财物只要达到 5 000 元以上的,就构成受贿罪。这样一来,受贿又渎职造成损害的,该危害后果就可以一律被评价为渎职犯罪中的"致使公共财产、国家和人民利益遭受重大损失",受贿和滥用职权等罪的数罪并罚关系就比较清晰。但是,在《刑法修正案(九)》将情节作为受贿罪定罪量刑的重要依据之后,问题就变得不一样了。按照《贪污贿赂解释》第1条第3款的规定,在数额为1万元以上3万元以下的案件中,受贿罪的定罪情节(客观构成要件要素)出现了,且某些情节就是以受贿造成特定危害后果或恶劣社会影响为成立条件的,没有这些情节,受贿罪就不能成立,受贿罪和渎职犯罪之间的关系变得比以前更复杂,由此导致的问题是:如果某一情节在认定受贿罪时已被作为定罪情节考虑过,就不能再作为认定渎职犯罪危害后果的情节、事实来使用,否则,就违反禁止重复评价原则。这样就可能出现多种特殊情形。

这里以《贪污贿赂解释》第1条第3款第(二)项所规定的受贿人"为他人谋取不正当利益,致使公共财产、国家和人民利益遭受损失的"为例进行分析。

(1)在受贿数额高于通常的追诉标准(3万元以上),已经达到受贿罪的定罪起点要求,定罪情节完全齐备(不需要借助于数额之外的情节就可以定罪)的情形下,受贿后利用职务便利所实施的滥用职权行为"致使公共财产、国家和人民利益遭受损失"的,该情节可以作为渎职犯罪的危害后果看待,行为人同时构成受贿罪和滥用职权罪,毫无疑问应当数罪并罚。

(2)不言而喻的是,行为人受贿2万元,且致使公共财产、国家和人民利益遭受损失的数额未达到滥用职权等罪的第一档法定刑条件(30万元以下)的,行为人不构成滥用职权等渎职犯罪,但其造成损失的情节可以作为受贿罪的定罪情节使用,因为《贪污贿赂解释》第1条第3款第(二)项"为他人谋取不正当利益,致使公共财产、国家和人民利益遭受损失的"规定并无损失数额的具体要求。

(3)行为人受贿2万元,且实施滥用职权等渎职行为,致使公共财产、国家和人民利益遭受重大损失的,应当如何处理?如果将受贿2万元之外的情节(致使公共财产、国家和人民利益遭受重大损失)作为受贿罪的定罪情节使用,就不能再将这一情节作为滥用职权等渎职犯罪的危害后果看待。行为人只能成立受贿罪或滥用职权罪中的某一个犯罪,否则,就有可能将"为他人谋取不正当利益,致使公共财产、国家和人民利益遭受损失的"这一个情节在受贿罪成立条件、滥用职权罪的成立条件、滥用职权罪的法定刑升格条件(即《刑法》第397条第2款规定的徇私舞弊且滥用职权)中先后被评价3次。按笔者的理解,虽然此时受贿罪和滥用职权罪的法定刑相同(均为3年以下有期徒刑),但处理上也宜认定行为人构成受贿罪,唯其如此才能同时评价行为人收受财物和造成损失这两个事实。虽然在处理上可以将致使公共财产、国家和人民利益遭受重大损失作为滥用职权的客观构成要件看待,似乎可以认定行为人构成滥用职权罪,但如此一来,该情节就不能再作为受贿罪的定罪情节使用,在司法上对行为人收受财物的情节就未进行评价,存在法律评价不充分的缺陷;同时,如果对收受财物一方定性为滥用职权罪而未定受贿罪,而对具有共犯(对向犯)关系的提供财物一方,则无论如何只能定行贿罪,也会使得对权钱交易双方的定罪出现不对称的情形,与对向犯的法理相悖。换言之,在受贿数额低于 3 万元,行为人有特殊情节的场合且该特殊情节成为定罪情节时,不能认为行为人同时构成受贿罪和滥用职权罪,以对行为人定受贿罪为宜。

(4)行为人受贿 150 万元,滥用职权造成国家损失 150 万元以上的,由于滥用职权罪造成损失 150 万元以上的,就属于情节特别严重,应当适用 3 年以上 7 年以下有期徒刑这一档法定刑;受贿数额在 150 万元以上不满 300 万元,按照《贪污贿赂解释》第 3 条第 3 款的规定,当受贿人"为他人谋取不正当利益,致使公共财产、国家和人民利益遭受损失的"时,对其就应当适用升格后的法定刑(10 年以上有期徒刑至无期徒刑、死刑)。此时,如果将滥用职权造成国家损失 150 万元以上仅仅看作受贿罪的法定刑升格条件,对于被告人就可以直接适用 10 年以上有期徒刑,从而不再对被告人认定滥用职权罪。但是,这一做法是否合理,还值得研究。对此,结合本案进行分析。对于本案的处理,在实务上有不同主张。

第一种观点认为,滥用职权罪的成立,以行为给公共财产、国家和人民利益造成重大损失为前提。王某的行为造成了恶劣社会影响,属于给公共财产、国家和人民利益造成重大损失的情形,应成立滥用职权罪,对其适用 3 年以下有期徒刑或者拘役这一档法定刑。对王某收受请托人好处费 160 万元的行为,不再适用"有其他特别严重情节"的条款,应该直接适用受贿数额巨大的规定,对其判处 3 年以上 10 年以下有期徒刑的法定刑。即便对王某数罪并罚,也应该在 10 年以下有期徒刑的范围内判刑。

第二种观点强调,王某滥用手中权力,造成恶劣社会影响,应成立滥用职权罪,对其适用 3 年以下有期徒刑;同时,王某收受请托人好处费 160 万元,且造成恶劣社会影响,应该适用受贿 150 万元以上不满 300 万元且有其他特别严重情节的规定,应当对其依法判处 10 年以上有期徒刑。最终处理结论是对王某数罪并罚,且应当在 10 年以上有期徒刑的范围内决定刑期。

第三种观点主张,由于将王某滥用职权造成恶劣社会影响的滥用职权罪和受贿150万元(不考虑造成恶劣社会影响的情节)数罪并罚对被告人处刑轻(10年以下有期徒刑),因此,应当将造成恶劣社会影响作为受贿罪的量刑情节看待,为坚持禁止重复评价原则,对王某不定滥用职权罪,而以受贿罪一罪处理,认定其受贿160万元且有其他特别严重情节的规定,对其判处10年以上有期徒刑。

要正确处理本案,涉及将"造成恶劣社会影响"这一情节究竟是放在滥用职权罪还是受贿罪中予以评价的问题。

最高人民法院、最高人民检察院《关于办理渎职刑事案件适用法律若干问题的解释(一)》第3条明确规定,国家机关工作人员实施渎职犯罪并收受贿赂,同时构成受贿罪的,除刑法另有规定外,以渎职犯罪和受贿罪数罪并罚。

根据《刑法》第397条的规定,国家机关工作人员滥用职权,致使公共财产、国家或者人民利益遭受重大损失的,处3年以下有期徒刑或者拘役。由此可见,滥用职权罪是结果犯,以行为造成公共财产、国家或者人民利益的重大损失为构成要件要素,行为未造成前述结果的,不构成本罪。根据最高人民法院、最高人民检察院《关于办理渎职刑事案件适用法律若干问题的解释(一)》第1条的规定,造成恶劣社会影响的,应当认定为《刑法》第397条规定的"致使公共财产、国家和人民利益遭受重大损失"。本案中王某的行为造成恶劣社会影响是滥用职权罪的构成要件要素。第一种观点正是立足于此。

根据《刑法》第385条的规定,国家工作人员利用职务上的便利,索取他人财物的,或者非法收受他人财物,为他人谋取利益的,是受贿罪。显然,"致使公共财产、国家和人民利益遭受重大损失"或者"造成恶劣社会影响"并非受贿罪的构成要件要素。《贪污贿赂解释》第3条第3款规定:受贿数额在150万元以上不满300万元,具有本解释第1条第3款规定的情形之一的,应当认定为《刑法》第383条第1款规定的"其他特别严重情节",依法判处10年以上有期徒刑、无期徒刑或者死刑,并处罚金或者没收财产。根据《贪污贿赂解释》第1条第3款的规定,为他人谋取不正当利益,致使公共财产、国家和人民利益遭受损失的情形,应该认定为"其他特别严重情节"。而"造成恶劣社会影响"属于致使公共财产、国家和人民利益遭受损失的情形,应该认定为具有受贿罪的"其他特别严重情节"。根据该解释的规定,"其他特别严重情节"是受贿罪量刑情节,是法定刑升格条件。在本案中,王某受贿160万元,造成恶劣社会影响,符合受贿150万元以上又有其他特别严重情节的规定,似乎就应该对王某判处10年以上有期徒刑。但是,如果对"造成恶劣社会影响"这一结果已经在滥用职权罪中予以评价,再将其作为能够影响受贿罪量刑的情节看待,就违反了禁止重复评价原则。因此,第二种观点的不合理性是显而易见的。

那么,为了不对同一个结果进行反复评价,是否可以仅在受贿罪中评价造成恶劣社会影响这一结果,而不将其作为滥用职权罪的结果看待,从而仅定一个受贿罪?这是前述第三种观点所提出的问题。这种观点有助于实现重罚,似乎更符合罪刑相适应原则的要求。但是,如果考虑到刑法上的充分评价原理,对于被告人的行为符合数个犯罪构成的,尽量要对行为性质进行分别评价,独立宣告其所构成的罪名,从而实现一般预防效果,那么,对王某以滥用职权罪与受贿罪数罪并罚处理就更为妥当,对滥用职权行为不作否定评价,不利于实现行为规范的指引功能。因此,将造成恶劣社会影响作为滥用职权的危害结果看待,对王某以受贿罪和滥用职权罪数罪并罚,对其中的受贿罪适用第二档法定刑就是合理的。因此,笔者认为第一种观点更易于被接受。

(二)受贿罪与徇私枉法等罪的关系

根据《刑法》第399条第4款的规定,司法工作人员收受贿赂而犯徇私枉法、枉法裁判等罪,同时又构成受贿罪的,依照处罚较重的规定处罚,而不数罪并罚。这一规定不是注意性、参照性规定,而是特别规定。因为国家工作人员受贿又从事其他渎职犯罪行为,明显符合多个犯罪构成要件的,原本应该数罪并罚,但立法在这里特别规定按照竞合(牵连犯)的关系处理,不再数罪并罚。这一规定以行为"同时构成"受贿罪和《刑法》第399条前三款的徇私枉法等罪为前提,但前三款的犯罪都有对情节的要求,且其情节往往最终体现为司法裁判不公,进而造成司法公信力下降、司法权威受损的后果。

由于1997年《刑法》对于受贿罪的成立只有数额要求,受贿又徇私枉法损害司法公正的,该情节就可以一律被评价在徇私枉法、枉法裁判等罪中,受贿和徇私枉法等罪的关系也相对比较清晰。但是,在行为人收受财物1万元以上3万元以下的场合,《贪污贿赂解释》中受贿罪的定罪情节以受贿"造成恶劣影响或者其他严重后果"为成立条件的,受贿罪和枉法裁判等罪之间的关系就变得比以前更复杂。

对此,基本的处理原则是:如果"造成恶劣社会影响"这一情节在认定受贿罪时作为定罪情节已经考虑过,就不能再作为认定徇私枉法罪的情节来使用;如果将其作为认定枉法裁判等罪的情节来使用,其就不再是受贿罪的定罪情节,否则,就违反禁止重复评价原则。只有在受贿数额达到通常定罪数额标准,不需要借助于特殊情节受贿罪也可以成立的场合,受贿行为损害司法公正造成恶劣社会影响的情节才能作为枉法裁判等罪的定罪情节看待;但如果该情节在枉法裁判罪中被作为定罪情节使用,就不能再将其作为受贿罪的法定刑升格情节使用。

四、结论

在本案中,王某受贿160万元,造成恶劣社会影响,符合受贿150万元以上又有其他特别严重情节的规定,似乎就应该对王某判处10年以上有期徒刑。但是,由于对"造成恶劣社会影响"这一结果已经在滥用职权罪中予以评价,不宜再将其作为能够影响受贿罪量刑的情节看待,否则,就违反了禁止重复评价原则。

[规则提炼]

1. 如果考虑到刑法上的充分评价原理,对于被告人的行为符合数个犯罪构成的,尽量要对行为性质进行分别评价,独立宣告其所构成的罪名,从而实现一般预防效果,那么,对王某以滥用职权罪与受贿罪数罪并罚处理就更为妥当,对滥用职权行为不作否定评价,不利于实现行为规范的指引功能。

2. 如果"造成恶劣社会影响"这一情节在认定受贿罪时作为定罪情节已经考虑过,就不能再作为认定徇私枉法罪的情节来使用;如果将其作为认定徇私枉法等罪的情节来使用,其就不再是受贿罪的定罪情节,否则,就违反禁止重复评价原则。

3. 只有在受贿数额达到通常定罪数额标准,不需要借助于特殊情节受贿罪也可以成立的场合,受贿行为损害司法公正造成恶劣社会影响的情节才能作为枉法裁判等罪的定罪情节看待;但如果该情节在枉法裁判罪中被作为定罪情节使用,就不能再将其作为受贿罪的法定刑升格情节使用。

第51题　帮助犯罪分子逃避处罚罪

（教唆犯、共犯处罚根据、罪数）

[案情简介]

程甲(系江苏省泰州市姜堰区公安局刑警大队一中队民警)的侄子程乙(已被判刑)于2012年10月1日晚涉嫌危险驾驶被姜堰区公安局交通巡逻警察大队查处,找程甲帮忙。2012年10月3日上午,程甲与程乙一起约见承办该案的交警黄某,请其想办法帮助程乙逃避法律追究。黄某示意程甲和程乙采取调换血液检测样本等方法,并告知血液检验样本的存放地、证物室钥匙存放处及钥匙特征等信息。程甲和程乙随即赶至某医院抽取血样。当日下午,二人找到朱某,让朱某到血液检验样本存放地调换血样。10月4日上午7时许,朱某调换了程乙的待检验血样2支,程乙给朱某500元。经鉴定,程乙被调换后的血样酒精含量为零。法院认定程甲、黄某犯帮助犯罪分子逃避处罚罪,朱某犯帮助毁灭证据罪。①

问题:

1. 程甲不是直接负有查禁酒驾职责的民警,能否认定其构成帮助犯罪分子逃避处罚罪的正犯?

2. 黄某、程甲是否成立帮助毁灭证据罪?若成立,是共犯还是正犯?

3. 程乙是否成立帮助毁灭证据罪和帮助犯罪分子逃避处罚罪?若不成立,理由是什么?

4. 若黄某和程甲均成立帮助犯罪分子逃避处罚罪和帮助毁灭证据罪,两罪是想象竞合还是法条竞合?

---

① 参见江苏省泰州市姜堰区人民法院(2013)泰姜少刑初字第7号刑事判决书。

[分析思路]

一、帮助犯罪分子逃避处罚罪的共同犯罪

(一)正犯与共犯区分的理论

(二)交警黄某是帮助犯罪分子逃避处罚罪的正犯

(三)程甲是帮助犯罪分子逃避处罚罪的共犯

二、帮助毁灭、伪造证据罪的共同犯罪

(一)帮助毁灭、伪造证据罪的构成要件

(二)黄某、程甲、朱某均为帮助毁灭、伪造证据罪的正犯

三、程乙有无刑事责任

(一)共犯处罚根据理论

(二)程乙不构成帮助毁灭、伪造证据罪的教唆犯

(三)程乙不构成帮助犯罪分子逃避处罚罪的教唆犯

四、罪数关系

五、结论

[具体解析]

在共同犯罪案件中,由于正犯是犯罪的核心角色,是直接造成法益侵害的人,而帮助犯、教唆犯是犯罪的边缘角色,是间接造成法益侵害的人,故需要以正犯为中心展开,先确定正犯,确定了正犯的行为性质后,再分析教唆犯、帮助犯。

一、帮助犯罪分子逃避处罚罪的共同犯罪

(一) 正犯与共犯区分的理论

1. 支配犯中共犯与正犯的区分

普通的共同犯罪,正犯与共犯的区分理论有主观说、形式客观说、实质客观说、犯罪事实支配说的争论。犯罪事实支配说是多数说,该说认为,支配犯的正犯与共犯的区分标准在于,"正犯是在实现符合构成要件的行为实施过程中的核心人物","共犯是一种通过唆使而引发正犯的构成要件行为……或通过帮助为

正犯的构成要件行为提供帮助……的边缘角色"①。

犯罪事实支配说在确定谁是正犯、谁是共犯时,需要考虑谁对犯罪进程具有实质性的支配。在判断犯罪支配时,需要考虑各个行为人客观行为贡献的方式和大小,主观上对于犯罪的期待和操纵、主导、驾驭程度。正犯能够以自己的意思对其他犯罪人进行命令或者阻止,把犯罪进程、法益侵害范围掌握在自己手上,是犯罪实施过程中的"灵魂人物"。与正犯的犯罪支配地位不同,共犯是对正犯进行诱导、唆使,或者单纯听命于正犯,为正犯加功的人。共犯不能对被害法益直接产生影响,需要通过正犯的行为作用于被害人,所以,共犯并不能将犯罪进程牢牢掌握在自己手上,无法直接支配犯罪,在犯罪流程中居于边缘地位,而非核心地位。欠缺犯罪事实支配关系的参与者,只能认定为共犯。教唆犯仅对他人实现犯罪的意思决定施加影响,客观上缺乏功能支配;帮助犯仅对他人的行为支配提供帮助,既无意志支配又无功能支配。②

2. 身份犯中正犯与共犯的区分

对于身份犯的共同犯罪,正犯与共犯的区分标准与上述支配犯的共同犯罪区分标准不同。真正身份犯的正犯为有身份者,无身份者只能成立教唆犯或帮助犯。刑法分则的构成要件中已经限定了行为人的资格,具备该身份的人才能构成该犯罪。欠缺这种身份的人不可能实施符合刑法分则罪状规定的行为,不能成为正犯,既不能成为单独正犯,也不能与身份犯成为共同正犯,只能成立教唆犯或者帮助犯。身份犯属于义务犯的范畴,身份的有无决定了行为是否可能造成法益侵害,从而影响定罪(构成身份)。决定处罚前提的是身份特殊者的义务和地位,而不是行为人如何通过其行为举止具体地支配事件的因果过程。在义务犯中,只有义务违反是唯一的不法要素,对义务的违反决定了正犯性。承担积极义务的人,即便只实施了没有犯罪支配的教唆、帮助行为,也必须按照义务犯的正犯来处理。③

在真正身份犯的共同犯罪中,正犯必须是具有特定身份的人,例如,国家工作人员甲的情妇乙在征得甲的同意后,向找甲办事的企业老板丙索贿,情妇乙积

---

① 〔德〕克劳斯·罗克辛:《正犯与犯罪事实支配理论》,劳东燕译,载陈兴良主编:《刑事法评论》(第25卷),北京大学出版社2010年版,第1页。
② 参见周光权:《刑法总论》(第四版),中国人民大学出版社2021年版,第338页。
③ 参见周光权:《刑法总论》(第四版),中国人民大学出版社2021年版,第381页。

极和老板丙商议索贿的具体数额,并每次积极到丙公司拿取贿赂款,取得贿赂后也并没有交给甲,而是自己挥霍,整个过程中,甲只是默许,而没有任何索贿、收钱、分钱的行为。这样的案件,即便整个过程情妇乙积极参与,也只能认定国家工作人员甲是正犯,情妇乙是共犯。理由是,在真正身份犯的共同犯罪中,直接实施行为的人必须是具有特定身份的人,欠缺这种身份的人不可能实施符合刑法分则罪状规定的行为,不能成立正犯,只能成立教唆犯或者帮助犯。刑法将受贿罪的主体限定为具有特定身份的人。因此,不具有国家工作人员身份的乙即使积极实施了索贿、取钱、分钱的行为,也不能认定为正犯。

(二)交警黄某是帮助犯罪分子逃避处罚罪的正犯

帮助犯罪分子逃避处罚罪,是指有查禁犯罪活动职责的国家机关工作人员,向犯罪分子通风报信、提供便利,帮助犯罪分子逃避处罚的行为。本罪是身份犯,要求犯罪主体是有查禁犯罪活动职责的国家工作人员。黄某是程乙危险驾驶案件的承办人,具有查处危险驾驶罪的职责和权限,符合本罪构成要件的身份。黄某示意程甲和程乙采取调换血液检测样本等方法,并告知血液检验样本的存放地、证物室钥匙存放处及钥匙特征等信息,帮助危险驾驶案件的犯罪嫌疑人程乙逃避处罚,其行为已构成帮助犯罪分子逃避处罚罪的正犯。

(三)程甲是帮助犯罪分子逃避处罚罪的共犯

程甲是刑警大队的民警,具有国家机关工作人员的身份,其作为刑警大队的民警,也有查处刑警大队所负责管辖的刑事案件的职责和权限。问题是程甲能否与黄某成立帮助犯罪分子逃避处罚罪的共同正犯?笔者认为,程甲作为刑警大队的民警,虽然有查处其所在大队所管辖的刑事案件的职责和权限,但并不具有查处醉酒驾驶、危险驾驶等行为的职责和权限。交警和刑警的职责、权限划分相对明确。对于《刑法》第417条的"有查禁犯罪活动职责的国家机关工作人员"中的"查禁犯罪活动职责"不能宽泛地理解,要在个案中具体化理解,不能认为凡是具有民警身份的,在具体案件中都能成为帮助犯罪分子逃避处罚罪的正犯。否则,在A省有查禁犯罪活动职责的民警,可以成为B省帮助犯罪分子逃避处罚罪的正犯,这样的结论显然不妥当。根据上述身份犯的正犯与共犯的区分原理,在义务犯中,只有义务违反是唯一的不法要素,对义务的违反决定了正犯性,要认定是否成立帮助犯罪分子逃避处罚罪的正犯,关键是审查行为人是否具备查禁醉酒驾驶的职责和权限。刑警程甲并不是通过违反其查禁普通刑事案件权限来帮助程乙逃避处罚的。换言之,程甲利用自身刑警的职权根本无法达到使程乙逃避处罚的效果,其必须通过黄某查处醉酒驾驶、承办程乙案件的权限才能使程乙逃避处罚。因此,刑警程甲是帮助犯罪分子逃避处罚罪的共犯。

二、帮助毁灭、伪造证据罪的共同犯罪

(一) 帮助毁灭、伪造证据罪的构成要件

帮助毁灭、伪造证据罪的客观方面表现为帮助他人毁灭、伪造证据的行为,如毁坏物证、书证,篡改证言,编造证词,伪造书证、物证等。毁灭证据,是指使证据的效力消失或者减少的行为,包括对物证、书证进行毁损,还包括隐匿证据、隐匿证人的行为。伪造证据,是指制作并不存在的证据。① 问题是,本案行为人重新抽取出不含酒精的正常血液,用该血液替换含酒精的血液检验样本的行为,是毁灭证据还是伪造证据?笔者认为,该行为既是伪造证据行为,又是毁灭证据行为。行为人重新抽取不含酒精的血液的行为是伪造证据的行为,替换原来含酒精的血液检验样本并隐匿该样本的行为是毁灭证据的行为。由于本罪是选择性罪名,最终认定行为人成立帮助毁灭、伪造证据罪即可。

(二) 黄某、程甲、朱某均为帮助毁灭、伪造证据罪的正犯

帮助毁灭、伪造证据罪中的"帮助",是一种实行行为,与共犯中的帮助犯的"帮助"不是等同含义。刑法条文使用"帮助"一词,主要是为了表明诉讼活动的当事人毁灭、伪造证据的,不成立本罪,同时表明行为人是为当事人毁灭、伪造证据。除行为人实施了毁灭、伪造证据的情形外,还包括行为人为当事人毁灭、伪造证据提供各种便利条件,向当事人传授毁灭、伪造证据的方法。行为人构成毁灭、伪造证据罪的正犯,而不是帮助犯。同样,行为人唆使当事人毁灭、伪造证据的,行为人并不是教唆犯,而是正犯。② 换言之,帮助毁灭、伪造证据罪实际上是共犯行为正犯化的规定,把共犯行为作为独立的正犯加以处罚。因此,交警黄某示意程甲和程乙采取调换血液检测样本等方法,并告知血液检验样本的存放地、

---

① 参见周光权:《刑法各论》(第三版),中国人民大学出版社 2016 年版,第 383 页。
② 参见张明楷:《刑法学》(第五版),法律出版社 2016 年版,第 1089 页。

证物室钥匙存放处及钥匙特征等信息,其行为向当事人传授了毁灭证据的方法,并提供了便利条件,构成帮助毁灭、伪造证据罪的正犯。程甲陪同程乙到医院抽取伪造的血液样本,并找朱某替换原血液样本,其行为也构成帮助毁灭、伪造证据罪的正犯。朱某实施了替换血液样本的行为,也构成帮助毁灭、伪造证据罪的正犯。

三、程乙有无刑事责任

(一) 共犯处罚根据理论

刑法处罚正犯的根据是其对犯罪的功能性支配和直接造成法益侵害的事实,处罚理由很充分。但是,刑法处罚教唆犯、帮助犯的根据是什么?对此有责任共犯论、违法共犯论、因果共犯论的争论。由于责任共犯论、违法共犯论存在诸多缺陷,已经很少有人支持,现在多数是支持因果共犯论的学者。因果共犯论从共犯行为和法益侵害的联系中寻找共犯处罚根据,认为共犯通过正犯行为间接地使违法的结果产生,使法益受到侵害或者威胁,共犯行为和法益损害之间具有因果性,所以理应受罚。在因果共犯论内部,围绕着共犯是否具有违法的相对性及多大程度上承认违法的相对性,又有纯粹惹起说、修正惹起说和混合惹起说。由于纯粹惹起说存在诸多缺陷,在德、日学界已几乎被淘汰,故在因果共犯论内部主要是修正惹起说和混合惹起说之间的对立。

1. 纯粹惹起说

按照纯粹惹起说,共犯的处罚根据在于共犯自身的不法,不需要具备共犯的要素从属性,共犯具有独立性。此外,纯粹惹起说在违法相对性上全面肯定共犯违法的相对性,认为不法概念是相对的,强调共犯本身的行为无价值,肯定"没有正犯的共犯"。但是,纯粹惹起说承认共犯的独立性和"没有正犯的共犯",故不合理。按照纯粹惹起说,由于强调共犯自身的不法和独立性,在他人教唆本犯毁灭证据的场合,虽然作为正犯的本犯并不符合构成要件,但由于教唆者具有独立的不法,故可以作为共犯处罚。

2. 修正惹起说

修正惹起说主张处罚共犯的根据在于其引起正犯的不法,从而造成法益侵害。按照共犯对正犯的实行从属性,违法的正犯行为没有实行的,对共犯就不能处罚,共犯没有独立的不法,共犯的不法是从正犯不法中引申出来的。该说基于法益侵害说为基础的客观违法性论,主张法益侵害及其危险这种事实属于客观的存在,为所有参与者所共有。修正惹起说的理论基础在于将违法性的本质理解为对法益的侵害、威胁之结果无价值。在该说看来,在共同犯罪的场合,法益侵害对于所有的参与人而言都是共同的。修正惹起说全面承认违法的连带性,否认违法的相对性。按照修正惹起说的观点,在未满13周岁的幼女甲勾引成年男子乙与其发生性行为的场合,乙的行为成立强奸罪的正犯,甲的行为引起了正犯的不法,故成立强奸罪的教唆犯,乙最终只是因为缺乏有责性而不受处罚。

3. 混合惹起说

该说认为,要处罚共犯,需要确认因为共犯行为同时引起的正犯的不法和共犯自身的不法。因此,混合惹起说是对共犯处罚根据的双重限定。① 混合惹起说是纯粹惹起说与修正惹起说的折中,部分承认违法的相对性,否认没有正犯的共犯,但承认没有共犯的正犯。

(二)程乙不构成帮助毁灭、伪造证据罪的教唆犯

程乙的行为有两部分:其一,去医院抽取不含酒精的血液,前述已分析,该行为属于伪造证据的行为;其二,和程甲一起教唆朱某到医院替换血液、将含酒精的待检验血液隐匿,该行为属于毁灭证据。由于帮助毁灭、伪造证据罪中的行为对象限于"他人的"证据,难以期待本犯不毁灭、不伪造与自己有关的证据,故程乙自己伪造证据的行为,由于不符合构成要件,故不构成帮助毁灭、伪造证据罪的正犯,这一点基本不存在争议。问题在于程乙教唆朱某毁灭证据的行为,是否构成帮助毁灭证据罪的教唆犯?

在本犯教唆他人毁灭自己犯罪证据的场合,对于本犯如何处理,修正惹起说和混合惹起说最后得出的结论都是不定罪,但分析的路径不同。按照修正惹起说,由于不法是连带的,共犯没有自身独立的不法,共犯与正犯之间的关系是"一荣俱荣、一损俱损"的关系,一个违法的话,另一个绝对不会合法。② 毁灭证据者和本犯都侵害法益,对本犯不定罪是因为欠缺期待可能性。但混合惹起说认

---

① 参见周光权:《行为无价值论的中国展开》,法律出版社第2015年版,第304页。
② 参见黎宏:《刑法总论问题思考》,中国人民大学出版社2007年版,第507页。

为,因为妨害司法的犯罪将本犯排除在外,所以本犯教唆他人妨害司法的,不具有违法性。按照混合惹起说,处罚共犯是因为其惹起了构成要件结果,其不仅具有自身的不法(违法地惹起了构成要件结果),而且这种惹起还要以正犯实施了符合构成要件的违法为前提。但是,在本犯教唆、请求他人毁灭"自己"的证据的场合,其只是在间接地毁灭关于"自己"的犯罪证据,而不是"他人"的犯罪证据,行为并没有产生构成要件结果,因此不具有不法性质,对其进行处罚缺乏根据。①

修正惹起说认为混合惹起说的理由不正确,因为妨害司法的犯罪所侵犯的法益是国家的司法公正性,不论是本犯还是他人实施,都会侵害到此类犯罪的保护法益,所以应该认为本犯欠缺期待可能性。② 混合惹起说的支持者认为:从期待可能性角度解释不处罚本犯的理由,明显先天不足,"期待可能性理论从提出那天起,就是理论上一个'美丽的泡沫'——看上去很美,但司法上基本不会将其作为宣告被告人无罪的理由"。窝藏"他人"以及帮助毁灭证据罪中"他人"的犯罪证据被毁灭,都是构成要件结果。本犯的构成要件结果不存在,违法性也不存在,故不能处罚本犯。③

笔者认为,不能说有侵害法益就具有刑法上的不法。不法应当受构成要件的限制,刑法中的法益保护是辅助性的法益保护,只有符合构成要件的法益侵害才有作为刑法上的不法的讨论意义。帮助毁灭证据罪、窝藏罪,都是针对他人的犯罪,因此,毁灭证据者、窝藏者都是针对他人的犯罪实施毁灭、窝藏行为,其成立正犯。但是,本犯教唆他人毁灭与自己有关的证据,或者教唆他人窝藏自己的,都是针对"自己的"犯罪实施教唆行为,其行为本身与构成要件完全不符合,本犯无从构成这些罪的教唆犯,这不是期待可能性欠缺的问题(人的不法性论,违法相对论)。因此,本案程乙教唆朱某毁灭证据的行为,因为不符合构成要件而不成立帮助毁灭证据罪的教唆犯。

(三)程乙不构成帮助犯罪分子逃避处罚罪的教唆犯

基于上述同样的理由,由于不能期待犯罪分子犯罪后不逃避处罚,帮助犯罪

---

① 参见周光权:《刑法各论》(第四版),中国人民大学出版社 2021 年版,第 450 页。
② 参见钱叶六:《共犯论的基础及其展开》,中国政法大学出版社 2014 年版,第 107 页。
③ 参见周光权:《行为无价值论的中国展开》,法律出版社第 2015 年版,第 310 页。

分子逃避处罚罪的主体不包括犯罪分子本人，犯罪分子本人逃避处罚的行为本身不构成犯罪。根据共犯处罚根据的混合惹起说，共犯不仅具有自身的不法，而且还要以正犯实施了符合构成要件的违法为前提。但是，在本犯教唆他人帮助自己逃避处罚的场合，本犯是间接地使自己逃避处罚，而不是使他人逃避处罚，本犯程乙的行为相对于他自己而言没有产生构成要件结果，因此不是不法，不成立教唆犯。

四、罪数关系

黄某和程甲构成两个罪，帮助犯罪分子逃避处罚罪与帮助毁灭、伪造证据罪是法条竞合还是想象竞合？

由于帮助犯罪分子逃避处罚罪的实行行为，包括向犯罪分子通风报信和提供便利，帮助、示意犯罪分子隐匿以及毁灭、伪造证据的行为也属于为犯罪分子逃避处罚提供便利。故问题在于，帮助犯罪分子逃避处罚罪与帮助毁灭、伪造证据罪是什么关系？司法实践中有观点认为，两罪是法条竞合的关系，帮助犯罪分子逃避处罚罪是特别法条，帮助毁灭、伪造证据罪是普通法条，故本案应当优先适用特别法条，交警黄某、刑警程甲的行为构成帮助犯罪分子逃避处罚罪。

上述观点难以得到赞同，理由是：第一，两罪在逻辑上并不存在包容性。即帮助犯罪分子逃避处罚的行为并不一定构成帮助伪造、毁灭证据罪。第二，两罪的保护法益也不相同。帮助毁灭、伪造证据罪属于《刑法》分则第六章妨害社会管理秩序罪中的妨害司法罪，保护的法益是司法秩序；而帮助犯罪分子逃避处罚罪是《刑法》分则第九章渎职罪中的罪名，其保护的法益是国家机关活动的正当性和职务行为的正当性。故适用帮助犯罪分子逃避处罚罪不能充分、全面地评价帮助伪造、毁灭证据行为。因此，两罪不是法条竞合关系而是想象竞合关系。

综上所述，黄某和程甲均构成两个罪，帮助犯罪分子逃避处罚罪与帮助毁灭、伪造证据罪之间成立想象竞合犯，应当从一重罪处断。

五、结论

黄某是程乙危险驾驶案件的承办人，具有查处危险驾驶罪的职责和权限，其帮助危险驾驶案件的程乙逃避处罚，构成帮助犯罪分子逃避处罚罪的正犯，刑警程甲是帮助犯罪分子逃避处罚罪的共犯。黄某、程甲、朱某均为帮助毁灭、伪造证据罪的正犯。帮助犯罪分子逃避处罚罪与帮助毁灭、伪造证据罪之间是想象竞合关系，应当从一重罪处断。程乙不构成帮助毁灭证据罪或帮助犯罪分子逃避处罚罪的教唆犯。

[规则提炼]

1. 对于身份犯的共同犯罪，正犯与共犯的区分标准与支配犯的共同犯罪区分标准不同。欠缺身份的人不能成为正犯，只能成立教唆犯或者帮助犯。

2. 对帮助犯罪分子逃避处罚罪"有查禁犯罪活动职责的国家机关工作人员"中的"查禁犯罪活动职责"不能宽泛地理解，不能认为凡是具有民警身份的人，在具体案件中都能成为帮助犯罪分子逃避处罚罪的正犯。在义务犯中，对义务的违反决定了正犯性，要认定是否成立帮助犯罪分子逃避处罚罪的正犯，关键是要审查行为人是否具备查禁犯罪活动的职责和权限。

3. 由于帮助毁灭、伪造证据罪中的行为对象限于"他人的"证据，本犯自己伪造证据的行为，不符合该罪的构成要件，故不构成帮助毁灭、伪造证据罪的正犯。不法应当受构成要件的限制，按照混合惹起说，本犯教唆他人毁灭与自己犯罪有关的证据，其只是在间接地毁灭关于"自己"的犯罪证据，而不是"他人"的犯罪证据，行为并没有产生构成要件结果，本犯者就无从构成这些罪的教唆犯，因此，不具有不法性质，而不是期待可能性欠缺的问题。

帮助犯罪分子逃避处罚罪和帮助毁灭、伪造证据罪之间是想象竞合关系。